U0681859

B

BLUE BOOK

智 库 成 果 出 版 与 传 播 平 台

教育发展与乡村振兴蓝皮书

BLUE BOOK OF EDUCATION DEVELOPMENT AND
RURAL REVITALIZATION

中国教育发展与乡村振兴报告
（2022~2023）

ANNUAL REPORT ON EDUCATION DEVELOPMENT AND RURAL REVITALIZATION
IN CHINA (2022-2023)

主　编／朱旭东　李兴洲

社会科学文献出版社
SOCIAL SCIENCES ACADEMIC PRESS (CHINA)

图书在版编目（CIP）数据

中国教育发展与乡村振兴报告. 2022~2023 / 朱旭
东，李兴洲主编.--北京：社会科学文献出版社，
2023.10
（教育发展与乡村振兴蓝皮书）
ISBN 978-7-5228-2487-1

Ⅰ.①中… Ⅱ.①朱… ②李… Ⅲ.①乡村教育-研
究报告-中国-2022-2023 ②农村-社会主义建设-研究报
告-中国-2022-2023 Ⅳ.①G725 ②F320.3

中国国家版本馆 CIP 数据核字（2023）第 174675 号

教育发展与乡村振兴蓝皮书
中国教育发展与乡村振兴报告（2022~2023）

主　　编／朱旭东　李兴洲

出 版 人／冀祥德
组稿编辑／任文武
责任编辑／张丽丽
文稿编辑／赵熹微
责任印制／王京美

出　　版／社会科学文献出版社·城市和绿色发展分社（010）59367143
　　　　　地址：北京市北三环中路甲 29 号院华龙大厦　邮编：100029
　　　　　网址：www.ssap.com.cn
发　　行／社会科学文献出版社（010）59367028
印　　装／三河市东方印刷有限公司

规　　格／开 本：787mm×1092mm　1/16
　　　　　印 张：26.25　字 数：394 千字
版　　次／2023 年 10 月第 1 版　2023 年 10 月第 1 次印刷
书　　号／ISBN 978-7-5228-2487-1
定　　价／168.00 元

读者服务电话：4008918866

副　主　编　龚东卫　侯淑晶

本书撰稿人（排名不分先后）：

李兴洲　赵陶然　樊　凡　刘晓山　张　弘

周政旭　涂文颖　王少钒　程正雨　邵建华

田敏毅　林伟川　殷世东　黄爱玲　杨来恩

陈国明　邱心玫　赵国祥　李　俊　宋　晔

孔维申　罗红艳　苗学杰　祁　晓　昌成明

张彦杰　韩　勇

大别山革命老区教育助力乡村振兴研究课题组

全国海岛教育发展与乡村振兴联盟海岛教育研究

课题组

内蒙古师范大学教育发展与乡村振兴研究课题组

陕西省教育发展与乡村振兴研究课题组

辽宁省鞍山教育发展与乡村振兴课题组

河北省教育发展与乡村振兴研究课题组

山西省教育发展与乡村振兴研究课题组

北华大学教育发展与乡村振兴研究课题组

浙江省教育助力乡村振兴研究课题组

江西省教育发展与乡村振兴研究课题组

安徽省教育脱贫与乡村振兴研究课题组

湖北省教育发展与乡村振兴研究课题组

湖南省高校教育发展助力乡村振兴研究课题组

广东省教育赋能乡村振兴研究课题组

重庆市人文社科重点研究基地

长江师范学院西南乡村教育创新发展研究中心
四川省教育发展与乡村振兴研究课题组
贵州省高校乡村振兴研究中心课题组
北方民族大学教育发展与乡村振兴研究课题组
广西师范大学教育与乡村振兴课题组

主要编撰者简介

朱旭东　博士，教授，博士生导师，教育部长江学者特聘教授，北京师范大学教育学部部长，教育部普通高校人文社会科学重点研究基地北京师范大学教师教育研究中心主任，教育部国家教师教育咨询专家委员会委员兼秘书长，教育部师范专业认证专家委员会委员，中国高等教育学会教师教育分会秘书长，民进中央特邀研究员。长期从事教师教育学科建设、制度政策以及比较教育和外国教育史等领域的研究，发表学术论文160余篇，著、编、译等著作27部，主编丛书2套47本，编译丛书2套13本。2010年北京市优秀博士论文指导教师，2010年度教育部新世纪优秀人才支持计划人选，2011年全国百篇博士论文提名奖指导教师，富布莱特项目（Fulbright Program）基金美国马里兰大学高级访问学者。

李兴洲　北京师范大学教育学部教授，博士生导师，北京师范大学中国乡村教育发展研究中心执行主任，教育部高等教育教学评估中心专家，主要从事教育基本理论、职业教育与乡村振兴、职业教育理论与改革实践、成人教育与终身学习理论方面的研究和教学工作，主持全国教育科学规划重点课题、教育部人文社会科学研究规划基金项目和北京市哲学社会科学课题等10余项，在教育专业学术期刊发表学术论文120余篇，出版学术著作、教材20余部。

摘　要

在我国全面建成小康社会、实现第一个百年奋斗目标之后的"十四五"时期，我国"三农"工作的重心历史性转向全面推进乡村振兴、加快中国特色农业农村现代化进程的建设。在此关键发展转折点的开启阶段，《中国教育发展与乡村振兴报告（2022~2023）》紧跟时事，以教育的高质量发展助力乡村振兴为切入点，一方面对2022~2023年我国乡村教育的发展状况做出总结、对趋势进行展望；另一方面对不同省域教育发展助力乡村振兴的政策变化与实际案例进行提炼与汇编，以求在全面打赢脱贫攻坚战后的新发展阶段，全方位、多角度记录我国教育助力乡村振兴工作的良好开端。

《中国教育发展与乡村振兴报告（2022~2023）》由总报告、专题篇与省域篇三个模块构成，共计收录报告26篇。总报告《乡村教育数字化发展的行动与策略》概述了在社会数字化发展的整体趋势之下，我国乡村教育的数字化发展所面对的困境、面临的机遇、海外与本土实践的经验以及向数字化方向转型的愿景与发展策略，表明"数字中国"的建设已有效下沉至乡村教育场域中。专题篇分别选取农村职业教育助力乡村振兴、清华大学乡村振兴工作站实践模式、北京朝阳区农村社区工作者治理能力提升助力乡村振兴、大别山革命老区教育发展助力乡村振兴、现代化进程中的海岛教育、内蒙古高等教育赋能乡村脱贫与振兴有效衔接等9个各具特色的专题，描绘了我国不同领域、不同地域各具特色的教育发展助力乡村振兴的场景。省域篇则以我国绝大部分的省、自治区和直辖市为研究单位，分别收录河北省、山西省、吉林省、浙江省、江西省、福建省、河南省、安徽省、湖北省、湖南省、广东省、重庆市、四川省、贵州省、宁夏回族自治区以及广西壮族自治区教育助力乡村振兴的相关研究报告，聚焦省域以教育助推乡村振兴的政策设计、行动模式、特色案例与典型经验，在政策的引领下展开实践、在实践的反复与经验的总结中形成可行模式，从而描绘出不同省域教育助力乡村振兴生动鲜活、异彩纷呈的画卷。其中，形成了诸如浙江省"山海协作助力乡村教育振兴"、贵州省"美的教育"实现教育高质量发展与乡村振兴同频共振以及宁夏回族自治区"互联网+教育"赋能乡村振兴等地域特色鲜明的有效模式，在彰显我国教育赋能乡村振兴不同的"省域智慧"的同时，亦证明我国教育的高质量发展对乡村振兴战略目标的最终实现有着重要的社会价值。

关键词： 中国教育发展　乡村教育　乡村振兴

Abstract

During the "14th Five - Year Plan" period, after China has fully built a moderately prosperous society and achieved the first centenary goal, the focus of China's "agriculture, rural areas, and rural people" work has historically shifted to comprehensively promoting rural revitalization and accelerating the modernization process of agriculture and rural areas with Chinese characteristics. At the beginning of this critical turning point, the *Annual Report on China's Education Development and Rural Revitalization* (*2022–2023*) closely follows current events and takes the high-quality development of education as the starting point to assist rural revitalization. On the one hand, it summarizes and prospects the development status and trends of rural education in China for the year 2022 – 2023, and on the other hand, it extracts and compiles policy changes and actual cases of education development assisting rural revitalization in different provinces, in order to comprehensively win the new stage of development after the poverty alleviation campaign, and record a good beginning of China's education assisting rural revitalization from all aspects and perspectives.

The *Annual Report on China's Education Development and Rural Revitalization* (*2022–2023*) consists of three modules: the General Report, the Special Topics, and the Provincial Reports, with a total of 26 reports included. In the General report module, the "Actions and Strategies for Digital Development of Rural Education" outlines the challenges and opportunities faced by the digital development of rural education in China under the overall trend of social digital development, the experiences of overseas and local practices, as well as the vision and development strategies for transitioning towards digitalization. This indicates that the construction of "Digital China" has effectively influenced the field of rural education. The Special Topics module selects nine distinctive topics, including rural vocational education assisting rural revitalization, the rural revitalization workstation practice mode exploration of Tsinghua University, Chaoyang District of Beijing rural community workers'governance ability improvement assisting rural revitalization, the education development of Dabie Mountains revolutionary base area assisting rural revitalization, and the island education in the process of modernization, describeing the situation of education development assisting rural revitalization with distinctive characteristics in different fields and regions in China. The Provincial Reports take most of China's provinces, autonomous regions and municipalities directly under the Central Government as research units, including research reports on education assisting rural revitalization in the provinces of Hebei, Shanxi, Jilin, Zhejiang, Jiangxi, Fujian, Henan, Anhui, Hubei, Hunan, Guangdong, Chongqing City, Sichuan, Guizhou, Ningxia and Guangxi, focusing on the policy design, action models, characteristic cases and typical experiences on inter-provincial education assisting rural revitalization. Under the guidance of policies, practice is carried out, and feasible models are formed through repeated practice and summary of experience, thus depicting a vivid and colorful picture of education assisting rural revitalization in different provinces and regions in China. Among them, effective models with distinctive regional characteristics have been formed, such as Coast-mountains Cooperation to promote rural education revitalization in Zhejiang Province, the education of beauty to achieve high-quality education development and rural revitalization in Guizhou Province, and Internet plus Education to enable rural revitalization in Ningxia. While highlighting the different provincial wisdom of China's education assisting rural revitalization, they also prove that the high-quality development of education in China has important social value for the ultimate realization of the strategic goal of rural revitalization.

Keywords: Development of Education in China; Rural Education; Rural Revitalization

目 录 ⟍

Ⅰ 总报告

Ⅱ 专题篇

Ⅲ 省域篇

皮书数据库阅读**使用指南** 👆

CONTENTS ⟅⟩

I General Report

II Speical Reports

Ⅲ   Province Report

总 报 告
General Report

B.1
乡村教育数字化发展的行动与策略

李兴洲　赵陶然　樊凡*

摘　要： 当今世界信息技术日新月异，没有信息化就没有现代化，乡村教育的发展同样如是。当前，我国乡村教育的数字化建设与发展仍然面临多重困境与挑战，如数字化普及率仍有待提升、乡村教育数字技能素养仍有所欠缺以及乡村师生对数字化发展认知水平不足等，这些问题均阻碍了我国乡村教育数字化发展的速度与效率。"十四五"时期，我国正面临着以数字化转型驱动乡村教育数字化发展的重大机遇，国际数字化潮流的不断推进与"数字乡村"的全方位建设进一步为我国乡村教育的数字化发展提供了机会、指明了方向。因此，我国可从发达国家乡村教育的数字化发展进程中汲取有效经验，在未来一段发展时间，把握好我国

* 李兴洲，北京师范大学教育学部教授，主要研究方向为终身教育、乡村教育、职业教育；赵陶然，北京师范大学教育学部职业与成人教育研究所在读博士研究生，主要研究方向为职业教育与乡村振兴；樊凡，北京师范大学教育学部职业与成人教育研究所在读硕士研究生，主要研究方向为成人教育与老年教育。

"数字乡村建设"与"乡村教育数字化发展"整体与部分之间的关系，不断完善政策与法规保障、持续提高数字基础设施建设的普及率与覆盖率、加快增强乡村教师队伍的数字素养、积极调动社会各界力量参与乡村教育数字化建设，并在此基础上努力探索我国特色乡村教育数字化的发展模式。

关键词： 乡村教育　数字化发展　数字化转型

党的十八大以来，为了更好地抓住信息化发展的历史机遇，习近平总书记多次强调要"加强信息基础设施建设""打好关键核心技术攻坚战"，"没有信息化就没有现代化"，要"让互联网更好造福人民"。① 在全社会信息化发展进入数字化发展时期的新阶段，"数字中国"的建设要覆盖我国经济社会发展的方方面面，全面惠及最广大的人民群众，而教育数字化是我国社会数字化发展的重要构成环节。如果说产业发展与社会治理的数字化着眼于我国当下社会建设的稳步推进，那么教育的数字化则为我国未来的数字化发展提供重要的人才储备。

数字化教育是指"在现代教育思想和理论指导下，应用计算机、通信、网络等信息技术开展教育活动的新型教育方式"②。乡村教育是我国教育系统中的薄弱所在，其数字化发展的水平和趋势在很大程度上反映了我国教育数字化发展的短板与不足。因此，如何使"数字化"有效融入我国广大农村地区的教育系统、如何真正补齐我国教育数字化的短板、如何实现以教育信息化发展促进农村整体的跨越式发展，是"十四五"期间及未来一段时期，全社会教育工作者与农村发展利益相关者都无法忽略的几大核心问题。

---

① 新华网：《没有信息化就没有现代化》，2022 年 8 月 29 日，http：//www.news.cn/politics/leaders/2022-08/29/c_1128959292.htm。

② 杨现民、余胜泉：《论我国数字化教育的转型升级》，《教育研究》2014 年第 5 期。

一 我国乡村教育数字化发展面临多重困境

"十四五"时期之前，《国家中长期教育改革和发展规划纲要（2010—2020 年）》与《教育信息化十年发展规划（2011—2020 年）》等文件已经对我国教育的信息化发展做出了区域性与全局性的部署规划，在"上有政策"的基础上，如何将政策更好地践行、如何让政策的效用真正落到实处，是乡村教育广大利益相关者需要把握和考量的关键问题。随着以"5G""物联网"等新技术为代表的数字基础设施在城市中的迅猛覆盖，我国城乡之间的"数字鸿沟"逐渐拉大，这种鸿沟与差距不仅突出表现在城乡的经济发展水平之中，更隐含在城乡不同场域的教育发展状况当中。乡村教育因其总体发展状况的欠佳而难以实现与数字化技术的完美适配，而这反过来又进一步加剧了城乡教育资源配置的不均衡，也加剧了城乡教育发展之间的不公平。

为探究信息化与数字化发展对乡村教育的真实影响，不同专家、学者及其团队采取大规模调研的方式，深入我国不同省份、不同地域乡村教育一线，考察现状、总结问题、分析成因，以期能够为我国广大农村地区教育的数字化发展切实建言献策。本着时效性、规模性与代表性并重的原则，本文特选取三个大规模调研作为实证基础，包括华中师范大学信息化与基础教育均衡发展协同创新中心等主持的"教育信息化支持实现县域内教育均衡发展模式与政策研究"课题调研[1]（以下简称"调研 A"）、中国教育科学研究院组织的"义务教育阶段学校信息化发展状况监测"课题调研[2]（以下简称"调研 B"）以及西南大学教育学部等参与的"重大疫情中的教育应对"

---

[1]　张伟平、王继新：《信息化助力农村地区义务教育均衡发展：问题、模式及建议——基于全国 8 省 20 县（区）的调查》，《开放教育研究》2018 年第 1 期。

[2]　曾天山、祝新宇、万歆：《义务教育学校信息化建设成效分析——基于全国 31 省 2000 余所学校的调查》，《教育研究》2018 年第 4 期。

课题调研①（以下简称"调研 C"），对现阶段我国乡村教育数字化发展存在的问题做出客观总结。

其中，选取调研 A 与调研 B 的结果作为本文主要的实证基础，调研 C 因其时效性与专门性，可以为实证的结果提供一定的辅助性支撑，三大调研的具体情况如表 1 所示。综上，借助问卷与访谈的数据调查结果，本文对现阶段我国乡村教育数字化发展存在的代表性问题做了大致梳理。

表 1 我国乡村教育数字化发展的相关大规模调研情况

时间	实施机构	调查方式	主要调查内容	信效度检验
2016 年 12 月~ 2017 年 7 月	华中师范大学信息化与基础教育均衡发展协同创新中心等	问卷调查、规模化访谈调查	对我国湖北、吉林、四川、重庆、云南、湖南、广西、辽宁 8 个省（区、市）的 20 个县（市、区）以及 130 余个学校（教学点）开展跟踪调查，主要了解农村地区教育和教育信息化建设的基本情况	课题组对问卷采用重测信度法对信度进行检验，并采用单项与总和相关效度分析法对问卷的内容效度进行检验，结果显示问卷信度和效度良好
2017 年前后	中国教育科学研究院	网络问卷调查（全国范围）、专项调查（滇西地区，采用数据调查和实地调查的方式）	在全国范围内针对我国的义务教育信息化发展状况及其监测机制展开了系统调研，关注全国义务教育阶段学校的信息化基本设施、资源的建设情况；网络与资源联通情况；教学管理、行政管理过程中教育信息化的具体情况；教育信息化的效益产出情况等	调查问卷的总体信度检验值为 0.932，各维度的信度检验也基本在 0.7 以上，信度满足要求
2020 年	西南大学教育学部/基础教育研究中心/统筹城乡教育发展研究中心等	网络问卷调查、部分网络语音（视频）访谈	主要向我国广东、湖南、甘肃、陕西、四川、重庆、云南等 20 个不同省（区、市）城乡中小学的教师与学生发放问卷进行调查，以全面深入地了解我国城乡基础教育的"数字鸿沟"，系统探析其产生的深层次原因，从而为缩小城乡基础教育发展的差距提供客观的现实依据	信度方面，师生问卷的 Cronbach's Ahpha 系数分别是 0.761、0.813，信度指标较好；效度方面，问卷的结构效度 KMO 值分别是 0.827、0.762，Bartlett 检验值均小于 0.05，结构效度良好

① 张辉蓉、毋靖雨、刘燚等：《城乡基础教育的"数字鸿沟"：表征、成因与消弭之策——基于线上教学的实证调查研究》，《教育与经济》2021 年第 4 期。

（一）乡村教育改革面临"数字普及"困境

在我国，乡村教育信息化和数字化发展所面临的最直观、最长久的问题是乡村学校的基础设施建设问题，这也是造成城乡"数字普及鸿沟"最根本的因素。没有基本的多媒体设备等硬件设施，乡村学校的信息化和数字化就丧失了发展前提；没有基本的教育技术等软件的加持，乡村教育的信息化和数字化发展就缺少真正的动力支撑。因此，基础设施的建设是任何乡村地区得以发展数字化教育的根本前提，不论是"三通两平台"①的建设，还是"三全两高一大"②的发展目标，都将农村地区教育数字化基础设施的建设放在重要位置。然而，我国乡村学校与教学点在地理位置、经济发展状况以及区域文化差异等方面存在诸多复杂因素，乡村教育数字化基础设施的全面覆盖以及质量提升工作难以一蹴而就。

图 1 是调研 C 统计的城乡师生居家学习期间教学基础设施的使用情况。如图 1 所示，居家学习期间，城乡学生线上学习的设备主要是智能手机，但是相对于农村学生而言，有不少城市地区学生使用过除智能手机之外的其他设备；同时，农村地区的用网体验较差。这一结果直观地显示了农村地区基本教育数字化资源（譬如笔记本电脑或平板电脑等学习设备及高速宽带网络）的欠缺。以上数据反映了农村学生居家学习的不便与劣势尤为明显。

而在基础设施建设层面，农村地区学校基本硬件与软件设施的建设比例问题同样值得关注。调研 A 在"农村地区教育信息化建设的主要问题"中发现"重软轻硬"的问题尤为突出。具体而言，表现为偏远贫困山区的"县域教育信息化建设的财政投入比例不均衡"问题尤为显著，"铺设网络和购置硬件设备的资金投入远远大于购买软件和数字教育资源的资金"。调

---

① "三通两平台"，分别指宽带网络校校通、优质资源班班通、网络学习空间人人通，以及建设教育资源公共服务平台和教育管理公共服务平台。

② "三全两高一大"，分别指教学应用覆盖全体教师、学习应用覆盖全体适龄学生、数字校园建设覆盖全体学校，信息化应用水平和师生信息素养普遍提高，以及建成"互联网+教育"大平台。

城乡学生线上学习设备

城乡师生用网体验

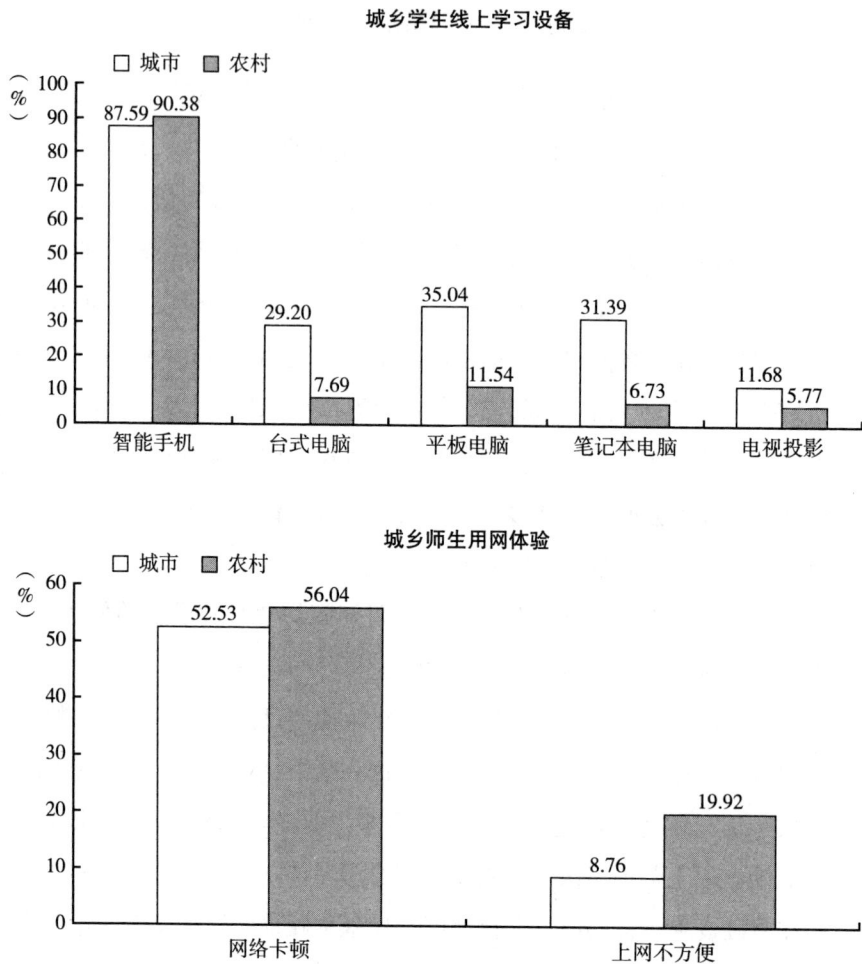

图1　城乡师生居家学习期间线上学习设备与用网体验比较

研A所涉及的15个县（区）的财政投入情况显示，"11个县（区）教育信息化财政投入的80%用于铺设网络和购置硬件"，剩余的资金才会用于各种教育资源、平台的购买以及教师的培训。① 这种不对称的资金投入比例，不仅会直接导致农村学校重金购入的硬件设施的使用率下降，而且对于教师实

① 张伟平、王继新：《信息化助力农村地区义务教育均衡发展：问题、模式及建议——基于全国8省20县（区）的调查》，《开放教育研究》2018年第1期。

际数字素养的发展和学生对网络学习资源的接触，都是弊大于利的。

综上，我国乡村教育数字化基础设施的不甚完备、基础设施建设过程中"重硬轻软"问题的存在，一方面造成了"数字普及"问题难以消解的窘境，另一方面也诱发并加剧了"数字技能"匮乏和"数字认知"水平不足的问题。

（二）乡村教育改革过程中"数字技能"匮乏

乡村教育数字化发展的"数字技能"匮乏主要表现为乡村的"重建轻用"和"两张皮"现象，具体是指虽然在国家的大力推进与各地政府的积极响应之下，乡村地区学校的信息化基础设施配置有了明显改观、多媒体等教育技术设备的覆盖率大幅提高，但其实际的利用率和使用效率却不尽如人意，长此以往，先进的多媒体设备与教育技术并不能有效促进农村教育数字化发展，教育数字化发展的核心也始终无法进入农村教育的场域与体系。

图 2 显示了调研 A 所反映的农村教育数字化建设"重建轻用"的问题。如图 2 所示，与农村教学点和农村中心校的教师相比，县城与城市的教师不论在实物展示层面还是教学演示层面，应用比例都明显较高（均为100%）；而除这两个最为基本的信息技术手段外，农村教学点与农村中心校的教师在"与其他教师在线协作教研""网络研修""发布电子资源""查看学生作品""在线指导"层面信息技术手段的应用全都为 0，与县城和城市教师的应用情况相比出现了显著的差距。这一调查数据结果虽然无法显示这一现象背后的深层原因，但至少足以证明：在具备基本多媒体教学设备的广大农村地区，信息技术在教育层面的运用发掘仍尚浅，除却最基本的课堂教学与展示外，功能多样的多媒体设备在农村课堂中毫无用武之地。

调研 A 的部分访谈结果也印证了这一事实。如其访谈结果指出，区域内"重视教育信息化建设，轻视教师信息技术技能和教学应用能力的培养"的现象普遍存在；年老教师在农村学校与教学点中的占比普遍偏大，这部分

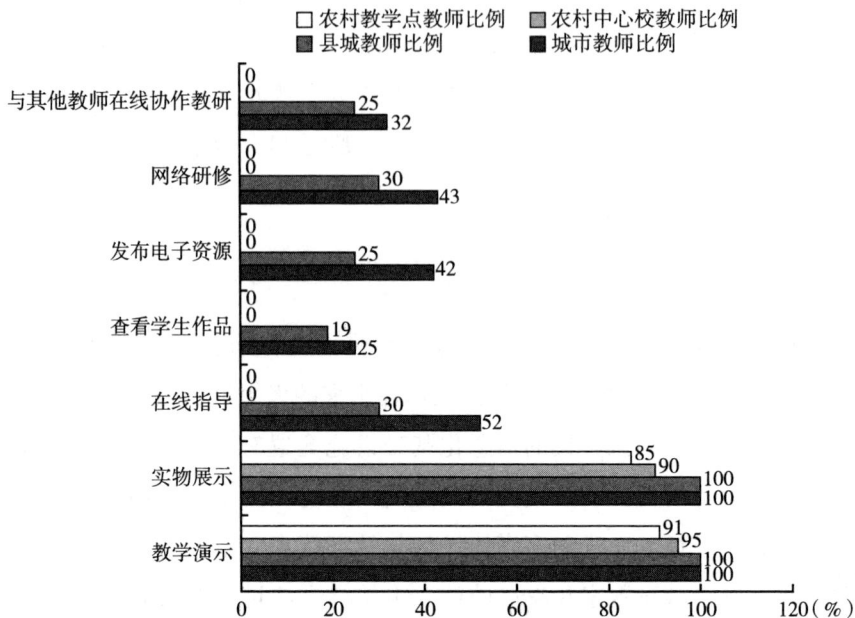

图2 受调查农村地区各学校应用信息技术手段的教师比例

教师在接受并学习数字化教学方式的过程中本身就存在困难，"机器都买了，但不知道怎么用"、缺乏相应指导和相关政策激励的情况屡见不鲜。调研B的结果在某种程度上与调研A显示了较高的一致性。调研B的主要调查结果表明，"不同地区学校教育信息化水平存在一定差异……不发达地区的信息化各维度的满意度得分则较低"，"中部地区城镇学校在信息化建设使用方面的得分普遍高于农村，而西部地区城镇学校的各项得分普遍高于农村学校"，等等。这些都无一例外表明，乡村教育信息化发展存在着基础设施建设水平过低的情况，乡村地区既有教育信息化设备的使用情况同样不容乐观。上述种种状况，在我国广大乡村地区的学校中较为普遍，"重建轻用"与"两张皮"现象的存在，这既是乡村地区教育数字化发展必然面临的问题，也是政府部门和广大教育工作者应持久关注与攻关的乡村教育发展瓶颈所在。

（三）乡村教育改革需提升"数字认知"水平

教育的数字化发展，绝不仅仅局限于基础设施层面的数字化发展。事实上，数字基础设施的全面普及只能为教育数字化的真正实现奠定物质基础。在基本硬件与软件设施的支撑与保障下，师生群体的认知生态建设和实践应用是教育数字化得以实现的根本保证。

现阶段，我国乡村地区存在的上述两种现实挑战（基础设施完善程度弱、"重建轻用"难以改善）在一定程度上加深了乡村教育体系中不同受众群体对"教育数字化"的误解。若作为乡村教育主体的乡村师生不能很好地理解"教育数字化"的内涵与外延，在心理上不能将多媒体设施、教育类软件与线上教育资源同现实生活中的教与学做出区分与判断，那么就可以认为"教育数字化"的意识并没有真正融入乡村教育领域。教育数字化在乡村中落地的决定性因素，是乡村师生在其日常教学过程中对"数字化"的准确认知和实践。因此，提升广大乡村师生对"教育数字化"这一概念的认知水平，引导、帮助乡村师生对这一概念产生积极的判断、主动的理解，对我国教育数字化的落地、推进及本土化而言，具有关键的作用。

图 3 是调研 C 对城乡地区师生网络用途的统计结果。如 3 图所示，农村学生的网络用于游戏娱乐的占比（70.19%）高于其他用途，农村教师的网络则主要用于社交通信（92.86%）；图 4 则反映了农村教师的线上教学技能水平仍有待提升。从调研 C 的结果也可以看出，城市与农村学生乃至教师均未能较好地适应信息化教学模式，信息化虽逐步融入广大农村师生的日常生活，但教育信息化的发展未能如预期获得师生的青睐，这在一定程度上反映了师生对教育数字化的抵触心理。调研 B 团队课题组也曾于 2016年前后，对我国滇西地区 9 个州市（除丽江外）的 545 所义务教育阶段学校展开"信息化发展状况"的专项调查，其调查结果表明滇西地区义务教育阶段学校信息化发展起步晚、融合应用水平不高，信息技术并未充分融入管理、教学活动当中，且滇西地区义务教育阶段学校数字化基础设施建

□ 农村 ■ 城市

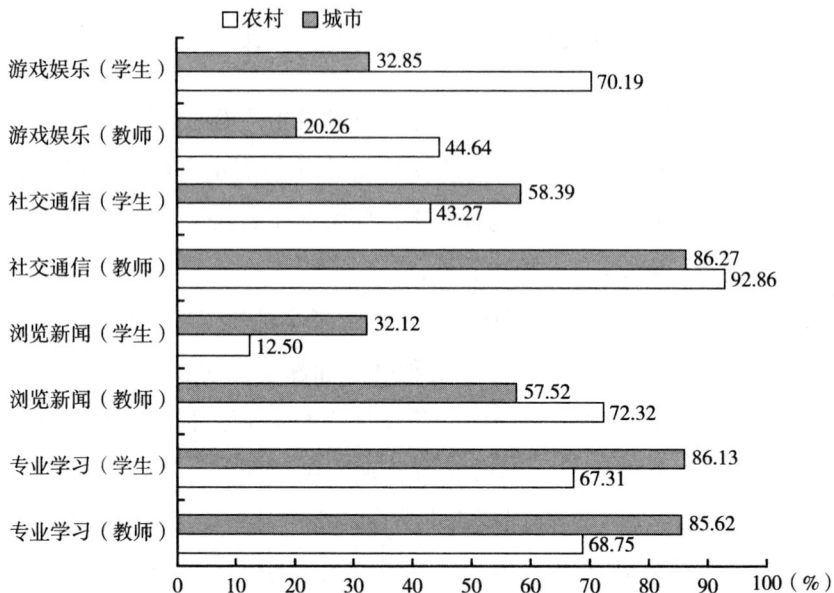

图 3 受调查城乡地区师生网络用途

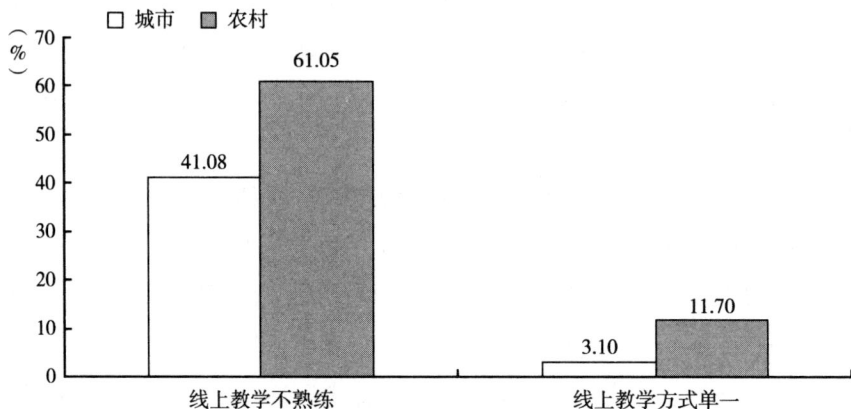

类别	农村	城市
游戏娱乐（学生）	70.19	32.85
游戏娱乐（教师）	44.64	20.26
社交通信（学生）	43.27	58.39
社交通信（教师）	92.86	86.27
浏览新闻（学生）	12.50	32.12
浏览新闻（教师）	72.32	57.52
专业学习（学生）	67.31	86.13
专业学习（教师）	68.75	85.62

图 3 受调查城乡地区师生网络用途

□ 城市 ■ 农村

	城市	农村
线上教学不熟练	41.08	61.05
线上教学方式单一	3.10	11.70

图 4 受调查城乡地区教师线上教学技能

设与最终效益不成正比。① 长此以往，农村学校教师将不可避免地对教育数字化发展丧失热情与动力，而缺乏教师的有效指导与鼓励，学生群体便

---

① 曾天山、祝新宇、万歆、罗李、魏轶娜：《贫困地区义务教育阶段学校信息化现状调查及改进对策——以滇西片区为例》，《电化教育研究》2017年第10期。

难以发挥其主观能动性，无法让先进的教育设备与教育技术惠及自己的日常学习，这便会形成教育数字化发展与农村教育场域之间的恶性循环。

二　数字化转型为乡村教育改革与发展提供机遇

（一）乡村教育数字化转型的基础——"数字丝路"和"新基建"

1. 国际动向：数字丝绸之路

2013 年"一带一路"倡议提出不久后，"数字丝绸之路"（也称"数字丝路"）建设便逐渐被提上日程。2015 年 3 月，国家发改委、外交部、商务部联合发布的《推动共建丝绸之路经济带和 21 世纪海上丝绸之路的愿景与行动》提出，共同推进跨境光缆等通信干线网络建设，提高国际通信互联互通水平，畅通信息丝绸之路。

习近平主席在 2017 年首届"一带一路"国际合作高峰论坛开幕式上的演讲中指出，"我们要坚持创新驱动发展，加强数字经济、人工智能、纳米技术、量子计算机等的前沿领域合作，推动大数据、云计算、智慧城市建设，连接成 21 世纪的'数字丝绸之路'"[1]；2019 年第二届论坛上，习近平主席更是提倡聚焦互联互通，携手应对人类面临的各种风险挑战，"我们要顺应第四次工业革命发展的趋势，共同把握数字化、网络化、智能化发展机遇，共同探索新技术、新业态、新模式，探寻新的增长动能和发展路径，建设数字丝绸之路、创新丝绸之路"[2]。

"数字丝路"源自中国，但属于世界。由表 2 中的相关政策可见，不论是中国还是"一带一路"沿线主要国家和地区都应抢抓数字经济发展机遇，

---

[1] 中国法院网：《习近平在"一带一路"国际合作高峰论坛开幕式上的演讲》，2017 年 5 月 14 日，https://www.chinacourt.org/article/detail/2017/05/id/2860401.shtml。

[2] 中华人民共和国商务部：《习近平主席在第二届"一带一路"国际合作高峰论坛开幕式上发表主旨演讲》，2019 年 4 月 26 日，http://www.mofcom.gov.cn/article/i/jyjl/e/201904/20190402857916.shtml。

充分利用自身优势合作拓展数字经济发展新空间。我国的《"十四五"国家信息化规划》同样进一步强调要"大力发展数字商务,促进产业数字化转型发展"。在持续建设数字中国以及高质量建设"数字丝路"的过程中,我国电商产业优势和线上大市场优势能够得到稳定且持续的发挥,我国电商规则成为国际数字经济规则的重要组成部分的良好发展前景也值得期待。"数字丝路"是"一带一路"倡议和数字经济发展的结合;数字经济的特性决定了其在解决信息不对称方面的独特优势,有助于推动"一带一路"沿线主要国家和地区在信息基础设施、贸易发展和文化交流等领域全方位的合作交流,能够有效缩小"数字鸿沟",数字经济合作成为全球合作的重要组成部分。

表2 "数字丝绸之路"的相关政策及要点内容

时间	政策名称	政策来源	要点内容
2015 年 3 月	《推动共建丝绸之路经济带和 21 世纪海上丝绸之路的愿景与行动》	国家发展改革委、外交部、商务部	提倡加强双边合作,开展多层次、多渠道沟通磋商,推动双边关系全面发展;强化多边合作机制作用,相关国家加强沟通,让更多国家和地区参与到"一带一路"建设中来;继续发挥沿线各国、区域的相关国际会议和交流,倡议建立"一带一路"国际高峰论坛
2017 年 12 月	《标准联通共建"一带一路"行动计划(2018—2020 年)》	推进"一带一路"建设工作领导小组办公室	深化基础设施标准化合作,支撑设施联通网络建设,不仅在交通基础设施方面,同时在国家电网电力、新能源、5G、人工智能、卫星导航等技术领域呼吁建立国际标准化合作
2022 年 1 月	《国务院关于印发"十四五"数字经济发展规划的通知》	国务院	推动"数字丝绸之路"深入发展:统筹开展境外数字基础设施合作,结合当地需求和条件,与共建"一带一路"国家开展跨境光缆建设合作,保障网络基础设施互联互通;构建基于区块链的可信服务网络和应用支撑平台,为广泛开展数字经济合作提供基础保障;加大各领域的合作模式创新力度,支持我国数字经济企业"走出去",积极参与国际合作等

时间	政策名称	政策来源	要点内容
2023 年 2 月	《数字中国建设整体布局规划》	中共中央、国务院	优化数字化发展环境：构建开放共赢的数字领域国际合作格局；统筹谋划数字领域国际合作，建立多层面协同、多平台支撑、多主体参与的数字领域国际交流合作体系，高质量共建"数字丝绸之路"，积极发展"丝路电商"

2. 国内潮流：新型基础设施建设

数字丝绸之路的建设不仅充分顺应了时代发展的浪潮，适应了中国新时代发展的规律，同时也有效提升了信息基础设施互联互通水平，融合基础设施和创新基础设施得到了进一步发展，多方合作共赢局面日益凸显。在 2018 年 12 月的中央经济工作会议上，中央明确提出了"新型基础设施"的概念。随后，加强新一代信息基础设施建设被列入 2019 年政府工作报告。到 2020 年 4 月，国家发改委在新闻发布会上指出新基建包括信息基础设施、融合基础设施和创新基础设施三方面；6 月，进一步明确新基建范围，提出"以新发展理念为前提、以技术创新为驱动、以信息网络为基础，面向高质量发展的需要，打造产业的升级、融合、创新的基础设施体系"的目标。数字基础设施是新型基础设施的核心内容，涵盖了以 5G、物联网、大数据、人工智能、卫星互联网等为代表的新一代信息技术演化生成的信息基础设施，以及应用新一代信息技术对传统基础设施进行数字化、智能化改造形成的融合基础设施，将为经济社会数字化转型和供给侧结构性改革提供关键支撑和创新动能。

新型基础设施概念提出之后，中共中央政治局、中央全面深化改革委员会以及工信部纷纷召开会议强调加快新型基础设施建设。2020 年 10 月，党的十九届五中全会强调我国进入全面建设社会主义现代化国家的新发展阶段，要全面贯彻新发展理念，加快发展现代产业体系，统筹推进基础设施建设，推进能源革命，加快数字化发展以实现高质量发展。2020 年至 2023 年 2 月我国各部门逐步颁布的相关政策规章如表 3 所示，我国迎来新基建赋能经济稳定发展和统筹推进新基建新格局。

表 3　2020 年至 2023 年 2 月我国推进新型基础设施建设的相关政策一览

时间	政策名称	政策来源	要点内容
2020 年 9 月	《关于加快推进国有企业数字化转型工作的通知》	国务院国资委办公厅	加快新型基础设施建设:充分发挥国有企业新基建主力军优势,积极开展 5G、工业互联网、人工智能等新型基础设施投资和建设,形成经济增长新动力;带动产业链上下游及各行业开展新型基础设施的应用投资,丰富应用场景,拓展应用效能,加快形成赋能数字化转型、助力数字经济发展的基础设施体系
2021 年 6 月	《商务部等 17 部门关于加强县域商业体系建设促进农村消费的意见》	商务部、中央农办、国家发展改革委等	扩大农村电商覆盖面:实施"数商兴农",发展农村电商新基建
2021 年 7 月	《中共中央 国务院关于加强基层治理体系和治理能力现代化建设的意见》	中共中央、国务院	做好规划建设:市、县级政府要将乡镇(街道)、村(社区)纳入信息化建设规划,统筹推进智慧城市、智慧社区基础设施、系统平台和应用终端建设,强化系统集成、数据融合和网络安全保障;健全基层智慧治理标准体系,推广智能感知等技术
2021 年 11 月	《国务院关于支持北京城市副中心高质量发展的意见》	国务院	强化科技创新引领:围绕第五代移动通信(5G)网络、人工智能、云计算、大数据、互联网协议第 6 版(IPv6)等加紧布局数字新基建,在智慧城市、数字乡村建设等领域建成一批示范应用新场景等
2021 年 12 月	《"十四五"国家信息化规划》	中央网络安全和信息化委员会	发展目标:到 2025 年,数字中国建设取得决定性进展,信息化发展水平大幅跃升;数字基础设施体系更加完备,数字技术创新体系基本形成,数字经济发展质量效益达到世界领先水平,数字社会建设稳步推进,数字政府建设水平全面提升,数字民生保障能力显著增强,数字化发展环境日臻完善
2022 年 6 月	《国务院关于加强数字政府建设的指导意见》	国务院	以数字政府建设全面引领驱动数字化发展:助推数字经济发展;引领数字社会建设;营造良好的数字生态

时间	政策名称	政策来源	要点内容
2023 年 2 月	《数字中国建设整体布局规划》	中共中央、国务院	夯实数字中国建设基础：打通数字基础设施大动脉，加快 5G 网络与千兆光网协同建设，深入推进 IPv6 规模部署和应用，推进移动物联网全面发展，大力推进北斗规模应用，系统优化算力基础设施布局，促进东西部算力高效互补和协同联动，引导通用数据中心、超算中心、智能计算中心、边缘数据中心等合理梯次布局，整体提升应用基础设施水平，加强传统基础设施数字化、智能化改造；畅通数据资源大循环，构建国家数据管理体制机制，健全各级数据统筹管理机构，推动公共数据汇聚利用，建设公共卫生、科技、教育等重要领域国家数据资源库

新基建有助于赋能经济稳定发展，为激发市场活力和社会各方面的全面数字化转型奠定良好基础。当前，投资成为稳增长的主要驱动力，而新基建是赋能经济增长的稳定器。新基建的发展能够提升供给质量、触发消费需求、助力产业升级从而加快经济的回暖复苏。根据中国信通院测算，预计 2025 年我国 5G 网络建设累计投资将达到 1.2 万亿元，工业企业开展网络化改造投资规模有望达到 5000 亿元。另外，数字基础设施和各行各业融合程度加深，5G 网络建设会带动产业链上下游及各行各业应用投资，因此，在面对经济下行压力等情况下，加快 5G 网络建设步伐将有助于优化投资结构和稳定增长速度。①

2022 年 6 月，《国务院关于加强数字政府建设的指导意见》中表明数字技术在新时期发挥重要支撑作用，数字治理成效不断显现，为迈入数字政府建设新阶段打下了坚实的基础。进一步以数字政府建设为牵引，拓展经济发展新空间，培育经济发展新动能，不断提升数字经济治理体系和治理能力现代化水平。同年 8 月，国家互联网信息办公室发布的《数字中国发展报告（2021 年）》也提出数字产业化带动经济稳步增长，各行各业加快探索推进

---

① 《中国信通院：预计到 2025 年 5G 网络投资累计达 1.2 万亿》，2020 年 3 月 5 日，https：//www. thepaper. cn/newsDetail_ forward_ 6339970。

数字化转型，经济发展韧性和动力明显提升。由此可见，进一步鼓励和引导社会资本加大数字基础设施建设投入力度，形成多元主体共同参与、合作共赢新局面，可赋能我国乡村教育数字化发展。

（二）乡村教育数字化转型的驱动力——乡村数字化建设

我国社会经济的数字化发展与乡村的建设和振兴相辅相成。建设"网络强国、数字中国、智慧社会"是党的十九大报告明确提出的发展目标，是全社会未来一段时间内的必然发展方向；与此同时，为实现我国农业及其产业的现代化发展，数字化转型在此过程中发挥着中坚作用、扮演着重要角色。我国农业的现代化进程无法一蹴而就，但作为这一过程中重要的技术手段，农业的信息化、数字化发展能够直接影响农业生产与经营管理的综合效率，进而改变我国农村的产业形态与生活图景，为农业现代化的真正实现"塑造筋骨"。党和国家对乡村发展数字化的重视程度在系列政策中可见一斑（见表4）。

表4 2019年至2022年我国乡村数字化发展相关政策一览

时间	政策名称	政策来源	要点内容
2019年5月	《数字乡村发展战略纲要》	中共中央办公厅、国务院办公厅	重点任务:加快乡村信息基础设施建设;发展农村数字经济;强化农业农村科技创新供给;建设智慧绿色乡村;繁荣发展乡村网络文化;推进乡村治理能力现代化;深化信息惠民服务;推动网络扶贫向纵深发展;统筹推动城乡信息化融合发展等
2021年12月	《国务院关于印发"十四五"数字经济发展规划的通知》	国务院	推动数字城乡融合发展:加快城市智能设施向乡村延伸覆盖,完善农村地区信息化服务供给,推进城乡要素双向自由流动,合理配置公共资源,形成以城带乡、共建共享的数字城乡融合发展格局;提升信息惠农服务水平;推进乡村治理数字化等
2022年1月	《中共中央 国务院关于做好2022年全面推进乡村振兴重点工作的意见》	中共中央、国务院	大力推进数字乡村建设:推进智慧农业发展,促进信息技术与农机农艺融合应用;加强农民数字素养与技能培训;推动"互联网+政务服务"向乡村延伸覆盖;加快推动数字乡村标准化建设,持续开展数字乡村试点;加强农村信息基础设施建设等
2022年2月	《国务院关于印发"十四五"推进农业农村现代化规划的通知》	国务院	加快数字乡村建设:加强乡村信息基础设施建设;发展智慧农业;推进乡村管理服务数字化

时间	政策名称	政策来源	要点内容
2022 年 5 月	《乡村建设行动实施方案》	中共中央办公厅、国务院办公厅	实施数字乡村建设发展工程;推进数字技术与农村生产生活深度融合,持续开展数字乡村试点;加强农村信息基础设施建设;建立农业农村大数据体系;发展智慧农业;深入实施"互联网+"农产品出村进城工程和"数商兴农"行动;推进乡村管理服务数字化;推动"互联网+"服务向农村延伸覆盖等

以表 4 所展示的系列政策为坚实基础,表 5 和表 6 随即展现了近年来我国乡村数字化发展以及乡村教育数字化发展的扎实成效。整体看来,我国乡村的贫困地区在信息化与数字化技术的有效加持下打赢了脱贫攻坚战,网络基础设施不断普及,乡村数字化发展整体成效明显、走势良好;在乡村教育领域,数字化的发展主要表现为网络覆盖率的进一步提高以及网络教育资源的逐步丰富,虽然互联网和网络资源的整体利用率与开发程度有待进一步提升,但农村地区至少在最基本的数字化设施配置层面有了长足进步。

表 5　国家系列政策下我国乡村的数字化发展成效（部分）

时间	报告名称	要点内容
2020 年 9 月	《数字中国建设发展进程报告（2019 年）》	网络扶贫行动目标基本完成并持续巩固提升,网络扶贫信息服务体系基本建立;数字乡村战略深入实施,为乡村振兴注入新动力;农村数字经济蓬勃发展,物联网、大数据、人工智能、机器人等新一代信息技术在农业生产监测、精准作业、数字化管理等方面得到不同程度应用,总体应用比例超过 8%;2019 年农村宽带用户数达 1.35 亿户,比 2018 年末增长 14.8%,农村综合信息服务能力、乡村治理现代化水平不断提升;网络扶贫五大工程纵深推进,五批电信普遍服务试点共支持 4.3 万个贫困村光纤网络建设和 9200 多个贫困村 4G 基站建设,基础电信企业推出资费优惠,惠及超过 1200 万户贫困群众①

---

① 《数字中国建设发展进程报告（2019 年）》,中国政府网,2020 年 9 月 13 日,http://www.gov.cn/xinwen/2020-09/13/content_ 5543085. htm。

时间	报告名称	要点内容
2021 年 7 月	《数字中国发展报告(2020 年)》	网络扶贫助力打赢脱贫攻坚战:网络扶贫是脱贫攻坚战的重要组成部分;贫困地区不通网历史性难题得到彻底解决;网络扶智持续激发贫困群众自我发展的内生动力;网络信息服务让贫困群众生活更便捷;网络公益惠及更多贫困群体①
2022 年 8 月	《数字中国发展报告(2021 年)》	建成全球规模最大、技术领先的网络基础设施(我国行政村、脱贫村通宽带率达 100%,行政村通光纤、通 4G 比例均超过99%);数字经济发展规模全球领先(农村电子商务蓬勃发展,2021 年全国农村网络零售额达 2.05 万亿元,是 2017 年的 1.6倍);数字社会服务更加普惠便捷(农村地区互联网普及率提升到 57.6%,城乡地区互联网普及率差异缩小 11.9 个百分点)②

表 6 我国乡村教育信息化与数字化发展的代表成效（部分）

时间	报告名称	要点内容
2016 年 10 月	《2016 年全国教育信息化工作专项督导报告》	"宽带网络校校通"覆盖面进一步扩大;"三个课堂"等信息化应用模式逐步深入;湖南、湖北等地区利用"专递课堂"等模式,以"中心校带动教学点"等课堂结对形式,为教学点和农村薄弱学校的孩子带来优质教育资源;安徽省扩大在线课堂的常态化应用,已覆盖 59 个县(区)的 1986 个教学点,惠及全省 20多万名偏远地区孩子,有效解决了教学点因缺少师资不能完全开设"小五科"课程的难题;内蒙古从 2015 年开始在全区范围内推进"同频互动课堂"建设与应用,开展校际同频互动教学和教研,推进城乡教育均衡发展等③

① 国家互联网信息办公室:《数字中国发展报告 (2020 年) 》, 2021 年 7 月 3 日, http: // www. gov. cn/ xinwen/ 2021-07/ 03/ content_ 5622668. htm。
② 国家互联网信息办公室:《数字中国发展报告 (2021 年) 》, 2022 年 8 月 2 日, http: // www. cac. gov. cn/ 2022-08/ 02/ c_ 1661066515613920. htm。
③ 中华人民共和国教育部:《2016 年全国教育信息化工作专项督导报告》, 2016 年 10 月 31 日, http: // www. moe. gov. cn/ jyb_ xwfb/ gzdt_ gzdt/ s5987/ 201610/ t20161031_ 287128. html。

时间	报告名称	要点内容
2021年7月	《数字中国发展报告（2020年）》	学校联网攻坚行动深入实施，数字校园建设全面普及，贫困地区学校宽带接入和网络提速降费持续推进；教育资源开放共享程度不断深化，国家数字教育资源公共服务体系日益完善；国家数字化学习资源中心积极开发汇聚海量优质数字化学习资源，2020年入库课程达7.9万余门，各类媒体资源数量超过37.8万条，涵盖了学历教育、非学历教育和公共媒体素材等多个方向；在线教学模式覆盖范围持续拓展，"一师一优课，一课一名师"活动持续推进；"网络学习空间人人通"加速发展，应用范围从职业教育拓展到各级各类教育，师生网络学习空间开通数量超过1亿①
2022年8月	《数字中国发展报告（2021年）》	"互联网+教育"推动优质教育资源共享；数字校园建设稳步推进，我国搭建无线网络的学校数量超过21万所，86.2%的学校实现了多媒体教学设备全覆盖，学校统一配备的师生终端数量近3000万台，各级各类学校已基本具备信息化教学环境。国家数字教育资源公共服务体系不断完善，累计上架176个教育服务应用，资源覆盖小学、初中、高中共85个学科，总数达5000余万条，供广大师生免费获取，助力教育公平惠及更大群体②

三 乡村教育数字化发展的国外经验与本土行动

（一）国际借鉴：典型发达国家乡村教育信息化发展策略及模式总结

有学者指出，欧美地区偏远乡村的教育信息化发展路径，主要可以总结为四种：一是通过组织和实施不同的项目推进农村的教育信息化；二是通过

---

① 国家互联网信息办公室：《数字中国发展报告（2020年）》，2021年7月3日，http://www.gov.cn/xinwen/2021-07/03/content_ 5622668. htm。

② 国家互联网信息办公室：《数字中国发展报告（2021年）》，2022年8月2日，http://www.cac.gov.cn/2022-08/02/c_ 1661066515613920. htm。

学校与社区的合作推进农村的教育信息化；三是通过加强农村教师教育技术培训推进农村的教育信息化；四是通过远程教育促进农村的教育信息化。① 美国是上述四种主要发展策略的主要践行者，表7展示了20世纪末以来美国政府相应较具代表性的乡村教育数字化发展策略及行动。

表7 美国政府不同时期的农村教育数字化建设实践

时期	重要举措	主要内容
克林顿政府时期（1993~2001年）	"教育折扣项目"（Education Rate，简称E-rate）	美国联邦政府针对城市与偏远乡村地区间的"数字鸿沟"而启动的国家项目，该项目资金来源于教育和图书馆普遍服务基金（E-rate基金），凡是符合条件的中小学校和图书馆在购买互联网及其相关的硬件、软件服务时只需支付相应的折扣价格，折扣之外的费用则由E-rate基金支付
布什政府时期（2001~2009年）	"农村教育成就项目"（Rural Education Achievement Program，简称REAP）	克林顿总统于2000年12月签署通过的联邦专项拨款项目，2002年布什总统重新对其进行了授权，它是美国历史上第一次专门针对农村教育实施的拨款法案；该项目主要分为两个子项目，一是"小型和农村学校成就项目"（Small，Rural School Achievement Program，简称SRSA），二是"农村及低收入学校项目"（Rural and Low-Income School Program，简称RLIS）；在"农村教育成就项目"中，"发展教育技术"是其重点关注的五大内容之一，主要表现为通过专项拨款来实现数字化基础设施的规模化更新与升级
	电讯优惠措施	该措施强调农村学校和社区合作是美国推进农村教育信息化的重要举措之一；2003年该项措施拨给农村的资金达到5.76亿美元，惠及11576所农村学校和图书馆，弥补由于地理位置或财政资源短缺而造成的城乡不平等；该项措施拨款成就的信息技术使学校成为农村社区的中心，它帮助学生涉猎企业活动和社区网络，从而有利于它们建设并维护自己的社区

① 解月光、刘彦尊、宋敏：《欧美农村（偏远乡村）教育信息化推进策略及其启示》，《外国教育研究》2007年第12期。

时期	重要举措	主要内容
奥巴马政府时期（2009~2017 年）	连接教育计划（Connect ED Initiative，简称 Connect ED）	该计划的主要目的是借助教育技术来提升 K-12 教育阶段美国学生的受教育水平和国际竞争力，主要有三项内容：一是借助高速网络和最新的教育技术连接美国的各个学校，同时借助新技术为美国农村地区的学生升级运动场地；二是提升教师教学水平，让教师更好地利用新技术；三是释放企业创新潜力，支持数字化教育硬件软件的适配、应用与发展①
特朗普政府时期（2017~2021 年）	"成功指南——农村学校个性化学习实施策略"（A Guidebook for Success：Strategies for Implementing Personalized Learning in Rural Schools）	该指南于 2017 年发布，主要囊括了七大领域：课程教学与评估（Curriculum, Instruction, and Assessment）、个性化专业学习（Personalized Professional Learning）、经费预算（Budget and Resources）、社区合作（Community Partnerships）、数据隐私（Data and Privacy）、强健的基础设施（Robust Infrastructure）以及时空利用（Use of Space and Time），其中所描述与划分的个性化学习领域均离不开信息化与数字化技术的支持，并试图进一步在技术与教育之间架起衔接的桥梁，以鼓励个性化学习的形式，促进美国农村地区教育的数字化转型，从而提高乡村人才质量、提升乡村教育水平并缩小城乡教育鸿沟

　　20 世纪 90 年代至今，在历任联邦总统的带领下，美国以国家、州或学区为单位，通过有组织、有规划的计划与项目，从拨款增量到策略性提质，逐步有效地实现了其乡村教育数字化水平的整体提升。除美国之外，其他发达国家的数字乡村建设、乡村教育信息化发展经验，同样值得我们全面了解并做出选择性的借鉴。梅燕等学者对美、日、英、法四个典型发达国家的数字乡村发展模式进行了宏观梳理，并做出了系统化的比较分析，② 其具体模式示意如图 5~图 8 所示。

---

① 程文：《美国"连接教育计划"解读》，《世界教育信息》2015 年第 9 期。
② 梅燕、鹿雨慧、毛丹灵：《典型发达国家数字乡村发展模式总结与比较分析》，《经济社会体制比较》2021 年第 3 期。

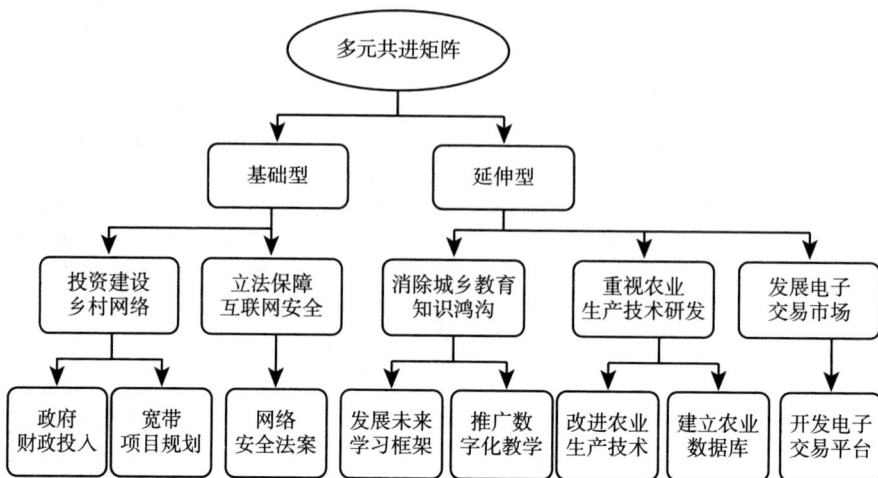

图5 美国的数字乡村建设：多元共进的矩阵型发展模式

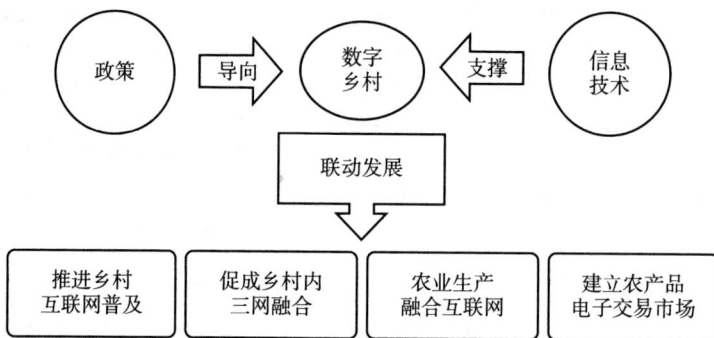

图6 日本的数字乡村建设：政策导向与信息技术支撑的联动型发展模式

如图5~图8中四个国家数字化乡村建设的模型所示，在各个国家以信息化、数字化发展服务乡村建设的过程中，政府的引导与干预都起着相当重要的作用。除此之外，相关的立法保障能够为数字化建设在乡村中的推进与稳固起到有效的保障作用，而在政府的干预与法律的保障作用下，各类数字基础设施的建设得以成形、信息技术支持得以落地，以数字基础设施为基础的数字化产业得以在乡村场域内发芽生根、以信息技术为支撑的数字化应用水平得以不断提升。

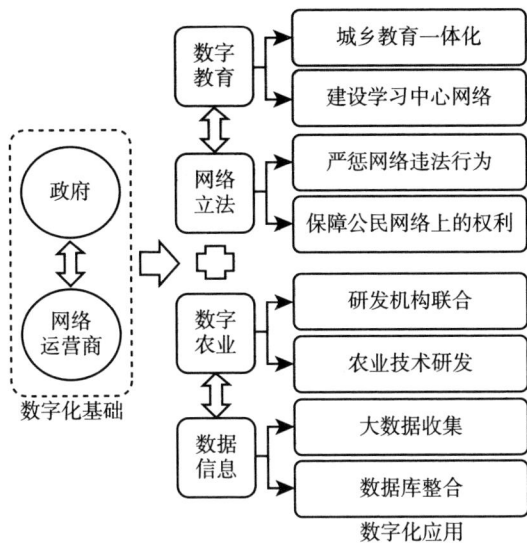

图7　英国的数字乡村建设：双向协同的秩序化发展模式

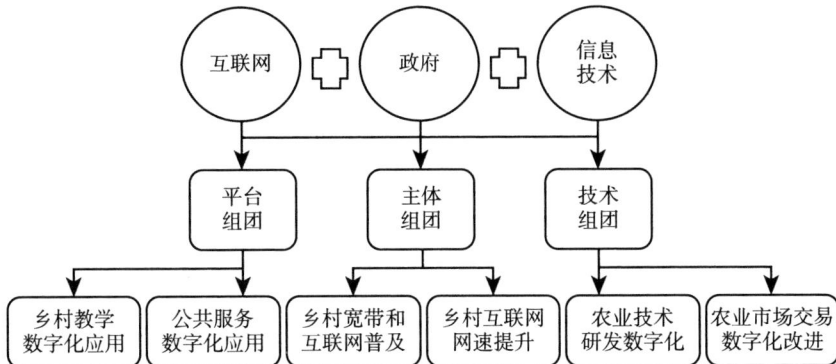

图8　法国的数字乡村建设："互联网企业+政府+信息技术"推动的多元组团发展模式

注：图5~图8的资料来源为梅燕、鹿雨慧、毛灵丹《典型发达国家数字乡村发展模式总结与比较分析》，《经济社会体制比较》2021年第3期。

　　乡村的数字化是一个整体的过程，涉及乡村的经济、社会、文化等方方面面，虽然基础设施建设存在时间顺序上的先后，但乡村数字化的进程总会"牵一发而动全身"，一个领域往往与其他领域息息相关。乡村教育的数字化发展也不例外。在图5~图8所示的模式中，美国依托农业信息技术的各个方面全方位推进数字乡村建设，以此构建的多元共进矩阵型发展模式与乡村教育数字化之间形成了一种互惠共生的数字生态。日本政府在数字乡村建设的过程中形成了政策导向与信息技术支撑的联动型发展模式，其先后发布"I-Japan"等国家层面的信息化战略，核心要点是大力发展电子政府以及地方电子自治体系，全面推动日本医疗与教育的电子化。英国政府的互联网立法与乡村教育数字化改革相辅相成，"立法与教育的秩序化协同减少了英国数字乡村发展过程中的不确定性"[①]。2019年英国教育部面向乡村地区全面推出"农村千兆位全光纤宽带连接计划"（Rural Gigabit Connectivity，RGC），该计划2年内斥资2亿英镑建立以小学为中心连接乡村地区的中心网络模型，类似专项计划的实施为解决英国乡村地区的教育落后问题提供政策支持。再如法国政府鼓励全社会充分利用互联网资源发展教育事业，一方面通过政府推出相应发展战略来强化乡村的宽带网络基础设施建设，另一方面又以政府为主导增加数字公共服务的内容和项目，切实推动互联网在农村教育系统中的应用和普及。

上述发达国家的数字乡村建设与乡村教育数字化发展策略与模式，能够为我国的乡村教育数字化发展提供有益的启示，在乡村这一有机整体迈向数字化、现代化的发展过程中，乡村教育的数字化不仅是历史的必然选择，更是乡村教育能够实现跨越式发展、弥合城乡教育发展"鸿沟"的最有效方式。

（二）本土实践：我国乡村教育数字化转型的可行模式

张伟平与王继新的调研组曾结合其调研区域乡村学校的教育信息化实践经验，总结出三种可行模式。[②]

---

① 梅燕、鹿雨慧、毛丹灵：《典型发达国家数字乡村发展模式总结与比较分析》，《经济社会体制比较》2021年第3期。

② 张伟平、王继新：《信息化助力农村地区义务教育均衡发展：问题、模式及建议——基于全国8省20县（区）的调查》，《开放教育研究》2018年第1期。

1. "共同体"模式

"共同体"模式的含义指将地理位置上相近的 1 所中心校和 1~2 个教学点组成共同体,中心校教师通过线上线下相结合的方式帮助教学点上课,解决课程开不齐、开不好的问题,同时帮助教学点教师提高专业素养及教学水平。中心校教师作为主讲教师通过网络向教学点直播教学,教学点教师组织本地课堂教学,辅助主讲教师授课,同时在跟随式教学中,提高专业素养及教学水平。教学共同体内的教师定期开展教学研讨和教研活动,共同学习和发展。教学共同体内的学生通过定期或不定期的活动结成学伴,共同成长、进步。

"共同体"模式实现了本地资源,尤其是优质教师资源的共享;将线上和线下两种方式充分结合,发挥各自长处解决教学问题,促进师生共同发展。

2. "双师"模式

"双师"模式最先由汤敏于 2015 年提出,旨在借助信息技术实现发达地区与落后地区共享优质教师资源的一种教育信息化实践模式。"双师"课堂的教学由两位教师共同完成,一位是教学视频中的优秀教师,另一位是本地教师,前者被称为"优师",后者被称为"本师"。①

"双师"模式的具体操作过程为"优师"现场录制讲课视频,上传到网上;"本师"观看视频,熟悉教学过程,在课堂上利用视频进行教学。"优师"提问时,"本师"停止播放视频,让学生回答问题,并负责对学生的疑问进行解答与互动。"双师"模式使用简便,易于操作和推广,不仅有助于解决农村教学点开不齐课、开不好课的问题,而且是一种陪伴式的教师培训方式,如乡村中的"专递课堂"就依托"双师"模式来开展。"本师"在"课课示范、天天培训"的教学过程中,专业素养、教学方法和技能得到全面提升。"双师"中的资源可以专门录制,也可以利用 MOOC 来组织"双师"教学。

---

① 从 2013 年秋季学期起,友成基金会与国家基础教育资源共建共享联盟及中国人民大学附属中学(小学)合作,将人大附中和附小教师录制的教学视频用网络送到贫困地区的乡村中小学。"双师"模式在我国乡村教育中已经展开了实践。

3. 数字资源模式

数字资源模式是一种将满足教学需要、符合学生认知特点、提升教学质量的数字资源用于教学中，帮助农村薄弱学校和教学点教师提高教学水平和质量，从而解决其师资短缺和开不齐课、开不好课问题的教育信息化实践模式。与"双师"模式的资源不同，此类资源特指非教学视频的教学辅助材料、工具等数字教育资源，如教案、课件、电子书以及电子试题等。

数字资源模式能在一定程度上缓解农村薄弱学校和教学点师资短缺，开不齐课、开不好课的问题；有助于解决教师自身的问题，如拓宽其知识面、提升教学技能和水平，从而有助于缩小农村地区学校与城镇学校之间的差距。

上述三种模式不仅拥有稳定的发展基础，更拥有实践经验的保障，因此在我国乡村教育领域具有一定的推广基础。以下两个案例同样以信息基础发展为支撑，可被视为我国乡村教育数字化建设的有效本土经验。

案例一　边疆民族山区："三个课堂"县域规模化应用与实践①

"三个课堂"是"专递课堂"、"名师课堂"和"名校网络课堂"的统称。"专递课堂"将优质课程资源、教学素材、"空中课堂"送到学生的面前；"名师课堂"重点提升教师专业水平；"名校网络课堂"则重点对接学校学习其他省份优质学校的先进经验。"三个课堂"的创新应用是扩大优质教育资源覆盖面、促进优质教育资源共享、提升偏远（农村）地区教育质量的重要方式之一。

在"专递课堂"方面，基于沧源作为边疆民族山区的实际，开展了以"双师协同"为特色的应用实践，为"专递课堂"的应用注入了新的动力。

在"名师课堂"方面，将"专递课堂"与"名师课堂"整合在一起，构建了"1+N"引领式的"名师课堂"，"1"代表关键少数的优良师资，

---

① 杨金勇：《"三个课堂"县域规模化应用模式与推进机制研究——基于边疆民族山区的实践探索》，《电化教育研究》2021年第5期。

"N"则代表的是来自县域内的普通教师，二者形成线上线下相结合的混合式研修模式，实现了网络研修和课堂教学的双推进与双提升。

在"名校网络课堂"方面，进行了教育供给侧结构性改革，在县域层面构建了"互联网+在地化""名校网络课堂"，打造城乡一体化、优质教育资源集约利用、分布式的教育网络，重组了学校业务流程，转变了学校发展方式，为山区学校的发展方式转变开辟了一条新路。

经验总结与展望：山区以县域为整体推进"三个课堂"的常态化，第一，需高度重视顶层设计与底层实践的有机结合与良性互动；第二，需深入推进能够胜任信息化教学的高水平教师队伍建设；第三，需以技术升级持续提升"三个课堂"的交互性与临场感；第四，需持续推动"三个课堂"应用与常规教育教学的深度融合。

案例二　内蒙古自治区"同频互动课堂"的应用与实践①

"同频互动课堂"是指利用计算机信息技术、网络技术、通信技术，将城镇优质教育资源同步传送到边远农牧区薄弱学校，供薄弱学校师生进行在线互动学习和网络教研，从而解决薄弱学校师资不足的问题。该课堂的上课教室分为主讲教室和听讲教室，两个教室可以互相进行远程同步共享，从而两端的师生能够共同参与完整的互动教学。

"同频互动课堂"与"三个课堂"的区别与联系：在区别上，一方面"同频互动课堂"区别于"名校网络课堂"，后者的主讲教师只需要负责本地学生的教学任务，无两端师生的互动交流；而前者的教学则不能忽视远端的听讲教室的学生，需要两端同步进行互动。另一方面"同频互动课堂"也区别于"专递课堂"，"专递课堂"的主讲教师和辅讲教师的主要任务不同，主讲教师负责的是网络远程授课，辅讲教师则是进行辅导、复练以及答疑解惑等，而"同频互动课堂"具备更强的"同步性"，两端教师更倾向于

---

① 陈佳：《"同频互动课堂"教学模式的应用实践研究》，硕士学位论文，内蒙古师范大学，2019。

共同参与课堂的教学设计和交流反馈，更具"互动分享性"；在联系上，显然"同频互动课堂"和"专递课堂"共同依托于"双师"模式推进课程及活动。

开展现状：截至2017年5月，内蒙古自治区内有98个旗县区建成"同频互动课堂"教学系统，占内蒙古自治区旗县区总数的95%，在57个贫困旗县区实现了全覆盖，实现了通过互联网远程通信手段将优质教育资源同步传输到农村学校，也实现了教育均衡发展。

四 我国乡村教育数字化转型的策略与展望

恰如教育部教育信息化专家组成员所言，"教育信息化是一个动态的发展过程，在这个过程中，数字化一直起着支撑作用"[1]，教育数字化发展是教育信息化在当今社会的时代特征与高级阶段。针对难以避免的数字化时代城乡发展"数字鸿沟"持续扩大的问题，乡村教育的数字化既是不可忽视的痛点，又是能够真正解决问题的关键点。杨现民和余胜泉提出，我国数字化教育的转型离不开国家层面的顶层设计与整体规划，我们应该遵循"应用驱动、科教融合"的根本原则，从"升级改造数字化教育基础设施环境、创新应用新一代信息技术来服务教育发展、推进国家级数字化教育云服务平台建设、创新教师信息化教学培训内容与模式、建设并汇聚海量优质教育信息资源以及创新教育管理与运行机制（政产学研用五方联合）"这六大方面持续推进。[2] 这同样为我国乡村教育数字化转型提供了理论指引与实践方向。综上，要探索"十四五"时期以及未来一段发展时期内，以数字化促进形成我国乡村教育高质量发展的有效路径，并形成长效发展机制，以下5方面的考量是必要且迫切的。

---

① 刘增辉：《教育部教育信息化专家组成员郭绍青：教育数字化是教育信息化的高级发展阶段》，《在线学习》2022年第5期。
② 杨现民、余胜泉：《论我国数字化教育的转型升级》，《教育研究》2014年第5期。

（一）做好顶层设计，不断完善政策与法规保障

从发达国家的乡村教育信息化、数字化发展过程中汲取有效经验，其中的显著共性表现为，针对性立法保障的基础与推动作用不容忽视。如美国不同总统在任时期，均以颁布计划、法案或推出项目的形式，以联邦政府或各州政府为主导，带动区域内乃至国家层面乡村教育信息化的行动或改革。政府强有力的保障能够为偏远或贫困地区教育信息化改革的实践与落地注入"强心剂"，最大限度地实现预期行动效果，使得极具现实价值的方案不至于沦为空谈。我国幅员辽阔，贫困地区与广大农村地区的地理位置、文化习俗与发展境况各异，因此教育数字化发展政策的落地与融入必然会面临多重考验，这既需要各地区充分发挥主观能动性，因地制宜将法律、政策及计划与自身发展状况有机结合；又对政策的制定提出了更高要求，即要充分考虑我国农村地区教育发展的共性与差异，在顶层设计层面尽可能做到不断完善，不论是专门性法律法规、财政拨款还是专项计划，都应进一步在大方向上给予明确指引、在细节上予以差异化考量，为我国当下及未来一段时期乡村教育数字化发展夯实根基。

在近年来中央一号文件对我国"三农"问题的总体部署之下，结合《国家标准化发展纲要》和《数字乡村发展战略纲要》等文件的部署要求，2022年9月，中央网信办、农业农村部、工业和信息化部以及国家市场监管总局4部门印发了《数字乡村标准体系建设指南》，以期进一步加快我国数字乡村标准化的建设。该指南中，乡村"互联网+教育"标准主要规范网络教育、信息技术在乡村学校中的应用，以及相关人员数字化能力培训，主要包括乡村学校教育教学、教育评价和生活服务信息化、网络教育课程、乡村教师信息化教学和数字化能力培训、在线教育质量要求、新型农民数字化能力建设培育等标准。①

---

① 《中央网信办等四部门关于印发〈数字乡村标准体系建设指南〉的通知》，中国政府网，2022年9月4日，http://www.gov.cn/xinwen/2022-09/04/content_ 5708228.htm。

根据该指南的要求，在乡村公共服务数字化领域，与乡村教育数字化发展密切相关的国家标准《远程教育服务规范》（GB/T 39050－2020）已于2020年面向全国发布并执行。这一新规范致力于为我国远程教育飞速发展过程中出现的诸多质量问题提供可行的标准依据。在"十四五"时期，对于我国乡村教育数字化的高质量发展而言，科学监管、优化服务模式、提升远程教育质量水平等都是迫切的发展诉求，而相关标准的制定与发布则能够为今后我国乡村教育数字化的规范化、标准化发展提供稳定的参考与统一的指南。

（二）健全数字化基础设施，持续提升数字普及率与利用率

一方面，对我国乡村教育数字化基础设施的建设工程不能放松。现阶段，虽然我国在战略层面正在逐步深化对"数字中国""数字乡村""教育数字化"等新发展方向的认识，但要将这种认识转变为发展现实，我们必然还需要付出长足的努力。前文中几个大规模调研的结果均表明，农村地区学校的数字化基础设施建设水平仍旧薄弱，全国义务教育学校数字化基础设施建设水平在"及格线"边缘徘徊，东西部地区学校数字化基础设施建设的完善程度差异巨大等。进一步有序提升欠发达地区的学校与教育系统数字化基础设施的覆盖率，是弥合我国城乡教育发展"数字鸿沟"的必由之路。

另一方面，要不断提高乡村学校教育数字化基础设施利用率和使用效率，积极推动教育技术与乡村教育的全面深度融合。以计算机为代表的教育多媒体设备更新换代速度本就极快，乡村学校与教学点仅仅配置好相应的设施并不能保证其教育数字化发展"万事大吉"。硬件设备的长期闲置、配套软件的低利用率会造成数字化教学资源的极大浪费，长此以往，乡村教育数字化的"两张皮"现象便难以根治。因此，应提升数字化基础设施在乡村教育系统中的利用率，让既定的设备"活"起来，在乡村课堂中进一步推动多媒体设备的灵活运用，让乡村孩子同样享受云教育资源，在乡村中发展并形成以现代教育技术为依托、以教育资源高效利用与共享为愿景的乡村教

育数字化发展机制，以尽可能地缩小城乡教育差距、将数字化的特色与力量真正注入乡村教育系统。

（三）依托数字潮流，加快提升乡村教师队伍的数字素养

2018 年至今，为着力提升我国乡村教育数字化发展水平，乡村教师队伍的专业化发展问题一直以来广受重视。从教育部等 5 部门联合印发的《教师教育振兴行动计划（2018—2022 年）》，到 2022 年 4 月教育部等 8 部门印发的《新时代基础教育强师计划》，一系列政策对我国教师队伍的建设以及乡村教师队伍的不断强化给予大力支持。教师群体是促进乡村教育振兴的中坚力量，为深入了解我国乡村教师队伍的发展现状，2021 年初，北京师范大学在全国重点教育帮扶地区遴选了 40 所乡村学校，采用量化研究与质性研究相结合的方法，对相应地区乡村学校、乡村教师以及乡村教育的专业化与信息化发展进行深度调研。[①] 调研数据结果表明，在受访的 40 所乡村学校中，信息化工具的使用仍是乡村教师的"短板"（如 70.86% 的受访者认为乡村教师队伍的信息技术能力有待提升，多数教师认为其自身的信息素养匮乏等），多数教师对"技术如何和自己的业务结合起来心存疑惑"。上述调研的结果表明，当前，在数字化潮流席卷社会全领域的背景下，信息技术素养的提升对乡村教师日常教学与管理工作的开展虽然尚未能起到决定性的作用，但已经能够影响乡村教育的整体质量和未来发展方向。

提升广大乡村教师队伍的信息技术素养是一项长期、持久的工程。要充分发挥线上平台、云资源的优势，跨越时空的限制，借助智能化平台开展乡村教师基本数字素养的培育工作。乡村教师对先进的教育技术和线上教学资源有了深入了解后，才能结合自己的教学实际，充分发挥主观能动性，引导并帮助学生不断接触、不断了解并主动使用线上教育资源，使数字化教育设备与教育软件物尽其用，从而在乡村中形成教育数字化发展的良性循环。此

---

① 李晓庆、刘微娜、李希铭、于健民：《智能化技术助力乡村教师专业化发展的实践路径——基于我国 40 所乡村学校的调研》，《教师教育学报》2022 年第 5 期。

外，随着数字化设备的普及与大数据技术的推广，乡村教师群体的线上教研活动的普及与线上教研社区的推广已经成为可能。受地理位置等复杂现实因素影响，未来一段时期内，线上交流、线上活动与研讨将会越来越普遍，乡村教师群体无法也不应脱离教育数字化发展的趋势，唯有主动认知、积极接纳、融会贯通，才能助力我国的乡村教育早日实现信息化与数字化发展的愿景。

（四）建立"多方参与"机制，积极调动社会各界力量

乡村教育数字化的发展建设离不开多方社会力量的共同参与，这不仅是政策与法律的要求，更是教育与社会发展密切相连的趋势。在此过程中，国家与教育主管部门应充分调动社会力量，鼓励企业投资乡村教育数字化的建设或给予技术支撑，引导地方因地制宜发掘乡村"校企合作"模式，联动高校合作提升乡村师资培育质量等，形成"政府引导、企业建设、高校支撑、学校应用"① 的多方协同长效发展机制，使得乡村教育数字化的发展与市场、产业的发展有机融合，以信息化、数字化与智能化发展推动乡村教育的振兴。

2022 年 7 月，21 世纪教育研究院与阿里智能信息事业群夸克松果公益项目联合发布了《我国乡村学校数字素养教育现状与需求调研报告》，该报告以我国 11 个省（区、市）的 5151 位乡村校长和教师为主要调研对象，深入了解了我国乡村教育的数字化发展情况以及乡村青少年的数字素养与技能培养状况。实际调研结果显示了我国乡村教育数字化以及乡村青少年数字素养的种种不足之处，针对此结果，该报告建议应充分发挥社会组织力量在乡村数字素养教育中的"杠杆作用"，鼓励互联网相关企业面向乡村学生与家长开展在线科普讲座等活动，加快数字素养教育的制度化、体系化、标准

---

① 张伟平、王继新：《信息化助力农村地区义务教育均衡发展：问题、模式及建议——基于全国 8 省 20 县（区）的调查》，《开放教育研究》2018 年第 1 期。

化建设，尽可能在乡村地区形成"多方联动"的数字素养教育体系。① 这一调研的结果同样为多方社会力量参与乡村教育数字化建设提供了实践支撑。

（五）参照国内外实践，努力探索我国特色发展模式

我国广大乡村地区的教育数字化发展不会趋向于同质化的"复制粘贴"，这是由不同地区乡村各具特色的历史背景与现实诉求共同决定的。信息化与数字化的发展赋予了乡村教育更广阔的发展空间，也为各地区因地制宜探索教育数字化发展模式提供了更多可能。从国外乡村学校的几种典型发展模式中可以看出，不论是将地域特色融入乡村学校发展过程中的"特色发展模式"、以发展信息技术为核心来赋能乡村学校建设的"跨越发展模式"、将市场理论的相关运作方式运用于乡村学校改进之中的"市场发展模式"、通过校际相互合作来促进各校形成发展的"协同合作模式"，还是将乡村学校发展与社区发展合二为一的"社区共建模式"，大致都做到了"从实践中来、到实践中去"，且均或多或少需要信息技术的辅助加持。② 而"共同体"模式与"双师"模式等，均是我国在乡村教育数字化实践过程中形成的有效模式，值得向更多偏远农村学校与教学点做进一步推广。

在探索中国特色乡村教育数字化发展模式与规律的过程中，在借鉴国内外有效经验的基础之上，模式的实践与总结要尽可能地做到以"精准化"逐步代替"泛化"，即针对不同地区乡村本身的特色、产业发展趋势和教育总体情况，挖掘其教育发展的主要方向，并结合现代教育技术的辅助作用，形成真正有特色的、持久的和可推广的模式。

---

① 中国新闻网：《我国乡村学校数字素养教育现状与需求调研报告》，2022 年 7 月 8 日，https：//www.chinanews.com.cn/gn/2022/07-08/9799068.shtml。

② 袁利平：《国外乡村学校发展模式研究》，《比较教育研究》2018 年第 5 期。

专题篇
Speical Reports

B.2
农村职业教育助力乡村振兴的发展坐标、比较优势与行动策略

刘晓山*

摘　要： "三农"问题一直是关系国家发展和社会稳定的根本性问题，因此，把握我国乡村振兴工作的历史方位尤为重要。"十四五"时期，农民对宜居宜业和美生活有新要求、新期盼；农村产业发展对产品品质和产业业态发展有新要求、新需求；国家发展着力点的转变也使得"三农"工作有了新的发展方向。在此基础上，应清醒认识到建设农业强国面临的主要困难和挑战，深刻认识发展农村职业教育对实现乡村振兴战略的重要作用，努力从国家层面进一步奠定农村中等职业教育发展基础、面向乡村发展需求明确农村职业教育定位、利用现代技术促进农村职业教育跨越发展，同时积极发挥非正规职业培训作用，为农村职教助力乡村振兴建设注入新的活力。

---

* 刘晓山，国务院扶贫办开发指导司原副司长，二级巡视员。

关键词： "三农"工作　农村职业教育　乡村振兴

习近平总书记在党的十九大报告中指出，经过长期努力，中国特色社会主义进入了新时代，这是我国发展新的历史方位。这一重大政治论断，为我们深刻把握当代中国发展的新阶段新特征，科学制定农村职业教育助力乡村振兴的规划政策和行动路线提供了时代坐标和基本依据。

一　新的历史方位下乡村振兴的新形势与新困境

2023 年中央一号文件开篇就指出：党的二十大擘画了以中国式现代化全面推进中华民族伟大复兴的宏伟蓝图。全面建设社会主义现代化国家，最艰巨、最繁重的任务仍然在农村。中国特色社会主义进入新时代，农业农村发展进入新阶段，乡村建设立于新起点、迎来新机遇，这要求我们审时度势，牢牢抓住全面推进乡村振兴的有利时机，精准把握乡村振兴新的历史方位，根据"三农"问题新形势和乡村振兴突出困境，锚定农村职业教育在助力乡村振兴上的发展坐标，从而把握教育发展背景、明确教育发力方向、找准教育赋能支点。

（一）"三农"问题新形势

一是农民生活向往已从"有没有"转向"好不好"，对宜居宜业和美生活有新要求、新期盼。党的十八大以来，我国农村发生了翻天覆地的变化，乡村建设有了较为扎实的基础。动力电、硬化路、4G 网络基本覆盖行政村，村庄基本实现干净整洁有序，基本消除乡村医疗机构和人员空白点位，农村供水保证率、通过县域义务教育基本均衡发展评估认定的县的比例均超过95%，城乡基本医疗保险、养老保险基本实现全覆盖。总体上已解决了"有没有"的问题，下一步通过实施乡村建设行动就是要解决"好不好"的问题。要通过乡村建设推动乡村从干净整洁向宜居宜业和美升级，从全面推开向整体提升转变，从探索机制向长治长效深化，推动乡村发展再上新台阶。

二是农村产业已从传统农业时代转向产业、行业深度融合阶段，对产品品质和产业业态发展有新要求、新需求。党的二十大作出加快建设农业强国的战略决策，要求我们必须积极适应新一轮科技革命和产业变革的加速演进，抓住乡村新产业、新业态发展的有利契机，强化主体跨界融合、业态跨界创新、要素跨界配置、利益跨界共享，协同推动乡村新产业、新业态加快发展，为农业强国建设提供路径保障。随着我国城市居民收入的持续快速增长和城镇化率的不断提升，城市居民对乡村和农业的多功能产品需求大幅增加，特别是乡村生态环境、农业景观、乡村生活、农耕文化等已成为吸引城市居民前往休闲旅游的主要力量，以电商、网购为主要消费方式的城市消费者已成为品牌农产品的消费主力，以传统农业技艺和乡土艺术为主要内容的"非遗"正受到越来越多年轻消费人群的青睐。数据显示，近年来，城市居民的农产品消费和在农村的休闲消费，已占到家庭日常消费总额的70%左右。城镇消费的转型升级，为我们大力培育和发展乡村新产业、新业态提供了重要机遇。培育乡村新产业、新业态是应对城镇消费转型升级的必然选择。

三是国家的发展着力点已从建设以"国际大循环"为主导的"世界工厂"，转向为构建"以国内大循环为主体、国内国际双循环相互促进的新发展格局"，"三农"发展有新机遇、新要求。加快构建新发展格局是党中央立足新阶段，贯彻新发展理念作出的重大战略谋划，习近平总书记强调，要推动形成以国内大循环为主体、国内国际双循环相互促进的新发展格局；要把满足国内需求作为发展的出发点和落脚点，加快构建完整的内需体系；扩内需、稳投资、搞建设，不能只盯着城镇，农村这块"欠账"还很多，投资空间很大；要继续把公共基础设施建设的重点放在农村，短板要加快补上，要在推进城乡公共服务均等化上持续发力。内需是新发展格局的关键所在，农村则是内需的潜力和后劲所在，要通过充分挖掘内需潜力，化解外部冲击和外需收缩带来的影响，通过"三农"工作的确定性化解百年未有之变局下的不确定性。

（二）乡村振兴新困境

随着改革开放的不断深入和工业化、城镇化的不断推进，我国农村的发展也出现了不少制约瓶颈，突出表现为"新三农"问题，即"农村空心化、农业边缘化、农民老龄化"问题，给乡村振兴带来了一些挑战。

一是农村人口大量外流和人口老龄化导致"无人可用"，乡村建设主体缺失。根据国家统计局发布的《中国统计年鉴 2022》，截至 2021 年底，我国乡村人口数为 4.98 亿人，占全国总人口的 35.28%，与 2010 年 50.05% 的占比相比，下降了 14.77 个百分点，年均减少值超过 1000 万人。[①] 此外，国家卫健委老龄健康司发布的《2020 年度国家老龄事业发展公报》表明，农村的老龄化水平明显高于城镇，截至 2020 年 11 月 1 日，我国农村 60 周岁及以上、65 岁及以上老年人口占农村总人口的比重分别为 23.81%、17.72%，比城镇的比重分别高出 7.99 个百分点、6.61 个百分点。[②] 当下的乡村建设是以村民为主体，需要村民共建共管、投工投劳，政府更多的是要采取以奖代补、投资补助等举措；人口的流失带来的是主体的缺位，势必制约乡村建设的成效。

二是农村"空心化"程度不一、资源日渐萎缩，严重制约村庄规划实施和乡村建设开展。习近平总书记在 2022 年的中央农村工作会议上强调，要对我国城镇化趋势、城乡格局变化进行研判，要科学谋划村庄布局，防止"有村无民"造成浪费。

三是村级支柱产业少、村集体经济基础薄弱，乡村建设缺乏可持续性。一些地方受农业边缘化影响，在农村产业发展方面投入的资金、技术、人力长期较少，大部分村集体难以培育形成自己的支柱产业，直接削弱了乡村建设的物质基础，导致乡村建设缺乏可持续性。

四是村民自治主体缺位，基层组织功能发挥不充分。农民老龄化导致村

---

① 国家统计局：《中国统计年鉴 2022》，http://www.stats.gov.cn/sj/ndsj/2022/indexch.htm。
② 中华人民共和国国家卫生健康委员会：《2020 年度国家老龄事业发展公报》，2021 年 10 月 15 日，http://www.nhc.gov.cn/lljks/pqt/202110/c794a6b1a2084964a7ef45f69bef5423.shtml。

民自治主体处于缺位状态，一些留守人员参与公共事务热情不高，不愿也不懂参与村民事务管理，而那些有文化、有能力、懂管理的农民又在外务工不愿回来。现有的村"两委"干部在组织动员农民方面观念不强、办法不多，未能充分发挥基层党组织的战斗堡垒作用，在一定程度上影响了乡村建设的效果。此外，脱贫村村"两委"干部还不能很好地担负起带领群众巩固拓展脱贫攻坚成果的责任；脱贫群众自身素质能力还有待提高；脱贫地区产业发展和市场销售后续尚未形成互促共进的良性循环。

"三农"问题新形势和乡村振兴新问题，既是乡村发展的挑战也是机遇，既为农村职业教育发展勾勒了主要方向，也提出了基本要求。新的历史方位下，乡村振兴为我们提出了一个引导农民、规划农村、布局农业、破解"新三农"问题的时代课题——经营乡村。在这一课题中，农村职业教育必须找准发展坐标，明确自身应扮演的角色以及应发挥的关键作用，紧跟时代和国家发展步伐，审时度势、因势利导、乘势而为，参与乡村发展、建设、治理，从而高效地引导农民、培育农民、支持农业产业、促进乡村治理发展，实现"乡村教育振兴"和"教育振兴乡村"同频共振。

二 农村职业教育助力乡村振兴的比较优势

党的二十大报告明确提出"全面推进乡村振兴，坚持农业农村优先发展""加快建设农业强国"的奋斗目标，这充分体现了中国共产党对"三农"工作的一贯重视和坚强领导。习近平总书记指出，农村经济社会发展，说到底，关键在人。党的二十大报告强调"要办好人民满意的教育"。农村中等职业教育作为与乡村联系最为紧密的一种教育类型，更应在新时代中承担起相应职责，充分发挥自身在人才培养、产教融合等方面的优势，助力乡村发展，为党和人民提供更加高质量的农村中等职业教育。

一是农村职业教育对乡村的人才贡献率远高于其他普通教育。人力资本理论认为人力资本在经济增长中的作用远大于物质资本。区域经济的发展是以一定数量的高质量专业技术人才为支撑，而农村中等职业教育作为人才培养基地，由于其具备专业性和职业性的特点，可通过不同的专业设置培养出面向"三农"、服务"三农"的多层次、高素质专业技能人才。一方面可直接满足当地农村农业发展的用人需求；另一方面可极大地提高劳动者综合素质，进而提高劳动生产率，促进农村经济社会发展。值得注意的是，农村职业教育的生源大多来自本地区和邻近地区，毕业生也大多会选择在本地区或邻近地区就业，因此，农村职业教育对当地乡村的人才贡献率远高于其他普通教育。

二是农村职业教育更贴合乡村各类劳动者成才需求。职业培训作为人力资本投资的一种重要形式，对促进劳动者就业、改善地区就业环境具有正向作用。职业教育具有较强的包容性，是面向所有人的一种教育类型，除适龄青少年外，农村职业教育还面向已经进入劳动力市场的青年群体，为包括企业在职员工、退伍军人、农民工等社会成员提供二次学习和接受教育的机会，使其获得生存和发展的技能。尤其是在经济较为落后的农村地区，青少年及社会弱势群体可以通过接受职业教育提高受教育水平，掌握安身立命的"一技之长"，进而拓宽就业选择面，提高就业质量。对于农村经济社会发展来说，就业环境的改善与就业质量的提升可以显著提高社会稳定性，保障区域经济的可持续发展。

三是农村职业教育服务乡村建设发展治理更加便捷。农村职业学校拥有多学科的技术技能人才和技能实训中心，可作为高新技术的孵化与转化基地，为农业农村的建设与发展提供技术指导、建议与扶持。一方面，农村职业教育通过产教融合、校企合作，可以实现与地方经济接轨、与农业企业结合，真正了解地方经济和农业企业发展的问题与困境，进而通过项目开发等方式，孵化出促进当地经济社会发展的先进技术与专利，并将其直接应用于实际，有效促进农业农村的技术创新与发展。另一方面，农村职业教育可以通过将最新的科学技术和科技成果融入教学，提高学生对最新科学技术的理解与应用能力，进而转化为农业农村发展的实际生产力，为区域经济社会发展做出贡献。

三 农村职业教育助力乡村振兴的行动策略

对农村职业教育而言，近年来虽有重大优惠、扶持政策相继出台，但就目前来看，受普通教育和城乡二元结构的影响，农村职业教育始终是教育结构中较为薄弱的部分，无法在乡村振兴中发挥应有作用。其发展仍面临诸多现实困境，主要表现为：受社会观念影响，农村中职教育发展的社会环境较差；受城乡环境影响，农村中职教育发展缺少优质教育资源；受内部结构影响，农村中职教育发展模式逐渐僵化。因此，可采取突破观念屏障、精准服务目标、弥补资源短板、激活发展模式的行动策略，最大限度地发挥农村中职教育服务我国新时代农业农村发展与乡村振兴战略的作用。

（一）突破观念屏障：从国家层面优化农村中职教育发展环境

提高对农村中职教育的重视程度，改变"农村中职教育只是一种扫盲教育"的落后观念，从政策保障、资金保障、生活保障等各方面优化其发展环境。一是要推进落实新修订的《职业教育法》。《职业教育法》第十条已明确指出要支持举办面向农村的职业教育，培养高素质乡村振兴人才。要推进落实落细，保证城乡职业教育均衡发展。二是要加大资金的投入力度。设立专项资金或项目保证资金，对发展困难的农村职业学校提供资金帮助，保证资金投入力度。鼓励有条件的地方政府增设农村中职教育经费，用于推动农村职业教育的发展。此外，可通过一些税收减免和其他优惠政策提高社会其他主体投入农村职业教育的积极性，拓宽资金来源渠道，保证农村职业教育快速、稳定、健康发展。三是要积极探索逐步破解长期城乡二元结构形成的问题。如深化教师和学员成长发展过程中的城乡交流，解决户籍、就业、创业、晋职、晋升、激励、奖励等问题。

（二）精准服务目标：面向乡村发展需求明确农村职业教育定位

农村职业教育要强化服务"三农"的价值取向，以服务"三农"为办学初心，以培养新型职业农民、提高返乡创业人员的技能水平等为己任，根据农民发展方向因材施教，利用多元化的教学方式以达到最好的培育效果，为乡村振兴的实施提供优质的人力资源和技术支持。应在一定程度上兼顾好就业和升学两方面的教育需求，即在类型教育的基础上，一方面满足学员职业发展的学历提升需求，另一方面保证学员职业发展中的职业技能需求。同时，农村中职教育应拓宽服务面，将广大的农民群体纳入自身的培养体系中，制定适当的培训方案和实践计划，帮助他们在短时间内成长为乡村振兴战略所需的新时代农民。

（三）弥补资源短板：利用现代技术促进农村职业教育跨越发展

教育数字化是我国社会数字化发展的重要组成部分，农村职业教育应将"数字化"有效融入教育全过程，利用、整合、创生优质资源，补齐发展短板，推动实现以数字信息化发展促进农村职业教育的跨越式发展。可探索区域内职业学校共同组建移动职业教育设备中心，建立全国性的农村职业教育培训平台，为农村中职学校搭建"互联网+职业教育"教室。

（四）激活发展模式：发挥非正规职业培训的作用，多主体开展职业教育

当前，我国政府高度重视非正规职业培训，出台了相关政策引导和支持职业院校开展面向社会人员的短期职业培训班。农村职业学校应积极响应国家号召，在发挥学历教育作用的同时，提高对职业培训职责的关注度，利用自身优势，面向我国农村和农民，开发适合不同人群的农作物培育、家禽养殖、物流配送、电商直播等自主就业创业项目，开设短期职业培训班，必要时可将培训班开到田间地头或企业车间，切实满足不同人员的职业技能提升需要。同时，农村职业学校可以与当地龙头企业或乡村政府合作建立稳定的培训基地，依托当地特色产业和重点项目，定期定点组织已毕业的新成长劳动力、乡村青壮年劳动力和返乡农民工进行联合培训，共同开展产品开发、农产品销售等工作。

参考文献

习近平：《决胜全面建成小康社会　夺取新时代中国特色社会主义伟大胜利——在中国共产党第十九次全国代表大会上的报告》，人民出版社，2017。

《中共中央　国务院关于做好2023年全面推进乡村振兴重点工作的意见》，中国政府网，2023年2月13日，https：//www.gov.cn/zhengce/2023-02/13/content_ 5741370.htm。

《习近平：高举中国特色社会主义伟大旗帜　为全面建设社会主义现代化国家而团结奋斗——在中国共产党第二十次全国代表大会上的报告》，中国政府网，2022年10月25日，https：//www.gov.cn/xinwen/2022-10/25/content_ 5721685.htm。

B.3

政校企联合运营：清华大学乡村振兴
工作站实践模式

张　弘　周政旭　涂文颖　王少钒　程正雨*

摘　要： 清华大学乡村振兴工作站是全国首创的"乡村振兴工作站"项
目，其通过改造乡村中闲置、废弃的房屋，与地方政府共建实体
站点，满足师生扎根乡村开展长期驻点服务需求；同时，采用学
校、地方政府、企业联合运营模式，以人才培养和社会服务相结
合为目标，不断完善组织机制，拓展内涵和服务体系，逐步成为
高校培养青年学子全面发展的新方法、教育资源普惠社会的新形
式、推动乡村发展的新支点。依托工作站建设，致力于多角度助
力乡村振兴，让站点成为村社建设"议事厅"、文明宣传"新橱
窗"、美丽乡村"创造社"、新型技术"试验田"、基层治理
"桥头堡"、乡村体检"诊断室"、社会资源"聚宝盆"、乡村建
设"规划所"。打造公益性、开放性、长效性助力乡村振兴的服
务平台。

关键词： 政校企联合运营　清华大学　乡村振兴工作站　乡风文明

---

* 张弘，清华大学建筑学院副教授，主要研究方向为乡村建设；周政旭，清华大学建筑学院副
教授，主要研究方向为乡村规划与设计；涂文颖，清华大学建筑学院在读硕士研究生，主要
研究方向为乡村规划与设计；王少钒，清华大学建筑学院在读博士研究生，主要研究方向为
乡土聚落与民居；程正雨，清华大学马克思主义学院在读博士生研究生，主要研究方向为马
克思主义中国化"三农"问题和乡村振兴战略。

引　言

为响应党的二十大报告提出的"全面推进乡村振兴"号召，清华大学秉承家国情怀和社会责任，总结长期开展乡村实践的经验，于全国首创"乡村振兴工作站"项目；并基于站点网络，形成了遍布全国各地的思政育人、实践育人载体平台，建立了"思政育人引领、实体站点切入、课程体系构建、全员资源汇聚、全过程贯通培养、全方位平台支撑"的思政育人与培养机制。

清华大学乡村振兴工作站（以下简称"工作站"）是在中国共产党清华大学委员会的领导下，以及共青团清华大学委员会和清华大学各部处的支持下，由建筑学院发起、联合各个院系共同开展的一项乡村振兴主题公益活动。其通过改造乡村中闲置、废弃的房屋，与地方政府共建实体站点，满足师生扎根乡村开展长期驻点服务需求，同时，整合校内外资源，发挥工作站公益性、长效性、开放性的平台作用，通过创新校地合作机制，探索高校全面助力乡村振兴的新模式，深化育人成效。工作站模式以人才培养和社会服务相结合为目标，通过不断完善组织机制，拓展内涵和服务体系，逐步成为高校培养青年学子全面发展的新方法、教育资源普惠社会的新形式、推动乡村发展的新支点。工作站是村民的党群活动场所，是"行走在乡间的思政课堂"、"新时代的讲习所"和"乡村创新创业孵化器"。

自 2017 年 10 月工作站模式启动以来，其得到了广大师生校友、国内外高校、地方政府和社会各界的积极响应。目前，清华大学已与全国 21 个省、自治区、直辖市的 32 个地市区县签订共建工作站协议。工作站实践也延伸至全国多所高校，会聚了文、理、医、工、农等不同学科背景的同学。工作站逐渐形成了"多学校联合，多专业融合，多年级共同参与"的实践模式。

"乡村振兴工作站"项目得到了社会各界的普遍认可，曾获评教育部"高校思想政治工作精品项目"、教育部直属高校"服务乡村振兴创新试验培育项目"和"精准扶贫和精准脱贫典型项目"、团中央"三下乡"社会实践优秀品牌项目和优秀支队、北京高校党的建设和思想政治工作优秀成果奖等，涌现出"全国向上向善好青年"和云娟、立志扎根基层服务的"村里的博士"李久太等先进个人。工作站团队得到了《人民日报》、新华社、央视《新闻联播》等社会主流媒体的持续报道，也作为青年服务国家典型代表两次登上央视五四晚会，讲述公益成长故事。同时，CGTN、《中国日报》等具有国际影响力的媒体还将工作站故事传播到世界各地，传递中国乡村发展的声音。

一　主要做法

（一）服务国家发展，助力乡村振兴

工作站团队响应地方发展需求，以深入调研、解决乡村真问题的朴素初心服务基层，多维度持续开展乡村振兴工作。第一，助力产业兴旺，团队考察具有地方特色和发展潜力的产业及产品，完成 100 余万字产业发展报告。改善人居环境，通过闲置房屋改造、公共空间改造设计等，团队完成工作站建设方案 125 份，打造兼具地方特色与生态效用的乡村功能区。第二，添彩乡风文明，团队深入研习传统文化，结合地方特色设计文创产品 600 余份，为传统文化、民族文化的创造性转化、创新性发展贡献青春智慧。第三，积极建言献策，团队走村入户，调研走访基层干部和村民，开展乡村座谈会 400 余场，为乡村振兴提供可靠的支撑数据和民意汇总。第四，物质精神并重，团队结合群众诉求，通过青年在地活动，如举办乡村音乐会、厨艺和石头棋村赛等，丰富村民精神生活。第五，点面结合发力，团队因地制宜开展服务，在云南南涧，搭建爱心公益平台，向当地学校捐献总价值约 175 万元的物资，覆盖超过 1.3 万名学生；在山东文登，引进 20 余名乡村振兴首席专家，并在其带动下打造近 20 个特色村，吸引社会资本近 2 亿元，改建流转房屋 400 多栋；在福建福鼎，吸引 600 多名青年进站实践，助推驻地东角村入选省级乡村振兴试点示范村。

（二）培养乡村人才，完善体系建设

工作站团队连接校园和田园，依托常态化专家指导和多层次、多样性培养资源，为校地青年人才培养提供支撑。聘请 62 位专家成立指导委员会，组织 27 期云讲堂，累计收听数量达到 10 万人次。强化专业人才培养，设立乡村振兴专项硕士项目，开展工作站专题毕业设计工作。推进学术研究，依托 5 年在地调研，构建省份全覆盖的 175 个样本村庄的乡村建设调查数据库，样本量超 1 万个，形成总计超过 300 万字的调研报告。团队已培养出 100 余名优秀青年成员成为"荣誉村民"，累计培训志愿服务骨干 8000 余人次、乡村干部与村民 3 万余人次。团队培养了大批青年人才，如"全国向上向善好青年"和云娟、中国大学生自强之星乌家宁、福建省乡村振兴咨询师台湾青年周宏宇、福州市青年五四奖章裴锦泽、清华大学学生年度人物程正雨等；团队累计 7 人获评北京团市委"青年服务国家"先进个人。

（三）坚持共享共赢，发挥平台作用

工作站团队投身中国式现代化主战场，充分发挥学科交叉优势，加强合作交流，协同开展理论与应用研究，整合各方资源力量。承接住建部、国家乡村振兴局等部委和地方课题 10 余项；在重点期刊发表中英文论文多篇，相关建设成果获人居环境设计学年奖金奖、Team20 Award 等。5 年来在全国 21 个省（区、市）设立 32 个站点，累计改造闲置房屋 4 万平方米，引入建设投资近 3.5 亿元。团队共组建 460 余支队伍，有来自 200 余所大专院校的青年 6000 余人次开展公益服务，累计服务时长达 35000 天，辐射服务 30 余万名村民。

工作站团队将持续服务国家战略，建设宜居宜业和美乡村，培养扎根乡村人才，推送共享共赢模式，以习近平新时代中国特色社会主义思想为指导，为全面推动乡村振兴凝聚青年力量。

二 机制建设

工作站已形成较为完善的组织架构，成立清华大学乡村振兴工作站专家委员会，会聚 62 位乡村各研究领域的知名专家学者以及学校各职能部门负责老师，为乡村振兴社会实践提供理论指导和专业支持；成立清华大学乡村振兴工作站办公室，设置综合部、运营部、宣传部、学术部、三创中心 5 个部门，精练服务团队，形成"系统指导、科学管理、高效运行"的组织体系；成立清华大学学生乡村振兴协会和清华大学学生乡村振兴协会（深圳），丰富实践内容和形式，调动学生参与乡村振兴社会实践的积极性，打造"寒暑假大实践，学期中小实践"的全周期长效社会实践模式。清华大学乡村振兴工作站的建设机制如图 1 所示。

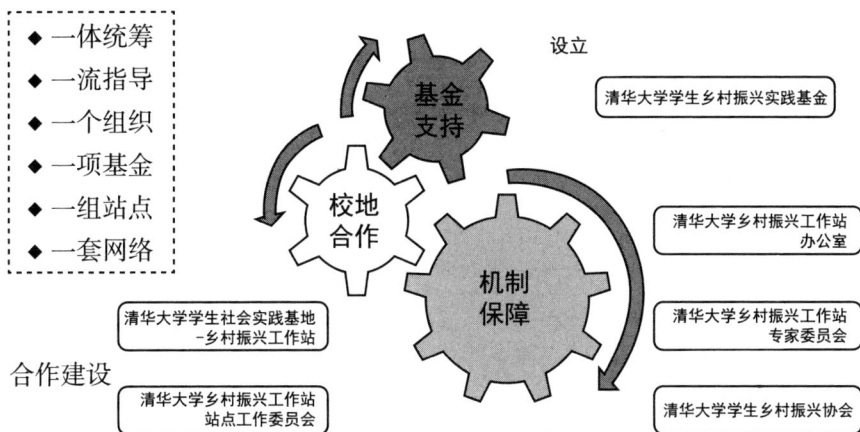

一体统筹
一流指导
一个组织
一项基金
一组站点
一套网络

基金支持

校地合作

机制保障

设立

清华大学学生乡村振兴实践基金

清华大学乡村振兴工作站办公室

清华大学乡村振兴工作站专家委员会

清华大学学生乡村振兴协会

清华大学学生社会实践基地-乡村振兴工作站

清华大学乡村振兴工作站站点工作委员会

合作建设

图 1 清华大学乡村振兴工作站的建设机制

其中，综合部的核心职责是加强队伍凝聚力建设和规范化建设，从人员、制度、财务、活动、档案等多个维度牵头或协调各部门做好办公室各项工作。综合部下设四个组，分别为人资组、协调组、档案组、平台组。

运营部全面负责工作站的日常运营工作和各站点全周期、全流程的运营事宜，包括但不限于：各站点全方位的工作流程，实践、立项、站点建设、落成、日常运营、评估等；与政府、企业、公益团队、校内各部门的对接和联络；各站点站长、清农协会团队的筛选、培训、评估；工作站及相关的系列制度、流程、文件的制定和审批。运营部下设6个组，分别为综合组、策划组、风控组、联络组、志愿组、法务组。

宣传部的主要职能为制定实施乡村振兴工作站品牌宣传顶层策划方案，负责乡村振兴工作站的整体宣传工作，为学生团队宣传相关工作保质保量地完成提供支持，保证宣传工作的持续稳定；运营全媒体平台，充实融媒体内容，提升采写、设计、视频拍摄剪辑的技术能力，完善自身内容产出的"造血"能力；加强与地方政府及企业的互动，扩大工作站在乡村产业发展领域的影响力。宣传部下设4个组，分别为新媒体运营组、视频号运营组、设计策划组、品牌宣介组。

学术部是负责组织开展学术交流活动、推动工作站学术成果转化的部门。基于乡村振兴实践成果，搭建乡村振兴调研成果数据库，指导支队开展学术调研；开展系列学术交流、分享和培训活动；整理并出版工作站专刊与年度报告；联络专家委员会，加强专业深度指导；组建学术兴趣团队，促进工作站学术产出。学术部下设5个组，分别为调查研究组、讲座论坛组、专家联络组、通讯出版组、兴趣团队组。

三创中心致力于培养学生围绕乡村振兴方向的创新意识、创业思维和实践能力，引导学生将农业创新、创业、创意的想法与跨学科知识相融合，产生交叉创新，同时学习创业思维、识别商业机会。此外，三创中心通过整合国内外、校内外资源，拓展校企合作领域，为有潜力的创新创业项目提供研发与设计、资源配置、品牌建设等深度整合服务，营造富有活力的农业创新创业生态，打造科技成果转化的接力平台，多维度支持乡村创业项目的起步和发展。三创中心下设3个组：培养方案架构组、学员运营组、统筹规划组，多维度支持乡村创业项目的起步和发展。

清华大学学生乡村振兴协会（以下简称"清农协会"）是在清华大学乡村振兴工作站指导下，由清华大学学生自发组织的非营利性公益组织，旨在广泛团结高校学生，致力推动"青年服务国家，实践扎根乡村，建设美丽中国，筑梦乡村振兴"。清农协会设置总会与各地方分会。清农协会总会（以下简称"总会"）是清农协会的核心管理部门，主要职责为制定清农协会规章制度、管理地方分会活动、指导分会长开展支队招募、组织协会内部建设等，并负责协会整体层面的社团际合作和校际合作等。总会下设 5 个部门，分别是内联部、项目部、外联部、宣传部、实践部。各地方分会是在清农协会分支组织，每个地方分会设置分会长 1 人、副分会长 3 人，分管协会常务工作、协会项目管理工作及协会宣传工作。分会成员从各实践地所有参与过乡村振兴工作站主题实践的学生中产生。目前已经形成了总会骨干 104 人、分会核心骨干 161 人、分会成员 661 人的团队规模。

清华大学学生乡村振兴协会（深圳）（以下简称"深农协会"）在校团委和深圳国际研究生院团委的支持下正式成立。深农协会与清农协会一南一北，遥相呼应，深度合作，旨在为有志在乡村振兴的沃土中耕耘的深圳国际研究生院学子提供实践与合作的平台。深农协会暂隶属于深圳国际研究生院团委实践部，并将作为独立的社团组织为学生提供丰富的实践信息，开展寒暑假乡村振兴实践活动等。深农协会下设 5 个部门：内联部、实践部、宣策部、项目部、外联部。

此外，为深化清华大学乡村振兴工作站站点的校地合作并促进其长效发展，完善并规范站点校地合作的工作机制，保障站点工作委员会在站点策划、运营等日常事务中有效发挥指导和支持作用，清华大学乡村振兴工作站结合乡村当地实际情况，形成了站点工作委员会管理办法，以清华大学乡村振兴工作站站点为单位，由校方、地方、站长三方组成常设工作机制。站点工作委员会遵循工作站的各项规定，坚持长效、健康的原则，对站点的建设运营进行宏观把控，联动校地资源，提供智力支持，站点工作委员会遵循"四+四+三"组织机制，即由 4 名清华大学校方委员、4 名工作站所在地的地方委员、3 名站长委员共 11 人组成。其中，站点工作委员会 3 名站长委员分别由校方站长、地方站长、校友站长担任。校方站长由学校推荐产生，一般由清华大学研究生担任，主要负责寒暑假实践服务以及学校各类活动对接等。地方站长由地方推荐产生，主要负责地方接待组织、地方站点活动对接、地方产业运营对接等。校友站长由在清华大学地方校友会任职的校友担任，主要负责资源对接、清华校友活动对接等。

三 实践服务

工作站与地方政府合作，组织师生前往当地进行设计实践，通过改造"激活"乡村闲置废弃房屋，打造实体乡村振兴工作站，满足办公、住宿、培训、会议、展览等功能，引导师生扎根乡村开展长期驻点服务。工作站建成后，一般采用学校、地方政府、企业联合运营模式，打造公益性、开放性、长效性助力乡村振兴的服务平台。在各个工作站设立站点工作委员会，加强清华大学、地方政府和清华校友的"三站长"协同合作，全面推进各工作站的长效运营。鼓励和支持清华大学学生乡村振兴协会开展多样活动，凝聚关注乡村、热心公益的青年学生，常态化开展乡村振兴主题实践。设立专项实践基金，支持保障师生相关实践工作有序开展。团队依托工作站建设，致力于多角度助力乡村振兴，让站点成为村社建设"议事厅"、文明宣传"新橱窗"、美丽乡村"创造社"、新型技术"试验田"、基层治理"桥头堡"、乡村体检"诊断室"、社会资源"聚宝盆"、乡村建设"规划所"。

（一）产业振兴维度

产业兴旺，是解决农村一切问题的前提。实践支队考察具有地方特色和发展潜力的产业及产品，发挥专业特长和能力优势。如山东济宁支队与济宁7家协会、10余家小微企业形成联动，引入各项建设投资金额1066万元。四川德阳支队全体队员调研期间被聘为广汉改革发展学院、广汉社会主义学院乡村振兴研究员，为当地乡村振兴和产业发展撰写研究报告，被地方政府采纳。福建福安支队聚焦坦洋工夫茶品牌价值和红色文化，深入社口镇坦洋村开展入户访谈工作，探寻茶文化与茶品牌协调互动发展模式，助力传统茶艺与创新技术彼此提掣。山东新泰支队根据实际情况驻村孵化农家乐，帮助村民直接增收累计3万余元。

（二）生态振兴维度

兼顾生态宜居与高质量发展是乡村振兴的应有之义。实践支队师生走入乡村，通过闲置房屋改造、公共空间整合等途径进行整村改造设计，高效利用现有资源，打造兼具地方特色与生态效用的乡村功能区。如江苏高淳支队引入清华校友力量，开展了整村改造设计、投资建设、运营服务等工作，盘活闲置资源，改善人居环境。不仅将村庄建成了当地旅游热点，也激发了村民自己投入改造的内生动力。

（三）文化振兴维度

围绕"文化振兴"的主题，依托自身专业知识素养助力文化传播。师生走入乡村，深入研习传统文化，结合地方文史资源禀赋探索非遗文化120余种，为乡村传统文化的创造性转化、创新性发展贡献青春力量。如重庆荣昌支队前往10余处非遗文化场所进行实地调研，深度访谈返乡创业的荣昌陶非遗传承人和青年夏布手艺人，了解非遗产品创新的实际需求，针对性开发4套文创设计方案。西藏墨脱支队深入研学人文景观、民俗艺术、传统工艺，将旖旎风光与悠久门路文化转化为主视觉元素，创新发展传统民族服装、皂石石锅、种子手链等制作工艺，帮助当地丰富完善特色文创产品体系，激活民族文化。

（四）人才振兴维度

千秋基业，人才为本，国家发展靠人才，乡村振兴靠人才。尚贤爱是中国共产党的优良传统，师生走入乡村，挖掘乡村中人才引进的故事，结合当地现状为乡村进一步激发人才活力提出了自己的想法。如湖南麻阳支队在当地举办了文化活动，用实际行动助力农产品宣传推广和电商平台建设。

（五）组织振兴维度

用脚步丈量祖国大地，用耳朵倾听人民呼声。实践支队成员"下乡"

走村入户，瞄准巩固精准扶贫成果、公共服务供给、基层党组织建设和健全乡村治理体系，累计调研 2000 余户家庭，走访 5000 余名基层干部和村民。如福建福鼎支队持续打造社区"共生计划"，与村民围绕村庄议题开展交流，带领村民进行公共空间改造、开展"青蓝"志愿服务、打造礼堂微花园等，唤醒村民"主人翁意识"，让具有内生动力的村民真正成为推动乡村振兴发展的永续主力军。山东新泰支队驻村召集村民共建厨艺比拼、石头棋大赛等，在丰富村民日常生活的同时，培养其参与乡村振兴的能力，融洽干群关系。

四　模式探索

工作站通过规范化的流程管理，建立稳定的运营与服务团队，进而因地制宜探索站点独特的乡村振兴路径，并形成可适度推广与借鉴的模式要点。具体而言可将当下可行模式归纳为以 5 个具体站点为代表的特色运营模式。

（一）结合定点帮扶，深化校地合作的南涧模式

自 2013 年起，清华大学即启动定点帮扶云南省大理州南涧彝族自治县工作。在学校党委统一领导下，清华大学在南涧县扎实开展了教育、医疗、人才智力、产业、党建、消费等多个重点帮扶项目，已经取得了扎实成果。而云南南涧工作站自 2019 年设站以来，依托清华大学对口支援平台，充分整合学校资源，发挥综合服务优势及以学生为主体的创意优势，在乡村振兴层面取得了新的独特成效。

南涧工作站先后与继续教育学院合作，建设远程教学点，培训 2200 余名基层乡村干部；南涧工作站还通过各种形式的线上活动招募志愿者，开展对南涧县全县乡村振兴工作的支持。与清华大学法学院合作，开展线上南涧站法律咨询活动，为南涧县乡村合作社、村民等提供法律咨询服务；工作站与清华控股等校企合作，与当地政府共筹 500 万元建设经费，推进村落基础设施与人居环境改善工作；开展"奶奶的鸡汤"公益扶贫项目，

免费发放乌骨鸡苗 3700 余只，针对有养殖意愿但缺乏养殖技术、初始资金、销售渠道的贫困户，通过"鸡苗免费发放+养殖技术帮扶+成鸡统一回购"的模式，帮带贫困户增收，形成了循环式、增收式产业，20 余户贫困村民直接受益。

南涧工作站组织清华大学建筑学院和美术学院设计团队学生采取线上对接的方式，为南涧当地农业合作社设计各种农产品包装，通过精美包装助力南涧本地农产品打开销售市场，同时助力电商平台建设，拓展消费扶贫途径，促进上线 14 件特色产品月销售量超过 2000 件，月均获益 5 万余元。

（二）探索村校共生，优化乡村治理的福鼎模式

福建福鼎工作站作为首个自主设计并由废弃房屋改造而成的乡村振兴工作站，自建成伊始就持续推动旨在深化校地融合的"共生计划"，充分发挥团队骨干在地时间长、校地关系佳的优势，做政府与群众间的沟通桥梁。先后多次举办政府、村民座谈会，着力破解民生问题；为居民住宅提供改造设计方案 10 余份，并组织举办民宿讲坛，启民智、振民心；联合村民开展社区营造工作，引导村民清理垃圾、拆除违章建筑，改善人居环境，并共同动手建设儿童花园；为当地完成 30 余份文旅宣传、文创产品设计，并创新打造出当地特色食品，探索量产途径，助推渔村产业发展。

福鼎工作站一期工程"乡村振兴大礼堂"于 2019 年 3 月完工，投入使用伊始，团队便策划以"组织振兴"为切入点的日常运营模式，与此同时，政府为长期投入于此的高校师生颁发候鸟人才证书、荣誉村民证书，借由高校技术支持带动发展为"人才振兴"引入辅助"组织振兴"。

福鼎工作站一期站点本身成为村庄重要的公众活动场所，即便没有组织活动村民也乐于在此聚集、娱乐，团队便依托这一便利，将村民有效组织起来，通过建立村民微信群、张贴手绘海报等形式，工作站逐渐在村庄中为村民所熟悉和信任。同时团队紧锣密鼓地策划建设"共生计划"工作坊，从"共生计划"的启蒙启动到实际走访以及手作活动，开展了为期一个半月的村庄公共空间设计与社区营造活动，近百名村民参与其中。从第一步启蒙启

动工作坊开始，工作站就为村民介绍社区营造相关概念及案例，并解释"共生计划"的内涵。在村民有了基本认知后，团队直接来到村庄街头，结合设计图纸实地讲解空间改造方案，并让村民在直观理解的基础上提出意见和建议。经过反复讨论，大家一致决定将村庄里一片荒废的公共角落改造为供小朋友们玩耍的儿童花园，并通过持续一年的建设最终顺利建成，一举赢得了村民的认可与信任。

福鼎工作站的文创艺术组联合乡村合作社发起"村民共建"计划，通过文化创意设计提升当地农产品的附属价值，增加就业岗位，提升村民收入水平，探讨乡村振兴工作站自我运营的模式。并借由此村民开始尝试集体投资建造属于村集体的民宿项目，结合政府的招商引资产业振兴方案、基础建设工程及节日活动的打造，带动产业观光的发展，同时福鼎工作站持续为地方的规划设计提供直接或间接的方案，为乡村建设提供专业化思路。福鼎工作站还将查缺补短，围绕"生态振兴"，结合当地的海洋污染与公益团体共同打造将海洋垃圾转变为文创艺术与产品的活动。

（三）着眼创业孵化，培育乡创发展的闽清模式

福建闽清工作站位于省级传统村落福建省闽清县梅溪镇樟洋村，村庄历史悠久，文化底蕴深厚，环境清幽，但特色产业缺乏，空心化严重。经过反复调研，闽清工作站将工作重点放在乡村创业孵化服务上。通过带领学生实践，为返乡创业者提供服务，同时对接高层次乡创人才，闽清工作站逐步探索出了"雏凤""玉凤""金凤"乡村振兴人才梯度服务模式。其中，"雏凤"是指致力于乡村振兴的高校在校生人才，"玉凤"是指在乡村注册经营主体的创新创业人才，"金凤"是指能够为乡村带去项目、资金、资源的创新创业领军人才。闽清工作站邀请清华大学学生职业发展协会探讨基层培训与人才培养合作，邀请福建省阳光学院青少年教育研发团队探讨闽清工作站可能开展的中小学劳动课程，邀请闽江学院服装与艺术学院团队探讨扎染技术、直播基地在工作站的建设合作，邀请福建省企业管理咨询协会乡建专业

委员会、福建省海峡两岸青年建筑师协会探讨传统村落文化挖掘与提升合作，邀请中国人民银行福州中支探讨基于工作站建设"普惠金融讲习所"、开展乡村公义宣讲合作等多元合作。

经过多年探索，闽清工作站围绕当地特色产业，孵化"水木时光""枳壳花开"等大学生创业品牌，其中"一榄情深"项目在习近平总书记视察宁德时受到检阅。闽清工作站同时成为福州大学、福建农林大学、闽江学院等 10 余所高校的创业孵化基地，获评两岸青年创新创业实训基地，累计创业服务 3000 多人次，培育创业项目 10 个，落地注册企业 5 家，发明专利 7 项，获中国"互联网+"大学生创新创业大赛金奖、福建省大学生返乡创业大赛一等奖等多项荣誉。闽清站地方站长裴锦泽也获评 2021 年首届最美福州青年之"十佳青年乡村振兴带头人"。

（四）集聚校友力量，全面共建共营的高淳模式

高淳工作站位于南京市高淳区漆桥镇高岗村，在建设开展之前，校地各方就对长期运营做了较充分的准备。

除了学生实践生团队及其主导实施的"清淳对话"品牌项目，在学校的号召下，广大清华校友群体也积极参与工作站建设，在协助调研、政府沟通、空间规划、建筑设计、实施建设、设备完善、运营管理等诸多方面起到了非常重要的作用。

高淳工作站为清华校友提供创业孵化平台，引入清华校友的"九六公社"团队，与地方深度合作，开展整村改造设计、投资建设、运营服务等工作，盘活闲置资源，改善人居环境，发展高岗—清华特色田园教育产业，推动乡村现代化发展。高岗村的整体美丽乡村规划由清华同衡规划设计研究院承担，其中大量的调研、访谈工作由学生实践完成。村内原有的约 20 栋村民住宅整体长租给当地国企，但需要进行建筑改造。参与清华大学实践的建筑、艺术专业学生设计了其中的工作站、学生宿舍、美食坊和咖啡馆的建筑和室内乃至家具、视觉、产品的方案，也帮助村民进行了部分农宅的改造设计；参与的十多名 96 级校友分为 6 组完成了其余十多栋建筑的改造设计，

包括全村的服务站、戏台、展厅、书店、接待中心、书画教室、儿童馆、烧烤店、赋能中心以及 2 栋民宿。

在校友的支持下，以高淳工作站为中心，累计投资 2300 余万元，完成了高岗村 18 栋闲置房屋的改造及环境品质提升工作，打造了"村校联合，校友助力"的合作运营模式，吸引了 5 名大学生返乡就业，并联动村民发展文旅产业，丰富多元业态。

（五）创新引才机制，赋能乡村发展的文登模式

山东文登工作站加强顶层设计，协助政府健全乡村振兴"首席专家制度"，发起"新村民计划"，完善乡村人才政策体系。"首席专家制度"按照"引进一个人才，集聚一群专家，带活一批村庄"的思路，通过以才引才的方式，先后为大水泊镇引进 20 余名专家学者，为村镇建设带来强大的智力支持。"新村民计划"就是在引进专家的前提下催化产生的，旨在通过构建良好的乡村环境，吸引疲于都市生活的城市人入住乡村，成为"新村民"，为乡村发展注入新活力。前往文登工作站的实践支队更是以人才引进为调研主题进行了学术研究，为人才引进政策的推进路径提出了建议，即推进乡村科技教育市场体系建设，建立健全人才保障制度，完善专家激励和考核机制，以及创新乡村创业服务组织方式。不仅如此，2021 年 5 月 22 日，威海市文登区人民政府、威海市人力资源和社会保障局等单位与山东文登工作站协办"用人才振兴开拓乡村振兴新局面"学术研讨会，仍在持续探索更高效、更有吸引力的创新引才机制。

以文登工作站地方站长、清华大学建筑学院校友李久太为代表的 20 余位专家、120 余名新村民参与"威海设计谷""耕读小镇"建设，为乡村发展增添引擎动力；采取"政府出课题、高校出方案"模式，先后组织 14 批次涉及建筑、土木、环境等专业 206 名清华师生开展社会实践活动，为乡村振兴提供智力支持与发展思路；引领带动山东大学、中国农业大学、北京航空航天大学等高校共建社会实践基地。

五　专业育人

清华大学乡村振兴工作站通过模式创新，重点解决了以往的思政育人、实践育人工作中存在的若干问题，为贯彻"三全"育人理念奠定了基础。

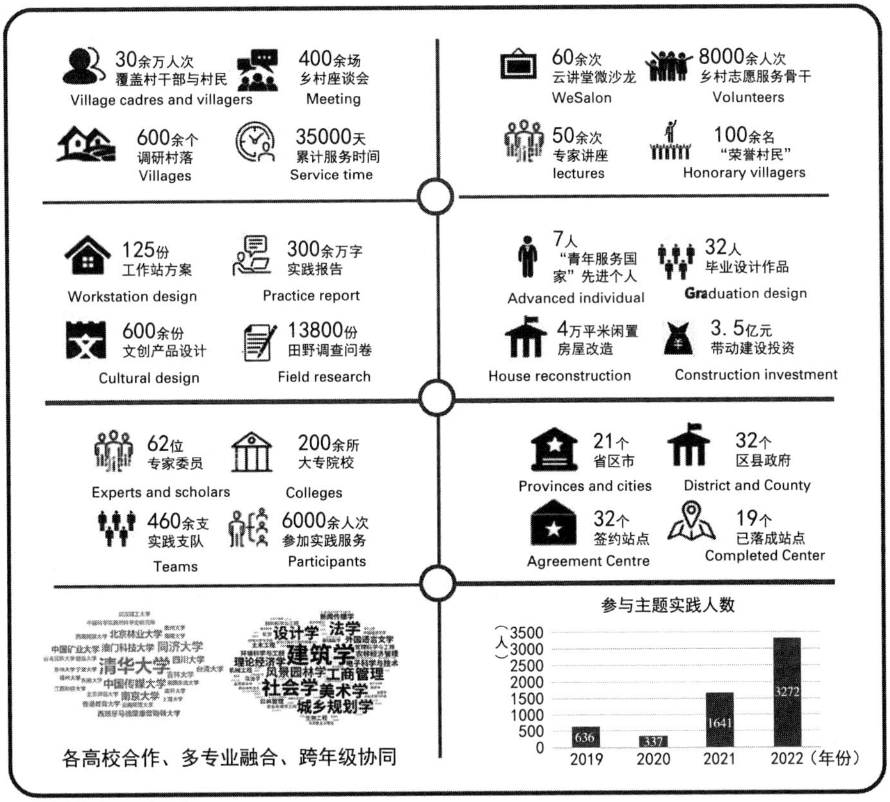

图 2　清华大学乡村振兴工作站的育人成效

一是通过网络化站点建设，重点解决了传统社会实践与专业教育结合不够密切的问题。传统社会实践模式周期较短，整体相对零散；缺乏深入调研解决乡村实际问题的教学平台，使得学生无法将专业所学与具体实践结合，无法深度参与乡村实际生产生活，难以有效发掘和持续培养有志向服务乡村振兴的青年人才。

二是通过跨学科平台构建，重点解决了传统社会实践过程中缺乏学科交叉与深度融合的问题。传统社会实践育人模式缺乏全局意识及对学科综合应对的自觉，研究理论与研究方法缺乏互补；难以针对乡村实际问题激发师生思想碰撞与学术协作，无法与在地高校教学科研、地方政府整体规划、涉农企业产业服务等形成合力。

三是通过全方位平台支撑，重点解决了传统社会实践过程中缺乏分类分层、全过程培养机制的问题。传统社会实践育人模式，缺乏对学生从兴趣到志趣的全过程培养机制，尤其是研究阶段缺乏衔接、师生之间缺乏互助，难以形成分层次、成体系的培养方案；缺乏整体组织、策划、服务平台，专业学习与志愿服务、实践调研在精力上难以平衡。

（一）全员参与，汇聚实践育人资源

工作站通过成立指导委员会，依托跨学科的学术、科研、平台力量，邀请不同领域专家学者参与指导，引导学生针对具体问题，进行"点对点"诊断，将理论结合实践，扎实有效推进乡村振兴进程，助力思政育人。例如，指导委员党安荣教授多次开设"数字中国"等主题专题讲座，并亲自带领实践学生前往陕西王益、清涧等站点开展调研工作；指导委员何建宇教授带领清华大学马克思主义学院研究生与湖南安化乡村振兴工作站实践支队联合调研，并亲自给地方基层干部、中学讲党课。

与清华大学教师工作部、学生部、研究生工作部合作开展"青年教师到乡村"主题培训交流活动与党建学习活动，吸引离退休教师发挥余热，赴乡村积极参与交流培训工作。以山东文登工作站为例，2020年10月，清华大学组织青年教师赴山东文登工作站开展社会实践活动，2020年12月组织党建骨干赴山东文登工作站开展"领雁"计划主题实践活动。经过多次联合活动，清华大学已与文登工作站建立常态合作，开展各项培训、调研与学习活动。以河南三门峡工作站为例，该工作站多次邀请清华大学离退休老教授、老专家前往当地调研考察。清华大学建筑学院景观园林研究所原所长孙凤岐教授现场指导毕业设计同学调研地坑院等地方特色建筑与景观，并面向基层做出两次学术报告，与一线干部深入探讨如何在乡村振兴过程中准确把握城镇规划以及健康发展和生态发展。清华大学体育部陈蒂侨教授来到陕州区张汴乡为百余位村民义务开展健身球保健操推广及教学培训工作，并捐赠相关健身器材。

积极发挥校友在育人方面的重要作用，完善校友站长选聘与管理机制，助力师生完成成果转化与实际应用工作，深化实践育人成效。清华同衡规划设计研究院海南分院院长、清华大学建筑学院 1996 级校友苏腾，积极推动校地合作，促成与海南澄迈县共建工作站；其作为校外导师指导学生毕业设计，全程跟踪站点建筑设计与施工进展，协调方案实施落地；主动担任澄迈工作站校友站长，积极联络海口经济学院等高校与社会资源，助力站点长效运营，在地开展共同缔造活动；协助地方编撰乡村振兴规划，推动站点工作与乡村发展的有机融合；在工作站层面，为站点网络管理与数据库建设提供运营平台开发的技术服务。

拓展社会育人渠道，与设计企业、建设企业、开发企业、运营企业开展合作，全面推动构建社会企业资源与学生实践相结合的育人机制。以重庆荣昌工作站为例，该工作站合作伙伴、国际知名建筑设计公司 Aedas 凯达建筑事务所在全球设计董事温子先博士的亲自指导下，经过近 2 年的实际调研、方案设计与深化、现场施工指导，将村中一处老旧破败的历史建筑三矿井工厂遗址设计改造为一个传统与现代相结合的综合性村民活动中心。从方案概念的引导启发、对结构尺度与细节深化的把握、对整体时间节点的控制以及与当地设计院的合作，Aedas 给予学全程指导，帮助学在正式开启建筑师职业生涯之前，以高品质完成首个落地项目。

（二）全过程联动，贯通人才培养环节

通过长期探索，乡村振兴工作站逐步建立了以核心课程、专业拓展、课外实践为一体的全过程育人机制。

乡村振兴工作站强调多学科专业知识的融汇以及理论与实践能力的贯

通。其核心课程包含建筑学、社会学、经济学、管理学等，同时，又针对乡村振兴专题创设毕业设计、专业硕士项目等培养模式，以服务国家战略为出发点，围绕乡村问题开展实践育人工作，认知国情民情，引导学生深入了解国情民情以及当代乡村发展和需求。强化"价值塑造、知识传授、能力提升"三位一体的人才培养，为学生提供"乡村社会研究兴趣小组""乡村文化创意兴趣小组""江村学者计划""微沙龙读书分享"的育人平台。通过寒暑假实践以及学期中的常态化实践，将第一、第二课堂相结合，培养学生的学科视野和专业实践能力，深入理解乡村振兴的时代命题。

完善理论课程、调查研究、勘察设计施工、社会服务等环节设置，贯通从书桌到田间的人才培养全过程，各类专业认知与技能培训贯穿服务全过程。例如针对社会实践，乡村振兴工作站一方面依托清华大学校团委实践部实践管理机制，严格要求同学按照"1+X"实践培训体系，通过线上线下相结合的形式，开展财务管理、党课学习、宣传技能、调研方法、社交礼仪等必修培训与选修专场培训，获取"能力点"，量化评估支队知识、方法、技能；另一方面还根据乡村振兴工作站实际需求，将培养环节进一步拉长，针对站点工作中常规涉及的设计与施工常识、乡村振兴基本理论、乡村调研方法（无指向性问卷、入户调研、空间句法原理与空间结构量化等）、测绘与记录设备的使用等众多需求，结合专业课程、云讲堂培训、技能沙龙等形式，覆盖全部站点及参与学生，重点培养支队骨干，确保技能结合实践，充分实现全过程育人。

各工作站通过勘察设计及施工、因地制宜跟进产业运营、助力地方特色文化传承等途径，在实践中引导学生发挥专业特长助力乡村振兴。推动人才培养与地方发展深度融合，累计输送 100 余名学生"荣誉村民"（持续服务同一工作站 3 次以上且做出主要贡献），拓展思政社会大讲堂。目前已培养硕士及本科毕业生 20 余人，多位同学的毕业设计获得学校优秀毕业论文；同时举办"乡村振兴云讲堂"27 场，举办在地文化活动 370 余次，培训乡村建设志愿服务骨干 8000 余人次、乡村干部与村民 3 万余人次，助力乡村人才振兴。设立乡村振兴专业硕士项目，以人居环境为支点，从产业、文化、生态、治理、城乡统筹等多个维度培养系统性乡村振兴人才，制定"模块化"的交叉学科人才培养方案，在满足各专业硕士学位人才培养要求的前提下，提供多学科交叉的教学、科研平台，解决知识破碎、环节割裂、难以形成学科交叉与深度融合的问题。

（三）全方位支撑，搭建立体育人平台

搭建创造性劳动教育平台，学生和村民共同建设村庄，"真刀真枪"服务乡村。在工作站工作期间，学生和村民共同劳作，共同建设村庄。例如，福建福鼎工作站学生撸起袖子，在暑热的海风中跟村民一起除草、挖坑，建设儿童花园"瑶光园"，策划了垃圾分类教学、乡土植物插花、彩绘鹅卵石、风铃制作、渔网编织、社区花园栽植等公益活动。在站点建成后，众多学生又持续投身其中，与村民共同进行公共空间改造与社群营建等。学生参与热情很高，与当地村民融为一家；学生的工作也受到了地方的欢迎，东角村村民还自发手写感谢信，信中写道："全体村民希望在学校的大力帮助和支持下，让我们边远落后的海岛渔村实现乡村振兴的华丽转身，变成全体村民所向往的幸福美好生活愿景。"朴实的话语中透着对学校师生的期待。在这些具体的劳动中，学生逐渐崇尚劳动、尊重劳动，开始扎根田野。

搭建常态化志愿服务平台，成立学生乡村振兴协会，凝聚后备力量。例如，清华大学学生乡村振兴协会济宁分会就发起"五泗集结"品牌公益项目，以"研学游志愿""乡村文化提升""村民愿望征集"为主题，依托清华大学乡村振兴济宁工作站，联合全国各地高校、多个学生社团和协会，于"五一"期间开展了一项乡村振兴主题公益实践活动。"五泗集结"项目加入山东济宁泗水县"阅湖尚儒"研学项目，以志愿者的身份面向全县高中同学开展《综合实践课程》专题讲座及"与你同行"高中生研学项目。敲开村民家门，点亮微爱心愿，收集沉甸甸的村民愿望清单，并为接下来重点开展的给乡村医生举办医师培训、为村里老年人入户义诊、给留守儿童假期集中补课、募捐书籍送给有阅读需求的人等工作进行调研和准备。

搭建开放式学术孵化平台，以云讲堂、微沙龙等形式培养在地化"三

农"人才，乡村振兴实证研究兴趣小组为青年学子提供一手实证资料与专业研究平台，为实践育人提供坚实保障。例如兴趣小组基于清华大学乡村振兴工作站调研成果开展的一系列有意思的小分析，形成"图话乡村"系列报道，帮助各界以更加有趣的视角和更加直观的方式认知乡村，产出《图话乡村丨咱村的娃都怎么学习?》《图话乡村丨村民网络生活小调查》等多篇生动成果；同时兴趣小组成员深入乡村，就易地搬迁、文化传承等乡村关键议题开展社会调查，获取一手数据资料，以实证研究助力乡村振兴，完成《本土还是西洋? 农村自发性建房偏好的影响因素调查》《土地流转背景下的乡村民宿发展——以"阆中模式"五龙村为例》等多篇学术成果。

六 经验提炼

在推动乡村振兴五大振兴背景下，清华大学乡村振兴工作站形成了连接"校园+田园"的创新人才培养模式，推进"受教育、长才干、做贡献"的实践育人理念，通过校地合作和"三全"平台建设，实现工作站模式的公益性、开放性和长效性发展，为高校人才培养工作与服务国家建设的结合提供新的方法和路径。

（一）创新培养模式，连接校田双园

工作站秉持清华大学"真刀真枪干实践"的精神，以建设实体站点为媒介，深度连接校园和田园。通过改造和再利用乡村闲置和废弃房屋的空间嵌入路径，结合专业育人培养体系，推进"在校理论，在地实践"校园和田园的双向联动，形成乡村振兴创新服务模式。创建校方、地方和校友的"三站长"协同机制，实现工作站全年全时运营。站点为学生服务乡村提供"一竿子扎到底"的据点，让学生能够深度地参与乡村生产生活，与村民朝夕相处，消除彼此隔阂，建立舒适交流与彼此信任的基础，进而了解学习乡村独特的组织逻辑与发展规律，这种国情教育与乡情教育是非常宝贵且无可替代的。

（二）坚持开放原则，服务地方发展

工作站坚持实体和虚体空间的开放性，以地方乡村发展的实际述求和实施计划为任务导向，配置多专业协调、跨领域协同、全梯度协商的服务团队。贯彻"地方提需求，站点配人才"的合作机制，通过配置站点团队和运营模式，应对解决地方重点和难点问题。工作站围绕站点工作实际需要，尊重建设规律与实际需求，一方面参考各地方实际需求与建设意愿，另一方面则尽量兼具地域特色多元性与乡村面貌丰富性，以求产生充分的代表性与可推广性。结合相关课题和课程以及创业培养和孵化，回应地方的实际需求和问题的同时在过程中教学育人。

（三）构建"三全"平台，汇聚多方力量

工作站依托全国站点网络，形成连接资源的广阔平台，以地方站点为目标进行相应匹配。联动高校各院系部门、研究院、社会组织、企事业单位等多方力量，搭建全领域参与、全过程贯通、全方位支持的资源平台，并通过创新开辟乡村振兴社会路径，连接城乡资源。随着部分工作站建成并投入使用，为保障工作站全时运营，工作站建设开放性资源网络，形成合力，各展所长。工作站以内容合作与项目打造为线索，重点围绕"校内资源整合""校友资源整合""社会组织共建""服务乡村与村民"四大集群进行资源网络建设。

B.4
北京朝阳区农村社区工作者治理能力提升推动乡村振兴实践工作模式研究

邵建华*

摘　要： 面对朝阳区社区工作者自身提升治理能力的意识与认识不到位、相关培养培训管理机制不顺畅的问题，朝阳区职工大学在深入走访并展开需求调研的基础上，设计制定了朝阳区农村社区工作者培训的目标和实施策略。在此基础之上，成立了北京市朝阳区委党校社区（村）书记学院，并基于实践开发课程，创建独特多元培训模式，形成了朝阳特色，使得朝阳区农村社区村工作者治理能力有了显著提升，培养培训形式得到社区社会的广泛认同，形成了良好的社会效应。

关键词： 朝阳区　农村社区　乡村振兴

一　农村社区工作者的治理能力现状及存在的问题

乡村振兴是一项系统工程，农村人口生活在乡村，乡村治理有效性是乡村振兴的重要保障。习近平总书记提出要加快构建党组织领导的乡村治理体系。党组织领导的基础单元在农村的每个社区、每个村落，每个社区、每个村落的社区书记、社区工作者是推进社区和村落发展的"领头雁"，起着关键的作用，通过加强这支队伍的培养培训，提升农村社区工作者的治理能力

---

* 邵建华，北京市朝阳区职工大学副校长，主要研究方向为社区教育与管理。

有重要的意义。

当前农村社区工作者的培养培训比较薄弱，通过培训提升农村社区工作者治理能力的作用与教育功能并未得到充分发挥，还存在一些亟待解决的问题。

（一）农村社区工作者自身提升治理能力的意识与认识不到位，作用发挥不充分

农村社区工作者进入社区，每天忙于各种日常事务，在这种繁忙的工作状态下，很难静下心来考虑自己的能力与素质提升问题。基于现状，在全社会都在构建治理体系及亟待提升人员治理能力的大背景下，一方面，政府要不断地改善农村社区队伍人员的补给；另一方面，农村社区工作者更要深刻意识到自身提升治理能力的重要性。当前，农村社区工作者还存自身提升治理能力的意识不强，作用发挥不充分的现状。

在农村地区社区工作者自身能力提升这一问题上，不仅社区工作者自身存在认识误区，有些地方政府及社区也存在明显的认识误区，认为社区工作者的能力不用培养培训就能在实践中锻炼出来，正是这一认识上的误区导致很多街乡、社区在农村社区工作者治理能力提升方面积极性不高，作用发挥不充分。

（二）农村社区工作者培养培训管理机制不顺畅，"政府、社区、个人"三结合合力促进治理能力提升的培训项目未能全落地

随着社会发展和社会治理体制改革的深入推进，社区的作用已被高度重视和广泛认可。国家倡导农村社区工作者要积极参与学习与交流，不断提升综合素质，近几年更是明确要求农村社区工作者要利用党组织的带领作用构建治理体系，治理体系的建设主力军必然是要有勇担当、方向明、素质高的社区教育工作者。在大力构建国家治理体系，全面推进社区发展和社会建设的大背景下，一些社区逐渐认识到了开展农村社区工作者治理能力培养培训的重要性，也将社区工作者的培训纳入自身的职责范围，分级分类对社区工作者进行培养培训的设计与实施，但是受工作人员、教育场地、经费、课程、

教师等资源所限，组织培养培训的各种条件缺乏，同时由于农村社区基层的事务繁多，有些地区只限于讨论阶段，有些社区象征性地组织一两次培养培训以应付差事。由于政府、社区、个人在培养培训提升治理能力方面没有明确的要求，未形成推进合力，管理机制不顺畅，资源整合力度不到位，大部分农村社区工作者培养培训流于形式，政府、社区、个人未得到满意的培训效果。

二 提升治理能力的过程与方法

（一）深入走访，开展需求调研

开展需求调研，调查走访街乡及社区，准确了解各方在农村社区工作者方面的需求与现实困难等。2021年初，朝阳区职工大学项目组利用1个多月时间，通过问卷、走访等形式，深入区域内的崔各庄、常营、高碑店、豆各庄等街乡及社区进行调研，宣传开展农村社区工作者培养培训，提升其治理能力的重要性和紧迫性。2021年起，项目组对35岁以下优秀社工和副职干部等群体进行了调查问卷，也开展了专题研讨和方案制定，随机选取朝阳区内80位农村社区工作者作为调研对象，通过调研发现，农村社区工作者绝大部分赞同开展培养培训提升社区治理能力的项目，并且对拟开设的课程进行统计分析，分析结果如表1所示。

表1 农区社区工作者需求调研

单位：人

35岁以下优秀社工		副职干部	
培训形式	汇总	培训形式	汇总
参观活动	29	参观活动	26
实践锻炼	24	案例分析	25
案例分析	20	课堂面授	21
情景演练	19	实践锻炼	19

35 岁以下优秀社工		副职干部	
培训形式	汇总	培训形式	汇总
线上教学	16	课堂分享	11
课堂面授	8	情景演练	7
课堂分享	8	讨论调研	5
讨论调研	5	线上教学	5
培训内容	汇总	培训内容	汇总
沟通技巧	33	心理减压	32
心理减压	32	沟通技巧	27
社区活动策划	24	社区治理	22
团队建设	23	团队建设	17
社区治理	22	社区活动策划	16
公文写作	21	应急处突	16
社区党建	18	公文写作	12
应急处突	18	政治理论	6
政治理论	10	公共政策	6
公共政策	8	社区党建	6

通过宣传和调研，各街乡和社区开始重视并认可开展农村社区工作者培养培训工作。农村社区工作者较为重要的两大作用是通过培养培训进一步增强沟通交流提高综合治理社区的能力素质，以及改善社区平时交流少的现状。通过调研了解到，农村社区工作者迫切希望政府能够提供提升和增长其个人本领的机会，在国家提升治理水平工作中主动作为，帮助国家和政府解决在社区存在的治理不科学、不到位、不精准等问题，弥补社区工作者学历、经验等方面的不足，促进社区工作者能力素质及社区治理能力得到提高；大部分街乡和社区有提升治理能力的意愿，只是限于工作人员不足，以及师资、场地、经费有限，且对设计适合社区工作者培养培训内容和形式的课程均不擅长，不知从何入手。

（二）基于调研，制定目标

针对调研了解的这些现实问题，项目组设计并制定了朝阳区农村社区工作者培训的目标和实施策略。

1. 总目标

为加强城乡社区服务站建设和管理，推进政府公共服务覆盖农村社区居民，建设一支政治素质好、业务能力强、服务水平高的社区服务站带头人队伍，提升城乡社区治理能力和治理水平，开展朝阳区农村系统社区工作者培训。

2. 培训方式

采取以专家授课为主的方式进行，辅以经验分享、案例分析、小组指导等。

3. 培训的实施与课程设计

第一阶段：培训课程设计与需求调研。对全区 80 位农村社区工作者进行调研，对培训内容及培训形式的需求进行调研，其中 35 岁以下的优秀农村社区工作者的培训形式需求调研结果显示，占前五位（依选项人数排序）的是参观活动、实践锻炼、案例分析、情景演练、线上教学，培训内容排在前八位（依选项人数排序）的是沟通技巧、心理减压、社区活动策划、团队建设、社区治理、公文写作、社区党建、应急处突。对农村社区工作者副职干部的培训形式需求调研结果显示，占前五位（依选项人数排序）的是参观活动、案例分析、课堂面授、实践锻炼、课堂分享；培训内容排在前七位（依选项人数排序）的是心理减压、沟通技巧、社区治理、团队建设、社区活动策划、应急处突、公文写作。

第二阶段：以农村社区青年社工为重点开展培养培训。项目组根据这 80 位农村社区工作者培训需求的调研结果设计出了课程。

第三阶段：对全区农村地区的青年社工、社区服务站站长、副职干部及新一届村党组织书记全面开展治理能力的培养培训，开设了十余个班级，做到了所有社区全覆盖。

（三）整合资源，建设基地

整合市区教育资源，2021 年 4 月 18 日，北京市朝阳区委党校社区（村）书记学院成立，为推进农村地区社区工作者整合了资源，建立了培训基地。

朝阳区委党校社区（村）书记学院以朝阳区街道系统、农村系统社区（村）书记（主任）和党务工作者为主要培训对象，以理论教育、党性教育、形势教育、法律法规和党风党纪教育、基层党建、社会治理和综合素质能力提升为主要内容，围绕社会主义现代化进程中的重大理论、现实问题和朝阳区中心工作，以科学化、系统化、规范化、信息化为培训手段，促进基层干部队伍专业化和职业化建设。

朝阳区委党校社区（村）书记学院是重大探索，该学院汇集了一批具有较高理论水平的行业专家学者，正在挖掘一批扎根朝阳区的优秀实践创新型基层干部，总结体现朝阳区经验的典型案例，打造基层社区治理的现场研学基地，构建具有朝阳区特色的基层干部队伍成长成才的培训服务体系。

（四）基于实践，固化课程

在实践中结合需求开发不同类型的农村社区工作者培养培训课程，项目组在实施过程中本着"为农村社区工作者提升治理能力解决实践问题"的原则，不断调研需求，并结合自身的资源状况，开发了七个系列的课程。

一是廉政教育系列，围绕农村系统党风廉政教育，结合朝阳区农村发展形势分析，农村"三资"管理相关制度要求及村级财务公开解读以及做好村级重大事项"四议一审两公开"等课程，建立党风廉政的防线。

二是形势教育系列，围绕新时期《中华人民共和国乡村振兴促进法》解读及农村地区发展规划解读等展开课程。

三是应急和突发公共事件处理系列，以在农村社区发生的应急和突发公共事件为主线，从处理的方法、处理的技巧等方面设计课程。

四是做好"接诉即办"课程，针对目前接诉即办实务出发，围绕时效性、针对性以及遵循的原则等开设课程。

五是沟通技巧及社区村民动员系列，以沟通为核心，使村民更理解和支持各种政策落地。

六是社区治理创新系列，以社区创新的成果经验分享以及新时期社区治理的意识、方法及能力为着眼点开设课程。

七是公文写作及社区活动策划等文案设计，通过规范村里公文等工作，结合日常社区活动策划的文案等开设系列课程。

（五）丰富师资队伍，提供保障

组建教师队伍，为农村社区工作者提供强大的人力资源保障。在队伍建设方面，北京市朝阳区委党校社区（村）书记学院教师及其他高校、区委党校以及社区退休的优秀书记、干部等均给予了大力支持，组建形成一支覆盖专业的、熟悉农村实务业务的教育师资队伍，并形成集师资库、师德承诺、课后评价于一体的管理机制。此管理机制为农村社区工作者培养培训顺利开展提供了强大的人力资源保障。

（六）形成培训特色，精准提升

培养培训形成了朝阳区特色，精准提升学员的治理能力及管理能力，呈如下特点。

第一，采取分层分类的方式开展，按岗施训，提高培训的针对性和适用性。

第二，培训形式多元化，采用集中理论学习、现场实践调研、同行经验分享、情景化模拟等多种学习形式相结合的培训形式，提高培训内容和工作内容的结合度，增强培训效果，促进工作成果的转化。

第三，培训深入且参与面广。培训分阶段、分重点逐层推进培训任务实施，提高培训的深入性，同时也引导学员在工作中应用培训成果，再从实际应用中反馈问题，优化后续的培训内容和培训重点。

第四，重视学习共同体建设，培训开展班委建设工作，推行学习共同体和工作互助组模式，搭建互联互通、共建共享的班级文化。

第五，培训内容多角度、广覆盖，在村副职干部培训中围绕基层党建、团队建设、领导科学与艺术、有效沟通等课程，提高村副职干部的岗位领导力，通过社区重点工作，例如社区活动策划、垃圾分类、物业条例、居民动员和参与、社区居民动员、社区养老、社会组织培育等，提高工作执行力和社区管理能力。在优秀社工培训中，围绕职业幸福感、执行力、服务礼仪与形象、压力与情绪管理等进一步提高优秀社工的综合素养，通过开展公文写作、应急处置、居民自治、社区工作法律法规实务等工作进一步提高优秀社工的岗位履职能力，增强其工作专业性和科学性。

第六，师资选聘精良，力争做到精挑细选，既有高校专家，也有大量一线实践型专家。帮助农村社区工作者通过更加科学、精准和专业的工作深化社区治理发展和服务创新。

（七）创建多元培训模式，重视实践

1. 专题授课

培训邀请了专家学者和区委组织部、民政局等相关人员，围绕党史教育、廉政警示教育和当前社区重点工作任务等进行专题授课。

2. 现场教学

通过多个示范社区的现场教学，对标市级示范社区，提升创新治理软实力；通过工作专题学习，围绕社区治理重点和难点等工作开展体验教学和案例教学，增进同行间经验分享，集思广益破解工作难题，如采取参观小鲁店村、大鲁店三村美丽乡村建设和村庄物业化管理情况；参观王四营乡2020年拆除、整治铁路沿线27处公寓后现场，并听取王四营乡减量发展模式介绍；参观集体产业项目将台乡文化硅谷建设情况（集体自主建设）；或崔各庄大望京商业中心、常营东方华瑞、来广营朝来科技园。

3. 班级活动与学员分享

每日开展主题朗诵活动，回顾党的光辉历程，进一步激发学员的工作热情，增强党员身份的光荣感、使命感，培训组织开展了主题诗朗诵和"向党说句心里话"等活动。

（八）创新管理，突出工作重点

推行三方共建共管工作机制。开班前由组织部和党校、学院共同针对不同班次需求，制定培训目标，匹配课程和师资，开班仪式由三方主要负责人参加，培训过程中，共同进行班级管理，培训后共同分析学员反馈，形成了高效的闭环管理。

基于问题导向，设计有针对性的培训方案。社区（村）书记学院围绕朝阳区基层社会治理的现实需要，不断聚焦培训对象实际需求，开展分层分类培训工作，将社区及社会治理相关专业理论解析、政策解读，专项工作能力提升和实践经验学习进行结合，采用专题讲座、现场教学、学员论坛、经验分享等多种形式相结合的培训方式。

跟踪学员反馈，重视过程管理。社区（村）书记学院坚持一班一测的培训质量管理，培训满意度平均分为9.78分（满分10分）。同时，在工作过程中做好课程设计、师资选聘和现场教学设计，不断丰富培训内容。

加强培训文化建设。在工作实践中，将培训思政工作应用到社区（村）书记学院各培训项目中。通过固定的开班式模式，开展"重温入党誓词"、同唱国歌、"向党说句心里话"等主题活动，全过程融入思政教育，增强学员的使命感和责任感，提升学员凝聚力和向心力。

三 取得的成效

经过三年的探索和实践，取得满意的效果，形成了独特的以培训带动并积极推动乡村振兴实践的工作模式，取得了如下成效。

（一）朝阳区农村社区工作者治理能力有了显著提升

项目培训实施之初，农村社区工作者参与培训的积极性并不高，项目组通过认真调研、积极设计课程、采取重实践的培训形式、重视全程管理和评价，培训学员越来越愿意参加培训，愿意学习课程，有很多学员很早就进入教室，在分享环节参与度很高，三年课程中的满意度调查报告显示，对培训的内容、形式及师资的满意度均在95%以上。充分显示了对课程实施及培养培训项目的认可。在实践过程中，农村社区工作者有了明显变化，很多农村社区工作者原来存在抱怨、消极、畏难等表现，其通过触及灵魂、润物无声的培训教育转变了意识，并学会了很多治理的方法和沟通的技巧，综合素养明显提升。

（二）培养培训的形式得到了社区社会的广泛认同

培训课程成为较好的品牌，每年农工委都与社区（村）书记学院共同筹划新的课程，对旧课程进行增删等，持续精进的课程目前已经成为朝阳区对农村社区工作者开展培训的常规项目，对农村社区工作者的不同类型的培训，使得其黏合度增强，也使得各类型社区工作者对村民的态度、治理的方式方法等方面都发生了重大转变。

（三）项目的效果得到社会的高度关注

2021 年，北京市相关部门调研朝阳区委党校，社区（村）书记学院成立以来的情况，了解了社区（村）书记学院的纪实及开展的培养培训后，对项目社会影响给予了充分肯定，也希望项目深入开展，形成更好的社会效应。

四　建议

经过三年的探索与实践，朝阳区逐步构建了独具特色的农村社区工作者培训教育模式，充分发挥了社区（村）书记学院在农村社区工作者培训中应有的作用，并取得了可喜的成果，产生了良好的社会影响。

为了能够更好地深入地推进项目，通过深入总结反思，我们发现还存在以下需要努力提升的方面。一是目前经费主要为政府投入，来源较为单一，今后在实践中应建立多方经费筹措机制，进一步拓展经费来源，以确保项目的持续发展。二是目前农村社区工作者回社区后，还需进一步根据不同社区、居民的需求，细化培训内容和形式，增强培训的针对性与实效性，进而吸引更多农村社区工作者广泛参与。三是资源整合的力度还应进一步加大。今后可以在更大范围内整合硬件资源和人才队伍资源，集中更多优质资源帮助农村社区工作者提供更高品质提升服务水平。

B.5
大别山革命老区教育发展助力
乡村振兴行动与经验

大别山革命老区教育助力乡村振兴研究课题组 *

摘　要： 本报告立足教育与乡村振兴的内在逻辑，坚持理论与实践的有机结合，按照"基本特征—典型模式—对策建议"的分析思路，对脱贫攻坚后，大别山革命老区各阶段教育在政策制度、规划实施和体制机制三个方面持续巩固脱贫攻坚成果进行了梳理，对高等教育、职业教育和基础教育助力乡村振兴发展进行了模式提炼，并从教育的基础性、先导性和战略性三重功能为大别山革命老区教育助力乡村振兴发展提供了对策建议，可为高质量教育赋能乡村振兴工作提供经验参考。

关键词： 乡村振兴　大别山革命老区　教育高质量发展

一　大别山革命老区巩固拓展脱贫攻坚成果
同乡村振兴有效衔接基本情况

通过10年脱贫攻坚战，大别山革命老区发生了翻天覆地的变化，贫困

---

* 课题组总负责人：龚立新，博士，信阳师范大学党委副书记，副研究员。课题组成员：马志斌，博士，黄冈师范学院副院长、教授；卢志文，博士，南阳师范学院党委书记、教授；余作斌，博士，信阳农林学院党委书记、教授；刘彦明，博士，黄淮学院院长、教授；彭荣胜，博士，信阳师范大学商学院院长、教授；高军波，博士，信阳师范大学旅游学院院长、教授；李文田，博士，信阳师范大学教师教育学院副院长、副教授；韩勇，博士，信阳师范大学发展规划处政策研究科科长；曹江宁，博士，信阳师范大学商学院讲师。课题顾问：李俊，信阳师范大学校长。

乡村实现了经济、社会与空间的重构与转型，为进一步推进乡村振兴战略，实现乡村振兴建设目标，以及乡村全面振兴奠定了良好基础。然而，必须清醒认识到，脱贫攻坚战的主要目标是实现"一达标两不愁三保障"，涉及的重点主要是饮水安全、义务教育、基本医疗和住房安全这四大民生保障，解决的核心问题是区域性整体贫困问题或绝对贫困问题。随着脱贫攻坚战的全面胜利和绝对贫困的全部消除，中国进入相对贫困治理的新时期。面对新时期的相对贫困问题，"十四五"规划提出，在2021～2025年的"三农"工作中，要优先发展农业农村，全面推进乡村振兴，走中国特色社会主义乡村振兴道路，全面实施乡村振兴战略。巩固拓展脱贫攻坚成果同乡村振兴有效衔接是全面推进乡村振兴战略的重要保障与必然要求。为有效实现巩固拓展脱贫攻坚成果同乡村振兴有效衔接，大别山革命老区应突出做好以下三方面的主要工作。

（一）加强政策制度衔接

按照"四个不摘"要求，大别山革命老区紧跟国家"1+32"政策优化体系，严格落实"摘帽不摘责任、摘帽不摘政策、摘帽不摘帮扶、摘帽不摘监管"政策，遵循有序调整、平稳过渡的原则，加强有效衔接设计，细化制定行业方案和政策清单，积极构建巩固衔接政策体系，保持主要帮扶政策和财政投入力度总体稳定，进一步优化细化工作举措，实现政策不留空白、工作不留空当，政策、机构、人员平稳过渡，推动有效衔接落到实处。[1] 接续推进脱贫地区发展，尤其注重做好脱贫攻坚"五个一批"举措与乡村振兴"二十字"方针有效衔接。产业发展是巩固拓展脱贫攻坚成果与乡村振兴衔接的关键点，产业兴旺是乡村振兴的关键一环，大别山革命老区乡村产业发展以产业兴旺为目标，积极因地制宜，充分发挥巩固拓展脱贫攻坚成果的后发优势和比较优势，延长产业链条，促进三产融合，实施特色种养业提升行动，大力推进农业现代化。同时，加强基础设施、公共服务、营

---

[1] 陈文胜：《湖南乡村振兴报告（2022）》，社会科学文献出版社，2022。

商环境等软硬件建设，加强扶贫项目资金资产管理和监督，积极为乡村产业兴旺奠定基础。生态环境是巩固拓展脱贫攻坚成果同乡村振兴衔接的空间点。"五个一批"中的"生态补偿脱贫一批"是指通过外部补偿、转移支付等方式为贫困地区以环境牺牲发展为代价的补偿；"易地搬迁脱贫一批"是为了实现生态宜居而让贫困人口迁离"一方水土养活不了一方人"的原居住地。两者均有助于乡村振兴战略中"生态宜居"目标的实现和城乡融合一体化协调发展。

（二）加强规划实施衔接

大别山革命老区积极根据形势变化，理清工作思路，从以脱贫攻坚为重点转向以巩固拓展脱贫攻坚成果同乡村振兴有效衔接以及全面推进乡村振兴战略为重点，加强规划实施有效衔接，坚持"一张蓝图绘到底"。具体而言，在战略规划上，以全面推进乡村振兴战略"二十字"方针为统领巩固拓展脱贫攻坚成果同乡村振兴有效衔接，并将其有机融入全面实施的乡村振兴规划之中。同时，统筹现有多部门、多类型、多时段规划，形成充分体现乡村振兴"二十字"方针的整体规划，确保乡村振兴规划的统揽性、权威性和指导性。[①] 在规划实施上，在2021~2025年这一过渡期内，重点突出巩固拓展脱贫攻坚成果同乡村振兴有效衔接的实施，为全面推进乡村振兴战略积累经验、集聚资源与锻炼队伍，为实现过渡期的初步目标作出应有的贡献。

（三）加强体制机制衔接

脱贫攻坚是一场短时间的"突击战"，乡村振兴则是一场长时间的"持久战"，二者的有效衔接，关键在于加强体制机制衔接，以确保其能够长期为推进乡村振兴持续发力。脱贫攻坚的体制机制主要体现在三大方面，即

---

① 国务院扶贫办政策法规司、国务院扶贫办全国扶贫宣传教育中心：《脱贫攻坚前沿问题研究》，中国出版集团研究出版社，2019。

"中央统筹、省负总责、市县抓落实"的扶贫开发管理体制、"五级书记一起抓扶贫"的主体责任体制以及各参与主体合力攻坚的帮扶责任体制。[①] 具体而言，在运行机制方面，随着巩固拓展脱贫攻坚成果同乡村振兴有效衔接工作重心的逐渐转移，大别山革命老区各地级市、县（市、区）基于巩固拓展脱贫攻坚成果的现有体制机制，持续充实乡村振兴主管业务部门的力量，同步实现责任中心由脱贫攻坚向巩固拓展脱贫攻坚成果同乡村振兴有效衔接以及全面推进乡村振兴转移。例如，县（市、区）层面，成立了由书记、县（市、区）长任"双组长"的领导小组，全面负责县（市、区）巩固拓展脱贫攻坚成果同乡村振兴有效衔接的顶层设计、统筹调度与指导督促等；乡（镇）层面，严格执行书记、乡（镇）长负责制，全面负责乡（镇）巩固拓展脱贫攻坚成果同乡村振兴有效衔接的贯彻落实与指导督促；村级层面，在现有体制机制基础上，依托"五级书记一起抓扶贫"的组织优势，进一步加强基层党组织、村"两委"及驻村帮扶工作开展，确保巩固拓展脱贫攻坚成果同乡村振兴有效衔接的顺畅高效。此外，积极建立健全防止返贫动态监测和精准帮扶机制，对易返贫致贫人口实施常态化监测，建立健全快速发现和响应机制，分层分类及时纳入帮扶政策范围。完善农村社会保障和救助制度，健全农村低收入人口常态化帮扶机制等。

二 大别山革命老区教育助力乡村振兴模式

（一）高等院校校地合作助力乡村振兴

在进行校地合作的过程当中，信阳师范学院努力构建校地"命运共同体、利益共同体、奋斗共同体"。第一，扎根革命老区，有效对接茶学、农林、非金属矿、红色文化等区域支柱产业，深入挖掘和整合区域内独特的矿

[①] 国务院扶贫办政策法规司、国务院扶贫办全国扶贫宣传教育中心：《脱贫攻坚前沿问题研究》，中国出版集团研究出版社，2019。

产资源，在非金属矿物综合开发利用理论及应用研究方面形成了特色，特别是在闭孔珍珠岩建筑隔热材料领域，拥有国际先进、国内领先的技术。2021年，信阳师范学院组建的国务院扶贫开发小组对位于信阳市新县箭厂河乡戴畈村的"戴畈模式"进行了理论和应用的解析，并为此模式的推广提供了多方面的助力。

第二，根据学科专业设置和地方教育需求情况，充分利用学校在师资力量培育方面的优势，积极争取与贫困村、贫困县合作，调配师资力量深入基层支教，切实帮助贫困村镇实现人才振兴。截至2022年，信阳师范学院对谈店乡万营村扶贫点累计投入超100万元，选派支教教师近百名，推动该村镇师资力量的提升、教学设施的维护、学生餐厅和教学附属设施的建设，极大地改善了万营村教育基础薄弱、教育资源匮乏的问题。

第三，在校地合作过程当中，信阳师范学院采取针对性的"抓药"措施，应对地方亟须解决的问题。通过发挥师生的智慧助力乡村产业振兴，积极引导学生开展实践活动，深入贫困县、贫困村考察，以师生助力、产业拉动、科技推动服务乡村发展。重视加强与地方政府和企业的合作，持续推进与多个地级市、县（市、区）的校地合作，与多家公司开展全方位校企合作，并围绕产学研深度融合模式，进行深入思考和实践探索，有力地推动了地方社会经济高质量发展。2022年，结合传媒学院师生的才能对光山县"网红县长"邱学明的直播带货方式进行理论与实践的解析与总结，共同解决持续发展过程中存在的短板问题，为光山县突破直播带货的瓶颈提供建设性意见。传媒学院选派师生参加"直播助农"活动，让"小屏幕"发挥大作用，助力当地乡村农副产品售卖，开展"互联网+农产品"销售活动，以此推动地方经济发展。同时，信阳师范学院明确表示要突破专业与行业的壁垒，拆除高校与行业的"围墙"，着力增强实践办学和开放办学意识，有效帮助学生提高专业实践能力，明确自身职业规划，把信阳师范学院打造成信阳市发展的"创新引擎"。

（二）职业教育助力乡村振兴模式

乡村振兴战略离不开人才支撑，高职院校肩负着培养乡村振兴人才的重任。2018 年起，湖北职业技术学院积极探索、持续推进"一村多名大学生计划"，通过对职业农民进行系统性和专业性的培训，培养各类新型人才，提升职业教育的发展水平，助力乡村产业振兴的发展和进步。

"一村多名大学生计划"是湖北省教育厅聚焦高职院校服务乡村振兴战略的扶持项目，由湖北职业技术学院担任承训单位，每年从具有高中（含职高、中专同等学力）文化程度的农民中，选拔一批 45 岁以下的优秀中青年接受全日制脱产大专学历教育。这些学生显著特征是大多为家里的"顶梁柱"或主要劳动力，需要为家庭生计奔波，有奋斗、努力的动力。该计划力争为乡村培养约 3000 名农村实用人才和现代新型职业农民，助推脱贫攻坚、乡村振兴的伟大工程。

该计划的招生录取工作采取了组织化的运作模式，严格按照专业设置的规定和要求，并遵循规范性、适应性、需求性、可操作性的四大原则，为每个学员量身定制培养方案。各专业采取"4+N"的模式设置课程体系，其中"4"包含思想政治、政策法规、基层治理、经营管理 4 个方面的课程；"N"指专业基础知识与专业技能方面的课程。

培养目标定向为村"两委"班子成员、后备干部和农村优秀青年；实施路径方面采取"六化"实施路径，涵盖组织化的招生录取、规范化的专业设置、定制化的教学设计、结构化的师资配备、归口化的"三重"管理等；培养模式上探索实施"模块教学、分段培养、农学结合、工学交替、分类指导"的人才培养模式；组织形式上创新性落实送教上门、教学重心下移、集中教学与分散教学相结合、农忙季节与教学环节相结合、线上教学与线下教学相结合、理论教学与实践教学相结合的教学组织形式。不断创新改革考核的评价方式，为职业农民配备充足的师资力量，层层对学员的各个方面进行严格的把关，确保每个学员都能顺利毕业，拿到普通高职的毕业证书，更好地促进就业和生活水平的提高。

（三）基础教育助力乡村振兴模式

在乡村振兴的过程当中，乡村教育师资问题日益显露，主要集中体现在缺员与超编并存的结构失衡、老龄化问题严峻的师资队伍补充不足、教学任务与专业素养失配的实践矛盾凸显。为了促进教师合理流动，均衡配置教师资源，实现每一个孩子接受公平有质量的教育的目标，河南省实施中小学教师"县管校聘"管理体制改革，"县管校聘"模式从根本上促进乡村基础教育均衡发展，助力乡村人才振兴。

中小学教师"县管校聘"的管理体制改革实施范围为县级教育行政部门所属公办中小学校，重点任务为规范创新教职工编制管理制度、完善教师岗位管理办法、健全教师管理考核制度、改革中小学教师招聘办法、完善教师均衡配置机制、规范教师竞聘管理办法、逐步完善教师退出机制、完善教师权益保障机制、统筹核定学校绩效工资总量。

"县管校聘"管理体制改革效果显著。如驻马店汝阳县2021年实行"县管校聘"改革，共免聘教师35人；竞聘上岗6597人，其中直聘教师794人，校内竞聘上岗5302人，跨校竞聘上岗487人，统筹调剂14人；待岗13人，实现了积极稳妥的初期目标。学校校级班子成员平均年龄为41岁，比竞聘前下降4.5岁；本科学历者达到98%，比竞聘前提高2.5个百分点。在洛阳市，中小学编制调整、岗位设置、工资福利发放等重要事项均由教育行政部门自主审批管理，实现了编制、人员、岗位的动态平衡，学校自主办学的权利得到落实。2021年，洛阳全市800多所中小学校完成改革任务，5万名教师竞聘上岗，在全省率先走出了市域整体推进"县管校聘"改革的路子，得到省委教育工作领导小组的充分肯定。

三　大别山革命老区教育发展助力乡村振兴的对策建议

（一）充分发挥教育的基础性作用，持续提升基础教育建设水平，助力实现乡村教育振兴，让老区更加宜居

1. 持续巩固教育脱贫攻坚成果，夯实乡村教育发展基础

乡村要振兴教育必先行，要做好"衔接"工作，着力提升教育服务乡村振兴能力。一要稳定义务教育办学成果。继续从资助政策、控辍保学、职

教扶贫等方面不断完善相关扶持政策体系，完善教育资助政策，让每一个贫困生都公平享有接受好的教育的权利。二要巩固教育信息化成果。助力脱贫地区共享优质教育资源，不断扩大优质教育资源覆盖面，推进信息技术与教育教学的深度融合。三要理顺脱贫与振兴的关系，改变乡村落后面貌。让乡村贫困地区的孩子接受良好教育，是脱贫攻坚的重要任务，也是乡村振兴的重要途径。

2. 着力提升乡村教育质量，促进乡村教育均衡充分发展

提高乡村教育质量是振兴乡村教育的核心。一要加强乡村教师队伍建设。提升乡村教师专业化水平，稳步提高乡村教师待遇。二要加快城乡一体化发展步伐。加大乡村教育投入力度，优化教育结构，积极建设学校图书馆、乡村文化建设展览馆等，促进学生文化素养提升。整体推动城市优质基础教育学校实施"以城带乡"结对帮扶策略，促进优质教育资源向乡村辐射，带动提升乡村教育质量，加快推进义务教育均衡优质发展，提升乡村义务教育质量，真正办好农民家门口的学校。三要推动乡村教育信息化建设。要切实加大乡村教育信息化队伍培训力度，全面提升乡村教师的信息素养和信息技术应用水平，让乡村学生享受到与城市学生一样平等、优质的教育。要积极鼓励社会各方参与乡村教育信息化建设，通过企业募捐、赞助等形式，给乡村地区的学校提供现代化信息化教育设备。

3. 加大教育综合改革力度，探索乡村教育高质量发展体系

一要加快推进乡村学前教育普惠发展。发挥乡镇中心幼儿园对村幼儿园的示范指导作用，实现乡村学前教育质量的有效提升。二要加快推进乡村义务教育均衡发展。深入落实乡村中小学校建设标准，进一步推进乡村寄宿制学校建设，实施营养改善计划，全面保障学生食宿方面的基本需求。要进一步优化乡村学校布局，将不具备办学规模的乡村学校的学生集中到以乡镇为单位的中心学校，由此整合教育资源、优化教学配置。三要加快推进乡村高中教育多样发展。要扶持和办好乡村普通高中，提高课程的多样性和选择性，积极促进课程、教材、教学、考试、评价、招生等有序衔接，满足不同潜质学生的发展需求。

（二）充分发挥教育的先导性作用，持续提升职业教育建设水平，助力实现乡村人才振兴和产业振兴，让老区更加宜业

1. 大力发展面向乡村的职业教育，强化乡村产业发展的人才支撑

一要加快推进大别山革命老区职业院校的布局结构调整，推进涉农高校、涉农专业建设，支持大别山地方高校建设乡村振兴学院，加快构建高校支撑乡村振兴的科技创新体系。二要加快发展革命老区的涉农职业教育。支持涉农职业学校建设，面向乡村振兴以及本地产业转型升级开展专业设置或改造。加大服务农业的技能型人才培养力度，推进涉农中职学校办学水平和服务能力整体提升。三要完善职业教育师资队伍建设。从社会中、行业中选聘专家人才充实师资队伍，努力形成较为合理的学校、社会、行业三位一体的师资队伍。

2. 加强乡村建设主力军的创业培训，强化乡村振兴的产业支撑

乡村务农人员、返乡创业就业人员是带动乡村发展的主力军。要积极发挥大别山革命老区农业广播电视学校的作用，发挥农民教育培训的优势，不断加强对创业务农人员的教育培训和指导服务，持续助力乡村产业振兴。一要做好相关创业培训工作。围绕大别山革命老区茶叶、药材、食品等几大类农业产业，普及农业现代化、设施农业、绿色食品生产、农业环境保护等基础知识，为创业初期的各项基础工作打好底子。二要持续提升其创业能力。要深入细致地做好创业培训需求调研工作，紧紧围绕创业人员持续更新的发展需求，因时、因地、因事地做好实用技术技能指导培训。根据学员产业、家庭等情况，创造个性化的培训模式。发挥身边"活教材"的榜样示范作用，梳理解决学员的共性问题，总结提炼成功案例，确保教育培训指导的精准性和实用性。三要加大宣传引导力度。通过各类媒体平台宣传报道优秀创业务农人员，讲好乡村产业振兴故事。组织优秀返乡务农人员深入乡村进行现身说法，为更多人员返乡创业务农营造良好的社会氛围。

3. 发挥地方高校的创新优势，为乡村产业发展提供智力支撑

要积极利用大别山革命老区地方高校的智力资源，尤其是涉农专业的优

势，助推乡村产业振兴和人才振兴。一要加大相关科技成果研发力度。建立科学的科技成果转化渠道，加强对外沟通合作，主动了解市场需求，强化对科技成果转化的产业发展应用，将科技成果应用到乡村的实际生产中。二要创新人才培养机制。既要提升乡村本土人才的能力和水平，也要着眼长远培养有理论素养和专业知识的高层次人才，既要巩固基础又要不断更新，以满足全面振兴乡村对人才的迫切需要。三要强化相关专业学生的实践能力。学校要为学生提供校内实习平台和校外实习机会，让学生能够更好地将自己所学的理论知识运用到实践中。

（三）充分发挥教育的战略性作用，持续提升思想教育建设水平，助力实现乡村文化振兴、组织振兴和生态振兴，让老区更加和美

把大别山精神纳入各级教育内容，大力弘扬传统文化及其精神实质。大别山精神是红色革命精神之一，"坚守信念、胸怀全局、团结奋进、勇当前锋"是大别山精神的实质。必须大力弘扬深植于此的大别山精神，注重传统与创新、继承与发展之间的关系，在保护传统民族性文化遗产的前提下，运用乡村特色文化资源，革新传统文化产品，与时代发展保持同步。加强革命文物保护利用，抓好革命文物、纪念地的保护修缮工作，进一步建好"红色"乡村纪念场馆，加强数字化技术、情景化模式的应用，提升"红色"场馆吸引力，真正实现让文物"活起来"；要对各类传统民族文化进行深度探索和挖掘；要树立时代精神坐标，以小我成大我，将个人的发展与大别山革命老区的前途命运结合在一起，以吃苦耐劳、艰苦奋斗的意志建设家乡。

B.6
现代化进程中海岛教育高质量
发展的缺位、回归与实践路径

全国海岛教育发展与乡村振兴联盟海岛教育研究课题组*

摘　要： 在现代化进程中，海岛教育存在缺位的情况，呈现"边缘化""媚城性""依附性"等特点。海岛教育高质量发展的回归，可以加快推进基础教育高质量发展为起点，以振兴海岛产业、文化、生态为支点。为提供实践参考，本文以国内沿海地方高校赋能海岛教育高质量发展、助力乡村振兴为例，分析了中国海岛教育发展和乡村振兴在现代化进程中的实践路径。

关键词： 海岛教育　高质量发展　乡村振兴

党的二十大报告提出，新时代新征程中国共产党的使命任务是全面建成社会主义现代化强国，总的战略安排是分两步走：从 2020 年到 2035 年基本

---

* 课题组顾问：朱俊文，广东省教育厅二级巡视员。课题组总负责人：兰艳泽，岭南师范学院党委书记。课题组负责人：严小军，浙江海洋大学党委书记；王晋良，大连大学党委书记；宁晓明，江苏海洋大学校长。课题组成员：金义富，岭南师范学院副校长；徐士元，浙江海洋大学副校长；李清，大连大学副校长；金芙蓉，江苏海洋大学副校长；周立群，岭南师范学院教务处处长；许抄军，岭南师范学院商学院院长；吴涛，岭南师范学院教学发展与质量测评中心主任；李斌辉，岭南师范学院文学与传媒学院副院长；黄桦，岭南师范学院教务处副处长；殷汶伟，浙江海洋大学合作发展处处长；韩伟表，浙江海洋大学师范学院院长；叶芳，浙江海洋大学办公室副主任；周永斌，大连大学乡村振兴研究院常务副院长；王若雨，大连大学附属中山医院党委书记、院长；陶然，大连大学医学部副主任；巨德辉，大连大学美术学院院长；董志国，江苏海洋大学学科建设办公室主任；卢娟，江苏海洋大学党委办公室、校长办公室副主任；徐凯，江苏海洋大学党委宣传部副部长。

实现社会主义现代化；从 2035 年到 21 世纪中叶把我国建成富强民主文明和谐美丽的社会主义现代化强国。而全面建设社会主义现代化国家，最艰巨、最繁重的任务仍然在农村。在加快我国现代化进程、推动高质量发展、全面推进乡村振兴的新征程中，我们应该反思短板更突出的海岛教育在现代化进程中的缺位与回归问题，以寻求海岛教育适应现代化的发展之路，推动海岛教育高质量发展和海岛乡村振兴。

一 海岛教育在现代化进程中的缺位

在乡村（海岛）地区开展的"政策支持""资金支持""结对帮扶""普及九年义务教育""改造薄弱学校""教育均衡验收""义务教育营养餐"等计划，一方面体现了党和政府对海岛教育现代化从基建、配套服务到学习年限等全方位的扶助，另一方面体现了我国海岛教育在现代化进程中的缺位与乏力。现代化进程中，乡村（海岛）教育陷入"不愿改革、被动改革、无力改革"的状态，不但未能助力现代化发展，反而成为现代化进程中的短板。①

（一）"边缘化"的海岛教育

教育领域相比政治经济领域的"边缘化"和海岛相比城镇发展的"边缘化"，不断在现代化进程中演绎，海岛教育严重缺位，甚至被贴上了"落后"的标签。在当下经济发展优先和快速城镇化的背景下，海岛优秀师资短缺、老龄化严重，学生不断迁移至县镇、城市上学，导致海岛教育在现代化进程中出现"边缘化"。海岛教育的育人目的走入了"城市生活的价值偏向"，即通过读书、升学走出海岛成了海岛教育追逐的方向，教育功能从"育人"演变成了"升学"，教育价值由"爱岛"变成了"离岛"。愈演愈烈的"进城"思想，严重阻碍了教师和学生对海岛教育本质的正确认知，加剧了海岛教育发展的进一步"边缘化"，也阻碍了海岛的振兴。

---

① 杨羽、李护君、石连海：《现代化进程中的乡村教育：冲击与重构》，《民族教育研究》2022 年第 5 期。

（二）"媚城性"的海岛教育

海岛学校仅在地域意义上属于"海岛"，在教育导向上"离岛"倾向性严重，学校呈"城镇化"发展趋势，失去了海岛的自然属性和社会属性。[①] 第一，海岛学校办学定位、育人理念照搬城市模式，缺乏对海岛学校特色的挖掘，与本土文化、地域特色、民风民俗相脱离。第二，课程内容与海岛生活经验脱嵌。课程内容城镇化，海岛生活习俗、海洋生产习惯、海岛方言等海岛社会文化符号在海岛教育中展示得较少，课程内容难以激活海岛少年的感性认知。第三，课程语言、教学语言与海岛话语体系冲突，尤其是在智慧教育背景下，海岛话语体系遭到严重冲击。第四，在教学方式上，以教师教授为主，体现不出以学为中心，缺乏现代信息技术与学科或跨学科融合。第五，在教学空间上，校园、教室的教学场域限制了海岛人民生产、生活、学习的空间，海岛世界的自然教育场域和实际生产生活方式强调的"体验"和"实践"与传统课堂中的"背诵"和"静听"存在极大的反差。

（三）"依附性"的海岛教育

与乡村教育一样，海岛教育的发展长期依赖政策，内在发展动力不足。有关海岛乡村振兴、教育发展的政策文本暗含海岛教育落后的预设，对海岛教育的优势、特色认知不足、挖掘不深、凝练不够。毫无疑问，这会自上而下地冲击着海岛教育的自信，滋长了海岛教育"等、靠、要"的"懒汉"习惯。[②] 第一，海岛教育游离于海岛社会生产生活之外，海岛学校从育人目标的教育理念层次到课程与教学的教育实践层次，都以国家标准、城市导向为准，海岛在教育中被边缘化，海岛民俗文化、地方性知识、生产生活技术

[①] 全晓洁、蔡其勇、谢霁月：《回归与回应：乡村振兴战略中我国乡村教育建设的未来走向》，《华东师范大学学报》（教育科学版）2022年第12期。

[②] 全晓洁、蔡其勇、谢霁月：《回归与回应：乡村振兴战略中我国乡村教育建设的未来走向》，《华东师范大学学报》（教育科学版）2022年第12期。

和人文历史经验已基本退出海岛学生的教育生活。[①] 第二，海岛教育主体对海岛教育发展缺乏主动性。海岛教师与学生均以"逃离海岛"为价值导向。在城镇化浪潮的席卷下，海岛教师在海岛乡村振兴进程的专业发展和育人工作中所获得的价值感、满足感被冲淡。第三，海岛本土民众对海岛教育发展的认可度低、参与性弱。在以经济发展为先的现代化进程中，海岛生态的可持续发展问题、海岛经济的发展缓慢问题、海岛产业的不景气问题，都会导致岛民对海岛教育发展的漠不关心、缄口不言，忽略其自身作为"土生土长岛民"在海岛教育发展中所应该发挥的重要"参与和创造"作用。

二 海岛教育在现代化进程中的回归

（一）回归的起点：加快推进基础教育高质量发展

基础教育在国民教育体系中处于基础性、先导性地位。在现代化进程中，应以海岛人民幸福安康为出发点，加快海岛义务教育优质均衡和城乡一体化发展，着力补齐海岛教育发展短板，大力实施海岛教育数字化战略行动，不断促进海岛教育发展成果更多更公平惠及全体海岛人民。新时代，海岛基础教育必须积极应对中国式现代化的基本要求，全面贯彻党的教育方针，落实立德树人根本任务，在全面建设社会主义现代化国家的新征程中，奋力绘就海岛的教育图景。

（二）回归的支点：振兴海岛产业、文化、生态，夯实海岛教育基础

产业振兴、文化振兴、生态振兴这三个海岛振兴维度可以驱动海岛教育高质量发展目标的实现。产业振兴是海岛教育振兴的关键。海岛产业振兴通过优化海岛产业结构、促进城岛要素双向流动、提高农业现代化水平、增加

---

① 孟筱：《乡村振兴视域下乡村教育发展难题与破解之道》，《人民论坛》2019 年第 28 期。

岛民收益等途径，为实现海岛教育高质量发展提供坚实的物质基础。文化振兴是海岛教育振兴的灵魂。要振兴海岛教育，文化要先行。在海岛教育振兴中厚植文化软实力，可以推动海岛教育高质量发展。符合社会主义核心价值观的海岛文明，既是海岛教育振兴的精神支撑和内在要义，又为高质量教育体系的构建搭起文化架构和人文内核，成为海岛教育高质量发展的文化支撑。生态振兴是海岛教育振兴的重要内容。生态发展是"关系党的使命宗旨的重大政治问题"，这是从全面小康到共同富裕的重要途径，也是实现人类社会可持续发展的重要途径。

三 中国海岛教育发展和乡村振兴在现代化
进程中的实践路径

（一）实施"海岛+"振兴计划，促进海岛基础教育振兴

岭南师范学院作为全国海岛教育发展与乡村振兴联盟的发起方之一，近年来深入推进"新师范"建设，实施赋能基础教育高质量发展的"三成四化"筑峰工程，积极推进以海岛教育为抓手的"海岛+"乡村振兴计划。

一是开展"海岛教育信息化"帮扶工作。依托学校信息化建设经验与优势，通过海岛教育信息化建设、海岛教育一体化课堂环境的建设，加强海岛学校信息化环境建设；通过海岛学校课程资源优化与整合、云支教和智慧教育示范校的建设，提高海岛学校信息化应用水平；通过策划海岛学校教育信息技术应用能力培养方案，制定领导力培养策略和信息技术素养发展机制，加大种子教师的培养力度，提升海岛师生人工智能素养，以及提升海岛教师信息技术应用能力，助力海岛教育信息化建设，赋能海岛基础教育高质量发展。目前湛江市的南三岛、硇洲岛、特呈岛等岛上学校信息化建设已经取得初步成效。

二是解决海岛学校"紧缺师资均衡化"问题。加大对海岛学校音体美和思政教师的供给和培养力度，助力海岛学校"五育并举""五育融合"。

全方位做好海岛学校在职音体美教师的"回炉"教育，积极开展专职思政教师的培养，在粤西海岛学校全面开展"美育浸润"和"传统文化浸润"活动。合理确定师范专业招生结构比例，加大海岛学校公费定向师范生招生与培养力度。推动优质教育资源均衡共享，帮助海岛学校教学应用覆盖全体教师、学习应用覆盖全体适龄学生、数字校园建设覆盖全体学校，信息化应用水平和师生信息素养普遍提高。建立健全区域教研、校本教研、网络教研制度，积极探索信息技术支持的教研模式改革方式，将海岛学校校本教研纳入区域教研。利用人工智能技术，解决海岛学校"开不齐、开不足、开不好课"的问题。扩大优质教育覆盖面，缩小陆岛校际差距。

三是加快高校与多方共建海岛振兴基地。粤西硇洲岛远离大陆，岭南师范学院将其作为一个示范点，共建乡村振兴示范基地。该校积极探索以海岛教育为抓手的"海岛+"乡村振兴推进计划，以示范基地为平台，以研修基地为支点，联合硇洲镇实现资源互补和优势叠加，助力硇洲镇乡村发展与建设。共建的海岛振兴基地组建了帮扶团队，通过高校—政府—社区—中小学—社会多方联动和通力协作，聚焦教育帮扶、经济帮扶、农业帮扶、党建帮扶、乡村治理帮扶、文化帮扶这六大帮扶行动，配套6个科研项目开展立项研究、分析发展现状、出台解决方案、凝练研究典范，助力硇洲岛的教育、经济、文化、治理等全方位高质量发展。

四是实施海岛学校品牌和特色建设。根据海岛学校独特的地理位置和特点，帮助海岛学校根据自身特点做好"海洋""岛礁"文章，凸显海洋文化，在校本课程、校院文化中做到一校一特、一校一优、一校一品，积极开展品牌建设与特色凝练建设，把海岛学校建设成"小而美""小而精"的特色学校。湛江南三岛乐施小学靠近海岸，沙滩细腻，岭南师范学院结合这一特点，引导该校把"沙滩足球"作为学校特色活动、校本品牌课程。经过两年建设，目前乐施小学已成为"坡头区沙滩足球特色学校"。

（二）加强海岛职业教育工作，促进海岛产业振兴

乡村振兴，产业振兴是基础。由于特殊的地理位置和自然条件，海岛居

民主要的职业一般是水产养殖和海洋捕捞，其职业能力极为单一。而近年由于捕捞过度以及海洋污染等问题，水产养殖和捕捞业发展困难，加之水产养殖和捕捞业都是"靠天吃饭"，而海岛是台风多发区，一遇台风养殖业就有"灭顶之灾"的可能。海岛经济结构单一，相对于陆地山区，海岛居民谋生脱贫致富能力不足。针对这种情况，广东省在海岛教育发展中，应加大海岛地区职业教育的建设力度，促进海岛产业振兴。

一是在海岛建立职业教育学校。在有条件的海岛、人口较多的海岛县，大力发展职业教育，建立职业技术学校，开设更多的适合本地就业的专业，鼓励当地居民利用业余时间接受职业教育。汕头市南澳岛建有南澳职业技术学校，2018年又与广东省重点职校汕头市鮀滨职业技术学校签订合作办学协议，通过探索合作办学模式促进职业教育新发展。为了更好地满足南澳经济社会发展的需要，汕头市鮀滨职业技术学校大力推行工学结合、校企合作、顶岗实习等人才培养模式，广泛开展"订单式"培养，着力提高学生的职业技能和就业创业能力。

二是开展海岛成人职业教育培训。在人口较少、陆域不大的海岛，人力资源社会保障部门、教育部门和扶贫部门，以及相关高校和职业技术学校可对海岛居民大力开展公益性职业技能培训，培养培育适应海岛新产业发展的"有文化、懂技术、会经营"的新型渔民，提高其脱贫致富的能力。汕头市实施"粤菜师傅"工程，粤东技师学院联合广东省电子商务高级技工学校、南澳县供销合作联社联合举办"南澳县粤菜烹饪短期培训班"，岛上居民共有150人参加培训。培训班结合南澳当地特色食材及餐饮企业经营特点制订培训计划，送教上门，做到"群众想学什么技能、就开什么培训班"。在传授学员常规烹饪工艺技能的同时，结合南澳特色食材，引导学员开发乡土菜肴，举一反三，培养学员的菜肴创新能力。教学中注重鼓励学员将学到的烹饪技能运用到今后的就业、创业中，实现自身发展。培训结束后，学员通过"A+B"考核，即"指定地方传统风味菜式+自选乡土本地菜式"，获得培训合格证书。广东省粤东技师学院还在南澳县青澳达江海鲜大排档成立"粤菜师傅"技师工作站，这也是广东省首个"粤菜师傅"乡村技师工作站。其中，达江海鲜大排档成为南澳游客必到的网红打卡点。

（三）借助高校智慧，促进海岛科技振兴

生活富裕是乡村振兴的根本出发点和最终落脚点。只有坚持精准发力，立足特色资源，关注市场需求，发展优势产业，促进三产融合发展，才能更多更好惠及农村农民。

一是高校科技特派员为海岛特色产业服务。潮州市海山镇由南、北二岛组成，地处闽粤交界的饶平县南端沿海，是该市唯一海岛镇，也是我国重要的水产苗种生产基地，主要涉及对虾、生蚝、石斑鱼、紫菜等品种的培苗和养成。汕头大学马洪雨教授带领的科技特派员着力打通科技成果转化"最后一公里"，深入基层一线开展产学研合作和科技帮扶工作。科技特派员团队分批次深入重点企业和产业一线对牡蛎、对虾、石斑鱼以及紫菜等特色养殖品种进行"问诊把脉"，并给予科学指导和建议。该团队深入海岛多家重点企业及养殖户，细致调研对虾选育和工厂化培苗、石斑鱼工厂化循环水养殖、生蚝工厂化培苗的生产模式、技术特点、销售链条及效益等，并从国家政策和技术层面给予针对性的指导和建设性建议。"海山紫菜"是海山镇久负盛名的海产品牌，在国内市场和新加坡、泰国、日本等国家和地区享有较高的知名度。"海山紫菜"生长在海山岛沿海独有的半咸水海域，含有丰富的维生素和矿物质，其价格比其他地方的紫菜高出几倍，产品供不应求。为做大做强"海山紫菜"这一品牌，高校科技特派员团队与有关部门共同为海岛申报"海山紫菜"国家农产品地理标志。在高校科技特派员的帮扶下，海山镇的海水养殖产业正走出一条高质量发展之路。

二是高校科技镇长团助推海岛经济振兴、产业升级、岛民致富。高公岛街道位于连云港市最东端后云台山东麓、黄海之滨，三面环山、一面向海，是全国闻名的紫菜之乡，有九成以上居民从事紫菜相关产业。江苏海洋大学自2014年起，先后派出董志国、房耀维、高焕、周伟4位博士参加江苏省高校科技镇长团，对口帮扶指导紫菜产业发展，帮助该街道实现了

从传统渔乡到紫菜之乡的华丽转变。4 位博士发挥自己的专业所长，让高公岛街道的紫菜产业从较为粗放的规模化养殖转向低密度、高质量绿色养殖，养殖户逐步退出近岸滩涂。4 位博士用 9 年时间，为高公岛街道引荐100 余名专家教授指导紫菜产业发展，引入科技资金近千万元，引进紫菜养殖新品种，不断改进紫菜深加工工艺，帮助 10 余家企业完成了江苏省农业科技型企业的申报工作，实现经济效益数十亿元。江苏海洋大学以科技优势助推海岛居民增收致富，探索出具有自身特色的高校科技镇长团促进海岛经济振兴的实践路径。

三是组合式帮扶，通过海洋科技帮扶助力海岛实现共同富裕。浙江省委、省政府提出山区海岛县高质量发展的战略决策，浙江海洋大学积极组建"希望之光"组合式帮扶团，通过人才、技术、产业三帮扶赋能海岛乡村振兴，以海洋科技帮扶助推海岛乡村"共富梦"。一是人才帮扶，实现渔村全面振兴。为深入推进海岛嵊泗县帮扶工作，2022 年 8 月 17 日，浙江海洋大学与嵊泗县召开工作对接会，成立了以国际欧亚科学院院士严小军为代表的教授、博士帮扶团。自帮扶团成立以来，已常年派驻多名教授、博士在嵊泗从事养殖、加工等领域的科技帮扶工作。二是技术帮扶，破解渔业发展难题。在帮扶工作中，浙江海洋大学以"东海渔业资源重建与深远海养殖工程创新团队新区领军型创新团队"项目为载体，将大黄鱼生态养殖作为学科和科研建设的重点内容，发挥科研团队集体攻关的作用，在应用和基础理论研究等方面均取得了重要突破，实现了从育苗、加工到机械化改造的产业升级的科技帮扶。三是产业帮扶，拓展渔民致富途径。在帮扶团首席科学家严小军带领下，相关专家多次考察嵊泗贻贝产业和甬台温大黄鱼产业，组织召开了相关部门、养殖龙头企业代表参加的交流会，先后与嵊泗县景晟贻贝产业发展有限公司、温州东一海洋集团、黄鱼岛海洋渔业集团等公司建立长期帮扶关系，将帮扶工作落实落细。

（四）开发海岛特色文化，促进海岛文化振兴

乡村振兴，文化建设要先行。一要开发挖掘海岛风俗人情。如湛江调顺

岛坚持"与时俱进、推陈出新",充分利用调顺村一年一度的"年例",举办农民文化节和草龙文化节,在传承传统文化的基础上,注入新农村建设、社会主义核心价值观、中国梦等时代气息,讲述好调顺故事、传播好调顺声音,扩大民俗文化的影响力。坚持"薪火永驻、代代守护",积极创造条件搭建平台,大力支持黄车炳等调顺民间艺术家,深入挖掘失传50多年的民间艺术"调顺网龙"等,通过自编教材、免费培训,运用群众喜闻乐见的方式,让民俗文化走进学校、走进家庭、走进社区,确保民俗文化不断层、不差代。

二要建立海岛渔村村史馆。例如,汕头市南澳县相继"出炉"山顶渔村、南光村、中柱村、后花园村、六都村5个乡村的"村史馆策划书与村史资料汇编"及村史纪念馆。用村史展示海岛的悲欢岁月,让人产生情感的共鸣;让村史馆成为记录历史、传承文化的"博物馆",体验民俗、发展旅游的"体验店",为美丽乡村建设注入新动力。

三要发挥文化艺术专业优势,挖掘海岛非物质文化遗产。例如,为了更好地保护和传播海岛非物质文化遗产,进一步探索大连海岛非物质文化遗产研究路径、提升保护能力、强化科技支撑、提高展示质量,以及发挥教育的功能、优化传播服务等,并为服务国家海洋发展的需求,发挥文化引领作用,大连大学联合国家非物质文化遗产展览展示研究中心、大连艺术学院等高校,在大连市文化和旅游局、长海县人民政府的大力支持下共同设立了大连市海岛非物质文化遗产研究和保护中心,从学术研究及人才培养等方面,搭建教学与科研平台。该中心在推进大连区域内海岛非物质文化遗产的调查、开展海岛非物质文化遗产学术研究工作、整体保护海岛非物质文化遗产区域、加大海岛非物质文化遗产传播普及力度、推动大连海岛非物质文化遗产普及教育、推动非物质文化遗产与旅游融合发展、推进大连海岛非物质文化遗产项目相关产品的开发与营销模式等方面发挥着巨大的作用。

四要发挥文化艺术教育优势,在海岛建立艺术类研究生培养基地。按照《辽宁省研究生联合培养基地建设与管理办法》中相关要求,为进一步加强艺术专业学位建设,强化研究生实践和创新能力的培养,在大连市海岛非物质文化遗产研究和保护中心建设的基础上，经过高校申报与辽宁省教育厅评估，大连大学获批了 2022 年辽宁省研究生联合培养示范基地（长海县文化和旅游局研究生联合培养基地）。该基地成为大连大学与海岛联合培养人才的实践平台，有力地促进了学校与海岛在艺术创作、文化产业、人才培养、旅游合作、产学研成果转化、教学实践与实习等方面广泛的合作，对于促进海岛地域文化资源挖掘利用、海岛文化艺术发展产生了积极的作用。

（五）加强海岛生态保护教育，促进海岛生态振兴

生态振兴是乡村振兴的重要支撑。一要对海岛学生和居民开展生态保护教育。例如，岭南师范学院"梦行海岛"三下乡服务队每年上岛，利用展板、标语、宣传单、实物展示，以及话剧演出等方式，对岛上居民进行海洋科学知识、环保理念的普及和禁毒宣传；汕头大学开设的公益课程"走向海洋"长期组织师生到南澳岛中小学进行海洋环保宣讲和教育服务，通过授课、社会调研、户外拓展等方式，对岛上学生进行海岛生态保护教育。该公益课程在海洋教育、海洋课程设置上为南澳岛各学校补足了短板。

二要加强海岛生态保护的产学研合作。例如，岭南师范学院针对湛江海岛红树林修复工程，成立岭南师范学院红树林研究院，依托岭南师范学院10 个二级学院的科研力量，配合广东湛江红树林国家级自然保护区管理局，与广西红树林研究中心、自然资源部第三海洋研究所等国内外 21 所科研院所和高等院校建立科研合作关系。该学院还与湛江市科技协会和湛江爱鸟协会建立合作机制，围绕海岛红树林重点保护区域的主体功能与管理目标，联合开展红树林人工造林、红树林抗低温能力、濒危红树林资源等调查工作，让红树林的科普、保护深入人心。

三是专门进行海岛产业研究。例如，岭南师范学院广东沿海经济带发展研究中心专门承担"徐闻全面对接海南发展路径研究"项目，对徐闻各海岛发展特色产业展开了颇具成效的研究。

（六）借助高校优势，促进海岛卫生健康事业振兴

民生工程是第一工程，而卫生健康事业是民生工程的重中之重。海岛地处偏远，难以留住医疗人才，其卫生服务水平发展缓慢，阻碍了海岛振兴发展。大连大学发挥两所三级甲等附属医院雄厚的医疗实力，利用专业医疗人才、技术、资源等优势，助力海岛卫生健康事业发展。

一是利用人才优势，派遣医疗专家赴岛出诊并开展技术帮扶。大连大学附属中山医院与长海地区建立联系，形成覆盖海岛14家县、乡、村三级医疗机构的医疗网络，定期派出临床专家赴海岛地区出诊，使海岛居民不出岛就可以享受优质医疗服务。同时开展教学查房、疑难病例讨论、手术示教等专业培训，授之以渔，为海岛培养医疗人才。近年来，大连大学附属中山医院对口帮扶海岛地区，累计派出各科系专家737人次，门、急诊诊次量超过51200人次；教学查房51人次，疑难病例讨论135次，专业培训122余次，培训人数2810人次，手术示教147例。这不仅提升了海岛医疗质量，也提高了海岛原有医疗人员的专业能力。

二是依托资源优势，为海岛配套先进医疗设备。大连大学依托"十二五"国家科技支撑计划项目"农村基本医疗卫生关键技术研究与示范项目"及"农村数字医疗仪器应用关键技术研究"等课题，以长海县为示范县，进行全面建设，持续投入1000余万元，为长海县人民医院、4个乡镇卫生院、9个村卫生所，配套了数字化核磁共振、数字胃肠机、远程病理系统等各1台（套），远程影像、远程心电系统和一站式乡医工作站等各9套，大连大学附属中山医院的互联网医疗做到了长海县、乡、村三级医疗网络的全覆盖，并结束了长海县人民医院成立以来没有核磁、没有病理科的历史，极大地提升了长海县医院的临床诊断水平，推动了外科临床手术的开展。

三是发挥互联网诊疗技术优势，提升海岛医疗服务水平。大连大学附属中山医院的智慧化建设水平处于国内前列，互联网医疗开展早、水平高、覆盖广。2007年，中山医院的远程医疗服务就已全面覆盖海岛地区，开展了远程病理、检验、影像、心电、康复、急救和手术指导，实现了海岛居民

"小病咨询不出岛、大病诊断不出县、就近享受三甲医院医生"的医疗服务目标，节省了海岛居民就医问诊的时间和费用，也提高了医疗服务水平。2013年以来，大连大学附属中山医院建立了"一体化互联网医疗援助系统"，其中的远程会诊中心及会诊平台，同时作为远程医疗指挥中心及远程会诊中心的显示平台，为长海县人民医院等偏远海岛地区，提供远程实时会诊服务、实时在线会诊教学、基层居民健康管理和重点病人远程监控；而远程视/音频会议平台可实现多级医院在线会诊、教学，可进行高清同步音、视频，具备大规模组网能力，最大能支持128个会场同时接入，满足多级医疗机构同时在线的交互需求，为政府指定帮扶医院，提供了专家病历讨论、远程培训、手术指导、医院探视、行业会议、行政管理会议，以及交互式公众教育等服务。近年来，合计开展远程影像疑难会诊14034次、远程病理会诊1874次、远程心电会诊3072次、远程超声会诊218次，在线远程综合会诊超过4796次。

四是借助医学教育优势，为海岛培养医学专门人才。大连大学附属中山医院近年来接受海岛医护人员进修200余人次，涵盖了医院主要科系，极大地提升了海岛基层医护人员医疗服务能力。与此同时，大连大学附属铁路卫生学校赴海岛调研，发现长海县人民医院护理队伍严重老龄化，近三年将有近40人退休，并且一直以来，大连大学附属铁路卫生学校招生分数线较高，长海县学生能被录取的寥寥无几，而被录取的学生毕业后多数不愿回岛工作，因此岛上护理人员紧缺问题无法解决。鉴于调研情况，为解决海岛地区护理人员紧缺、护理队伍老龄化等问题，大连大学附属铁路卫生学校主动与长海县医院联系，表示愿意利用学校的优质护理人才培养资源，为长海县解决护理人员紧缺问题。目前学校已与长海县相关部门协商并达成协议，从2023年开始单独制定长海县录取分数线，每年从长海县定向录取4～5名学生，协议毕业后回海岛就业服务，从而为长海县培养紧缺急需的护理人才。

B.7
乡村振兴背景下高素质农民
培训基地建设实践研究

田敏毅*

摘　要： 面对国家乡村振兴政策方针，延庆区第一职业学校针对延庆区农民学历层次和职业技能等级"双偏低"的现状，成立了高素质农民培训基地建设实践研究项目组，并联合区域相关培训机构，深入乡村通过问卷、调查、访谈等方式开展了一系列分层调研，创建了"一中心，两桥梁"农民培训合作机制，打造了"三层面，多专业"农民培训师资队伍，设立了"四类型，4N模块"农民培训课程。农民培训基地建设期间，学校采用"走出去，走进村庄农家、走到田间地头；请进来，请进学校教室、实习基地"等教学模式，围绕区域产业发展累计开发了园艺花卉、乡村旅游、农村电商、冰雪体育共四大类42个模块课程，为区域乡村振兴培养了高素质的农民人才。

关键词： 乡村振兴　区域服务　职业技能　高素质农民培训

一　研究背景

党的十九大报告提出实施乡村振兴战略。习近平总书记在十三届全国人大一次会议上指出，乡村人才振兴是乡村振兴的根本，要打造一支强大的乡

---

* 田敏毅，北京市延庆区第一职业学校副校长，主要研究方向为乡村教育与培训研究管理。

村振兴人才队伍。2020 年中央农村工作会议中,习近平总书记作出"民族要复兴,乡村必振兴"的重大论断,要求举全党全社会之力推动乡村振兴。

延庆区第一职业学校以党和国家大政方针为依据,以新《职业教育法》为准绳,坚定履行职业学校教育与职业培训并举并重的法定职能,担负区域新型职业农民培训重任,服务区域乡村振兴。学校针对全区 34.6 万人口,进行了乡村振兴背景下高素质农民培训基地建设实践研究。

二 高素质农民培训基地建设实践研究的目标、内容及方法

延庆区第一职业学校(以下简称"学校")针对延庆区农民学历层次和职业技能等级"双偏低"的现状,建设了一个围绕服务区域经济发展需求,培训机制健全,培训师资队伍专业,培训课程资源丰富,农民参训便捷,年均完成 10000 人次培训任务的高素质农民的培训基地。助力区域乡村人才振兴,服务区域乡村振兴。

研究内容主要有以下四点:一是高素质农民培训基地的机制建设研究;二是高素质农民基地师资队伍建设研究;三是高素质农民培训基地课程建设研究;四是高素质农民培训基地培训教学实践研究。

本研究通过问卷、座谈、访谈等方式,进行了分层调研。一是走进延庆区人保局、农委等与农民培训有关的管理单位进行座谈调研;二是走进延庆区 15 个乡镇农民培训管理部门进行座谈调研;三是深入延庆区 75 个行政村,对村干部和村民开展访谈调研和问卷调研,掌握第一、二手材料,形成调研报告。

三 高素质农民培训基地建设实践研究结果及成效

自 2018 年开展乡村振兴背景下高素质农民培训基地建设实践研究以来,学校围绕研究的总体目标,聚焦拟解决的关键问题,针对延庆区农民学历层次和职业技能等级"双偏低"的现状进行了研究,研究结果及成效如下所示。

（一）创建"一中心，两桥梁"农民培训合作机制

"一中心"是指以学校为中心建立延庆区第一职业学校高素质农民培训基地，并成立了学校社会培训处，专门负责管理学校各项培训工作。"两桥梁"是指学校一方面架起与延庆区新型职业农民培训各相关管理单位的桥梁，如学校被区人保局确定为延庆区冬奥世园志愿者培训基地、延庆区冬奥世园餐饮客房培训基地、延庆区一对一帮扶地区劳务实训基地，被区文旅局确定为延庆区乡村旅游培训基地，被区宣传部授予延庆区新时代文明实践基地，被市残联确定为北京市残疾人培训基地等。另一方面延庆区为学校和全区 15 个乡镇成人学校架起培训实施的桥梁。"两桥梁"畅通，有力地推动了延庆区农民培训的高效务实开展。

（二）打造"三层面，多专业"农民培训师资队伍

党的十九大报告指出，实施乡村振兴战略，必须培养造就一支懂农业、爱农村、爱农民的"三农"工作队伍。学校以"懂农业、爱农村、爱农民"为基本要求，打造了以学校培训处教师为基础、以学校其他部门教师为支撑、以外聘行业专家为补充的三层面、多专业的农民教育培训师资队伍。农民教育培训师资队伍中特级教师 2 人、市区级骨干教师 16 人、行业专家 5 人、长期参与农民培训的教师 56 人。基地建设期间，学校参与农民教育培训的教师聚焦乡村振兴背景下农民培训课程开发和实践，分别进行了课题研究、论文撰写、教学参赛等大量的教育教学教研工作，均取得较好成绩。例如基地建设期间，学校培训处的教师针对农民培训的教育教学工作进行了 7 个市级课题和 9 个区级课题研究；共有 46 篇论文获国家和市级奖励，其中获得一等奖的有 12 篇；参赛教师获得区级各项荣誉 19 项。高素质教师队伍为学校农民培训奠定了坚实基础。

（三）进行"四类型，4N 模块"农民培训课程建设

延庆区农业户籍人口基本情况显示，全区 34.6 万人口中农业户籍人口

为 15.76 万。通过调研，学校明确了延庆区农民教育培训的方向，确定了 4 种培训类型：一是成人中专学历教育，二是职业技能取证培训，三是实用技术短期培训，四是文明素养提升培训。而"4N 模块"是指围绕上述 4 种培训类型，每种培训类型下设 N 个模块课程，其中 N 个模块是不断变化的模块，它需要围绕区域经济社会发展需求进行及时更新。目前学校围绕区域产业发展已累计开发园艺花卉、乡村旅游、农村电商、冰雪体育等四大类 42 个模块课程，有效解决了学校农民教育培训匮乏等问题。

1. 成人中专学历教育课程建设

学校依据本校中职学历教育资源优势，积极申报北京市教委成人中专学历教育招生资质，目前获批 20 个专业招生资质。在此基础上，学校建设了烹饪、园艺、计算机应用、旅游服务和冰雪体育 5 个专业成人中专学历教育"半农半读模块化"教学课程。

2. 职业技能取证培训课程建设

学校围绕乡村产业振兴，聚焦区域全域旅游、现代园艺、冰雪体育产业发展，依据国家职业技能鉴定标准，建设了"多专业+活模块"技能等级考证课程。例如，为乡村民宿从业者开发了烹饪师、面点师等工种的技能等级培训课程；为园艺从业者开发了园艺花卉工等工种的技能等级培训课程；为冰雪体育从业者开发了滑雪指导员、中医保健按摩师等工种的技能等级培训课程。

3. 实用技术短期培训课程建设

学校针对延庆区农民实用技术学习的多样需求，开发了 7 个模块 47 项实用技术课程，如乡村旅游服务、农村电商、美容美发、手工编织等。特别是针对 2019 年世园会区域乡村旅游"世园人家"和 2022 年冬奥会"冬奥人家"乡村旅游的品牌创建，以及延庆区 200 多家乡村民宿和 1000 多名星级民俗从业人员提档升级学习需求，学校开发了"多层次+活模块"乡村旅游实用技术培训课程。

4. 文明素养提升培训课程建设

2018 年中央一号文件提出，"乡村振兴，乡风文明是保障。必须坚持物质文明和精神文明一起抓，提升农民精神风貌，培育文明乡风、良好家风、淳朴民风，不断提高乡村社会文明程度"。学校作为延庆区新时代文明实践教育服务基地，坚持在区域农民培训中以加强农村思想道德建设为基础，以社会主义核心价值观为引领，强化农村思想文化阵地建设，开发社会主义核心价值观、四史、文明礼仪、垃圾分类等培训课程。

学校将垃圾分类小行动与生态文明建设大战略相结合，开发了"垃圾分类"和"绿色生活微园艺"培训课程，出版了《绿色生活微园艺》教材并入选农业农村部"十三五"规划教材。教师设计制作的变废为宝微园艺教具，两次参加区宣传部组织的"变废炫宝"创意作品大赛，其中，获一等奖的有2人、获二等奖的有9人。

（四）开展"全区域，多人次"农民教育培训

项目建设期间，学校采用"走出去，走进村庄农家、走到田间地头；请进来，请进学校教室、实习基地"等教学模式，完成了延庆区农民四大类培训，为区域乡村振兴培养了高素质的农民人才。

1. 开展成人中专学历教育

学校针对部分农民学员对成人中专学历证书的迫切需求，开设烹饪、园艺等5个专业的成人中专学历教育培训。培训期间，有312名学员取得北京市成人中专学历证书，有396人成为学校在籍成人中专班学员。成人中专学历证书的取得为本区农民成功转岗就业奠定了学历基础。

2. 开展职业技能取证培训

为推动乡村产业振兴，学校聚焦区域乡村旅游、现代园艺、冰雪体育等新兴产业，重点开展了中式烹饪、中式面点、旅游服务、园艺花卉工、滑雪指导员职业技能等级培训，培训人数共计481人。随着国家职业技能鉴定工种的调整，基地建设期间，有25名农民学员取得中式面点师初级职业资格证书，顺利实现了在延庆世园冬奥签约酒店和高档民宿就业。有72名农民学员取得滑雪指导员证书，顺利实现了在延庆各滑雪场的服务岗位和滑雪教练员岗位就业。

3. 开展实用技术短期培训

基地建设期间，学校开展了 7 个模块 47 个课程项目 2.1 万人次的实用技术短期培训。一是园艺花卉模块，包括花卉养护、水培花卉、多肉种植、花卉微景观制作、阳台蔬菜种植、插花等；二是乡村旅游模块，包括民宿接待礼仪、中西餐服务技能等；三是中西式面点模块，包括月饼、桃酥传统中式面点，曲奇饼干、蛋糕西式面点，火勺、馍馍区域特色面食制作等；四是中西式烹调模块，包括凉菜制作、热菜制作等；五是美发模块，包括男士寸发推剪、女式短发修剪、生活盘发等；六是居家保健类模块，包括艾灸保健、刮痧保健、保健按摩等；七是计算机模块，包括 Office 软件应用、自媒体创作、农村电商等。

学校开展的园艺花卉模块培训，极大地激发了延庆区农民学习园艺花卉知识和技术的热情，为 2019 年世园会的成功举办奠定了坚实的群众基础，有力践行了习近平总书记在世园会开幕式上《共谋绿色生活，共建美丽家园》的讲话精神，助推了区域园艺产业发展。

学校开展的乡村旅游、中西式面点、中西式烹调 3 个模块培训，有效地带动区域乡村旅游产业提质升级，为区域"世园人家""冬奥人家""长城人家""山水人家"精品民宿品牌的打造提供了人才支撑。

学校开展的美发和居家保健 2 个模块培训，为全区 15 个乡镇培养了168 名理发师，有效解决了农村空巢老人和留守儿童理发难题；提升了农村养老助残志愿服务队服务水平，助推了延庆区志愿服务大力开展。

学校开展的计算机模块培训，有效地提升了农民信息技术水平，帮助农民跨越"数字鸿沟"。其中，农村电商学员张久兰通过网上销售自家蜂蜜实现增收，并创办了合作社，带领本镇农民走上了增收致富的道路。

为了做到培训服务不断档，学校组织教师积极研发线上培训课程，开展线上培训。各模块培训教师利用班级微信群和腾讯会议开展实用技术线上培训。起初村民抵触线上培训，他们自身对学会使用线上小程序没有信心，但是在培训教师的耐心鼓励和不厌其烦的指导下，村民终于学会了在线学习，而且许多村民学会了线上展示学习成果、美食制作作业、手工制作作业等。

学校在做强线下培训服务的基础上，又开辟了线上培训服务新路径。

4. 开展文明素养提升培训

新时代文明实践中心建设是推进习近平新时代中国特色社会主义思想深入人心、落地生根的重要举措。作为延庆区新时代文明中心建设实践基地，延庆区第一职业学校面向全区开展了社会主义核心价值观、文明礼仪、垃圾分类、冬奥英语等线上线下培训，共培训 1 万多人次。此外，学校坚持"停训不停学"，开展了线上文明素养培训。

2020 年 5 月 1 日，《北京市生活垃圾管理条例》颁布实施，学校积极响应，走乡镇、进村庄开展"垃圾分类""绿色生活微园艺"培训。学员们在教师的指导下，学会了垃圾分类，并将从家里拿来的废弃物品创新制作成一个个漂亮实用的器具，这不仅有效地降低了村民的垃圾量、提高了村民的循环利用意识，还有力地引领了全区居民绿色生活新风尚，助推了全区全国文明城区创建工作。

（五）形成"培训课程，培训方式"两个农民培训创新点

基地建设期间，形成了农民培训课程创新和培训方式创新两个创新点。

第一，培训课程创新。学校围绕区域乡村振兴对高素质农民人才的需求，针对农民就业创业学习需求，确定了成人中专学历教育培训、职业技能取证培训、实用技术短期培训、文明素养提升培训 4 种培训类型，并与之对应初步建设开发了"4N 模块"课程体系。

第二，培训方式创新。为了推动区域乡村旅游提质升级和精品民宿品牌打造，学校创新培训方式，分别在延庆区打造的"世园人家""冬奥人家""长城人家""山水人家"民宿进行"样板打造+实地实战"培训，得到民宿经营者和民宿管理部门的高度肯定，并在延庆区大力推广。学校培训的"长城人家"民宿入选全国精品民宿。

同时学校积极开展农民线上培训，开辟了农民线上培训新路径。学校使用腾讯会议，采用线上"讲解演示+练习反馈"的方式进行教学，并进行了市级课题"互联网+背景下农民培训线上线下混合式教学法研究"。农民逐

渐接受喜爱这种培训方式，并熟练使用腾讯会议和抖音等平台开展线上学习。学校打通了线上农民培训"最后一公里"，帮助农民跨越了"数字鸿沟"，助力区域乡村振兴迈上了新台阶。

（六）打造了"乡村旅游培训""现代园艺培训"两个培训品牌

1.打造乡村旅游培训品牌

学校针对本区乡村旅游产业发展现状，积极开展乡村旅游从业农民培训。在培训实践中，教师积极研究构建培训课程，开发了农家宴设计制作、乡村旅游服务等多层次、活模块培训课程；使用本校教师编写出版的《农家健康凉拌菜》《农家厨房150问》《农家自制花草茶》《乡村旅游农家粗粮主食制作》等教材；面向全区1000多家民俗户和200多个精品民宿，开展了年均5000余人次的乡村旅游从业农民培训。学校被区旅游委授予"延庆区乡村旅游培训基地"的称号。

基地建设期间，学校教师多次被邀请到门头沟、房山、昌平等地区进行乡村旅游培训现场教学，还为平谷区民宿从业者进行线上培训。共计培训京郊农民300多人次。学校教师为福建省清流县67名职校骨干教师开展"乡村旅游培训课程开发"讲座；深入河北省张家口市为246名农村经纪人进行对口扶贫农村电商培训，还为河北省沽源县职教中心教师进行乡村旅游课程开发指导。

2.打造现代园艺培训品牌

为服务区域现代园艺产业发展，学校开展了园艺成人中专"学历证书+实用技术"培训，特别是在2020年《北京市生活垃圾管理条例》实施后，学校将垃圾分类小行动与区域生态文明大建设结合，开发垃圾分类培训课程，出版了《绿色生活微园艺》教材。

通过高素质农民培训基地建设实践研究，延庆区第一职业学校创建了1个培训机制，组建了3个层面师资队伍，构建了4种类型培训课程，累计完成了4万多人次的农民培训，形成了2个农民培训创新点，为区域乡村振兴贡献了职业学校力量。

主要参考文献

赵志群：《职业教育工学结合一体化课程开发指南》，清华大学出版社，2009。

邓泽民、侯金柱：《职业教育教材设计（第二版）》，中国铁道出版社，2012。

徐国庆：《职业教育课程论（第二版）》，华东师范大学出版社，2014。

刘彩琴等：《职业教育工学结合课程开发与实施》，北京师范大学出版社，2014。

许远：《职业教育专业建设与课程教材开发》，中国人民大学出版社，2019。

蔡跃：《职业教育活页式教材开发指导手册》，华东师范大学出版社，2020。

王天民、唐勇、洪大航主编《高素质农民培训读本》，中国农业科学技术出版社，2020。

黄慧光、李培源、李磊主编《高素质农民教育培训手册》，中国农业科学技术出版社，2020。

B.8
内蒙古高等教育赋能乡村脱贫与振兴有效衔接的经验研究

内蒙古师范大学教育发展与乡村振兴研究课题组*

摘　要：《内蒙古自治区关于实现巩固拓展教育脱贫攻坚成果同乡村振兴有效衔接的实施意见》对内蒙古高校助力乡村振兴工作提出了明确要求。2022年，内蒙古各高校采取多项有力措施，进一步巩固拓展教育脱贫攻坚成果，有效衔接乡村振兴战略，持续推动脱贫地区发展和乡村全面振兴，发挥自身优势赋能乡村振兴。第一，精准施策开展产教融合、产业提质和消费帮扶等行动，奋力推进乡村产业振兴；第二，多措并举着力培养乡村治理人才、农村相关产业发展人才和优秀乡村教师队伍，努力推动乡村人才振兴；第三，强化引领乡村物质文化、社会文化与制度文化建设的新愿景，全面推动乡村文化振兴；第四，围绕生态宜居、绿色发展和安全屏障的目标理念定位，积极推进乡村生态振兴；第五，依靠党建引领完善帮扶组织结构、开展帮扶活动、完善帮扶机制和落实帮扶保障等措施，全力赋能乡村组织振兴。"十四五"时期内蒙古各高校将继续担起新时代乡村振兴战略的历史责任，不断探索高校服务乡村振兴的实践路径，全力以赴为乡村振兴事业贡献智慧力量。

---

* 课题组组长：阿拉坦仓，内蒙古师范大学教授，博士研究生导师，第十三届全国政协委员，国家民委决策咨询委员会委员，内蒙古自治区人大教科文卫委员会委员。课题组副组长：王利，博士，内蒙古师范大学继续教育学院院长，教授；米俊魁，博士，内蒙古师范大学教育学院院长，教授。课题组成员：阿木古楞，博士，内蒙古师范大学教育学院讲师；李栋，博士，内蒙古师范大学教育学院讲师；赵思邈，博士，内蒙古师范大学教育学院讲师；党晶，博士，内蒙古师范大学教育学院讲师；王春华，博士，内蒙古师范大学教育学院副教授。

关键词： 内蒙古 乡村振兴 高等教育 教育乡村振兴

"十四五"时期是我国全面建成小康社会、实现第一个百年奋斗目标之后，乘胜而上开启全面建设社会主义现代化国家新征程、向第二个百年奋斗目标进军的第一个五年。全面建设社会主义现代化国家，最艰巨最繁重的任务仍然在农村，为巩固内蒙古自治区拓展脱贫攻坚成果，全面推进乡村振兴，内蒙古自治区教育厅等4部门依据《中华人民共和国乡村振兴促进法》等有关政策文件，印发了《内蒙古自治区关于实现巩固拓展教育脱贫攻坚成果同乡村振兴有效衔接的实施意见》，该意见分3项工作机制、7项重点任务对高校助力乡村振兴工作提出了明确要求。2022年，内蒙古自治区各高校深入贯彻党的二十大精神和习近平总书记关于教育、扶贫工作、"三农"工作的重要论述，紧紧围绕该意见中的各项工作机制和重点任务，进一步巩固拓展教育脱贫攻坚成果，有效衔接乡村振兴战略，持续推动脱贫地区发展和乡村全面振兴。

一 精准施策，推进乡村产业振兴

习近平总书记指出，产业兴旺是解决农村一切问题的前提。内蒙古自治区各高校充分发挥自身的科研和人才优势，努力为乡村振兴找路子、送技术、送帮扶，有力地推动了乡村产业振兴和可持续发展。

（一）深化产教融合，加大高校科技成果向乡村产业转化的力度

内蒙古农业大学成立实体化运作的乡村振兴研究院，统筹学校科技成果转化和社会服务工作。农业大学以自治区优势特色产业发展需求为导向，与呼伦贝尔市、通辽市、乌兰察布市等地方政府签署校地战略合作框架协议，建立10个校地企共建的乡村振兴综合试验站、44个特色产业基地和22个科技服务点，启动乡村振兴产业服务中心。内蒙古农业大学获批国家级专业

技术人员继续教育基地、自治区科普示范基地，成立科学技术协会，组织专家开展农牧业高质量发展咨询、培训等工作。

内蒙古财经大学充分发挥学校学科专业优势，科教融入，谋求长远发展。财经大学帮扶点山湾村全村耕地面积为5062亩，人均耕地面积不足3亩，耕地不足限制了果蔬种植产业的规模化发展。学校针对这一情况，派出资源与环境经济学院有丰富土壤改良修复经验的科研团队，于2022年6月深入山湾村玉米、朝天椒、葵花种植田间进行土壤质地调研，详细了解作物种植结构，对代表性区域进行土壤调查及取样。科研团队在初步调研的基础上，判定当地耕地保水保肥是实现农业增收的关键，并结合地方产业发展方向，为促进资源可持续利用，提出了以当地富集的凹凸棒土、膨润土为改良剂，从室内盆栽到大田实验的研究方案。

内蒙古民族大学农学院玉米专家团队充分发挥自身优势，针对地方水资源匮乏、高投入、高产出的粗放型生产方式导致农民收益空间小等现实问题，研发玉米浅埋滴灌水肥一体化技术。该技术在内蒙古自治区5个盟市的29个旗县推广，累计推广面积2000多万亩，累计增产玉米68亿斤，节本增效增收约2250元/hm^2，实现了玉米高产高效栽培与绿色生态的协同。该技术提升了技术规模化生产水平和社会化服务能力，为玉米绿色高效生产提供了有力的技术支撑，为打造自治区绿色农畜产品基地、脱贫攻坚和乡村振兴做出了积极的贡献。

（二）实施产业提质，依托"科技兴蒙"行动助推乡村产业兴旺

乡村振兴要靠产业，产业发展要有特色。内蒙古大学作为首席专家单位，组建肉羊种业创新联合体。国家肉羊产业技术体系岗位科学家刘永斌和王建国带领团队培育出首个适应牧区和半农半牧区的专门化肉羊新品种"杜蒙羊"，且通过了国家遗传资源委员会审定。截至2022年11月，累计向内蒙古自治区及山东、宁夏、甘肃、新疆等地区推广270余万只"杜蒙羊"，实现产值54亿元，直接增收超过8.64亿元，为实现草原畜牧业高质量发展和牧区现代化建设提供了有力支撑。

内蒙古农业大学发挥农科教结合优势，解决向日葵列当病问题，推广藜麦燕麦种植。农业大学瞄准自治区打造国家"粮仓肉库奶罐"的战略目标，围绕乡村振兴、黄河流域生态保护和高质量发展等重大国家战略，在自治区13个农牧业产业集群上布局创新链。以自治区奶业、玉米两个千亿级优势特色产业集群为例，张和平教授带领团队创立优良菌株筛选技术和评价体系，攻克乳酸菌高密度发酵等产业化关键技术难题，2021年转化两个菌种，有力地推动了乳酸菌制剂国产化。

内蒙古师范大学依托中国国际"互联网+"大学生创新创业大赛，积极助推乡村产业振兴。2022年师范学校共有13个项目进入第八届中国国际"互联网+"大学生创新创业大赛总决赛，其中银奖项目"天工巧匠——传统工艺数字化解决方案引领者"梳理出2587项传统工艺知识图谱，无偿赋能176项传统工艺完成数字化升级，累计帮扶42位传统工艺人成为产业带头人，间接带动3.4万人就业。

（三）开展消费帮扶工作，助力乡村农牧产品建立产销对接持续发展模式

建立消费帮扶工作长效机制，形成长期稳定的农产品产销对接关系，是高校助力乡村产业振兴和可持续发展的重要举措。内蒙古大学积极做好"农校对接"推动消费帮扶工作，建立消费帮扶采购基地，将四子王旗优质农副产品列为食堂食材、工会福利、职工慰问常态化采购范围。内蒙古师范大学充分发挥带头示范作用，采取"以购代帮、以买代捐"的形式，建立购销合作关系，优先采购贫困地区产品，为推进乡村脱贫与乡村振兴有效衔接作出贡献。两年来，学校法定节日的福利均在扶贫企业采购，支持扶贫产品230余万元，以实际行动在全区12个盟市、57个贫困县开展消费扶贫工作，实现优势互补、互利共赢。内蒙古财经大学购置包联点的20余万元皇冠梨、口感柿子、贝贝南瓜等时令蔬果作为教职工中秋节福利；驻村工作队也通过学校的微信群、到校销售及社会销售等方式，累计为村里销售农副产品20余万元。特别是在帮扶乡村解决蔬菜滞销问题的情况下，驻村工作队

员与村"两委"班子成员共同努力，帮助种植户想办法，向镇上餐饮企业、居民积极推销，向区内相关高校积极求助，共销售各类蔬菜1万余斤，解决了帮扶群众的燃眉之急。

二　多措并举，推动乡村人才振兴

为充分发挥教育对乡村人才振兴的重要作用，内蒙古自治区教育厅强化全局性谋划和整体性布局，充分发挥各高校的人才优势、专业优势和科技优势，着力培养乡村治理人才、农村相关产业发展人才，加强乡村教师队伍建设，以实际行动助力乡村振兴的深入推进。

（一）培养本土化优秀教师，强化乡村教师队伍建设

内蒙古自治区各高校积极参与乡村教师支持行动计划，助力偏远贫困地区、农村牧区、边境地区乡村教师队伍建设。一是通过"国培计划"重点培养乡村骨干教师。内蒙古师范大学作为自治区"国培计划"的主要参与者、推动者和服务者，于2022年实施"内蒙古自治区中小学幼儿园教师培训欠发达地区农村学校一对一精准帮扶培训项目"，对阿拉善盟额济纳旗、锡林郭勒盟东苏旗和正镶白旗、呼伦贝尔市鄂伦春自治旗、兴安盟科右前旗乡村振兴重点帮扶旗县的乡村小规模、寄宿制学校开展精准帮扶，通过集中培训、同步在线、异步在线、名校访谈、影子培训等方式，帮助乡村教师掌握教育教学新理念、新方法、新技能，帮助乡村学校校长拓宽管理思路、提高办学治校能力；围绕"乡村学校办学水平和育人质量提升"主题，对兴安盟科右前旗、乌兰察布市察右后旗开展整体帮扶，全面提高项目旗县的教育教学质量。二是通过"专项计划"优化乡村教师队伍结构。内蒙古师范大学充分发挥自治区教师教育的主阵地作用，近6年共培养公费师范生2700余人。这些师范生毕业后均在全区的苏木、嘎查等农村牧区任教，优化了乡村教师队伍结构，提高了乡村教师队伍整体素质。三是实施"童语同音"计划，提升学前儿童教师教育教学能力。内蒙古民族大学与通辽市

教育局、呼伦贝尔市教育局协调组织开展"童语同音"师资培训工作，为来自两地的 200 多名农村牧区幼儿园教师开展培训，有效提升了幼儿园教师的教育教学能力。

（二）实施招生、资助、就业一体化政策，为农村家庭教育减轻负担

自治区各高校扎实推进定点帮扶与人才培养的有效结合，在招生、资助、就业等方面采取一系列措施，让农村家庭子女接受良好的高等教育，为他们日后的美好生活提供保障。

一是实施"农村和脱贫地区学生专项计划"。2022 年，内蒙古科技大学顺利完成国家专项计划和地方专项计划，共帮扶农村和脱贫地区学生 160 名，同时对边远牧区蒙古族学生实行"1+4"培养模式，帮助基础差、录取分数线较低的专项计划考生提升知识储备，保障其顺利完成学业。二是做好学生资助工作。内蒙古各高校实施国家奖学金、国家励志奖学金、国家助学金、国家生源地信用助学贷款、自治区奖学金、自治区励志奖学金及新生入学"绿色通道"等多元混合资助政策，确保每一名家庭经济困难的学生都能顺利入学、安心就学。三是加大家庭经济困难毕业生就业帮扶工作力度。内蒙古大学对 2022 届 675 名、2023 届 438 名存在不同程度家庭经济困难的毕业生建立专门帮扶台账，匹配帮扶教师，按照"一人一档""一人一策"开展重点帮扶，精准推送就业信息 214 条、提供就业岗位 3220 个。为 2022 届 309 名困难家庭本科毕业生发放求职补助 30.9 万元，为 652 名困难家庭毕业生发放求职补贴 97.8 万元。面向困难家庭的应往届毕业生组织召开毕业生求职训练营，为其提供免费的公考类、教师招考类等课程，从就业讲座、简历修改到模拟面试，开展全过程就业指导。

2022 年自治区教育厅开展"重点行业企业走访调研""高校书记校长访企拓岗促就业专项行动"，组织 22 所高校党委书记、校长赴呼包鄂地区重点企业进行走访调研，组织全区 54 所高校赴 4735 家用人单位进行走访，这些用人单位共提供就业岗位近 20.4 万个。同时，开展"丁香扎根""壮美

锡林""光伏产业""京津冀""湖州名优企业"等专业性、行业性、区域性专场校园招聘活动，累计举办各类大型招聘活动454场，提供就业岗位90万个，确保高校困难毕业生群体的就业问题得到解决。

（三）培养乡村治理人才及产业发展人才，为乡村振兴提供各类人才支撑

针对乡村人才总量不足这一突出问题，内蒙古自治区各高校充分发挥人才培养优势，紧紧围绕乡村振兴需求，通过多种途径着力培养服务乡村、发展乡村、建设乡村的专业队伍。一是以驻村工作为契机，为乡村输出基层治理人才。内蒙古工业大学成立包联帮扶和驻村工作领导小组，全面统筹推进乡村振兴帮扶工作。同时，结合学校和帮扶工作的实际情况，制定《内蒙古工业大学关于开展包联帮扶和驻村工作的办法》，在组织领导机制、驻村干部选派、驻村干部职责、管理监督等方面布置工作，选派驻村干部以"第一书记"身份，在定点帮扶村带领村支部积极开展基层党建工作，不断强化村"两委"班子建设。同时，积极协助村委完善工作制度，修订重大事项集体讨论制度，严格落实"四议两公开"制度，推动帮扶点各项决策部署公开、透明、规范，激发基层党建活力，全力提升村民的获得感和参与感。二是建立专业帮扶团队，为乡村产业发展提供技术支持。内蒙古农业大学根据呼和浩特市农牧业发展需要，组建10个由100名师生组成的专业团队，为相关企业和广大农牧民提供全方位服务。截至2022年7月底，10个团队深入实地调查企业、合作社、基地、园区等共143家，实地开展技术服务344次，开展培训班及观摩会49次，通过微信、电话等多种形式开展技术指导520次，发放"明白纸"、技术资料等2401册，召开成果推介发布对接会19次，建设运行内蒙古农业大学乡村振兴产业服务中心和内蒙古种业协同创新联盟，先后打造特派员队示范基地10个，培养乡村振兴产业带头人111人，带动乡村振兴产业示范户625户，服务农牧民6232人次，圆满完成"1166"特派员队服务行动计划，并产生了良好的社会效益与反响。三是开展精准职业培训工作，培育乡土工匠。通辽职业学院通过下基层专题

调研，摸清"三农"发展动向和科技技能培训需求，找准服务乡村振兴的切入点，开发适合"三农"的培训项目，开展精准化科研和职业培训。结合乡村本土人才培训评价的品牌优势，重点培训一批带动能力强、有农村生产经验的"土专家""田秀才"，培训一批农业职业经理人、经纪人，培训一批扎根农牧区、技艺精湛的乡土工匠，发挥"头雁"效应，聚焦促进农业增效、农民增收、产业升级。开展涉农涉牧类培训20余期，受训人数达2000余人次。

三 强化引领，推动乡村文化振兴

为推进内蒙古乡村文化振兴，作为文化创造与建设"生力军"的内蒙古自治区各高校均贡献了自身的智慧与力量，全面提升了受帮扶乡村的文化面貌。主要帮扶成就体现在乡村物质文化、社会文化与制度文化三个方面。

（一）锚定物质文化的基础性作用，助力乡村文化平台建设

内蒙古高校充分认识到本区乡村物质文化建设的薄弱性，可利用学校特色与专业特色推动受帮扶乡村物质文化建设。在文化基建方面，集宁师范学院出资34万元帮助西坊子村建设200平方米的室内文化大舞台，该舞台已于2022年10月初落成，交付西坊子村委会使用。兴安职业技术学院利用学院园艺专业特色出资30万元建设莲花村、龙门村2500平方米的两村文化广场，该广场已交付两村使用，兴安职业技术学院承担后续的文化设计工作。在平台搭建方面，内蒙古建筑职业技术学院发挥学院数字媒体技术、工艺美术品设计、广告艺术设计等专业特色，设立了乡村艺术文化研究中心，该中心以加强乡村精神文明建设和文化阵地建设为目标，保护历史文化遗存，传承并弘扬包联村的优秀传统文化。在文化资源建设方面，内蒙古工业大学为提升包联村村委会办公条件，捐赠了电脑、复印机等硬件物资。呼伦贝尔学院举办了"捐赠电脑图书送文化"活动，向卧罗迪村党群服务中心捐赠3

台电脑以改善其办公条件，学院知识分子联谊会向卧罗迪村捐赠 200 册图书以供村民阅览。内蒙古相关高校锚定乡村文化振兴中物质文化基础性，进行了颇有成效的帮扶，有效地满足了村民的精神文化需求。

（二）夯实社会文化的引领性作用，推进乡村文化移风易俗

内蒙古自治区各高校充分认识到无形的社会文化对乡村振兴的影响力，通过丰富多彩的活动、文化普及等形式实施帮扶。在文化价值观方面，内蒙古师范大学和内蒙古民族大学聚焦乡村国家通用语言文字普及提升工作。内蒙古师范大学与华东师范大学等单位合建"民族地区语言文字教育协同研究中心"，开展乡村语言文化建设。内蒙古民族大学通过在乡村开展"经典润乡土计划"之"语诵经典，文润校园"等系列活动，助力村民语言文化涵养提升。在节庆文艺方面，呼伦贝尔学院充分发掘"接地气"、群众喜闻乐见的艺术表演形式，在暑期"三下乡"期间为卧罗迪村带来以"喜迎二十大　永远跟党走　奋进新征程"为主题的文艺演出，为村民讲述中国故事。在民俗民风方面，各高校充分利用乡村"墙文化阵地"进行移风易俗宣传。兴安职业技术学院出资 8 万余元调配美术艺术系师生 50 余人以"铸牢中华民族共同体意识"为主题开展乡村文化墙义务美化创作活动。集宁师范学院联合乌兰察布市盛唐广告传媒有限公司，以"中国传统节日、国家重大纪念日"为主题对小河子村沿街主要街道文化墙进行创作。在传统工艺方面，通辽职业学院赴科尔沁区庆和镇为 50 名农村妇女提供手工钩织免费培训，并提供产品回收服务。内蒙古各高校与受帮扶乡村围绕乡村振兴共同发力推进社会文化建设，乡村文化风貌发生了极大变化。

（三）利用制度文化的规约性作用，保障乡村文化安全

内蒙古自治区各高校充分认识到制度在乡村文化振兴中的可持续性作用，对受帮扶乡村的文化制度建设提供了重要的指导。在基层文化制度方面，包头铁道职业技术学院联合村"两委"成员牵头成立了道德评议会、村民议事会、红白理事会、禁毒禁赌会，制定了村规民约。大力宣传崇简尚

俭、婚事新办、丧事俭办、余事不办的新习俗，充分发挥红白理事会、道德评议会的作用，教育引导群众坚决破除大操大办、厚葬薄养、人情攀比、高价彩礼等陈规陋习，着力培育文明乡风、良好家风、淳朴民风，助推移风易俗深入民心。在民间非正式文化活动约定方面，鄂尔多斯职业学院协同中和西镇党委、政府将祭祀活动与文体娱乐、物资交流等有机结合起来，组织开展农牧业生产技能竞赛、传统体育比赛、乡村文明建设成果展示等活动，并进行表彰奖励，推动传统文化向现代文明扩展。内蒙古农业大学协同高茂泉村支部不断建立健全村规民约，积极开展评选"星级文明户""最美家庭"活动，培育文明乡风。内蒙古自治区各高校推动包联乡村建立正式或非正式文化制度，有力地强化了乡村文化建设的可持续性，并实现乡村文化建设的自身"造血"功能。

四　绿色宜居，推进乡村生态振兴

根据习近平总书记视察内蒙古自治区时做出的重要指示，自治区各高校依照"我国北方重要生态安全屏障"的地区定位，坚定不移地实践"生态优先、绿色发展"的高质量发展之路，围绕"生态宜居"的乡村振兴战略，助力乡村"绿水青山"建设，助力"绿水青山"向"金山银山"转变。

（一）围绕"生态宜居"目标，强化人居环境治理

改善乡村人居环境，是实施乡村振兴战略的重点任务，是"绿水青山"建设的重要内容。各高校充分发挥自身优势，为助力乡村生态振兴贡献了各自的智慧和力量。

在总体的引导和规划方面，通辽职业学院开展了重点面向通辽市苏木镇街道组织委员、嘎查村"两委"班子成员等基层组织带头人的培训指导，对人居环境整治的基层组织管理经验和工作方法提供培训和引领；内蒙古建筑职业技术学院依托其风景园林设计、园林工程技术、市政工程技术、古建

筑工程技术等专业，建立了乡村生态建设研究中心，为农村生态环境治理、农居环境改造等提供研究与实践服务；包头轻工职业技术学院发挥学校技术设计系专业优势，为包头市佘太河村、二分子村进行了人居环境的合理规划，解决了环境卫生、人畜共居等方面存在的问题。

在推进农村"厕所革命"方面，内蒙古科技大学通过定点帮扶、选派驻村第一书记的方法，帮助签约帮扶对象进行村庄户用厕所改造；内蒙古工业大学针对公厕缺少照明设施的问题，为乌兰察布市化德县七号镇九号村整村安装公厕照明灯12套，为村民生活提供便利服务。在推进农村生活垃圾治理方面，鄂尔多斯职业学院通过包联驻村的方式，直接帮助中和西镇扶助对象村开展生活垃圾治理工作，采取分段分片、专人负责、责任到人的方法，按照"不留死角、不留空白、不留盲区"的要求，定期对全村道路沿线、河床、公共区域、房前屋后进行深入的垃圾集中清理专项整治。这些措施有力地改善了帮扶对象村的居住环境，将人居环境整治常态化、村庄清洁常态化推行开来。

在改善公共环境和推进乡村绿化方面，内蒙古建筑职业技术学院投入资金数万元对村民广场进行修缮，整村安装太阳能路灯40套，并捐赠樟子松、云杉、金叶榆、五角枫、山桃等各类树木240余棵进行广场绿化，极大地改善了帮扶对象的村容村貌；兴安职业技术学院赠送突泉县九龙乡莲花村1500株串红、波斯菊花苗和100株葫芦苗来美化村庄、改善村容村貌，并购买莲花打造莲花村莲花品牌；内蒙古大学为结对包联四子王旗库伦图镇马安桥行政村无偿捐赠500棵树，总价值6.6万元，提升了该村的人居环境质量，擦亮了生态文明底色。

（二）围绕"绿色发展"理念，协调生态与产业同向共行

将"绿水青山"转变为"金山银山"的绿色发展理念，就是强调经济社会与人口、资源、环境的协调发展。各高校结合所帮扶乡村特色，为助力乡村绿色发展，贡献了各自的成果和资源。

开发乡村生态旅游，是"绿水青山"转变为"金山银山"的有效举措。

满洲里俄语职业学院借助旅游管理系的研究实力，为满洲里市东湖区新开河镇政府开展题为"把握旅游业态发展背景及发展现状"的学术讲座，为当地乡镇生态旅游的开发提供了思路。内蒙古警察职业学院根据扶助对象"牧业+"的产业发展方向，在当地牧业发展的基础上积极筹划文化旅游产业，依托白旗投资保护骏马湖国家湿地公园项目，发展民宿以及奶食品加工制作、牧牛羊、草原观星空等体验类旅游项目，增加牧民收入。内蒙古师范大学充分利用科研项目及大学生创新创业大赛的机遇，坚持探索"科技+文化+生态+产业"模式，其"东乌珠穆沁旗游牧生态系统"成功申报中国重要农业文化遗产，"北方民族非物质文化遗产演示系统研发"成功获批自治区关键技术攻关计划，获得第八届中国国际"互联网+"大学生创新创业大赛国家级比赛铜奖，助力内蒙古羊肉品牌化发展。

发展绿色产业是将"绿水青山"转变为"金山银山"的另一个重要举措。内蒙古农业大学清水河乡村振兴综合试验站建设的绿色扶贫林果基地是发展绿色产业的典型。内蒙古农业大学派出"特色果树科研团队"长年扎根清水河县，为当地提供持续的技术支持。从 2017 年开始，建设五良太乡扶贫林果基地，改造山杏林 15464 亩，新种植果林 29986 亩，总建设面积 45450 亩；改造嫁接原有山杏林及补植大接杏、李子 27.7 万株，种植海红果树 17.5 万株，沟岔坡道种植黄刺玫 5.9 万丛，作业路两侧种植樟子松、旱柳等防风树木 13.4 万株。

（三）围绕"安全屏障"定位，积极推进生态安全治理

内蒙古艺术学院帮扶的格丁嘎查位于腾格里沙漠腹地，格丁嘎查虽然占地面积 788.4 平方公里，但可利用草场面积只有 232 平方公里，属典型荒漠化草原。且格丁嘎查常住人口仅有 35 户 90 人，主要以饲养哈什哈小黄牛、黑头绵羊为生。内蒙古艺术学院紧密结合格丁嘎查实际情况，一方面积极为格丁嘎查发展帮扶出谋划策，不断巩固提升格丁嘎查产业发展的能力和水平；另一方面因地制宜积极推进生态安全治理，将产业发展融入打造生态安全屏障的大局。一是积极推进传统畜牧业提质增效，帮扶格丁嘎查紧跟苏木发展步

伐，积极参与"哈什塔漠戈种养殖联合社"，将格丁嘎查现有合作社、家庭牧场进行资源整合，建立"联合社+嘎查党支部+企业+牧户"的联营模式，实现集约式发展。科学规范养好优势畜种哈什哈小黄牛，积极培育特色品种"哈什哈花棒牛"。强化牧业服务，规范优势畜种舍饲养殖、良种繁育、疫病预防，在生态环境可承受的范围之内，积极依靠科技力量发展生态产业，绝不给脆弱的生态环境增加额外的负担。二是推进生态沙产业发展壮大，支持禁牧户和社会实体通过沙区治理建设"绿色银行"，鼓励多种形式、多种资本开发生态产品产业，有序发展林下经济、有机饲料加工等，延伸产业链条，逐步做大做强生态产业实体经济。三是推进沙漠旅游业繁荣发展，加强格丁嘎查旅游驿站的建设，强化其与额尔克旅游公司旅游合作，建成九湖源与古浪县八步沙林场、民勤县沙雕公园、超苏木承庆寺、昭化寺的旅游环线，不断培育特色旅游产业。上述举措的实施，在有效推进帮扶乡村产业壮大的同时，真正实现了铸牢生态安全屏障的重要战略目标。

五 党建引领，赋能乡村组织振兴

组织振兴是全面推进乡村振兴的重要保障，具有基础性、方向性和保障性作用。组织兴，则乡村兴；组织强，则乡村强。内蒙古自治区乡村组织振兴主要从完善帮扶组织结构、完善帮扶机制和落实帮扶保障措施等方面全力推进。

（一）完善帮扶组织结构，筑牢党组织战斗堡垒，发挥党员引领作用

实现新时代的内蒙古自治区乡村振兴，党建引领是关键，要以完善帮扶组织结构为重点，充分发挥党组织战斗堡垒作用，充分发挥党员的先锋模范作用。内蒙古自治区各高校专门成立包联帮扶和驻村工作领导小组，与帮扶村签署校村支部结对党建共建联盟协议，如内蒙古大学制定了《内蒙古大学助推四子王旗乡村振兴行动方案》、内蒙古师范大学积极落实《内蒙古自治区优秀教师定向培养专项计划工作实施方案》、内蒙古工业大学制定了

《内蒙古工业大学关于开展包联帮扶和驻村工作的办法》等。党建共建联盟协议进一步促进巩固拓展脱贫攻坚成果同乡村振兴有效衔接，促进双方党组织在党建工作方面有新的突破和提高，推动形成"优势互补、资源共享、取长补短、共同提高"的党建工作新格局，将组织优势转化为推进乡村振兴的发展动力。

村级党员队伍是创建良好党群关系的重要纽带。内蒙古自治区以教育赋能乡村振兴，完善促进党员政治学习常态化，始终努力发挥党员的引领作用。呼伦贝尔学院选派生命科学学院党总支副书记作为乡村振兴驻村第一书记，驻鄂伦春自治旗诺敏镇卧罗迪村指导、协助该村开展党建工作。阿拉善职业技术学院大力支持嘎查党支部组织建设，组织嘎查"两委"班子成员及致富带头人参加自治区、盟、旗有关乡村振兴相关业务知识线上培训。

（二）完善帮扶机制，开展帮扶活动，切实提升组织凝聚力和执行力

机制的有效运行能够激励和约束村级党员的言行，促使他们更好地为乡村振兴服务。内蒙古大学后勤保障处党总支第三党支部与学校定点帮扶地四子王旗库伦图镇马安桥村党支部联合开展主题党日活动，推动乡村党支部标准化、规范化建设。集宁师范学院所属各党支部与店子村党支部联合共建，开展"结对共建学党史 携手同心办实事"主题党日活动，各支部结对帮扶困难户 4 户，并慰问了老党员和困难患病群众，村民深深地感到了党组织的温暖。

内蒙古自治区在教育赋能乡村振兴过程中重视开展帮扶活动，不断丰富村级党员干部理论知识，强化团队协作精神。帮扶活动有助于每个党员认清自己的身份所属与职责所在，让党员干部在开展帮扶活动过程中团结起来，切实提升组织凝聚力。内蒙古民族大学开展"小云书记"项目，组织大学生志愿者在专门建设的 App 平台上帮助驻村第一书记，协助其完成周工作总结、月工作简报、媒体报道材料、短视频制作、专题片摄制等工作。2022年，该项目累计为 65 位驻村第一书记提供便捷支持，为 17 个村建立乡村振兴档案，并获得 2021 年内蒙古自治区大学生"挑战杯"红色专项特等奖。

（三）落实帮扶保障措施，强化党员为民服务、主动作为的意识

赤峰学院持续开展"走基层、送温暖"慰问活动，校党委组织部深入到包联帮扶村，与当地干部进行座谈交流，商讨帮扶措施，了解村里的生产生活需要和驻村干部的工作生活情况，走访慰问老红军、老党员、残疾人士、困难边缘户等，为他们送去2万元慰问金及价值3万元的慰问品。内蒙古师范大学承担助力阿拉善左旗教伦东拉格镇其格扎格嘎查乡村振兴工作，学校举良策、亮实招，从紧从严从实做好定点扶贫及乡村振兴各项工作，专门派驻乡村振兴驻村工作队，以"党建引领、服务群众"为根本，在建设"群众满意党支部"上用力，联系2个帮扶项目，筹集资金30万元，积极帮助村民解决"急难愁盼"问题。

加强乡村振兴中基层党建工作，坚持以习近平新时代中国特色社会主义思想为统领，不断健全帮扶组织、建强工作队伍、完善帮扶机制、开展帮扶活动、落实保障措施，完成内蒙古自治区教育赋能乡村振兴使命，为乡村全面振兴提供坚实有力的政治和组织保障。

B.9
陕西高校助力脱贫攻坚与乡村振兴
有效衔接的举措和经验研究

陕西省教育发展与乡村振兴研究课题组*

摘　要： 陕西省高等教育资源丰富，是我国重要的高等教育基地和科研基地。陕西省充分发挥高校科技和人才优势，构建教育助力脱贫攻坚与乡村振兴有效衔接的"25995"工作体系机制，坚持"三个结合"稳步有序推进，制定"8+11"实施方案，建立"三级"体系支持重点帮扶县，深入实施"双百工程"，陕西高校助力脱贫攻坚与乡村振兴有效衔接取得重要进展。陕西高校优化帮扶机制，将自身科技优势转化为助力乡村振兴的产业优势，推动陕西乡村教育发展取得明显成效，同时还形成了独具特色的帮扶模式，为高校助力脱贫攻坚与乡村振兴有效衔接积累了可供借鉴的做法和经验。

关键词： 乡村振兴　陕西高校　乡村教育

---

* 课题组顾问：卢黎歌，西安交通大学马克思主义学院二级教授、博士生导师，西北农林科技大学马克思主义学院学术院长；王岗，陕西理工大学党委书记。课题组组长：闫祖书，西北农林科技大学党委副书记。课题组副组长：赵延安，西北农林科技大学马克思主义学院党委书记兼院长、教授；高小升，西北农林科技大学马克思主义学院副院长、教授；冯自立，陕西理工大学乡村振兴（校地融合）办公室主任。主要执笔人：隋牧蓉，西北农林科技大学马克思主义学院副教授、博士后；何景毅，西北农林科技大学马克思主义学院讲师、博士；孙巍，西北农林科技大学马克思主义学院讲师；张曼，西北农林科技大学马克思主义学院讲师、博士；武星星，西安交通大学马克思主义学院讲师、博士；张斌，陕西理工大学驻村第一书记；王晓娥，陕西理工大学陕南乡村治理与发展研究中心主任、副教授。

陕西省是教育大省，拥有各级各类学校 15296 所，各类高等教育学校 111 所，教育人口占陕西省人口总数的近 1/4。陕西省也是高等教育资源比较丰富的省份之一，有 8 所国家级"双高"院校、13 所省级"双高"校；8 所高校、20 个学科入选国家"双一流"建设名单。这为陕西高校充分发挥自身科技和人才优势，巩固拓展教育脱贫攻坚成果同乡村振兴有效衔接贡献高校智慧打下坚实的基础。

一 陕西高校助推脱贫攻坚与乡村振兴有效衔接的主要举措

（一）坚持"三个结合"稳步有序推进

按照统筹推进原则，坚持做好日常教育业务工作和教育乡村振兴责任工作相结合、中短期目标和中长期目标相结合、行政力量和科技力量相结合，坚持把陕西教育事业发展同乡村振兴一体设计、一体部署、一并推进。同时，注重任务目标的修正完善调整，在五年过渡期内先行设计两年中短期目标，根据任务推进情况实时调整目标，确保目标和任务符合现实客观条件。

（二）制定"8+11"实施方案

陕西省委教育工委、陕西省教育厅联合省乡村振兴局出台《关于实现巩固拓展全省教育脱贫攻坚成果同乡村振兴有效衔接的实施方案》，结合实际明确五年过渡期的 8 项巩固拓展教育脱贫成果工作和 11 项做好有效衔接重点工作，责任清晰，目标明确，全面覆盖教育乡村振兴各项工作，确保教育乡村振兴全面推进。

（三）建立"三级"体系支持重点帮扶县

陕西省委教育工委、陕西省教育厅对每一个国家、省级乡村振兴重点帮扶县都建立一对一"三级"体系，立体化、全方位提供支持、帮扶，加速提升乡村振兴重点帮扶县的整体教育水平。印发《中共陕西省委教育工委办公室关于做好 2022 年"双百工程"工作的通知》，联合省乡村振兴局印发《深化"双百工程"建设助力乡村振兴工作实施方案》，优化调整强化结对帮扶高校力量，将"双百工程"工作重点向全省 56 个脱贫县区聚焦倾斜。

二　陕西高校助推脱贫攻坚与乡村振兴有效衔接取得的主要进展与成效

全面推进乡村振兴以来，陕西省委教育工委、省教育厅全面贯彻落实中央和省委、省政府关于巩固拓展脱贫成果同乡村振兴有效衔接的各项工作安排，全省教育系统积极落实"25995"工作体系机制，举全系统之力开展教育乡村振兴工作，陕西高校助推脱贫攻坚与乡村振兴有效衔接工作取得了重要进展。

（一）发挥高校技术优势，实现了科技优势向产业优势的转化

1. 建设"陕西省乡村振兴发展智库"

陕西省教育厅设立 8 项涉农科研计划项目支持西北农林科技大学、杨凌职业技术学院等涉农院校开展科学研究，形成涉农科研团队效应。支持西北农林科技大学推进"双一流"建设，植物保护、畜牧学等学科被列入教育部规划，生物技术、农业水利工程等专业立项国家一流专业"双万计划"建设点。

2. 建立和认定了一批产学研一体化示范基地

陕西省各高校相关专业专家教授组建了一支涵盖植保、土肥、设施、储藏保鲜等领域的多学科技术团队，围绕农村产业发展的关键技术开展科学研究和新品种、新技术推广示范。认定"西安交通大学横山油脂研究产学研一体化示范基地"等 90 个项目为 2021 年度"双百工程"产学研一体化示范基地。认定"长安大学商南县连翘茶深加工产学研一体化示范基地"等 16 个项目为 2021 年度"双百工程"实体项目。

3. 百名教授进百村，因地制宜扶农助农

以陕西省各高校的省级科技特派员、产业体系专家、"教授+科研推广"工作室等为依托，结合"双百工程"结对帮扶对象，百名相关专家教授带头，以各类村干部培训班成员为联络员，开展"支农助农强农"活动，精准"问诊""施方"。

4. 开展技能专项培训和田间技术指导，培育本土技术人才

通过各高校设立的"农民发展学院""乡村振兴讲堂"等培训平台，组织产业发展技能专项培训。组织技术骨干到学校试验站和外省参观学习先进管理技术，提高务农人员业务素质。同时，组织多学科专家在种植期、开花期、霜冻期等关键环节下到果林开展技术指导和培训，有效提升栽培水平和果品质量。

5. 打造产业链条，夯实品牌基础

鼓励高校相关专业技术人员到乡村开展创新创业活动，将问题研究对准脱贫攻坚与乡村振兴实际需要。进一步利用高校专业资源，保持农产品产地优势，挖掘产业潜能，发展精深加工，完善产业基础设施建设，优化农产品市场处理方式，提升农产品附加值。此外，充分发挥"互联网+"的作用和优势，继续做好农产品的品牌宣传，进一步夯实农产品品牌基础。

6. 搭建电商平台，推动产销对接

针对农村地区销售渠道不稳定的问题，高校帮助其成立了电商服务社，定期开展电子商务技能培训，全力以赴推动产业转型升级，加快发展壮大乡村产业。譬如，西北农林科技大学在帮扶陕西省渭南市合阳县的过程中，通过淘宝、京东、"832"等平台铺货，先后联系"淘菜菜"、阿里数字农业等电商平台，组织新型职业农民协会开展标准化农产品供应，逐步打造本土供应链，每年通过电商实现的销售额超 1000 万元。同时依托互联网平台开展电商扶贫助力销售，得到《中国教育报》等媒体的广泛关注，提高了农产品销售效益。

（二）进一步完善教育帮扶机制，乡村教育发展成效明显

在深刻领悟和确定脱贫攻坚在乡村振兴战略中的重要地位的基础上，陕

西高校积极优化工作体系，深化苏陕合作，推动涉农专业建设以及人才队伍建设，不断完善帮扶机制，推动乡村教育取得明显进展。

1. 构建起教育助力乡村振兴的"25995"工作体系机制

陕西省教育厅紧紧围绕教育部关于"振兴乡村教育和教育振兴乡村"的指导思想，精准对接中央、教育部和省委、省政府的决策部署与指示要求，充分结合陕西省教育实际，研究制定了2022年度30项重点工作，并从5个方面构建了"25995"工作体系机制（2个深入认识、5项巩固提升、9项有效衔接、9项教育帮扶和5个要素保障），从思想、行政、教育、科技、人才队伍、职教、种业、耕读等方面全方位推进陕西乡村教育助力乡村振兴工作。

2. 多维度帮扶困难群体家庭子女实现充分就业

加大力度实施高校毕业生"三支一扶"计划，完善网上招聘支持体系等，促进困难家庭高校毕业生充分就业。推进宏志助航计划低收入家庭高校毕业生就业帮扶项目，利用陕西省7个全国宏志助航计划就业能力提升培训基地，对6300多名低收入家庭的高校毕业生开展了免费的就业能力提升培训。此外，深化西部地区校企校地合作，着力建设大学生实习基地，大力开发实习岗位，推动更多困难群体毕业生通过实习实现就业，助力乡村振兴战略。2022年，陕西高校5.4万名困难群体毕业生初次毕业去向落实率达83.65%，高出全省平均水平1.74个百分点。

3. 职业院校涉农专业建设得到强化

陕西省教育厅牵头研制了"十四五"期间陕西职业教育改革发展的目标任务和工作措施，在杨凌职业技术学院成立陕西省职业教育乡村振兴研究院，面向"三农"开展理论研究、咨询服务、学术交流等。鼓励职业院校增设涉农专业，培养乡村振兴技术人才。2022年支持职业院校新增涉农专业6个，同时，设置雨露计划学生实用技术专业，其中"3+2"五年制高职专业9个，五年一贯制专业1个。大力开展新型职业农民等群体培训，全省教育系统累计将46所院校纳入政府补贴培训目录清单，共培训2.3万人次。

4. 依托高校培训，新型职业农民培育和乡村振兴人才队伍建设跃上新台阶

一方面，陕西高校坚持"实际、实用、实效"原则，紧密契合帮扶县（区）乡村需求，开展多种形式的扶智扶技培训。全省高校共开展各类涉农扶贫专题辅导、田间教学等教育培训活动 2000 余场，培训培养骨干教师、乡村干部、新型农民和建档立卡贫困群众 14 万余人次。另一方面，陕西高校紧密结合乡村振兴战略所需的各类人才，努力打造一支规模宏大、结构合理、素质优良的乡村振兴人才队伍。以农村教师队伍建设为例，全省共投入资金 1.3 亿元实施国培计划和省培项目，依托陕西师范大学、陕西学前师范学院、陕西省教育科学研究院等做大做强"城乡教师学习共同体——名师引领行动"，全年培训乡村教师 6 万人次。

5. 苏陕协作对推进陕西乡村振兴的作用明显

与江苏省教育厅协商形成新阶段两省深化教育合作的框架协议和实施方案，结对帮扶工作持续深化。截至 2022 年，江苏省 10 个设区市 52 个县（区）与陕西省 10 个设区市 56 个县（区）持续建立结对帮扶关系，共涉及江苏省的 384 所学校和陕西省的 389 所学校，覆盖大中小幼全学段。通过互派人员交流、跟岗学习、在线组织培训、专题讲座、视频观摩等多种协作模式，帮助陕西省部分中小学和高职院校骨干教师提高教学能力，结对帮扶成效较为明显。

（三）深入推进"双百工程"，高校特色的帮扶模式更加凸显

2017 年，陕西省启动"双百工程"。安排省内 103 所高校结对帮扶 96 个有扶贫任务县（区）。"双百工程"实施以来，各高校充分发挥人才、科技、智力等方面的综合优势，开展实地调研帮扶工作 1215 项，开展科技帮扶、消费帮扶、文化帮扶等各类帮扶工作 6884 项，有效推动了地方经济和社会发展。

1. 科技帮扶

各高校坚持"党建引领，整县推进，对接到镇，落实到村，要素聚集，凸显成效"的工作思路，不断深化帮扶举措，助力各县（区）打造乡村振兴示范县（区）。探索推进高校联盟"百校联百县兴千村"示范创建行动，在全

省"百校联百县兴千村"示范创建行动中共有 13 所高校和 10 个市建立意向结对表。2022 年开展"双百工程"实地调研帮扶工作 110 项，开展各类帮扶工作 347 项，充分发挥了高校在人才、教育、科技等方面的资源优势。

2. 消费帮扶

坚持把高校参与消费扶贫作为推动全员参与脱贫攻坚和激发贫困群众内生动力的有效途径，各高校开展消费帮扶，累计购买帮扶县（区）扶贫产品 1.81 亿元。通过学校采购、校园直销、专柜展销、线上促销等消费帮扶渠道，打造"'双百工程'优质农产品进高校直通车"消费帮扶活动，签订的 2021~2022 年度购销协议金额达 5116.3 万元。当前，消费帮扶已成为陕西高校结对帮扶的常态化工作。

3. 文化帮扶

发挥高校人文、历史、经管、马克思主义等学科专家资源优势，持续开展党建引领示范、大学生文化下乡、村规民约制定、村史馆图书馆建设以及村容村貌改造等工作，推动乡风文明有序，文化兴盛繁荣。组织开展"万名学子扶千村"项目，陕西高校累计派出 1500 多支队伍、17000 余名师生，足迹覆盖全省所有贫困县和绝大多数贫困村，开展学习报告、知识讲座、健康义诊和文艺演出等活动 1500 余场。西北政法大学发挥学科专业优势，围绕山阳旅游形象开展宣传和推广，举办 3 届"双百工程"市场营销系列赛事，吸引全省 40 余所高校近 8 万名学生参加，创作了一大批助力山阳县旅游产业发展的优秀作品。

三 陕西高校助推脱贫攻坚与乡村振兴有效衔接的典型做法与经验

陕西省委教育工委、陕西省教育厅立足全省脱贫攻坚与乡村振兴衔接工作大局，继续深入推进"双百工程"工作。各高校充分发挥其在教育、人才、科技、智力等方面的综合优势，根据发展战略和形势的变化，结合自身实际与推动乡村振兴的目标，守正创新，继续深入开展多种形式的帮扶工作，着力推进乡村振兴。各高校依据《深化"双百工程"建设助力乡村振兴工作实施方案》，开展了较多具有特色和创新性的工作，探索形成了一些可供借鉴的经验。

（一）高校优势资源要与当地特点和需求紧密融合，精准推进方能效果显著

高校教育扶贫和助力乡村振兴发展工作能取得扎实成绩，得益于高校充分利用其自身优势和资源优势，并能将这些优势与扶贫或助力地区的特点和紧迫需求结合起来。综观各高校的推进工作，特别是实效显著的高校推进工作，因事因地因事制宜是其最突出特点。

具有代表性的例子有以下3个。第一，西北农林科技大学在助力合阳县金峪镇方寨发展过程中，根据当地气候与土壤特点、昼夜温差特点，反复论证后决定在当地发展樱桃产业，经过4年多的培育与发展，从2018年开始，方寨樱桃产值平均每年增加2000万元，2022年达到1.05亿元，方寨也从"贫困村"变为"亿元村"。第二，陕西师范大学在帮扶陕西岚皋乡村过程中，深入对接当地"旅游富民、生态强县"的经济社会发展目标，以天坪村内的农家乐聚集地"杨家院子"为基础，挖掘、植入当地传统文化元素，进行全方位文化帮扶，打造非遗文旅小镇重点项目。第三，杨凌职业技术学院作为涉农职业院校，利用自身农科教、产学研技术与智力资源优势，除了长期开办职业农民教育，还派出108支团队326名专家教授投身广袤基层、深入田间地头，以智力和技术服务输出助力乡村振兴发展。

（二）攻坚助力需持续发力，方能保障高校助力脱贫攻坚与乡村振兴衔接顺畅

自"双百工程"推出以来，各高校持续发力，助力脱贫攻坚与乡村振兴衔接成效逐渐呈现。很多高校连年有典型的帮扶成果，并被广泛肯定和认可，在助力脱贫攻坚和乡村振兴中贡献了高等教育的社会服务力量。

2020~2021年，西安电子科技大学利用其电子信息特色和人才智力优

势，促进当地西甜瓜产业发展，打造了享誉全国的科技惠农服务品牌"农掌门"，以及数个电子商务帮扶培训基地，增强了当地产业发展内生动力。西北农林科技大学继在渭南市合阳县探索实施"三团一队"智力扶贫取得成效后，坚持把推进产业兴旺作为定点帮扶的"牛鼻子"，在合阳县金峪镇方寨社区重点发展樱桃产业，成效显著，让方寨村实现了梦寐以求的"亿元村"梦。

（三）各高校需持续发挥合力多措并举，方能切实推进脱贫攻坚与乡村振兴有效衔接

陕西高校的帮扶工作不仅推进了脱贫攻坚与乡村振兴有效衔接，也为高校师生提供了平台和机会。

较有特色的有以下3点，一是示范基地和实体项目的建设，如"西安交通大学横山油脂研究产学研一体化示范基地"、豆腐制作技艺与饮食文化非遗研培基地、西安理工大学农特产品直销实体项目、杨凌职业技术学院的农民全日制学历教育班等。二是文化帮扶赋能乡村振兴，如陕西师范大学经过5年的发展，杨家院子已成为国家3A级景区、陕西省省级旅游度假区；西北政法大学发挥学科专业优势，围绕山阳旅游形象开展宣传和推广，举办3届"双百工程"市场营销系列赛事。三是消费帮扶，助力稳产业、保就业，如陕西理工大学积极"牵线搭桥"，把脱贫户喂养的鸡、鸭、猪、牛、鸡蛋、土蜂蜜等农产品发布在"832平台"上，宣传帮扶当地三门村的多种产品销售。

（四）充分利用现代网络信息技术，方能最大限度实现帮扶和衔接效能

网络和信息科学技术的深度应用是当前时代特征，各高校在助力脱贫攻坚与乡村振兴衔接的帮扶工作中也充分运用了相关科技，使得帮扶效果如虎添翼。

比如陕西理工大学为三门村建立电商平台；西北农林科技大学帮助金峪

镇成立了电商服务社，在淘宝、京东等平台铺货，先后联系"淘菜菜"、阿里数字农业等电商平台，组织合阳新型职业农民协会开展标准化农产品供应；西安电子科技大学实现了奶山羊身份快速精准识别、奶山羊养殖智能物联网系列终端等五大关键技术攻关。

四　陕西高校助推脱贫攻坚与乡村振兴有效衔接工作中的问题及应对

党的二十大报告为全面推进乡村振兴擘画了新蓝图、指明了新方向，也给陕西省高校推动脱贫攻坚与乡村振兴有效衔接工作提出了新命题、发出了新号令。但从实践来看，还存在一些问题和不足，一是教育部门开展的离校未就业毕业生的跟踪帮扶工作缺少有效办法和手段；二是帮扶资金分散，很难形成合力，效果不明显；三是对于发挥高校科教优势，帮助帮扶县巩固脱贫成效、积极对接乡村振兴的思考还不足。

基于此，陕西应探索和部署下一步推进脱贫攻坚与乡村振兴衔接工作，继续深入贯彻落实党的二十大精神和习近平关于巩固脱贫攻坚成果同乡村振兴有效衔接等系列重要讲话精神，认真贯彻落实教育部和陕西省委、省政府关于巩固脱贫攻坚成果同乡村振兴有效衔接各项工作部署，严格落实"四个不摘"要求，保持各项教育帮扶政策总体稳定，持续不懈做好乡村教育振兴各项工作。不断规范和完善委厅工作机制，创新工作方法，深化巩固拓展教育脱贫成果，深入做好有效衔接各项重点工作，围绕振兴乡村教育和教育振兴乡村的目标，持续为陕西省巩固脱贫攻坚成果同乡村振兴有效衔接提供强大教育力量。

B.10

地方高校帮扶乡村振兴人才培养战略研究

——以鞍山师范学院帮扶岫岩县李家堡村为例 *

辽宁省鞍山教育发展与乡村振兴研究课题组 **

摘　要： 2020 年是中国教育扶贫收官之年。辽宁省岫岩县 2019 年成功脱贫摘帽，其探索新型农民人才培养的有效战略，对于我国未来乡村振兴工作的推进具有一定参考价值。本文总结了鞍山师范学院帮扶辽宁省贫困县岫岩县李家堡全村 42 户村民成功脱贫的经验，包括组织师范生下乡支教活动，创立驻村爱心自选超市，开展主题党日活动，多方合力展开精准扶贫，用科学的思政教育武装头脑，发展富民乡村产业，培养农民发展产业能力，提高村民的文化素养，建立村民云户口网络管理系统等。本文也总结了地方高校帮扶乡村有效振兴的人才培养路径，包括培养新时代农民，培养产业型农民，培养法治化农民，培养有文化农民。

关键词： 地方高校　乡村振兴　人才培养　人才振兴

---

* 项目基金：本文为鞍山市哲学社会科学研究立项课题"'大思政'教育视域下地方高校大学生志愿服务体制研究"（项目编号：as20233060）的研究成果，辽宁省社会学会重点项目"全球视域下未成年网络暴力类型及防治路径"（项目编号：LSHXHL2023-013）的研究成果，鞍山师范学院"十四五"专题科研项目"中国乡村教育与文化振兴基础性影响因素研究"（项目编号：sszx019）的研究成果。

** 课题指导：栾培新，博士，鞍山师范学院党委书记，教授。课题组组长：石磊，博士，鞍山师范学院教授，科技处处长，硕士生导师，主要研究方向为教育管理；刘长友，鞍山师范学院成人教育学院党委书记。课题组成员：于广超，博士，鞍山师范学院副教授，硕士生导师，主要研究方向为生物科学；课题组执行负责人、执笔人：赵阳，博士，鞍山师范学院教育科学与技术学院副教授，硕士生导师，主要研究方向为乡村振兴、教育管理；李佳欣，大连艺术学院学生，主要研究方向为教育学。

地方高校是为社会培养人才的主阵地。以人才和智力优势,精准服务地方,是地方高校的社会责任。为了响应党和国家号召,鞍山师范学院积极落实鞍山市委、市政府关于做好全市定点扶贫工作要求,按照市委组织部统一安排和部署,2016年3月,鞍山师范学院党委组成精准扶贫工作队,赴岫岩县石灰窑镇李家堡村开展精准扶贫工作。

2019年,岫岩县作为省级贫困县全县脱贫摘帽。李家堡村作为一个省级贫困村,是中国广大农村的缩影。2022年习近平总书记强调,乡村人才振兴是乡村振兴的基础。探索乡村振兴人才培养战略,对于2022年后我国乡村振兴取得胜利至关重要。本文总结了鞍山师范学院在帮扶岫岩县李家堡全村42户村民成功脱贫与振兴过程中获得的人才培养成功经验,为2022年后全国乡村人才振兴的工作提供了有价值的借鉴。

一 2016年李家堡村基本情况

(一)客观情况

1.村人口自然状态

岫岩县石灰窑镇李家堡村位于石灰窑镇政府西10公里处,距离岫岩县城32公里,桓盖线途经李家堡村全境。李家堡村是省级贫困村,其行政区域面积11平方公里,耕地面积1800亩,林地面积10856亩,蚕场面积600亩,村周围山高石多,山势陡峭,无法创造经济价值。全村共有9个村民组,共401户,总计人口1396人。村内约有老人500人、儿童296人、劳动力600人。村民以种地为生,90%的45周岁以下劳动力季节性在外地打工,30岁以下大学生毕业无一回家就业。村内无集体经济,病残群众、男单身老人居多。李家堡村受资源条件限制,支柱产业发展几乎是零。

2.村"两委"班子情况

2016年李家堡村党支部"两委"班子成员有4人:李家堡村主任兼党支部书记、党支部副书记、村会计、村妇女主任。其中,除党支部副书记为大专学历之外，其余均为初中学历；除党支部副书记43岁外，其余村"两委"班子成员平均年龄在55岁以上。李家堡党支部党员人数38人，其中90%为初中学历；女党员占10%，男党员占90%；30岁以下党员占3%，30~40岁党员占15%，60岁以上党员占40%。李家堡村年轻党员偏少，知识储备更新相对不足。

3.村小学人员配备

李家堡村小学在校学生人数83人；教师人数9人，均为班主任；科任教师2人，教授体育、英语科目，无音乐、美术、计算机科目科任教师；在校9名班主任教师每人兼任科学、道德与法制、美术、品德与社会等多门科目的教学任务；全校1~6年级，最小班型11人，最大班型19人；教师平均年龄在40周岁以下，平均学历为大专以上，50%为大学本科；全校无男老师。总体来看，李家堡村小学人员配备上，缺少专任科任教师、缺少男教师。

（二）主观情况

1.村民经济意识淡薄

扶贫工作组到达李家堡村之时，村里没有任何支柱产业，村集体收入较少。不仅如此，村集体还因重建村部等，负债8万余元，不仅不能自身实现"造血"，更无法从村集体的角度对建档立卡贫困户进行脱贫反补。由于农业产业结构化的调整力度及农民自身接受能力不够，农民收入少，经济发展缓慢，大多数农民的小农意识思想较严重，对大力发展现代农业、设施农业的观念保守。

2.村文化缺失

岫岩县是一个贫困县，县、乡镇和村组文化活动基础设施缺失。李家堡村没有综合文化站（室），没有图书馆、文化馆、电子阅览室。行政村村委会、学校及卫生室没有接通宽带。村里没有一个集体活动的小广场，甚至没有一套用于文化活动的音响设备。

3.贫困户受教育水平低

2016年，李家堡村精准扶贫建档立卡户户主小学以下学历的占90%，初中学历的占 10%。建档立卡户的其他成员 92% 为小学学历，7% 为初中学历。64 名建档立卡户中有 1 名大学本科毕业生家庭因病致贫，因此 2016 年李家堡村建档立卡户家庭成员受教育程度很低，除 1 名因病致贫本科毕业之外，无高中毕业生，90% 以上成人贫困户为小学以下学历，其中包括多名文盲。

二 地方高校帮扶李家堡村振兴的人才培养战略

鞍山师范学院是一所本科全日制普通高等师范学校，位于辽宁省鞍山市，学校现有专本硕在校生 15000 人，生源近 60% 来自农村。2016 年，鞍山师范学院刘长友、关崇新、白英龙组成精准扶贫工作队（以下简称"工作队"），开展驻村工作。工作队积极深入贫困户家中进行调研，了解贫困户家中地理位置、自然情况、致贫原因、有无"造血"功能、现实困难等。6 年以来，工作队根据李家堡村的实际情况，不断探索，结合自身地方师范类学院的优势和专业特点，建立帮助李家堡村脱贫和振兴的人才培养针对性攻略。

（一）外源力浸润

1. 组织师范生下乡开展支教活动

工作队前期到石灰窑镇中小学进行调研，了解李家堡村学校的需要，并及时与鞍山师范学院领导和相关部门沟通，得到了大力支持。多年来，鞍山师范学院为李家堡村中小学选派优秀的农村定点实习支教师范生，承担相关教学、心理辅导、教育资源等帮扶工作，帮助当地学校解决了"燃眉之急"，同时也与这些学校建立了长期扶贫共建关系。鞍山师范学院暑期大学生"三下乡"社会实践活动也持续为李家堡村送知识、送文艺、送科技。

2. 创立驻村爱心自选超市

培养贫困户爱心与责任感是从德育角度切断农村贫困代际线的重要策略之一。为了让李家堡村贫困户感受到来自国家、社会、个人的爱心，工作队在李家堡村村委会办公室建立"鞍山师范学院驻李家堡村——爱心自选超市"，鞍山师范学院校党委向全校教职员工发出募捐倡议，建议员工捐赠日常生活用品以及学习用具、图书等，贫困户在免费到"爱心自选超市"领取合适用品的同时，也感受到了社会各方的关心。

3. 开展主题党日活动

主题党日活动作为新形势下党内组织生活的重要方式，可以丰富党员的精神文化生活，在具体活动中引导党员坚定理想信念，激发广大党员干事创业、创先争优的热情。为了响应党的号召，工作队按要求定期联合鞍山师范学院组织党员、教师到李家堡村开展主题党日活动。此外，为了解决李家堡村小学课外学习材料缺乏等现实困难，鞍山师范学院为李家堡村小学全体学生购买各科学业辅导练习册，进行教育精准帮扶。

4. 多方合力展开精准扶贫

扶贫脱贫要动员国家力量和社会力量共同参与。政府要参与，行业要参与，企业、公民都要参与，这样才能精准扶贫到每个县、每个村、每个人。刚驻村时，工作队在与村民们座谈过程中发现，李家堡村信息闭塞、地理环境较差，缺少规模化和标准化农村特色产业，农民生产技术缺乏，劳动力数量不足，贫困老人和儿童数量占比大，农民的产业意识薄弱。破解这些困难，需要多方合力精准扶贫。驻村以来，工作队一方面充分利用社会资源，发动鞍山市童梦同圆公益协会、鞍山市慈善总会、岫岩县慈善总会、郭明义爱心办公室、台安县无限极爱心团队、社会爱心人士等多种社会资源，对李家堡村贫困户的就学儿童进行就学资金帮扶；另一方面积极利用政府统筹协调作用，大力培育和发展李家堡村特色集体经济，在技术上鼓励村民与企业及大学各级学院对接，共同建立线上线下品牌农产品生产、营销推广体系，保证扶贫"农民新经济致富道路"的持久畅通。

（二）内生力培养

1. 创新乡村治理模式

农村的科学普法是中国农村脱贫与乡村振兴的内在要求。李家堡村在普法体制建设上还不完善，没有形成自上而下的农村普法宣传教育机制。针对李家堡村在普法教育宣传中存在的问题，工作队创新乡村治理模式，按照"四议一审两公开"工作法，其中"四议"即村党组织提议，村"两委"会商议，村党员大会审议，村民代表会议决议；"一审"即乡镇党委、政府审核；"两公开"即实施决议公开、实施结果公开。同时，为了健全党务公开、村务公开制度，工作队同村"两委"成员，根据《中共中央 国务院关于实施乡村振兴战略的意见》的要求，制定并逐户发放新的《李家堡村村规民约》。同时，加大扫黑除恶力度，工作队同村"两委"逐户发放扫黑除恶宣传单，提高村民幸福感、获得感、安全感。

2. 发展富民乡村产业

工作队针对李家堡村农业资源特点，李家堡村民、低保户、贫困户等产业能力特征，发掘多种功能、多重价值、特色突出的产业，吸纳更多农村剩余劳动力。2017 年，驻村工作队资助 7 户种植滑子蘑、9 户养猪、2 户养优质绒山羊、1 户种植葡萄、1 户经营小吃部、1 户养殖深山溜达鸡，同时为 24 户建档立卡贫困户提供鸡、鸭、鹅雏共 1380 只，并积极为贫困户拓宽各类销售市场。2018 年驻村工作队帮助立卡户发展"一村一品"，资助建档立卡户养殖猪崽、鸡雏、鸭雏、鹅雏。同时，继续扩建村集体经济（食用菌种植小区），发展滑子蘑、中草药、果树、羊、猪、柞蚕等特色优势产业和养殖业，培育主导产品。

3. 培养农民能力

能力贫困是农民生活贫困的主要成因之一。鞍山师范学院 24 个二级单位、部门根据贫困户个人意愿，向每户发放脱贫补助资金，培养贫困户科学职业技能，发展猪、羊、鸡、鸭、鹅养殖，滑子蘑、葡萄种植等项目。同时，与李家堡村建档立卡户精准对接，从技术和人财物等多方面，全力帮扶建档立卡户发展脱贫项目，具体如表 1 所示。为了使贫困户快速掌握养殖、种植、经营等方面的技能，鞍山师范学院 24 个二级单位、部门定期对 32 户建档立卡户开展技术指导，并邀请国家级创业导师到村对贫困户开展就业创业培训指导。

表 1　2016 年鞍山师范学院各党组织与李家堡村 32 户建档立卡户对接情况

序号	家庭人口（人）	健康状况	贫困户属性	致贫原因	人均收入（元）	扶持项目	培养技术	对接单位
1	4	健康	一般贫困户	因病	2891	养羊、种蘑菇	养殖种植	机关离退办
2	1	长期慢性病	一般贫困户	缺劳力	3200	养猪	养殖	
3	1	长期慢性病	一般贫困户	缺劳力	2372	养猪 养鸡	养殖种植	
4	1	长期慢性病	一般贫困户	因病	1780	养鸡	养殖	
5	1	健康	五保贫困户	缺劳力	3035	种蘑菇养柞蚕	养殖种植	
6	2	长期慢性病	低保贫困户	因病	2320	种蘑菇	种植	
7	1	健康	五保贫困户	缺劳力	2723	种蘑菇	养殖	
8	1	长期慢性病	五保贫困户	因病	2322	种蘑菇养柞蚕	养殖种植	高职院
9	1	健康	五保贫困户	缺劳力	2187	养鸡	养殖	
10	1	健康	五保贫困户	缺劳力	2781	养柞蚕	养殖	
11	3	病	贫困户	因病	1828	无项目	无	后勤集团、职创部
12	5	长期慢性病	低保贫困户	缺劳力	2560	种植葡萄、养牛、种蘑菇	无	文学院
13	6	长期慢性病	低保贫困户	因病	2570	养猪 6 头	养殖	
14	2	健康	一般贫困户	缺劳力	2700	养柞蚕、种蘑菇	养殖种植	社会发展学院
15	1	健康	五保贫困户	缺劳力	2672	无项目	无	外国语学院
16	1	长期慢性病	五保贫困户	因病	2231	无项目	无	
17	2	长期慢性病	一般贫困户	因病	2740	养猪、养柞蚕	养殖种植	商学院
18	1	长期慢性病	五保贫困户	因病	2135	种蘑菇	养殖种植	
19	1	长期慢性病	五保贫困户	因病	2212	无项目	无	数学与信息科学学院
20	1	长期慢性病	五保贫困户	因病	2782	无项目	无	物理科学与技术学院
21	4	健康	一般贫困户	因病	2345	养猪	养殖	化学与生命科学学院
22	2	长期慢性病	低保贫困户	因病	2320	无项目	无	思政部
23	1	长期慢性病	低保贫困户	因病	2430	无项目	无	美术学院
24	2	长期慢性病	贫困户	因病	1350	种蘑菇	种植	体育科学学院

续表

序号	家庭人口（人）	健康状况	贫困户属性	致贫原因	人均收入（元）	扶持项目	培养技术	对接单位
25	1	健康	五保贫困户	缺劳力	3016	养柞蚕、种蘑菇	养殖种植	教育科学与技术学院
26	2	长期慢性病	低保贫困户	缺劳力	2490	养猪	养殖	成教院
27	3	健康	一般贫困户	因病	3020	养羊、开小吃部	养殖种植经营	学报、档案馆、图书馆
28	2	长期慢性病	一般贫困户	缺劳力	2450	养羊10只	养殖	计算中心
29	5	健康	一般贫困户	因病	2770	种蘑菇、养柞蚕	养殖种植	音乐学院
30	2	长期慢性病	低保贫困户	因病	2436	养羊	养殖	附属中学
31	1	长期慢性病	五保贫困户	缺劳力	2931	无项目	无	
32	2	健康	低保贫困户	因病	2530	养羊	养殖	公体部

注：2016年建档立卡户数为32户，之后陆续出现新识别的建档立卡户，截至2022年底总计42户。

资料来源：课题组成员于2020~2022年前往岫岩县李家堡村，调查访谈村会计、村驻村书记，同时登录村云户籍管理系统获得的材料。

4. 提高村民的文化素养

农村公共文化设施是农村社会主义文化宣传、普及的阵地，是惠及民生、丰富人们精神生活、塑造农村文化自信、助力乡村发展的重要场所。驻村工作队与岫岩人社局、当地党委和政府、村"两委"形成合力，多方沟通，积极协调县财政部门、交通部门、水利部门、文体部门，对李家堡村自来水井、村公共文化广场、路灯、体育设施、花坛、村口立界石碑标识等公共基础设施建设投入资金，用全新环境全面改善村容村貌，在精神生活、人文教育、价值观念、社会道德等文化层面培养村民文化素养。

5. 建立村民云户口网络管理系统

随着移动通信的快速普及，网络化信息系统为农村经济发展提供了全新的平台和发展机会。工作队为李家堡村联通了国际互联网，建立了李家堡村第一个电子阅览室，并亲自传授村党组织和村民网络信息技术。鞍山师范学院刘臣奇教授建立了我国第一个农村云户口管理系统，即李家堡村的户籍云管理系统，方便李家堡村村民管理。

三　地方高校帮扶李家堡村脱贫和振兴的效果分析

（一）李家堡村农村脱贫的效果

总体来看，经过多年的努力，工作队在 2019 年完成了李家堡村建档立卡户"两不愁，三保障"的任务目标。全村经济收入得到大幅度提高，村民生活宜居，户户通柏油路、深井水、自来水，全村安上了路灯，每户都安放了垃圾桶，村里还安置了垃圾燃烧炉，有效治理垃圾污染问题。村文化也在不断改善，矛盾纠纷明显减少。

（二）李家堡村农村振兴的效果

在工作队的帮助下，李家堡村的村民就业率、村民经济收入、村民技术能力、村民文化生活水平明显提高，在村民宜居、村民教育、村容村貌、村风村俗等多方面向乡村振兴的方向迈进。在增加就业方面，工作队帮助李家堡村建立 87 个食用菌大棚，大力发展村集体经济，2019 年解决了 200 人的就业问题。不但让贫困户成功脱贫，更带动全体村民致富奔小康。在脱贫户成功脱贫的示范下，全村村民合作医疗人数也呈递增趋势，2019 年，达到1100 人，农民医疗保障实现 100% 覆盖率，旧房改造 35 户。

四　我国地方高校帮扶乡村人才振兴的主要路径

教育对于促进贫困人口就业、提高贫困家庭收入水平、从源头上阻断贫困的代际传递具有重大意义。近年来，高等院校在扶贫和支教中释放了巨大力量，李家堡村高效脱贫与振兴的成功经验可以证实，地方高校可以帮助乡村实现人才振兴。

（一）培养新时代农民

农村贫困是多维因素导致的，而农民受教育水平不高是影响乡村振兴的重要因素。因此，农村若想实现振兴，教育要先行。各级政府应在国家政策指引下，协同多方合力，联合地方各类高校专家团队，对当地农民子女及乡村季节性留守儿童开展精准教育帮扶、对返乡劳动力开展技能培训、对农民开展信息化技术教育等，从根源上阻断贫困代际传递，实现新时代农村人才振兴教育计划。

（二）培养产业型农民

根据北方农村产业资源特点，要想实现乡村振兴以及农业农村的全面发展，应加大科技投入力度，开展新型职业农民培育试点工作，进行当地特色农作物栽培、产量提升技术培训和指导，提高农民技术水平，为产业发展提供可靠支撑；通过与高校科研单位联合建立试验基地，研究开发优质、抗病、抗虫、抗逆、耐贮运的农业科技新品种，最终以研发基地为枢纽，上挂国内高校科研部门、下连种植户，走"科研、示范、培训、推广"一体化的路子，实现"技术+基地，公司+农户"的产业模式。这样，村民不仅可以实现经济收入上的脱贫，还可以实现能力脱贫。

（三）培养法治化农民

我国在发展中始终坚持着依法治国，因此，农村在发展过程中同样需要加快法治工作的进程，确保依法治村，以此促进我国农村人民生活水平提高。我国农村能够高效脱贫和实现振兴的主要原因是，在国家政策法规的指引下，驻村工作队探索出了一条自治、德治、法治结合的中国乡村治理模式。我国农村处在行政管理体制之外，以村民自治的组织形式自我发展。事实证明，农村基层干部不仅是地方法治的建设者，也是农村社会的管理者及引领者，其自身素质的提高对农村法治社会的建设工作具有较强的影响。普法教育过程中，村干部党员通过学习与农村发展相关的法律知识，提高自身的法治素养，进而为农村法治社会的建设和农村脱贫攻坚战的成功奠定了基础。

（四）培养有文化农民

在所有贫困中，文化贫困是一种最持久、最深层的贫困，主要表现为村民的精神的空虚、文化的缺失、科技的缺陷和志向的丧失。贫困文化是一种病态文化，一旦形成，便会代代相传。农民脱贫与振兴最终取得胜利需要实现农村文化脱贫，而实现农村文化脱贫的有效途径之一是对村民开展农村脱贫与乡村振兴的文化教育。大学生关爱农村五保户老人计划、农村留守老人健康保护战略、农民孝养老人润德计划、乡村环境建设以及乡村农民业余生活民俗建设等，实现了李家堡村村民的文化教育，逐渐将村民培育成为有文化的村民。

参考文献

孙雪晴：《乡村振兴战略背景下教育精准扶贫的内涵、价值及实施路径》，《教育与理论》2019 年第 22 期。

谢君君：《教育扶贫研究述评》，《复旦教育论坛》2012 年第 3 期。

徐曼：《教育精准扶贫：阻断贫困代际传递的核心举措》，《人民论坛》2018 年第 21 期。

向延平：《教育贫困代际传递与阻断：教育精准扶贫路径选择》，《当代教育论坛》2018 年第 3 期。

刘长庚、郑品芳：《论习近平精准扶贫思想对教育精准扶贫实践的指导》，《湖南大学学报》（社会科学版）2018 年第 6 期。

省 域 篇
Province Report

B.11
教育促进乡村振兴的河北实践与探索

河北省教育发展与乡村振兴研究课题组*

摘　要： 河北省教育促进乡村振兴的实践与探索工作在五个层面有序推
进。2022年，在教育促进乡村产业振兴、人才振兴、文化振兴、
生态振兴与组织振兴五个层面，河北省均做到了在国家政策战略
的基础上推进配套政策的制定与落实，形成了区域内具有特色的
实践举措与创新案例，并结合实际情况对下一阶段的工作做出合

* 课题总负责人：云电军，沧州师范学院校党委书记。课题负责人：郭旭涛，河北科技师
范学院校长。课题组成员：范小振，沧州师范学院党委常委、副校长；杨越冬，河北科
技师范学院副校长；安娜，沧州师范学院科研处处长；常学东，河北科技师范学院乡村
振兴研究中心主任；何兰芝，沧州师范学院教师发展中心主任；苟增强，沧州师范学院
教育学院院长；赵荣秀，沧州师范学院经济管理系副主任；王玉芬，河北科技师范学院
马克思主义学院院长；宋娟，发展研究中心副主任；邢莉莉，沧州师范学院教育学院副
主任；刘梅，沧州师范学院教育学院副院长；王金平，河北科技师范学院乡村振兴研究
中心副主任；庞如超，沧州师范学院经济管理系教师；阎锦婷，沧州师范学院教育系教
师；刘宣妤，沧州师范学院科研处科员；沈楠，河北科技师范学院教育学院副院长；焦
伟婷，河北科技师范学院教育学院教师；邱凤霞，河北科技师范学院乡村振兴研究中心
研究员；颜芳芳，河北科技师范学院财经学院教师；王思佳，河北科技师范学院乡村振
兴研究中心研究员。

理展望，为教育促进乡村振兴提供了有效的河北经验。

关键词： 乡村振兴　河北　教育

一　教育促进乡村产业振兴

作为培育乡村人才、促进农业技术创新、推动农业产业孵化的重要载体和抓手，教育具有智力之本和孵化之源等多重属性，能为乡村产业振兴提供智力资源和动力支撑。河北作为农业大省，具有丰富多样的特色资源，多年来河北省乡村产业发展取得积极成效。

（一）河北省教育促进乡村产业振兴的相关政策及落实情况

1.专业对接产业、扎根一线、优化布局，支撑产业能力增强

随着《河北省乡村振兴促进条例》《河北省高等职业教育创新发展行动计划（2022—2025年）》等一系列政策的出台实施，河北大力推进职业教育与高等教育质量升级，落实乡村振兴发展战略，优化学科专业布局，培养乡村农林、规划、设计、建设、管理等方面的专业人才和乡村本土人才，提升农业科学研究、技术攻关、成果推广转化的能力，推动乡村产业兴旺，构建教育支撑乡村振兴体系，实现教育与乡村产业的内生互嵌。

2.项目实施、平台支撑、产业联盟有力推动，助力产业提质增效

以乡村产业振兴为抓手，以"2022河北农业产业项目突破年"为契机，河北各高校积极参与省市县重点农业园区建设，高标准推进15个特色优势产业集群建设，持续强化农业科技支撑。深化河北农业大学、河北农林科学院、农业科技企业等高校和科研院所与企业的合作，新建一批涉农工程技术研究中心和重点实验室，为农业技术创新提供了良好的平台，加速农业科技成果转化。围绕智慧农业和数字乡村建设，大力实施智慧农业人才培育工程，进一步推进农业产业数字化，构建现代乡村产业体系。项目实施、平台

支撑、产业联盟推动的科技服务模式不但促进了农业科技创新，提升了乡村产业人才培养质量，还促进了乡村产业的高质量发展。

3. 教育链、人才链与产业链、创新链有机衔接，促进特色产业转型升级

不断深化产教融合和人才培养供给侧结构性改革，创新"政产学研用"五位一体的办学模式，强化校企资源共建共享机制。大力实施河北省现代产业学院建设方案，支持葡萄酒、食用菌、甘薯等一批涉农特色产业学院建设。打造校企创新合作平台，共建农业科研示范基地，破解农业产业化关键技术难点，引进农业前沿技术、先进模式，用科技助力乡村产业转型升级。持续探索业态、模式、理念更新变革，促进教育、人才、产品和创新链有机衔接，实现了乡村产业人才培养的高质量协同发展，以及经济效益和社会效益的双丰收。

（二）河北省实施教育促进乡村产业振兴的典型案例

1. 搭建农民教育培训平台助推乡村产业振兴：河北省2022年乡村产业振兴带头人培育"头雁"项目

2022年，河北省启动实施了"头雁"项目，总体目标是用5年的时间培育一支规模在5000人左右的"头雁"队伍，带动全省25万新型经营主体发展。河北农业大学等高校作为"头雁"培育机构，充分发挥农学教育培训优势，采用"四个一"培养方式，综合运用"集中+分散"授课实训、"线上+线下"融合培训等方式，开展"定制化+体验式+孵化型"培育，科学指导"头雁"学习专业知识和技术，促进"头雁"综合素质不断提升，营造"头雁先飞、群雁齐追，头雁领航、群雁齐飞"的效应，共培育学员700名，其中包括一大批农民土专家、创新示范户。经过培育后，"头雁"已经成为引领带动乡村产业振兴的骨干力量，有效激发乡村振兴的内生动力。

2. 深化高校和科研院所合作打造乡村产业集群：河北保定发挥高等教育优势增强乡村产业效益

保定市充分发挥本地高等教育集聚优势，加强校地合作，大力支持河北农业大学等高校和科研院所加强农业应用基础研究和实用技术研发，加快研究成果转化，促进农业科技创新和成果推广应用；合作项目共计 30 个，涉及果品、食用菌、畜禽等 35 个特色农业产业，研发新品种、探索新技术 700 余项，建立"太行山农业创新驿站"29 家。河北涉农高等院校组建精英团队，加快推进"博士农场"项目，50 余家"博士农场"完成签约。高校的积极参与加快了保定市乡村特色产业不断集聚，产业效益不断提升。其中，在脱贫县地区形成了林果、中药材、食用菌等 827 个特色产业基地，增加了当地农民收入。教育巩固拓展脱贫攻坚成果同推进乡村振兴实现了有效衔接。

3. 加快科研成果转化，推进乡村产业转型升级：科技助推梨产业，乡村振兴大放异彩

河北农业大学积极搭建科技平台，深化产学研合作，加快农业科研成果转化，助力河北梨产业发展。在河北威县建立了院士工作站、河北省梨工程技术研究中心威县试验站。针对当地梨生产中存在的机械化不足、产业信息化薄弱、服务专业化水平低、整体人才技术力量欠缺等问题，组建专家团队召开"河北梨产业高质高效发展研讨会"，制定了服务河北省邢台市威县经济发展的任务书和实施方案，研发推广梨栽培新模式、新品种和新技术，为威县梨产业的高质量发展融入了强大的科技元素，通过科技推动，把威县变成了远近闻名优质"梨乡"。

（三）河北省教育促进乡村产业振兴的未来思考

乡村产业振兴与教育价值互嵌。教育是推进乡村产业兴旺的重要力量，而乡村产业振兴也必然促进教育改革发展。

1. 空间互嵌，夯实基础

打破空间限制，实现"当地办学、当地培养"，大力发展职业教育。通过打破城乡界限，构建多元化的职业教育培训服务网络，以职教为主要载体，实现省、县、乡、村等多级城乡教育资源的有效整合与共享，推动职业教育"城乡联合"，培养高素质劳动力和职业技能型人才，打造乡村产业振

兴的生力军。加强职业院校建设，深化职业教育改革，加强高素质"双师型"教师队伍建设，创新人才培养模式，推动现代职业教育高质量发展。

2.结构相嵌，勾勒框架

教育应与乡村产业精准对接，由此实现教育与乡村产业的结构互嵌。以专业相关高校为支撑，进一步优化专业布局，使专业集群对接产业集群。依托地域优势和产业需求，改造升级传统专业，增设新专业，发展特色专业，着力打造以服务现代农业全产业链条、服务"三农"建设的特色专业群。

3.功能互嵌，互惠互利

教育为乡村振兴培养了新型农民和乡村产业发展需要的人才；教育促进了科技进步，推动了科研技术成果的开发利用；教育赋予乡村产业发展强劲动能，带动乡村产业的经济增长，促进劳动力就业。而乡村振兴和乡村产业发展能够激活职业教育和高等教育提供更加全面的人才培养服务，促进两者功能相互融合，可实现教育与乡村经济社会的共生共赢发展。

二　教育促进乡村人才振兴

根据教育部文件精神，河北省教育厅有力作为，以适应乡村振兴战略实施需求为目标，不断优化教育资源配置，提高乡村基础教育质量；推进职业教育质量提升工程，提升职业教育整体办学水平；对接区域经济社会发展需求，促进高等教育助力乡村振兴人才培养，为推进乡村振兴战略高质量发展奠定了良好基础。

（一）典型案例：河北农业大学服务乡村人才振兴的创新举措

1.实施"1341"实践育人模式

构建了面向农学类、工科类和经管类专业的三类实践育人模式，打造了"多级实验教学平台、校内校外实习实训平台、高水平科研训练平台、科教融合、学科交叉双创训练平台"四大实践教学平台，建立创新创业思维、方法、训练三级递进的课程体系，开设创新创业类选修课程80余门。

2. 创建农业创新驿站

深化拓展"太行山道路",弘扬"太行山精神""李保国精神",全力打造"太行山农业创新驿站"战略品牌。已建成 50 个"太行山农业创新驿站",全面支持师生教学实践和创新创业,将生产的前沿技术、现实问题转化为教学内容,切实提高教学资源配置水平,已有 100 多项新科技、新成果在驿站实现转化。

3. 实施校政企协同合作育人

共建 7 个区域乡村振兴研究院,着力探索人才振兴的"辛集模式"。创建河北耕读乡创学院,打造创新创业项目种子库,设立"乡创教育基金",组建 40 支专项团队,推进专业实践、社会实践与乡村振兴深度融合。设立葡萄酒学院,与华为共同制定《智慧园艺专业共建建设方案》,与园林协会共同举办景观设计竞赛等。

(二)河北省教育促进乡村人才振兴的未来思考

1. 基础教育促进乡村人才振兴的未来思考

第一,发展乡村经济,加大基础教育投入力度。发展高质量绿色农产业,引进科研资源培养优质农产品,拓展收入渠道,促进农民增收致富,加大基础教育投入力度。第二,"以法促优"保障乡村基础教育资源配置。通过"立法"让有限的教育资源能够在乡村基础教育中得到充分的利用,绝不遗漏乡村和偏远山区的学校,引进教育信息技术和数字校园,做到优质资源共享。第三,建好建强乡村基础教育师资队伍。通过多种形式提高教师的社会地位;改善教师生存环境,建立教师培训体系,扎实落实乡村教师政策待遇;秉承"奖罚结合"原则,采用聘用制,明确教师职责,提升其教书育人能力。

2. 职业教育促进乡村人才振兴的未来思考

第一,大力宣传职业教育新精神、新政策,转变社会求学就业观念,提高职业教育的社会影响力和吸引力。第二,切实落实足额征收教育费附加并且用于职业教育的比例不低于 30% 的政策,逐步提高中等职业学校生均公用经费拨款标准。第三，完善国家、省级、市级、校本四级培训体系，全面提升职业学校教师教育教学水平。第四，加强河北省现代农业职业教育集团建设，开展实体化运行探索，全面增强集团化办学活力和服务能力。第五，继续做好新型职业农民培养项目，打造有文化、懂技术、会经营的农村实用人才，助力乡村振兴。

3. 高等教育促进乡村人才振兴的未来思考

第一，合理对接区域经济社会发展需求，结合当前乡村振兴对涉农人才的需求构建支撑点，做好高等院校的定位和转型发展工作。第二，引导学生投身农村建设，鼓励其到农村就业、返乡创业，把所学专业知识应用于乡村振兴的建设中。第三，统筹考虑招生政策，吸引优质生源。稳定"三农"工作队伍，积极推动"一懂两爱"教育融入新农科建设。第四，支持校地共建企业大学等产教融合培养体系，探索人才培育与产业发展的有效对接、产教结合的培养模式。

三　教育促进乡村文化振兴

习近平总书记指出，优秀乡村文化能够提振农村精气神，增强农民凝聚力，孕育社会好风尚。乡村文化振兴，既是乡村振兴战略的重要内容和目标，也是推动乡村社会发展的精神动力和力量源泉，是乡村振兴的力量之"根"和发展之"魂"。近年来，河北省委和省政府、省教育厅认真贯彻落实党中央、国务院关于乡村振兴的决策部署，强化统筹协调，持续加大工作力度，以教育促进乡村文化振兴。

（一）河北省教育促进乡村文化振兴相关政策及其落实情况

1. 制定政策文件，开展相关研究

河北省在国家乡村振兴战略的基础上出台了《中共河北省委　河北省人民政府关于实施乡村振兴战略的意见》《河北省文化产业发展规划（2021—2025 年）》《河北省文化和旅游科技创新"十四五"规划》等系列政策文件，

把繁荣乡村文化、提高乡村文明程度作为重要举措和目标，制定科学规划和方案，扎实推进乡村文化振兴。

2. 大力发展乡村教育

乡村教育是乡村文化发展的重要依托。2022年河北省进一步加大对乡村教育的倾斜与帮扶力度，改善农村学校办学条件，办好以学生为本、因地制宜的乡村教育。一是优布局，统筹农村基础教育资源，实现乡村学校集约组团发展；二是强师资，实行编制、职称评聘和工资待遇倾斜政策，多措并举提升农村师资队伍质量；三是促帮扶，建设城乡学校共同体，发挥乡镇中心校的辐射带动作用，提升农村学校整体办学水平；四是强关爱，完善农村留守儿童关爱服务体系，形成家校育人合力。

3. 加强乡村文化人才培养培训

遴选20所中等职业学校开展新型职业农民培养，省级财政安排1000万元专项资金对项目承担学校予以补助。面向农民工、新型职业农民、基层农技人员等开展高职扩招，培养更多接受学历职业教育的高素质农民。在全省开展"分类型、分区域、多渠道、多形式"订单式精准培训，如河北省乡村振兴发展系列培训、河北省红色旅游五好讲解员素质专题培训，利用"冀旅学堂""设计云学院"开展线上培训，共培训乡村干部、致富带头人、特色技艺传承人以及乡村旅游从业人员等5500余人。

4. 做好"三下乡"和定点帮扶工作

河北省把乡村文化振兴作为开展文化科技卫生"三下乡"工作的重要内容，开展大中专学生暑期"三下乡"活动、大学生和青年教师"体验省情·服务群众"主题实践活动、"青春之约·河北青年研学旅游宣传推广活动"等，组织师生进行专题调研、下乡采风、墙面彩绘、文创设计、视频拍摄等，深度参与文物古迹保护、乡土文化整理、民俗民艺活化、农民生活品质提升等工作。省教育厅和各高校驻村工作队深入开展"我为群众办实事"主题实践活动，其中，各高校依托自身的地域、人才、专业等优势，成为乡村文化振兴的智囊团、宣传队。

5. 组织实施经典润乡土计划

组织实施2022年度经典润乡土计划，建立城乡中小学结对帮扶长效机制，开展乡村教师语言文字能力提升专项培训；面向乡村高素质农民、农村电商人才、旅游服务人才等群体，开展中华经典语言文化、国家通用语言文字等培训；充分发挥语言文字专家学者的作用，打造以语言文化内容为主的特色乡村和品牌项目；充分利用全国推广普通话宣传周、河北省推广普通话宣传月等重要节点和节庆日，组织乡村群众、师生开展中华优秀语言文化展示推广活动。

6. 积极参与文化遗产保护传承利用

深入调查各地乡村文化资源，重点开展河北省长城文化、大运河文化、红色文化和民俗文化调查，深入挖掘乡村优秀传统文化丰厚内涵。编纂中国民间文学、民间故事、民俗文化与文化研究丛书（河北卷），设立一批省级非遗特色中小学传承基地和省级非遗传承教育实践基地。举办京津冀非遗联展、"长城脚下话非遗"、"河北非遗购物节"等活动，推动非遗助力乡村振兴试点建设。

7. 大力支持文艺创作与文化惠民活动

支持"三农"题材文艺创作，推出一批在基层展演展播中受到干部群众欢迎的优秀文艺作品。组织举办昌黎民歌、昌黎吹歌节目展示，衡水年画、内画、剪纸艺术展，"多彩非遗，激情冬奥"河北省非遗作品主题展，"我们的中国梦"文化进万家、戏曲进乡村进校园等一系列品牌文化活动。指导农村地区开展广场舞展演、群众大合唱、乡村"村晚"等系列群众文化活动，组织开展送春联、送福字、送年画等春节志愿服务活动。

8. 大力推进乡村旅游高质量发展

开展乡村文化和旅游资源普查工作，编制《河北省乡村文化和旅游资源普查分析报告》，系统打造长城文化、大运河文化、京张体育文化等。组织高校专家帮扶团队，开发历史文化型、非遗体验型、研学教育型等不同类型的民宿，打造"冀忆乡居"乡村民宿品牌，发展长城人家、运河船家、红色小院、民俗客栈等主题精品民宿。全省共创建55个国家级乡村旅游重点村镇、243个省级乡村旅游重点村镇，以乡村旅游为纽带，带动乡村文化振兴。

（二）河北省教育促进乡村文化振兴经典案例

1. 沧州师范学院大运河文化研究中心服务沧州大运河文化带建设

沧州师范学院作为沧州唯一的市属本科高校，承载着大运河文化保护、传承和利用的重任。作为河北省社科研究基地，沧州师范学院大运河文化研究中心 2022 年出版《保护与传承：大运河文化遗产（河北篇）》等 7 部专著，发表相关论文 100 余篇。

大运河研究中心组建大运河文化宣讲团，利用沧州市干部培训学院平台，将大运河文化、大运河非遗传承等学术内容向全市新入职人员和干部普及；以沧州电视台为窗口，与《运河印记》等板块栏目合作，将大运河文化研究成果推广给沧州群众；将大运河文化推广到各个县区，担负起社科普及的重任，产生了良好反响。

2. 河北科技师范学院冀东文化研究中心开展"长城沿线文化带"建设活动

河北科技师范学院冀东文化研究中心是社科重点研究基地，重点围绕河北省文化发展战略，凝练出民族、文化学，民俗、旅游、艺术学及历史、考古学三大学术领域。冀东文化研究中心与抚宁区旅游和文化广电局多次联合开展田野考察，有效地发现、记录并整理出大量考古学材料。

（三）河北省教育促进乡村文化振兴的思考与展望

1. 深化社会主义核心价值观的引领作用

乡村文化不是传统中华农耕文化的简单延续，而是融合传统文化与现代文化的以核心价值观为灵魂的社会主义文化，因此，需要推动传统乡村文化进行现代化转化和创新性发展。一是依托大学和职业院校对村干部进行培训，加强乡村基层党组织思想政治和文化建设。二是加强乡村文化阵地建设，加强中国特色社会主义和中国梦宣传教育，大力弘扬燕赵文化、西柏坡精神、"赶考"精神。三是加强乡村思想道德建设，强化农民社会责任意识、规则意识、集体意识和主人翁意识，全面提高乡村社会的文明程度。

2. 进一步推进乡村文化产业赋能

乡村文化产业是乡村文化与经济"双提升"的重要支柱，因此，应建立文化产业赋能乡村振兴的有效机制。一是要建设好文化产业赋能乡村振兴试点县，鼓励高校艺术、设计类专业结合教学、科研和社会实践，为乡村建设提供创意设计支持。二是依托艺术院校、艺术专业，加强民族民间传统音乐、美术、戏剧等的收集整理和活化利用，培养乡村文艺演出队伍，发展乡村音乐、美术、舞蹈、戏剧、曲艺、杂技等业态。三是实施传统工艺振兴计划，重点建设藁城宫灯、衡水内画、蔚县剪纸、定瓷等手工艺产业基地，形成具有河北地域特色的传统工艺品牌"河北手造"。

3. 大力培养乡村文化人才

实现乡村文化振兴，人才是关键。一是将乡村文化人才培养纳入高校人才培养体系，更新人才培养方案和课程体系，培养学生的乡土情怀，推进产学研融合，为乡村振兴培养复合型创新人才。二是继续实施新型职业农民培育工程，优化培养方案、创新服务方式，培养一批留得住、用得上、干得好的乡村文化人才。三是加强乡村文化人才培训，开展传统戏曲、杂技、武术及民间歌舞、民间音乐等人才的业务技能培训。四是建立高等院校、科研院所等专业技术人员到乡村挂职、兼职制度，鼓励他们以多种形式服务乡村文化振兴。

4. 充分发挥乡村教师的作用

乡村教师要重新构建自己的身份和角色，在乡村文化振兴中积极作为。一是要注重挖掘学科知识与乡村文化要素的契合点，开发充满乡土特色的校本课程，提升师生的乡村社会认同感和乡村文化自信。二是加强家庭教育、深化家校合作，充分发挥乡村教师在家庭家教家风建设方面的作用，促进农村精神文明建设。三是要强化文化担当，传播先进思想、科学知识和优秀文化。四是以高度的自觉性主动融入乡村社会，积极承担乡村事务，当好乡村治理的"智囊"和"参谋"。

5. 进一步推进乡村文化数字化转型

落实中共中央办公厅、国务院办公厅《关于推进实施国家文化数字化战略的意见》，以数字技术与乡村文化的深度融合赋能乡村文化振兴。一是鼓励高校开展乡村特色文化资源数字化建设，加强乡村文化的保护和传承。二是鼓励广大农民掌握基本的通信设备和网络操作技术，指导他们创作展现乡村特色文化的数字文化产品，利用 VR 技术建立沉浸式乡村文化体验中心，带动乡村文化传播和消费。三是建设数字图书馆、数字文化馆、数字美术馆等数字文化服务中心，完善农村公共文化体系建设，满足农村居民文化需求。四是运用抖音、快手、微信等新媒体和网络直播、网络视频等新型产业形态，打造乡村文化特色，培育乡村文化品牌。

6. 促进城乡融合和城乡文化资源流动

一是要改变"城市＝先进、乡村＝落后"的思维定式，培育乡村文化自觉自信，增强乡村文化认同感。二是要利用城市人才资源、教育资源的优势，发展城乡学校共同体、文化服务联合体，推动城乡资源的流通共享与优化配置，激活乡村文化振兴的内生活力，不断完善乡村文化体系。三是结合数字乡村建设，构建城乡一体的公共文化数字化、网络化服务平台，打破传统的城乡二元格局，丰富农民的精神文化生活，让城市居民体验乡村文化、感受乡土文明、记住浓浓乡愁。

四 教育促进乡村生态振兴

生态振兴是推动乡村"五大振兴"的应有之义，是落实乡村"五位一体"战略布局、推进生态文明建设的重要内容。河北省教育厅按照国家要求和省委、省政府工作部署，扎实推进教育领域乡村振兴重点任务。

（一）河北省教育促进乡村生态振兴相关政策及其落实情况

河北省教育系统深入学习贯彻党的十九届二中、三中、四中、五中、六中全会精神和习近平总书记关于教育、扶贫工作、乡村振兴战略的重要论述，全面落实《教育部等四部门关于实现巩固拓展教育脱贫攻坚成果同乡村振兴有效衔接的意见》和河北省教育厅等四部门联合印发的《关于实现巩固拓展教育脱贫攻坚成果同乡村振兴有效衔接的实施意见》，进一步巩固拓展全省教育脱贫攻坚成果，有效衔接乡村振兴战略，推进乡村生态振兴。

近年来，河北省充分利用多种教育手段助力乡村生态振兴的工作初具成效。一是充分发挥农村基层党组织的领导作用和党员先锋的模范作用，以及共青团、妇联等团体组织作用，动员群众自觉改善农村人居环境。到2022年6月底，全省农村问题厕所已全部整改到位；到2024年底，全省拟新改建卫生厕所137万座，厕所普及率将达到90%以上。二是倡导文明健康、绿色环保的生活方式。到2025年底，全省将新建、改扩建旅游厕所1000座以上；全省内的水源保护区、乡镇政府驻地、中心村、旅游风景区等将实现农村生活污水无害化处理全覆盖，全省农村生活污水治理率达到45%。2022年已建成生活垃圾焚烧处理设施17座，同步关停并治理剩余22座生活垃圾填埋场，实现全省城乡生活垃圾焚烧处理全覆盖、新增生活垃圾零填埋。三是总结宣传农村人居环境整治提升的经验做法和典型范例，利用传统媒体和新媒体加强宣传引导，及时回应社会关切，营造良好舆论氛围。

（二）河北省教育促进乡村生态振兴的解决对策

一是全面加强生态文明教育。二是加大生态保护宣传力度，持续强化全民的生态意识，宣传生态保护的意义，激发全民参与生态建设的热情。三是加速生态治理行动，培养良好的生态习惯，将生态保护常规化、日常化、自觉化。通过课程设置和研学活动，采取家校协同等方式让全民参与生态建设。四是通过高等教育和职业教育培养生态专业人才，为生态保护建设提供人才和技术支撑，满足乡村生态监测管理、生态修复、治理的需求。五是开展生态保护相关学科研究。鼓励在校师生通过专业融合的方式进行多方向的生态研究。从意识形成，到行动支持、技术支撑，再到法律法规和制度体系约束，让人人把生态保护放在第一位，用实际行动不断改善生态环境，助力生态建设代代相传。

（三）河北省教育促进乡村生态振兴典型案例

第一，河北师范大学为绿色发展贡献高校智慧。作为较早开展塞罕坝精神研究的高校，河北师范大学在全校大力弘扬"牢记使命、艰苦创业、绿色发展"的塞罕坝精神，推动塞罕坝精神入脑、入心。

河北师范大学开展科研实践，激发青年新活力。近年来，河北师范大学鼓励学生开展社会实践调研和科研创新项目申报，"京杭大运河沧州段非物质文化遗产保护与开发""雄安新区植被和水体的动态变化遥感监测"分别荣获 2019 年"挑战杯"省级一等奖、二等奖。成立于 2003 年的绿色方舟环保协会是以环境科学、地理科学专业学生为主的学生社团，社团学生密切关注生态文明建设进程，每年积极开展"地球一小时""世界地球日""全国节能宣传周"宣传教育活动；连续多年组织学生参与"大学生志愿者千乡万村环保科普行动""环保服装设计暨模特展示大赛"等生态环保活动；连续 12 年举办"以废换绿"活动，倡导学生收集可回收废弃塑料瓶近万个、废弃纸箱近 500 公斤；学校还走进城市社区和农村，向居民宣传环保知识，引导居民建立科学、文明、环保、健康的生产和生活方式。

第二，燕山大学驻村工作队利用"三微推进法"构筑绿色有机产业新格局。2020 年 8 月，中国教育新闻网报道了"燕大帮扶产业绿色老味道西红柿喜获丰收"的新闻。2021 年 7 月，承德市电视台与围场广播电视台同时对冷棚西红柿成熟上市进行报道，节目大力宣传了有机种植—绿色持久的致富经，社会效益示范引领效果突出。

第三，2022 年河北科技师范学院城建学院和园艺科技学院多名教师参与了秦皇岛市国土空间生态修复规划编制工作，承担山水林田草沙及全域国土空间整治等重大专题研究任务，在规划技术创新、生态评估和生态网络建设研究、创新生态修复策略研究等方面做了大量工作，成果突出。将高校人才的专业技术能力转化为可引领、可操作的生态发展蓝图，为秦皇岛市未来生态修复工作贡献高校力量。

五　教育促进乡村组织振兴

在"五大振兴"中，组织振兴的主旨是基层党组织的振兴。实践证明，基层党组织是实施乡村振兴战略的"主心骨"，基层党组织坚强有力，乡村振兴便会"蹄疾步稳"。

（一）河北省教育促进乡村组织振兴相关政策及其落实情况

2021年12月，河北省教育厅等四部门联合印发《关于实现巩固拓展教育脱贫攻坚成果同乡村振兴有效衔接的实施意见》，明确河北省将打造升级版"一村一名大学生计划"，继续推进高校帮扶工作等多项措施。

1. 加强农村基层党组织建设

党建带群建、带社建工作推进有力，农村合作经济组织和社会组织发展壮大。2020年基本消除了绝对后进村党组织；每名党员活动经费每年不低于200元，服务群众专项经费村均不低于5万元；改善提升村级组织活动场所，2018年全部解决村级组织无活动场问题，2019年全部解决活动场所危旧狭小问题。

2. 强化农村党员干部教育管理

当前，河北省利用数字化技术建立农村党员远程教育网络终端，方便常态化教育培训工作的开展。抓好"万人示范培训"工程，截至2022年6月，对以村（社区）为重点的基层党组织书记进行组织调训，累计举办培训班800余期，培训13.5万人次。

3. 完善党组织领导的乡村治理体系

全省农村普遍建立了村务监督委员会，对村级财产及乡村振兴各类重要事项加强监督。党支部、村委会、村民代表会议、村监会治理架构基本形成。

4. 推动乡村各类组织稳步发展

完善村民自治组织、健全村务监督组织、规范集体经济组织、改进农村群团组织等，推动乡村各类组织健康发展。加强乡村组织平台建设，推进基层党建与乡村振兴相结合，组建"党支部+协会""党支部+合作社+基地+农户"等乡村振兴联合体等，构建"党建+"工作格局。稳步推进农村集体产权制度改革，同步建立农村集体经济组织。

（二）河北省教育促进乡村组织振兴典型案例

1.河北科技师范学院驻青龙满族自治县陈台子村工作队典型案例

厚实村庄文化根基，深挖"两校一室一庭院"组织振兴功能。驻村工作队把扶贫和扶志、扶智紧密结合起来，创造性地提出"党建领航，扶志（智）为先"的帮扶原则，深挖"两校一室一庭院"（即村党校、农民学校、图书室、实施"五星庭院"大评比）组织振兴功能。通过邀请专家对全村党员、农民进行黑木耳栽培技术、苹果板栗栽培技术、生态年猪养殖技术等培训，进行留守儿童健康成长辅导、妇女老人身心健康教育和优良家风教育。一年来累计培训 300 余人次。不断补充村图书室资料数量和种类，举办读书活动。强化人居环境治理工程，实施"五星庭院"大评比活动。

深挖村庄红色资源，拓展"两馆一屋一基地"组织振兴功能。驻村工作队通过收集整理陈台子革命老区的红色文化资源，对留存遗迹进行保护性发掘。在此基础上，建成了"燕山游击队"展馆和"党员组织生活馆"，分别获批为秦皇岛市爱国主义教育基地和青龙县省级"红色书屋"。2022 年，驻村工作队依托爱国主义教育基地，组织村内党员干部积极开展理想信念教育，重走八路军"抗日小道"。

2.燕山大学驻围场满族蒙古族自治县银窝沟乡银里村工作队典型案例

近年来，银里村党支部与燕山大学旅游系党支部和河北省燕山大学教育基金会党支部开展支部共建工作。先后 3 次邀请燕山大学专家教授为村"两委"班子和党员讲授专题党课，带领村"两委"班子外出考察学习 5 次。驻村工作队带动银里村实现了跨越式发展，目前银里村的人均年收入比 2013 年增加了近 5 倍，村集体年收入增加至 10 余万元。

接力建设艺术山村，充实组织振兴的精神内核。驻村工作队提出了"扶志、提智、改制"六字诀。近年来，围绕打造"艺术山村"的发展目标，银里村修建了对标省道标准的村主干道，沿着主干道，银里村形象标识、观光花园、生态广场、星空露营基地等标志性节点景观接连呈现，研学旅行团、自驾游客也纷至沓来。"田园康养+研游学+创意文化"融合发展模式助力银里村乡风文明建设迈上新的台阶。

"小积分兑换大文明"，拓展组织振兴的文化外延。2022年初，驻村工作队率先在全乡先行先试"积分制"，村集体每年拿出一部分资金，支持村民通过参与人居环境整治、志愿服务、移风易俗等工作积攒"文明积分"，用积分到超市兑换生产生活用品。2022年共有128人次参与积分兑换活动，志愿服务累计时长436小时。

（三）对未来河北省教育促进乡村组织振兴工作的思考

1. 加强理论培训

充分利用广播、电视、网络等载体，协助完成基层党组织书记"万人示范培训"。积极采取乡村党组织书记讲党课、举办专题研讨班、面对面宣讲等方式，利用"微党课""情景式党课"等党员易学易懂的教育方式，组织农村基层党组织和广大农村党员群众学习习近平新时代中国特色社会主义思想。

2. 开展结对共建

通过对口帮扶、联系帮带，支持结对共建村组织振兴。建立一支由学校党务干部、思政课教师等专家组成的高端智库，为开展培训提供智力支持。通过大学生社会实践、理论下基层、基层巡演等方式，把抽象的理论转变为看得见、摸得着的身边事。积极组织农业科技卫生文化乡村规划等方面人才和青年志愿者到乡村开展志愿服务，推进选调生、大学生村官、"三支一扶"人员到基层服务，充实乡村组织振兴工作力量。

3. 加强思想教育

组织学校思政课教师、历史专业教师，挖掘乡村红色资源，建立红色教育基地。利用红色教育基地，招募已退休的校长、教研员、特级教师等，开展"银龄讲学"计划和"老校长"下乡计划，指导受援乡村学校、青年教师做好教学管理和教研活动。在学生及群众中开展"四史"教育，讲好党的故事、家乡的故事、乡村振兴的故事，为乡村振兴提供思想保障。

4. 实施"互联网+党建"

积极推动《数字乡村发展战略纲要》各项措施落地，建设数字乡村，服务农村党建。帮助农村加快信息基础设施建设，完善农村基层党建信息平台，优化升级党员干部现代远程教育，开展网络党课教育，推动党务、村务、财务网上公开。推进村委会规范化建设，开展在线组织帮扶工作。创新宣传方式，充分发挥主流媒体和重点新闻网站作用，大力宣传乡村组织振兴政策和在实践中涌现的优秀集体和先进个人。

B.12
山西省教育发展助推乡村振兴的实践探索

山西省教育发展与乡村振兴研究课题组 *

摘　要： 党的十八大以来，山西省委、省政府高度重视习近平总书记关
于脱贫攻坚、教育发展和乡村振兴的重要论述，进一步巩固拓
展教育脱贫攻坚成果，统筹推进乡村教育振兴和教育振兴乡村
工作。在教育领域，山西省全面推进学前教育和义务教育的普
及和均衡发展，大力发展高等教育、职业教育和特殊教育，推
动乡村学校现代化建设，提高乡村教师综合素质和乡村教育质
量。回顾过去，山西省得出了教育扶贫的宝贵经验，即在党的
坚强领导下，凝聚社会力量，建设一支符合新时代要求的乡村
振兴教师队伍；不断深化乡村教育内涵，丰富乡村教育模式，
完善乡村振兴教育体系；创新乡村振兴教育举措，融合信息技
术和教育教学，挖掘先进和典型案例，讲好山西乡村教育的
故事。

关键词： 教育振兴　乡村振兴　山西省

---

* 课题组总负责人：马骏，山西省委教育工作领导小组办公室主任，山西省委教育工作委员会书
记，山西省教育厅党组书记、厅长。课题组负责人：张晓永，博士，山西师范大学党委书记，
教授，博士生导师，中共二十大代表；廖允成，博士，山西农业大学党委书记，教授，博士生
导师。课题组成员：张潮，山西师范大学教育科学学院院长，教授，博士生导师；李慧燕，博
士，山西师范大学教育科学学院院长助理兼教育学系系主任，硕士生导师；郑晙俊，博士，山
西师范大学教育科学学院副院长兼教育技术系系主任，硕士生导师；张晥，博士，山西师范大
学教育科学学院心理学系系主任，硕士生导师；范瑞芝，山西师范大学教育科学学院学前教育
系主任；郭卿，山西师范大学教育科学学院教师。

一 教育振兴乡村政策与实践

（一）大力助推乡村学前教育

持续提高普惠性学前教育质量和办学水平。在全省新建（改扩建）约500所公办幼儿园，积极推进学前教育普及普惠督导评估工作。切实加强学前教育师资力量。持续加大农村和欠发达地区幼儿园教师培养力度，开展幼儿园全员培训工作，突出实践导向，提高培训实效。

（二）发展职业教育赋能乡村

持续加大脱贫县和乡村振兴重点帮扶县职业教育支持力度。印发《巩固拓展职业教育脱贫攻坚成果同乡村振兴有效衔接实施方案》，确定62个县为乡村振兴帮扶县，并明确61所职业院校对口帮扶62个县的县级职教中心。成立对口帮扶工作领导小组，根据实际情况与对口帮扶县职教中心协商确定帮扶资金、项目，确保帮扶工作不断线。

加强职业学校基础能力建设。印发《山西省教育厅　山西省财政厅关于实施山西省职业教育品牌专业和高水平实训基地建设计划的意见》，对接产业发展需求，推进校企协同育人，打造"双师型"教学团队系统规划基地建设，优化实践教学条件，建设虚拟仿真基地，创新实训运营模式。

做好职业教育转移就业培训工作。设立山西希望工程职业教育助学中心，通过为低收入、困难家庭青少年提供免费职业技能教育为青年赋能，培养其自立自强的能力、积极乐观的生活态度，帮助其顺利就业、自主创业。

推动职业教育优质资源共享。成立山西省职业教育教学联盟，整合160多所职业院校的优质资源，集中展示职业教育教学改革成果和各院校优质教学资源，实现山西省职业院校优质教学资源共建共享。促进各职业院校开展全方位、多领域的紧密合作与交流，实现"资源共享、优势互补、协同创新、科学发展"，放大优质资源共享效应，发挥热点学校的"引领带动"作用。

持续提升职业教育影响力和吸引力。全面开启全省职业教育活动周，宣传职业教育"前途广阔、大有可为"的特点与优势。以线下线上相结合的方式举办省职教联盟成立大会、职教发展论坛、《职业教育法》专家解读会，以及职业教育活动周主题海报大赛等多场活动。

（三）优秀教师资源倾斜乡村

持续保障乡村教育待遇。制定出台《山西省乡村教师支持计划实施办法》，确保义务教育学校教师工资不低于当地公务员平均工资水平。落实乡村教师生活补助政策及中小学教师岗位津贴制度。建立完善乡村教师荣誉制度，合理设置乡村教师岗位结构比例，完善乡村教师职业发展保障机制。允许乡村教师在专业技术职务评审时，所教专业与所学专业不一致，且不做论文、课题、荣誉等刚性要求。在荣誉表彰评选时，乡村教师名额比例单列。

（四）全面落实农村学生帮扶政策

持续加强农村家庭经济困难毕业生就业帮扶工作。全面掌握农村家庭经济困难高校毕业生情况，实行"一人一策"分类帮扶和"一人一档"动态管理。依托中国国际"互联网+"大学生创新创业大赛，深入开展"青年红色筑梦之旅"活动，引导大学生以创新驱动创业，以创业带动就业。加强农村家庭经济困难中职毕业生就业指导，创新就业招聘活动形式，鼓励和支持用人单位通过网络等形式开展岗位宣讲和招聘工作。

（五）开展乡村思想政治教育振兴与文化振兴

多渠道助推乡村文化建设。省文物局因地制宜，精准帮扶，发展乡村文化事业。省文联采风乡间，打造全域旅游先行示范点。省作协派驻干部，联合各单位推出长篇报告，用讲故事的形式，全面记录山西省脱贫攻坚、乡村振兴的历史进程。省文旅厅培养非遗传承人。各个省级文化单位向广袤乡村提供了优质的文化服务，让越来越多的村民享有更充实、更丰富、更高质量的精神文化生活。

实施国家通用语言文字普及提升工程和推普助力乡村振兴计划，出台《山西省教育厅关于印发2022年语言文字工作要点的通知》，加强语言文字规范化建设。推动"一地一策"有效实施。落实《国家通用语言文字普及提升工程和推普助力乡村振兴计划实施方案》，提高农村地区重点人群的普通话水平。举办"送经典下基层""经典润乡土"活动，繁荣乡村语言文化，传承中华经典。

二 教育发展助推乡村振兴优秀案例

案例一 依托师范特色，接力乡村振兴

【厚植："乡"约师大齐帮扶，薪火"乡"传助振兴】

提高政治站位，夯实帮扶责任。山西师范大学党委将扶贫工作作为一项重大政治任务，成立了由党委书记、校长任组长，分管扶贫工作的校领导任副组长，全体校领导参加的扶贫工作领导小组，形成了"主要领导统筹抓、分管领导重点抓、其他领导配合抓、有关部门协同抓"的扶贫工作格局。2022年山西师范大学党委书记及其他校领导多次带领有关部门负责人赴帮扶地开展实地调研指导帮扶工作，解决了办公设备帮扶、消费帮扶、文化帮扶、项目帮扶、教育帮扶五方面问题，及时跟进研判进度，跟进解决问题，跟进部署工作。

转化师范特色，文化温暖民心。2022年8月，吉县举办"喜迎党的二十大·奋进新征程"群众广场文化消夏月活动（黄河峰会·大河论坛预热系列活动之吉县沿黄乡镇文艺活动）。山西师范大学于8月7日至9日赴吉县举办了三场融汇党史教育的文艺汇演，现场观看演出的观众5000余人。用动人的旋律和多彩的节目歌颂乡村振兴的累累硕果，用高雅的艺术赋能美丽乡村建设，激励村民进一步凝心聚力，在乡村振兴的道路上攻坚克难、勇往直前。

释放师范动能，教育温暖民心。学校启动面向驻村帮扶点开展的理论政策系列培训活动。在第一场培训会上，社会学与法学学院教师刘龙新作了题

为《家庭教育促进法解读》的专题辅导。学校采取邀请专家专题辅导、"第一书记"集体领学、驻村帮扶队员入户解读、师生暑期"三下乡"专场宣讲等方式，引导帮扶村干部群众深刻领会习近平总书记关于乡村振兴的重要论述，主动学习"三农"政策，自觉遵守法律法规，积极参加技能培训，助力帮扶村乡村振兴取得新进展。

多项举措发力，务实温暖民心。中秋节前夕，学校在"832平台"采购吉县苹果1890件，价值15.12万元；采购面粉1003份，价值5.42万元。春节前夕，采购苹果29552斤，价值14.8万元。学校投入资金9.5万元，为柏坡底村、桃村共购置安装了54具光伏（太阳能）路灯。学校工作队走进两个村的16户特困户家中，为他们送去了总价值2592元的生鲜猪肉及春联。学校在帮扶地共设立并运行爱心扶贫超市2个，为桃村、柏坡底村爱心扶贫超市投入购物资金4610元。在办公设备投入方面，学校为柏坡底村委会、桃村村委会购置台式电脑2套、投影系统1套，总价值12000元。

案例二　打造成果转化基地　培育建设完备体系

【科技：成果转化"闪"，农民钱包"满"】

2022年6月24日，山西农业大学与吕梁市离石区签约共建全国首家乡村人才振兴学院吕梁分院，合力打造王营庄乡村振兴示范区。山西农业大学乡村人才振兴学院吕梁分院，锚定吕梁乡村振兴人才需求，围绕吕梁市农业主导产业、特色优势产业发展需求，集聚离石区委党校及周边优质资源，深度整合校内外教学、科研力量和产业资源，创建校地协同共建乡村人才振兴的新机制、新模式，培养离石的区、乡、村三级和懂农业、爱农村、爱农民的"三农"干部队伍，建设"一懂两爱"干部培训基地、高素质农民技能培训基地、学生劳动实践研学实训基地、科技成果转化基地、新技术新品种推广示范基地。

瞄准吕梁特色产业　规划实施重点项目

山西农业大学围绕吕梁的种植和养殖产业，发挥其专业优势，"把脉问诊"产业问题，提出优化方案，在紧邻离石区委党校东侧的王营庄村打造了 800 余亩"一懂两爱"实训基地。该基地由青年农场、智慧农业园区、东泰连栋温室三大区域组成。这三大区域充分利用吕梁市自然资源优势和农业发展趋势，依托山西农业大学园艺学院现代农业技术，规划实施乡村振兴重点项目。

技术技能成果转化　重点打造各类基地

山西农业大学学生在离石区党政机关、企事业单位开展实训、暑期社会实践等活动。打造农业科研成果转化基地，通过举办成果推介、项目路演、人才对接，创投融资等专场活动，推动山西农业大学科技成果与企业技术需求精准对接、深化产学研合作，支持高层次专家及其团队携带科技成果到离石区转化。打造新技术新品种推广示范基地，开展蔬菜种苗繁育、新品种引进示范和高效种植工作，并将基地分为蔬菜种苗繁育区、大棚蔬菜种植区、露天蔬菜种植区三大区域。推动乡村振兴人才培训体系建设，开展高素质农民队伍培育，家庭农场经营者、农民合作社带头人培育，农村创业创新带头人培育，农村电商人才培育，农业农村高科技领军人才培育，农业农村科技创新人才培育，农业农村科技推广人才培育等工作。

培育建设完备体系　科研生产高效结合

山西农业大学园艺学院着力为吕梁市农业发展提供技术和培训服务。其提供的科技支撑重点服务以下三个方面：一是服务于农业生产集群发展，重点培育优质谷子、中药材、核桃、湖羊、肉牛等种养产业，打造吕梁农业全产业链格局；二是服务于农业深加工，建立生猪、湖羊、肉牛标准化屠宰场，做大做强功能茶、小杂粮企业，延长产业链，发展加工业；三是服务于区域公用品牌创建，申请区域农产品公用商标，统一运营、规范管理，为吕梁市离石区农业插上腾飞的"翅膀"。

2022 年 8 月 8 日，山西农业大学园艺学院院长李捷教授首次将思政课开设在基地的田野上，在场上课的有大学生、高素质农民、村"两委"干部、驻村工作队等，活动在山西农村广播、山西广播电视台移动客户端、离石融媒体等平台进行了同步直播，引起了包括新华网在内诸多平台的广泛关注。

案例三　打造人民的"精神家园"

【传承：文化如水，润物无声；文化如灯，照亮道路

让艺术的"初心"永不变】

2022年7月4日，山西财经大学驻武乡县故城镇南沟村工作队与该村的村"两委"共同组织开展了首届乡村文化艺术节活动。开场舞蹈《张灯结彩》，表达了南沟儿女脱贫致富、振兴乡村的幸福喜悦；独唱《离别草原》饱含了家乡父老对在外游子的惦念牵挂，沉淀着爱家念家的浓浓乡愁；传统古书与时俱进，引领大家感受时代变迁，描绘出手足相亲、守望相助的和谐图景；而驻村队员冯艳丽以一曲《何必西天万里遥》，道出驻村干部"扎根乡村，不慕繁华"的质朴情怀。

让文化的"捐赠"永持续

2022年7月，由汾酒集团、山西中华文化促进会、山西省总工会、新华书店吕梁公司联合举办的"庆七一·喜迎二十大"助力方山乡村文化振兴捐赠活动暨"文化下乡"慰问演出在方山县马坊镇马坊村隆重举行。

捐赠仪式上，汾酒集团等为马坊村颁赠了书画作品，为马坊镇寄宿制小学捐赠了图书，旨在让书香滋养孩子成长，让文化助力乡村振兴。演出活动现场，诸多省内书画名家也走进马坊镇现场进行创作。捐赠仪式及演出结束后，举行了助力乡村文化振兴座谈会，汾酒集团驻村工作队相关负责人就乡村振兴工作进行了汇报。随后，与会领导嘉宾走访慰问了贫困户和老党员，为光荣在党五十年的老党员赠送了"不忘初心""丹心向阳"两幅书法作品。

案例四　躬耕乡村教育，书写最美"敬业福"

【奉献：她是老师，也是妈妈；粉刷的是教室，

也是孩子们五彩斑斓的梦想！】

三尺讲台育桃李，一支粉笔写春秋。平城区文兴小学教师张辉用青春培育理想，用热血铸就希望，在乡村教育这片沃土上，辛勤耕耘，且行且歌，一路芬芳。

张辉在平城区小南头街道西谷庄中心小学任教时，发现班里晓磊（化名）是个单亲家庭的孩子，就多次和他谈心，在生活上关心他，温暖他的心灵。通过一段时间的呵护陪伴，晓磊与同学们相处融洽。张辉说："爱是一种重视，一种呵护，用爱可唤醒孩子们的心灵，不能让任何一个学生掉队。"

随后，张辉毅然踏上了支教的征程，来到浑源县西留村小学。当她来到一年级教室，看见黑色的墙壁、光秃秃的教室时，心一紧，暗自发誓一定让孩子们看见美丽的课堂。她买来涂料，利用课下时间对教室进行粉刷，画上五彩的图画，布置了宣传栏。班里没有图书角，她建议学生们每人带一本自己喜欢的书交换看；然而，20 名学生只拿来 2 本书，原来孩子们家里没有课外书籍。于是，她个人出资购买书籍，找同事借，找亲戚要，找朋友邮寄，并多次开展"读书交流""演讲比赛""讲故事""名著精彩段落品评"等活动，让孩子们感受语言文字的魅力。

任教 20 年来，张辉辛勤耕耘在教育教学第一线，她的敬业精神获得家长们的一致好评。她发表多篇论文，积极参与市、区示范课、公开课评比活动，在第六届全国中小学信息技术与课程整合优质大赛活动中，她的公开课《分数的意义》被评为一等奖。她在第九届全市中小学教学能手大赛中获得一等奖。她深入课改实践，积极参与课题研究，主持"小学语文教学中阅读理解的创新策略探究"课题，荣获中国管理科学研究院基础教育科研成果一等奖。

面对孩子们的渴望、家长们的期盼，张辉深知新时代教师要具备终身学习、与时俱进的思想。今后，在平凡的岗位上，她仍会尽职尽责、甘于奉献，严格要求自己，牢记教育使命。同时，她也坚信，今日含苞欲放的花蕾，明日一定能开出绚丽的花朵。

案例五　拿稳教育帮扶的"接力棒"
【坚持：不忘初心，砥砺前行】

北京理工大学驻方山县积翠镇胡堡村第一书记鲍锐说："不论在脱贫攻坚期间，还是乡村振兴的当下，北京理工大学驻村工作队始终坚持教育帮扶不动摇，助力方山教育振兴、人才振兴。"

自 2021 年 6 月鲍锐驻村以来，手拿接力棒，帮扶不停步，这个 30 岁刚出头的小伙子与村"两委"共同努力，全面开启了推进胡堡村乡村振兴的新征程，并逐步成为村民心目中的乡村振兴带头人。教育方面，协调资金 3 万余元，为考入大学的本村学生发放奖学金；为全村 158 名小学生购置了书包、笔等学习用具；协调了 50 台计算机、4 台打印机等多媒体设备，在胡堡村建起了"北理智慧乡村教室"；为胡堡村学生搭建暑假学习平台，让村里的学生在北京理工大学度过一个充实的暑假，仅 2021 年和 2022 年就有近 500 名在校中小学生使用该平台。村建方面，协调 10 万元资金启动"点亮乡村工程"，彻底解决进村路的照明问题。

帮扶的成果远不止这些。协调北京理工大学信息与电子学院太阳能采暖创新团队，助力乡村振兴，成功为胡堡村村委会安装了太阳能光热采暖设备。组织专家对方山县企业的技术员、技工进行线上线下培训共计 1000 余人次，协调高校团队提供供热设备。完成"北理爱心浴室"项目，改善了胡堡村村民采暖与洗浴条件。

2022 年初在方山县和北理工驻村工作队的共同努力下，胡堡村被确定为山西省数字乡村建设示范村。

案例六　心手相牵，共创未来

【传递：助力乡村，让我们"益"起来】

地处晋陕黄河峡谷中部、吕梁山西侧的临县是革命老区，是一片有着"红色"基因的热土。玉坪九年制学校距离临县县城约 15 公里，位于汉高山脚下玉坪乡玉坪村，属于寄宿制学校，学生大多是留守儿童。学校现有职工 65 人，学生 196 人。学校留守儿童多、贫困学生多、孤儿多、单亲家庭多，其中留守儿童 102 名，占比 52%；建档立卡困难学生 73 人，占比 37%。学校全员积极参与留守儿童帮扶工作，建立"一对多"帮扶机制。

针对临县玉坪九年制学校留守儿童多、困难学生多、孤儿多、单亲家庭多的现状，山西省公益事业促进会理事单位九知教育发起并主办的"心手相牵，共创未来"公益互助活动在山西省吕梁市临县玉坪九年制学校举行。

山西省公益事业促进会、吕梁消防支队、山西九知教育等共同考察了玉坪九年制学校教学楼、教室、食堂、宿舍等的情况，对学校的教学环境以及教学模式等做了详细的了解。考察结束后，山西省公益事业促进会针对玉坪九年制学校的发展需求，建立了一套城市学校与玉坪九年制学校对口交流机制，搭建了九知教育与学校的支持平台。

山西省公益事业促进会、山西中质信联信息科技有限公司向学校捐赠了口罩、医用手套、防护服、护目镜等防疫物资；吕梁市消防救援支队向学校捐赠了消防救援相关物资；九知教育为全校学生定制了冬季校服，并联合山西希望出版社捐赠适龄图书400余册；社会爱心公益人士杜怡霖也捐赠了笔记本、影集、衣物等物资。爱心交接仪式上九知教育创始人李晓玫女士将一件件厚实的棉服送至学生们手中，希望在寒冬中传递一份温暖与关爱。

随着我国脱贫攻坚的全面实现，乡村学校的基础设施建设有了极大改善，校舍校貌有了极大改观。但乡村振兴的任务依然艰巨，乡村教育的改善需求依然迫切。山西省公益事业促进会将立足于基本国情，对乡村学校进行精准帮扶，点亮公益帮扶之路，将城市优秀的教育理念和教育经验辐射至乡村，加快乡村学校的内涵式发展。同时也呼吁更多的企业加入公益事业，关注教育，助力教育，为更多山区的孩子带来温暖。

三　教育发展助推乡村振兴经验总结

（一）建设乡村振兴教育队伍

加强党的领导。加强党对教育工作的全面领导，是办好教育的根本保证。

凝聚社会力量。政府为主导，组织、联合、整合公众、企事业单位、社会组织等资源，更有效地推动优质教育资源进入乡村学校，让学生"上好学""读好书"。引导社会力量参与乡村教育服务体系建设，利用各种协会鼓励民间投资乡村教育，建立乡村教育发展基金，赞助公益性乡村教育活动和项目。

（二）构建乡村振兴教育体系

完善乡村教育体系。根据山西省教育厅乡村振兴领导小组印发的《全省教育系统 2022 年乡村振兴工作实施方案》通知精神，从山西乡村教育的具体要求出发，优化乡村教育布局，完善乡村教育体系，因地制宜地制定相关管理制度，完善乡村学前教育、义务教育、职业教育、特殊教育体系。加大财政投入补助力度，健全成本分担机制，完善师资补充机制，完善乡村幼儿教师编制制度；同时，依法依规切实保障乡村教师福利合法权益，实施乡（镇）、村幼儿园一体化管理，强化政府监督管理责任，完善过程评估与反馈制度。

深化乡村教育内涵。乡村教育的主体从乡村教师扩展到整个社会面，受教育群体从一般的学生扩展到全体农民，乡村教育的地点从教室课堂走进田间地头、集市、村庄。乡村教育的内容从一般的书本知识扩展到思想教育、法治教育、职业教育、特殊教育、耕读教育等。

丰富乡村教育模式。挖掘山西当地乡村民间文化传统和独特文化资源，利用现代经济理念和产业经营模式，发展文化产业项目。把优质大学资源连接到乡村，把涉农优势专业下沉到村民家门口，把高质量的教育培训服务送到田间地头。围绕乡村农业产业发展需要，大力发展面向农民的"产教融合"模式的职业培训教育等。

（三）创新乡村振兴教育举措

挖掘先进和典型。各地政府部门、高校、企事业单位组织深入挖掘教育系统乡村振兴先进事例、伟大成就，凝练乡村教育优秀成果，搭建交流平台，通过实地参观、现场感受等方式，推广和交流乡村教育经验。

加强宣传和总结。加大政策宣传力度，广泛宣传乡村教育建设期间取得的成果，在全社会营造共同推进乡村振兴的浓厚氛围。把握宣传节奏和重点，深入挖掘、系统总结宣传教育系统典型事例，讲好山西乡村教育的故事。充分发挥典型带动、示范引领的作用，促进巩固拓展教育脱贫攻坚成果与实现乡村振兴战略的有效衔接。

融合信息技术与教育教学。运用人工智能、网络联校、录播应用、直播课堂、云平台、智慧校园等信息技术，构建新的教育生态。信息技术与教育教学的深度融合极大地推动了乡村教育高质量发展，有效缓解了乡村教师不足的问题。

B.13

吉林省巩固拓展教育脱贫攻坚成果同乡村振兴有效衔接典型案例分析与经验总结

北华大学教育发展与乡村振兴研究课题组*

摘　要： 实施乡村振兴战略，精准对接，全面服务乡村，是教育系统义不容辞的责任与担当。吉林省积极推进基础教育改革，实施质量提升工程，乡村教育公共服务水平持续提升。高等教育靶向发力，北华大学"五化"闭环工作法书写"满意答卷"；通化师范学院以乡村振兴学院引领乡村迈进农业现代化。吉林省巩固拓展教育脱贫攻坚成果同乡村振兴有效衔接的实践经验表明，赋能乡村振兴，必须坚持党建引领，以人才为核心，以制度为保障。宏观层面，利用外部扶持策略推动产教融合协同发展、供给与需求同向发展、多元主体联动参与发展；微观层面，利用内部提质培优策略，志智双扶，激发内生动力，实现乡村可持续发展。

关键词： 乡村振兴　教育脱贫　吉林省

---

* 课题组负责人：佟轶材，北华大学校长，教授，硕士生导师。课题组顾问：任玉珊，北华大学教授，硕士生导师。课题组成员：杨月婷，北华大学副校长，教授，博士生导师；唐海龙，北华大学文学院院长，教授，硕士生导师；于胜刚，北华大学教育科学学院院长，教授，硕士生导师；尚李亮，北华大学发展规划与学科建设处处长，讲师；赵凯，吉林农业大学乡村振兴包保帮扶工作领导小组办公室主任，讲师；任树民，北华大学文学院副院长，教授，硕士生导师；张竞，北华大学经济管理学院副院长，教授，硕士生导师；冯茹，北华大学教育科学学院副院长，教授，硕士生导师；肖志鹏，北华大学文学院党委副书记，副教授；李婷婷，北华大学北华大学发展规划与学科建设处科长，研究员。

实施乡村振兴战略，精准对接、全面服务乡村，是教育系统义不容辞的责任与担当。吉林省各级党委和政府深入学习贯彻习近平总书记关于教育、乡村振兴战略、"三农"工作的重要论述和视察吉林重要讲话的重要指示精神，扎实推进巩固拓展脱贫攻坚成果同乡村振兴有效衔接工作，积极开展乡村义务教育质量提升行动。吉林省各高校深入挖掘学校办学特色优势，调动各类资源，科学谋划，靶向发力，精准施策，助力开创全省教育振兴乡村新局面。

一 基础教育夯实筑基助力乡村振兴

吉林省积极推进基础教育改革，实施质量提升工程，促进城乡教育一体化，培养出的大多数乡村学生具有面向乡土、联结现代的生命意识与创新精神。其中，推进基础教育改革最具代表性的地区当属长春市与吉林市。

（一）长春市：围绕"三条主线"，集群集优构建区域发展共同体

长春市教育局以"集优化"为牵引，围绕"区域优质均衡发展、学校优质特色发展、学生优质特长发展"三条主线，建设城乡学校共同体，提升乡村教育公共服务水平。

1. 顶层设计："12345"工作战略

"1"是建立一个平台：建立一个集优化发展管理平台，推进市区两级数字化管理中心项目，集优化平台具备管理、指导、诊断、服务四大功能。"2"是内外两线并行：汇聚集优化发展两方面资源，通过域内资源的提档升级和域外资源的借势强基，实现双线并行、双核赋能。"3"是实现三维共赢：城市与乡村、公办与民办、普教与特教同步推进，建设温馨校园、全纳民办学校、保障特殊群体三项落地，实现多方共赢。"4"是开启四轮驱动：指聚合政府、学校、家庭、社会四方面力量，全力推进建设家庭教育指导中心、创评集优化示范共同体、推进教育公共资源共建共享、落实政府支持保障四个项目。"5"是落实五育并举：聚焦集优化发展五方面内容，围绕德智体美劳五大领域，共同体成员学校从学生发展、课程建设、教学改

革、队伍提升、评价创新五个维度进行整体设计、一体推进。

2. 办学特色："4+X"发展模式

集优化发展是以"委托管理发展一批、集团化发展一批、校际联盟发展一批、强农助教发展一批"策略，构建"集团整合共进、强校引领示范、公办民办协同发展、社会大学支持"和"区域自主创新"相结合的"4+X"发展模式。

3. 发展保障：形成"五大机制"

一是部门联动机制，市、区两级政府主动担当，分管领导牵头负责，建立教育、财政、编办、人社等多部门组成的联席会议制度，形成工作合力。二是经费投入机制，加大人力、物力、财力投入力度，各县区配套投入资金，用于各项目的推进实施。三是专家支持机制，发挥本地教科研部门、高等院校、专业机构的作用，积极引入高端"外脑"，组建专家指导组，加强专业引领和业务指导，突出工作方向性、科学性和专业性。四是督导评估机制，将集优化发展纳入各县（市、区）年度重点工作督导评估指标体系，建立健全奖惩机制。加强教育综合质量监测，涵盖学业水平、教育均衡度、依法治教、综合治理能力等方面，按年度形成评估报告，向社会公开发布。五是舆论引导机制，通过评选集优化示范共同体、集优化精品课堂、卓越教师、杰出校长、文明校园等方式，积极培树先进典型，加大宣传引导力度，为集优化发展营造良好环境和舆论氛围。

（二）吉林市："三聚焦"助力乡村振兴

1. 聚焦"底线任务"：实现"应助尽助""应学皆学"

第一，高效精准落实学生资助政策。吉林市教育局坚持"不让一个学生因家庭经济困难而失学"的目标，将符合条件的低收入家庭学生全部纳入教育资助范围，做到应助尽助。建立健全应急救助机制，制定《吉林市学生资助应急救助工作方案》，各级各类学校及时排查经济困难家庭学生情况，及时启动学生资助工作。中、高考前夕，组织学校广泛开展政策宣传，将全国学生资助中心致毕业生的"一封信"送达每一位学生手中。设立热线电话，随时解答各类资助政策相关问题，确保学生资助政策家喻户晓。开展线上培训，增强学生资助工作人员责任意识、服务意识，提升管理服务水平。坚持"谁采集、谁负责；谁报送、谁负责；谁审核、谁负责"的原则，实现资助系统各项数据与实际数据之间"零误差"，确保学生资助基础数据真实准确、不重不漏。2022 年春季学期，补助全地区义务教育家庭经济困难学生 8928 人，发放资助资金 402.63 万元。

第二，停课不停学，实现校课堂教学和居家网络教学的无缝衔接。"停课不停学"采取"一县一案、一校一策"的工作方式，优先选用学校应用成熟的网络教育平台，采取直播、录播及其他融合形式，高质量组织开展网络教学活动。开展"六个一"关爱专项行动，开设心理服务热线，加强家校沟通，切实加强情感关怀、人文关怀、心理健康关怀。

第三，常态化开展"控辍保学"工作。建立健全"控辍保学"长效工作机制，压实属地主体责任，落实"县、乡、村、学校、教师、家长"六级联控联保责任体系。严格执行"一规二管三劝四督五评"工作流程，积极落实定期监测、辍学报告、联合劝返、包保教育、定期通报等 7 项制度。定期开展专项行动，每学期开学前后组织工作组深入学校，依据在校生名册与实际到校学生开展逐一比对排查，特别关注建档立卡脱贫户等群体，防止辍学新增、反弹。加强教育教学管理，构建"管理控辍""改革控辍""情感控辍"三维度工作模式，实现从源头治理辍学。完善信息共享机制，综合运用数据核查、台账管理等方式，常态化开展"控辍保学"工作，持续推进"控辍保学"从"动态清零"向"常态清零"转变，实现了具有学习能力的适龄儿童少年全部接受义务教育。

2.聚焦"师资力量"：关爱"乡村教师"，实施"培训交流"

第一，实施"农村义务教育阶段学校教师特设岗位计划"。组织各县（市、区）开展特岗教师招聘工作，全面掌握乡村振兴重点帮扶县、乡、村的师资情况，按照学校实际情况，科学设置岗位，所设岗位优先满足村小、教学点的教师补充需求，2022 年，全地区特岗招聘岗位数量批复 175 个。指导设岗县（市、区）为服务期满的教师积极解决编制问题，认真组织开展特岗教师考核工作，对服务期满、考核合格且自愿留任的待入编教师基本信息进行核实、登记，并录入机构编制网络实名制系统。实施"关爱特岗教师计划"，持续改善工作环境，进一步稳定特岗教师队伍，吸引人才到偏远学校任教。

第二，有计划开展农村教师培训。组织实施中小学教师"国培计划""省培计划"，针对农村教师，采取顶岗置换、送教下乡、网络研修、短期集中、专家指导、校本研修等有效方式进行专业化培训，2022年共遴选2593名农村教师参加国培、省培，266人参加中小学教师信息技术应用能力提升工程2.0培训项目，目前正组织学员分批参加相关培训。同时，强化参训学员管理，加强学习过程监管，适时检验培训成果。各县（市、区）根据培训需求，精准定位培训内容，适时选择培训方式，坚持高端引领与自主研修相结合、理论学习与考察交流相结合，探索和构建具有本地特色的教师研修新模式。部分地区探索实践了基于项目县"送教下乡"培训模式的"三段联动式"教师全员培训工作模式，引领各中小学校开展项目申报制校本研修和常态化校本研修工作，有效提升了农村教师教育教学的专业知识水平和专业施教能力。

第三，开展校长教师轮岗交流工作。完善城乡义务教育学校教师交流轮岗长效机制，各县（市、区）教育局成立了工作领导小组，结合实际制定了具有本地特点的工作方案、实施细则，选派城市优秀教师到农村乡镇中心校轮岗交流。推进派出学校与受援学校的教研、学科对口交流互动，把城镇学校先进的教育理念、教学方法、教学手段带到农村学校。部分地区采取了"定向式"交流模式，根据交流教师年龄、学历、教育教学水平等特点，逐学期扩大交流范围、增加交流数量。将城区学校的中层干部，列入农村学校交流教师队伍，在授课的同时参与指导学校管理，加强受援农村学校的组织管理和建设。通过开辟网络专栏、组建交流教师工作群、编辑《教师交流日记集》，有效扩大了交流工作的宣传面和影响力。通过调研和座谈，总结推广先进经验做法，进一步发挥骨干交流教师的辐射带动作用，有效增强了相对薄弱学校的师资力量，提高了教学总体水平。2021~2022学年度，吉林省全地区完成对口交流校长教师 700 人次。

3. 聚焦"资源共享": 构建"互联网+乡村教育"新模式

第一,深化普及"三个课堂"应用。探索形成"云育见·三个课堂"城乡学校网络模式,实现依托信息技术的"优质学校带薄弱学校、优秀教师带普通教师"模式制度化发展。开展城乡结对帮扶共建,形成"学校提、县区核、市级查"的"三层多次"工作法,覆盖全市所有农村村小、教学点及初中薄弱学校,把需要帮扶的学校拉入全市教育信息化的大发展中,将优质学校教师融入全市"云育见·三个课堂"应用大盘,创新服务方式,解决优秀师资保障可持续性问题。实施常态化专递课堂活动,实现城乡学生同步上课、同步作业、同步辅导,帮助乡村学校开齐开足课程,解决师资不足问题,促进区域教育公平和均衡发展。

第二,稳步推进教育信息化建设。以硬件布局为着力点,推进农村学校新型基础设施建设,统筹投入专项资金,改造农村学校校园网络,增补农村学校班级多媒体,为优质学校及村小安装主讲和接收的互动教学设备,实现精品录播室和简易录播室城乡全覆盖,并逐步更新升级。目前,农村村小和城区学校网络达千兆,教学点网络达百兆,安装了 MCU 视频互动系统,实现了多点互联互通,为全域覆盖教、学、考、评、研、管全过程的教育信息化应用提供坚实保障。在此基础上,大力促进信息技术与教育教学融合应用,全力推动教育信息化 2.0 行动。

第三,创新"名师名课引领"研修形式。启动"云育见·三个课堂"模式教师队伍梯队建设,按金字塔式结构,将城乡教师分为塔基、塔腰、塔顶 3 个层级。所有教研活动从线下转移到线上,加大"送教"的力度、密度,提高教研活动效益。全市各中小学共享同一中心——吉林市互联网学校,共用同一平台——区域"云育见"平台,打破学段、区域限制,全部实现互联互通,在资源选择和教研路径选择上做到简化和易化,确保学校充分享用优质网络教育资源红利。按学科组建了精准帮扶小组——"名师领衔+城乡学校同学科教师"研修团队,实施"名师在城区学校教学+乡村教师在当地助教"的教学教研形式,实现网上同步备课、上课、教研、观摩和研讨，提高教师线上线下观摩学习和互动交流的频率，提升教师的专业素养及信息素养，真正实现优质资源最大限度实时共享。

二 高等教育靶向发力引领乡村振兴提质增速

吉林省高校以乡村振兴人才培养、科学研究、文化传承为目标，以人才和智力帮扶为关键，通过校政企深度融合、产学研高度契合、科文创带动三产联动配合，为乡村振兴应用型人才培养、"双师型"师资队伍建设、乡村各类人才培训等搭建平台。各高校遵循吉林省《巩固拓展脱贫攻坚成果同乡村振兴有效衔接实施意见》，带动乡村经济转型升级，为东北全面振兴、全方位振兴，为乡村全面振兴和农村农业现代化提供吉林样板、吉林经验。

（一）北华大学："五化"闭环工作法书写"满意答卷"

2016年、2021年，北华大学分别负责包保帮扶白城市通榆县开通镇向荣村和长白县八道沟镇西兴村、东兴村。多年来，北华大学坚持工作项目化、任务清单化、时序流程化、推进制度化、落实标准化"五化"闭环工作法，从教育、医疗、科技、文化、集体经济建设等方面举全校之力，助力乡村振兴。

1. 科学谋划，强化组织领导

学校党委认真贯彻乡村振兴工作有关精神，将乡村振兴工作列入历年年度工作要点与中心工作一同研究谋划、推进落实；及时完善乡村振兴工作领导小组，进一步明确书记、校长担任双组长的顶层领导机制，设立扶贫工作办公室，强化工作领导。召开党委常委会和领导小组会议专题研究部署有关工作。学校主要领导、分管领导经常性听取乡村振兴工作情况汇报，了解工作进展情况，协调解决有关问题，主要领导每年至少到村2次、分管领导每年至少到村4次督导乡村振兴工作，与当地政府及困难群众共同商讨乡村振兴办法，实地研究和推动乡村振兴工作。

2. 增派骨干，突出示范作用

学校党委分别选派 3 名党性修养高、政治素质硬，具有多年农村工作经验，熟悉种植、养殖、农产品深加工、园林绿化的党员干部担任驻村第一书记，有效发挥驻村第一书记作用。同时选派 2 名优秀干部、教师担任工作队员。各驻村第一书记及相关工作队认真履责，驻村期间，严格按照省委要求开展工作。积极宣传贯彻党中央、国务院和省委、省政府关于巩固拓展脱贫攻坚成果同乡村振兴有效衔接的各项方针政策、决策部署、工作措施；密切配合当地县委、县政府，协助村"两委"完成产业帮扶、危房改造、环境整治、基本医疗保险、养老保险、义务教育、安全饮水、村屯硬化路维修、庭院经济补助、光伏扶贫项目补助等各项工作。对贫困户进行入户走访，了解贫困户生产生活状况，帮助贫困户排忧解难。参加村党组织活动，帮助村级组织完善村委会议事规程，落实"三会一课"等制度，发挥其示范带动作用，树立良好形象。

3. 完善机制，保障工作运行

完善"校镇村互联互动，一对一精准帮扶"工作机制，保障扶贫工作领导小组统筹抓、驻村第一书记（工作队）具体管、基层包保单位重点帮的工作模式有效运行。持续推进用好重要节日要联系、生病住院要联系、遇重大灾害或特殊困难要联系、遇重大矛盾纠纷要联系"四个联系"和送观念、送政策、送技能、送信息、送资金"五个帮送"举措。

4. 多措并举，保证任务落实

第一，帮助建成农机合作社。为实现由"输血式"扶贫向"造血式"扶贫转变，学校帮助开通镇向荣村建立了农机农业种植专业合作社。该合作社采取学校投资、村集体自营、反补贫困户的方式运行，购置了符合当地生产生活需求的农机设备，建设了库房等基础设施，目前合作社已全面运营，保证了村集体收入的持续增长。帮助长白县西兴村实施村容村貌亮化工程，购买太阳能灯笼，悬挂在村路灯、文化广场、休闲长廊、凉亭等处；帮助东兴村开展"千家万铺"民宿特色镇中村建设工程和"暖房子"惠民工程，不断增加村集体和村民经济收入。

第二，持续扶持优质项目。继续开展肉驴、肉羊和奶山羊养殖，辣椒种植等项目，100%覆盖贫困户，保证贫困户持续增收。连续4年为脱贫户发放鸡雏和饲料。脱贫户通过庭院养殖鸡雏、驻村工作队代售的方式，提高了收入。同时，积极帮助村民因地制宜发展具有特色的种植项目，有效推进"庭院经济"发展，葡萄、香瓜、美葵、甜玉米等种植项目也取得了一定成效。

第三，加大慰问帮扶力度。学校在春节、春耕、"扶贫日"等重要节点，由学校领导带队深入贫困村，逐家逐户开展慰问活动，为患重特大疾病贫困户和其他困难户发放慰问金和生活物资。

第四，持续开展健康帮扶活动。继续发挥学校医疗资源优势，坚持每年开展一次大型巡回诊疗服务活动，组建稳定的由内科、外科、门诊、超声、放射线等方面专家参与的医疗团队，派出集放射线、彩超、心电、生化等功能于一体的大型体检车，驻村开展医疗服务。坚持为村民开展免费健康体检，累计受益300余人次。坚持开展定期定点义诊活动，累计受益200余人次。坚持开展特殊病人入户诊疗活动，累计受益40余人次。坚持开展定期巡回诊疗服务，使村民特别是贫困户足不出户或人不出村就能享受高标准的免费体检和专家诊疗，有效解决了村民看病不方便、不及时、不权威的问题。

第五，持续开展教育帮扶活动。驻村工作队因地制宜，在村里开展义务教育保障工作和"雨露计划"。同时，学校继续发挥其教育资源优势，多次选派教育学、心理学专职教师对村小学教师和学生进行专题培训，开展素质拓展、团体心理辅导等教育实践活动。在高考志愿填报期间，学校第一时间派出招生就业处的老师向考生们提供政策咨询服务，并指导其填报志愿，得到当地群众的热烈欢迎。

第六，持续开展科技帮扶活动。继续发挥学校科技资源优势，以通榆县新洋丰现代农业服务有限公司为媒介，北华大学林学院与吉林大学化学学院共同建立了省级工程研究中心——生物质改良盐碱土壤及现代绿色农业工程研究中心。顺应了通榆县实施乡村振兴战略对技术需求的趋势，提高了产学研合作水平和创新创业建设水平。

（二）通化师范学院：以乡村振兴学院引领乡村迈进农业现代化

通化师范学院整合学校乡村振兴相关的平台、学科、专业、团队等资源，于2019年4月成立乡村振兴学院，构建了服务乡村振兴的综合性研究与实践平台。乡村振兴学院构建了"高校+政府+企业"融合模式、"学科+产业+实践"转型模式、"科创+文创+农创"联动模式，建设了乡村振兴战略研究中心、乡村振兴学院分院、乡村振兴服务机构和"三农"培训中心，为乡村全面振兴和农业农村现代化提供通化经验，在吉林省乃至全国发挥了示范作用。

1. 乡村振兴新模式推动"双创"平台建设

辉南县辉南镇三合村通过农创平台，开展了"三合·乡里"农创园项目、集安市策划太王镇钱湾村"果·宿"特产村提质升级项目、麻线乡下活龙村"渔·坞"传统村落转型项目。其中，"三合·乡里"农创园项目开展了陶艺布艺实践讲座、妇女劳动技能培训、返乡创业者培训等活动，不断扩大集体经济规模和产业覆盖范围。2021年底，入园企业50余家；组织2000人次参加各类研学、研讨、培训活动；村集体经济和农创园运营收入同比增长20%以上。吉林省省长到农创园调研时，对乡村振兴与"双创"结合给予高度评价，号召全省学习"三合·乡里"农创园的乡村振兴模式；吉林省发改委出台《吉林省发展改革委关于开展全省农村"双创"平台试点建设工作的通知》，明确指出以三合村为试点，开展"双创"平台建设工作。为推动全省"双创"平台建设，吉林省发改委在三合村召开农村"双创"现场会，全省各县（市、区）共计160人到三合村学习"双创"经验。

2. 乡村振兴新项目推进乡村经济发展新模式

乡村振兴学院将乡村振兴与"双创"结合，积极挖掘长白山地区的历史文化、民俗文化、非遗文化，并结合乡村振兴项目，策划了一系列项目。在辉南县庆阳镇向荣村开展"向荣·耕读人家共享农庄项目"，推进空心村共享经济发展模式；在辉南县庆阳镇开展"5514艺术康养乌托邦项目",推进乡村旅游经济发展模式;在通化县策划湖上村"四方山森林小镇项目",推进工矿村绿色转型发展模式;在通化市东昌区策划夹皮村"乡村众创空间",促进景区配套服务提质升级;在集安市清河镇文字村开展"家游栈乡村旅游集结号"村旅游补给服务,推进交通节点村产业转型发展模式。

3.乡村振兴讲座助力乡村各类型人才培训

乡村振兴学院在校地合作的基础上,发挥自身优势,在项目策划、项目实施、人才培养等方面与推进乡村振兴相关部门建立协同机制。通过委派选调生到乡村振兴学院挂职、下派高校教师到基层挂职、大学生乡村振兴志愿者实践实习等机制,建立通化市乡村振兴校地合作模式。"三农"培训中心开展学生助力乡村振兴活动、乡村创新创业系列培训活动等。推进"通师千名学子乡村振兴创客行"行动计划,"百名新农人领头雁培训"行动计划,并开展系列培训。

第一,培养乡村"双创"专业技术人才。承担吉林省人社厅人才培养高研项目——"乡村创新创业高研班",培训乡村创新创业相关中高级专业技术人员 56 人。

第二,培养乡村文旅产业人才。承担吉林省工信厅"通化市中小型企业人才培训项目——农村创新创业培训班"(共 24 期),培训贫困村驻村第一书记 73 人、乡村振兴文学创作人员 46 人、乡村振兴美术创作人员 45 人、乡村创业人员 43 人、非遗文创人员 380 人、意向服务乡村振兴的教师 53人、意向服务乡村振兴创新创业的大学生 400 余人。

第三,培养乡村产业服务人才。承担省农村农业厅"吉林省 2020 年高素质农民培育工程项目",培训通化地区农业社会化服务组织等各类乡村产业服务带头人 121 人。与通化市妇联、集安市教育局等部门深度合作开展乡村产业服务人才培训 13 期,学员达 400 余人,得到学校、政府、企业认可。

第四,培养乡村文化创新创意人才。通过以赛促练的方式,培养学生创新意识和创业能力,近 3 年,学生参加各级各类创新创意创业大赛并获奖

1000余人次，通过项目化教学和工作室制度，培养160余名毕业生，扎根基层服务乡村文旅产业，毕业生在文旅产业就业率达到70%以上。

三　吉林教育系统赋能乡村振兴实践经验总结

吉林省巩固拓展教育脱贫攻坚成果同乡村振兴有效衔接的实践经验表明，赋能乡村振兴，必须坚持党建引领，以人才为核心，以制度为保障。宏观层面，利用外部扶持策略推动产教融合协同发展、供给与需求同向发展、多元主体联动参与发展；微观层面，利用内部提质培优策略，志智双扶，激发内生动力，实现乡村可持续发展。

（一）党建引领：打造乡村振兴的"主心骨"

党中央、国务院在《中国农村扶贫开发纲要（2011—2020年）》中明确提出，科研单位和高等院校要积极参加定点扶贫工作，承担相应的定点扶贫任务；教育部等部门下发的《关于实施教育扶贫工程意见的通知》提出高校要提高服务社会的能力，积极主动实施好"教育扶贫工程"，发挥高等学校在人才扶贫、科技扶贫、智力扶贫、信息扶贫等方面的积极作用。吉林省各高校驻村第一书记及工作队应牢牢把抓党建促乡村振兴这一政治责任扛在肩上、抓在手上、放在心上。从抓村"两委"班子建设入手，落实各项组织纪律，完善村委会议事规程，落实"三会一课"制度，通过"班子队伍一起抓、思想观念一起带、乡村振兴一起干""传帮带"的形式，进一步筑牢村级党组织的战斗堡垒，打造一支"带不走"的工作队，为当地留下一笔宝贵的财富。

（二）网络扶智：促进教育优质均衡发展

数字技术的推广和应用，将推动实现优质教育资源的均衡化。对于农村贫困地区而言，采取"互联网+教育精准扶贫"解决方案，能够解决教育质量低水平循环的问题。以"信息新基建"缩小城乡数字鸿沟，可以让农村家庭的孩子接受实惠的优质教育，能够在真正意义上推动贫困地区的教学从无到有、从有到优，突破当地"开不起课"的瓶颈。吉林省积极落实《教育信息化"十三五"规划》《教育信息化2.0行动计划》，推进信息技术与教育教学对接，以提升硬件、搭建平台、教育扶贫为着力点，将"互联网教育"融入教育全过程，扩大优质教育资源辐射面，有效实现教育均衡、促进教育公平。通过实施互联网扶智工程，开展乡村学校"美丽空间"建设。启动网络扶智工程攻坚行动，以"网络扶智总动员，大家都来做贡献"为主题，组织开展"乡村学校人人通""东北师大附中名校网络课堂"等12个子活动，充分发挥网络学习空间优势，打破师生学习进修的时间与空间壁垒，为广大师生提供良好的学习与交流场景。印发《吉林省网络扶智工程——"直通村小"项目实施方案》，引导优质学校与薄弱学校通过信息技术实现结对帮扶，鼓励开办网络研修课堂、同步课堂等，帮助缺乏师资的边远贫困地区学校利用信息化手段提高教学质量。

B.14
山海协作，助力乡村教育振兴

浙江省教育助力乡村振兴研究课题组*

摘　要： 浙江扎实推进高质量发展建设共同富裕示范区，其中，教育是推进共同富裕的重要动力，也是实现共同富裕的重要内容。浙江省实施山海协作工程，设计了明确的助力乡村教育振兴的工作思路：加强系统谋划、积极选树标杆、激发高校动能、突出项目带动、强化重点突破；制定了助力乡村教育振兴的保障机制；涌现了一批助力乡村教育振兴典型案例：资源下沉、为乡村教育提质量，产业振兴、为乡村教育引人才，科教富农、为乡村教育留人才；助力乡村教育振兴工作总体成效明显：强化统筹指导、高标准推动工作落实，聚焦精准帮扶、赋予乡村振兴新的发展动能，坚持以人为本、推动公共服务优质共享；助力乡村教育振兴工作基本经验可供借鉴和推广。

关键词： 山海协作工程　乡村教育振兴　浙江省

---

* 课题组负责人：黄文秀，浙江中医药大学党委书记，博士生导师。课题组组长：刘英超，浙江中医药大学附属第二医院执行院长；丁连生，嘉兴学院师范学院原院长；陈伟鸿，绍兴文理学院商学院党委书记；胡锋吉，丽水学院校长助理。课题组成员：荣超，浙江中医药大学人文与管理学院副院长，教授，硕士生导师；王延隆，浙江中医药大学科研部副部长，教授，硕士生导师；蒋姝函，浙江中医药大学人文与管理学院副教授，硕士生导师。

一 浙江省教育省情与乡村教育基本情况

（一）浙江省省情

浙江省，简称"浙"，是中华人民共和国省级行政区，地处长江三角洲，属于中国东南沿海省份，省会杭州市。根据第七次全国人口普查结果，2022年末浙江全省常住人口6577万人，相较2021年末增加37万人。2022年末全省常住人口中，城镇人口4826万人，农村人口1751万人。城镇人口占总人口的比重（即城镇化率）为73.4%，与2021年相比，上升0.7个百分点。

浙江是中国省内经济发展程度差异较小的省份之一，杭州、宁波、绍兴、温州是浙江的"四大经济支柱"。其中杭州和宁波经济实力长期位居中国前20。根据地区生产总值统一核算结果，2022年，浙江省GDP为77715亿元，按可比价格计算，比上年增长3.1%。分产业看，第一、第二、第三产业增加值分别比上年增长3.2%、3.4%、2.8%，占GDP的比重分别为3.0%、42.7%、54.3%。

（二）浙江省教育情况

2021年末，浙江省共有小学3257所，在校生383.4万人，小学学龄儿童入学率为99.99%；共有初中1768所，在校生166.4万人，初中入学率为99.97%；全省各类中等职业教育学校249所（不含技工学校），在校生57.2万人；普通高中631所，在校生83.7万人；普通高校109所（含独立学院），研究生（含非全日制）、本科、专科招生比例为1∶3.9∶4；高等教育毛入学率为64.8%。义务教育中小学专任教师36.4万人，同比增长2.6%。中等职业教育（不含技工学校）专任教师3.8万人，生师比为14.6∶1；专任教师学历合格率为97.8%。"双师型"教师占专任教师和专业（技能）教师的比例分别为44.9%和86.4%。普通高等学校专任教师中副高及以上职称教师比例为48.5%；具有硕士及以上学位教师比例为92.0%。

（三）浙江省乡村教育基本情况

近年来，浙江通过 2020 年推行"城乡义务教育共同体"建设，以城乡、强校弱校教师的双向流动为抓手，促进课程教学、德育活动、师资培养等方面的改革创新，切实弥补农村学校师资水平不足，助力农村学校办学提质增效，实现城乡学校"美美与共"的发展愿景。目前城乡学校共同体已覆盖全省所有乡村学校，还有 516 所学校跨地区结成了"教共体"，实现了资源共享。"县中崛起"是近年来全国各地提升县域教育质量的探索热点，县中能否崛起关乎城乡基础教育差距能否缩小，对浙江推进教育共富起着举足轻重的作用。2022 年 9 月，浙江省教育厅等 5 部门印发了《浙江省山区 26 县和海岛县"县中崛起"行动计划》，提出加强薄弱地区的县域普通高中建设，推进浙江省基础教育优质均衡发展，包括招生管理、教师管理、县中教师能力素质提升、县中对口帮扶、优化学生培养环境、创建现代化高中学校、分类办学、提高县中经费投入水平、教科研指导九大方面措施。

教育是推进共同富裕的重要动力，也是实现共同富裕的重要内容。浙江现已完成教育基本现代化县（市、区）创建，乡镇公办中心幼儿园实现全覆盖，义务教育标准化学校达标率为 98.23%，义务教育学校校际差异系数控制在 0.3 以内，教育总体发展水平处于全国领先地位，教育各项指标达到高收入国家平均水平，为共同富裕示范区建设打下了坚实基础。

二　山海协作，助力乡村教育振兴的工作思路与保障机制

（一）山海协作，助力乡村教育振兴的工作思路

1. 加强系统谋划

高校是人才培养、科技创新和社会服务的重要阵地，也是教育助力乡村振兴工作的主战场。2022 年 11 月，由省委教育工委、省教育厅主办的浙江

省高校助力乡村振兴联盟成立大会在天台县成功举办，推动全省109所高校有组织开展乡村振兴工作。这是全国第一个由省级教育行政部门统一组织成立的高校助力乡村振兴联盟，充分体现了浙江作为共同富裕示范区的责任担当。联盟谋划起草了《浙江省高等学校服务乡村振兴行动方案（2022—2025年）》《浙江省高校服务乡村振兴联盟建设方案》《浙江省高校服务乡村振兴联盟章程》三份文稿，制定了"建设一批服务平台""共建一批实践基地""打造一批育人模式""培育一支人才队伍""凝练一批浙江经验"的"五个一"工作目标以及"实施高校人才培养促振兴""高校科技服务促振兴""高校文化生态促振兴""高校医学帮扶促振兴""高校数字赋能促振兴"五大行动，把高校资源进一步汇聚到山区海岛县，在更大范围、更深层次组织和引导高校主动服务乡村振兴战略。

2. 积极选树标杆

聚焦中央巩固拓展教育脱贫攻坚成果同乡村振兴有效衔接工作重点，聚力产业、人才、文化、生态和组织"五大振兴"，立足教育特色，挖掘树立典型，从全省高校中启动遴选全省第一批高校助力乡村振兴最佳案例。2022年，共征集全省高校助力乡村振兴案例110个，组织评选优秀案例30个，汇编浙江省高校助力乡村振兴优秀案例集，积极做好典型经验推广复制工作，该项工作在省委农村工作领导小组二次全体会议上得到表扬。

3. 激发高校动能

近年来，在省教育厅的统一谋划和推动下，全省高校紧扣乡村振兴所需，结合各自所能，广泛投身乡村振兴的生动实践，除了科技特派员、农村工作指导员等，不少高校还组建了专家教授团队、青年师生乡村采风团，举办了乡村振兴大赛，呈现了齐头并进、欣欣向荣的好态势。

4. 突出项目带动

一是持续推进"双百"工程及农村幼儿园补短提升工程。将全省新建100所幼儿园纳入2022年省政府民生实事项目——"双百"工程。持续推进农村幼儿园补短提升工程，按照"乡镇中心园为示范，中心村幼儿园为基础，村级教学点为补充"的思路，充分利用闲置校舍等资源，通过大村独立建园、小村联合办园的形式，着力提升农村园的办学水平。二是优化乡村小规模学校布局。积极稳慎地推进中小学布局结构调整和乡村小规模学校的撤并工作，指导县（市、区）因地制宜、因校施策，强化风险评估，优化布局规划，反对"一刀切"，保留并办好必要的乡村小规模学校，补齐乡村学校基本办学条件短板。三是加快创建学前教育普及普惠县。根据"力争到2025年90%以上的县（市、区）达到全国学前教育普及普惠县（市、区）标准"的创建目标，加大省级评估力度。四是深入实施城乡义务教育共同体建设。浙江省在全国率先全省域推行城乡义务教育共同体建设，助推义务教育优质均衡发展。

5. 强化重点突破

一是加大师范生定向培养力度。持续扩大面向山区县师范生定向招生规模。二是加大教师评优评先倾斜力度。按照"定向推荐、定向评定、定向使用"原则，面向山区26县和6个海岛县评定省特级教师。新设置"红烛教师"奖励计划。三是倾力打造跨地区教共体。组织省级教师培训机构开设中小学教师专业发展"订单式"培训班；第四轮"希望之光"专家教育团的教师在山区县深入开展"组团式"支教，选派专家名师赴山区海岛开展"百人千场"名师送教下乡活动。四是推进普惠性人力资本提升。推动职业院校广泛开展面向"三农"、面向乡村振兴的职业技能培训，提升帮扶精准度。

（二）山海协作，助力乡村教育振兴的保障机制

加强政策保障。2022年3月，省教育厅等11部门印发《浙江省学前教育发展第四轮行动计划（2021—2025年）》，进一步落实县（市、区）人民政府的主体责任、乡镇（街道）参与的管理体制，着力改善提升乡村学前教育办学水平。同年4月，联合省委编办等4部门印发《关于促进山区26县教育跨越式高质量发展实施方案》，重点围绕教育结对帮扶、教师队伍建设、教育投入扩容、加强人才引育4个方面20项任务持续发力。5月，

省教育厅联合省发改委、省财政厅科学编制《浙江省义务教育薄弱环节改善与能力提升项目规划（2021—2025 年）》并报送教育部备案，重点支持山区 26 县和海岛县建设，项目总投资 68.4 亿元。

三　浙江省山海协作，助力乡村教育振兴典型案例

高校是人才培养、科技创新和社会服务的重要阵地，也是教育助力乡村振兴工作的主战场。在省委教育工委、省教育厅的推动下，全省 109 所高校积极响应号召，主动把高校资源进一步汇聚到山区海岛县，在更大范围、更深层次服务乡村振兴战略。

1. 资源下沉，为乡村教育提质量

《浙江省乡村振兴战略规划（2018—2022 年）》对乡村教育提出了新发展理念和高质量发展要求。浙江师范大学作为高等师范院校，拥有优质教育资源，能够整合多元力量并提供高端平台，推动乡村名校建设、服务乡村文化振兴，为实现教育优质均衡发展和共同富裕做出贡献。积极响应，推进基础教育合作办学，其中以与天台大公中学的合作最为典型。天台大公中学是当地最薄弱的农村初中，其教学质量处于全县最低位。2018 年 6 月，浙江师范大学与天台县人民政府正式签约，成立浙师大附属天台大公中学。经过近年来的合作，该校教学质量有了质的提升，社会知名度和满意度大大提升，实现了"让孩子在家门口享受优质教育资源"的目标，引起广大媒体的关注，浙江卫视、台州电视台、《台州日报》等曾对此进行系列报道。此外，湖州职业技术学院着力解决乡村人才结构失衡、农村人才缺乏的问题。2010 年，湖州职业技术学院、湖州市农业农村局、浙江大学联合发起成立全国首家地市级农民学院——湖州农民学院。学院成立以来，积极探索由政府部门、行业企业、高校和科研院所多元参与的农民教育培训体系，推动乡村振兴人才协同共育。截至 2022 年 4 月，共培养各类乡村振兴人才 3 万余人，为湖州市推进乡村振兴战略，建设绿色低碳和共同富裕的社会主义现代化新湖州提供了有力人才支撑。

2.产业振兴，为乡村教育引人才

乡村振兴，人才先行。以庆元县的发展为例，浙江中医药大学聚焦中医药医疗健康产业，学校及附属医院先后于 2015 年、2018 年和 2021 年与庆元县，分别签订医院结对帮扶、推动中药材全产业链建设和支持庆元"中药振兴、共同富裕"示范县建设 3 个校地合作协议，通过医疗帮扶、科技特派服务、中药材全产业链建设、中医药科学院分院建设等途径支持和助力庆元县跨越式发展，并成立浙江中医药大学中医药科学院庆元分院，设立"庆元县生物科技产业园科创人才飞地"，解决产业的科技平台、人才紧缺问题，真正做到强产业、育人才。宁波城市职业技术学院积极选派科技特派员及团队、农村指导员等作为服务乡村振兴的重要"外援"，构建"1 人+1村""1 队+1 业""1 课堂+1 项目"三服务模式，帮扶发展旅游业，开展强村富民服务，助推新桥镇影视文化特色小镇建设。选派旅游、园林专业老师驻点上盘村，通过积极对接资源，全面推进新桥镇全域旅游示范乡镇建设，以产业振兴助推乡村振兴。

3.科教富农，为乡村教育留人才

乡村振兴的一大着力点是调动亿万农民尤其是农村青年人才的积极性。面对如何推动农业产业创新改革发展，满足农民群众和农业企业对科技的新需求，破解农业科技成果的供给与需求不平衡等问题，浙江大学自 2006 年就提出了"举全校之力，全面参与社会主义新农村建设"，形成了以高校为依托、以发展现代高效生态农业产业为导向、产学研相结合的"1+1+N"新型农业科技推广模式。浙江大学立足湖州农业主导产业，创新构建了以农推联盟为核心的"1+1+N"农技推广体系，先后组建了粮油、蔬菜、水果、茶叶、蚕桑、畜禽、水产、笋竹、农业装备等 11 个市级产业联盟，利用浙江大学多学科综合优势，围绕生物种业、绿色农业、数字乡村等领域，组建9 个市级农业科技创新团队、20 个乡村振兴首席专家工作室，开展全产业链科技服务，先后引进、试验、示范新品种新技术 1100 余项，其中 210 余项经过遴选、评估，成为湖州市农业主导品种和主推技术，研发的 3 个新品种通过国家新品种登记认证；推进农业科技进乡村、进企业、进农户行动，转化推广实用农业科技成果 100 项，扶持产业带动性强的核心示范基地 100 家；制定生产技术规范或管理规程 73 项，每年开展技术培训 200 余场次，培训 14000 余人次，组织专家团队下乡技术服务 2500 余次，服务农民近万人次，解决农业生产难题 6000 余个。真正做到科教富农，让农业产业创新发展，提升农业产业附加值，为乡村教育留住人才。

四 浙江省山海协作，助力乡村教育振兴工作的成效与经验

（一）浙江省山海协作，助力乡村教育振兴工作总体成效

自山海协作工程实施以来，历届省委、省政府坚持"一张蓝图绘到底，一任接着一任干"，特别是"十三五"以来，省委、省政府根据新形势、新要求，做出了进一步发挥山海优势，着力打造山海协作工程升级版的战略部署，推动山海协作取得显著成效。

1.强化统筹指导，高标准推动工作落实

进一步整合高校资源优势，2022 年，省委教育工委、省教育厅牵头成立浙江省高校助力乡村振兴联盟，推动全省 109 所高校有组织开展教育帮扶工作。制定了"高校人才培养促振兴、高校科技服务促振兴、高校文化生态促振兴、高校医学帮扶促振兴、高校数字赋能促振兴"五大行动，探索高校由"单兵作战"转向"组团协作"新模式，把高校资源进一步汇聚到山区海岛县。聚力产业、人才、文化、生态和组织"五大振兴"，立足教育特色，挖掘树立典型，启动遴选全省第一批高校助力乡村振兴最佳案例。2022 年，共征集全省高校助力乡村振兴案例 110 个，组织评选优秀案例 30 个，汇编浙江省高校助力乡村振兴优秀案例集。强化队伍保障，建立共建平台干部互派交流机制，明确支援地选派优秀干部赴受援地挂职，主要从事山海协作产业园和山海协作乡村振兴示范点建设。各结对市在完成省定任务的基础上，增派干部和医生、教师骨干到山区 26 县挂职。加大教师评优评先倾斜力度。按照"定向推荐、定向评定、定向使用"原则，面向山区 26 个

县和 6 个海岛县评定了 52 名"定向"服务的省特级教师。新设置"红烛教师"奖励计划，奖励了 199 名长期坚守山区和革命老区的农村义务教育学校教师。

2.聚焦精准帮扶，赋予乡村振兴新的发展动能

据统计，"十三五"以来全省通过山海协作实训基地等平台，实现培训就业劳动力 39.64 万人次。2022 年，省教育厅、省发展改革委、省财政厅编制《浙江省义务教育薄弱环节改善与能力提升项目规划（2021—2025年）》，计划五年重点支持山区 26 县和海岛县教育建设，项目总投资 68.4亿元。全省高校紧扣乡村振兴所需，广泛投身乡村振兴工作，除了科技特派员、农村工作指导员等，不少高校还组建了专家教授团队、青年师生乡村采风团，举办乡村振兴大赛，呈现齐头并进、欣欣向荣的好态势。

3.坚持以人为本，推动公共服务优质共享

一是结合"医共体"等活动载体，持续推进医疗联合体建设、医疗卫生项目合作、医疗骨干交流培训等。如省卫生健康委实施医疗卫生"山海"提升工程，组织 13 家省、市级三甲医院与山区 26 县及海岛县签订合作框架协议，下派资深医疗专家近 400 人。二是采取校际结对、联合办学、选派优秀教师等方式，推动优质教育资源共享。推进省内 1500 所中小学开展校际结对帮扶，推动 8 所省属高校与衢州学院、丽水学院结对合作，26 县均通过了国家义务教育发展基本均衡县评估。三是倾力打造跨地区"教共体"。组织省级教师培训机构开设 785 个中小学教师专业发展"订单式"培训班；第四轮"希望之光"专家教育团的 50 名教师在 10 个山区县深入开展"组团式"支教，选派专家名师 672 人次赴山区海岛开展 653 场"百人千场"名师送教下乡工作。安排 8 个设区市的 50 个县（市、区）支援 7 个设区市的山区 26 县和 6 个海岛县组建跨地区"教共体"。教共体建设成效明显，获批成为教育部"教育这十年"典型案例。

（二）浙江省山海协作，助力乡村教育振兴工作基本经验

浙江持续推进山海协作，发达地区与欠发达地区协作发展是提高区域协

调水平最重要的抓手。发挥结对双方党委、政府在山海协作中的主导作用，发挥省内各高校和科研院所的主体作用，构建更加完善的协作机制。同时，也要发挥市场在资源配置中的决定性作用，促进资本、人才、技术等要素在区域间合理流动。

1. 完善山海教育协作工作体系

一是强化顶层设计。念好新时代"山海经"，将山海协作工程作为26县跨越式高质量发展和高水平发展建设共同富裕示范区的重要举措。发挥省委教育工委的统筹作用，构建新一轮山海协作教育振兴工作体系，聚焦科技驱动、平台共建、教育帮扶、人才支撑等方面，拓展帮扶领域，提高帮扶成效。二是健全考核评价机制。根据新一轮省定结对关系，优化现有考核办法，探索县与县捆绑考核机制，完善考核指标体系，形成统分结合、上下联动、横向协同的工作合力。三是加强人才队伍建设。围绕做好"引、育、留、用"四篇文章，提升教师队伍质量。鼓励各地创新教师引进模式，大力实施"银龄讲学计划"，招募优秀的退休教师到山区海岛学校任教。持续深化并扩大面向山区海岛农村学生的师范生定向招聘计划，规定毕业生毕业后回到山区海岛学校任教；持续开展"百人千场"名师送教下乡活动。

2. 加快山海教育协作平台建设

一是聚焦赋能合力打造联盟平台。坚持实践导向，成果导向，积极探索浙江高校服务乡村振兴联盟新机制、新模式，聚焦乡村振兴的制约因素和共性难题，强化高校合作。及时总结经验，从乡村振兴实践中挖掘新材料、发现新问题、提出新观点，形成原创性、时代性、引领性的制度成果，着力打造浙江高校赋能乡村振兴典型样本。二是深入推进跨区域"教共体"建设。支援山区海岛县积极组建跨地区"教共体"，深化山海教育结对关系，推进结对双方开展"教共体""医共体"建设，实现山区26县基本公共服务均等化、品质化。深化数字改革，利用"互联网+"义务教育平台，打造跨区域的教育教学体系，推广城乡学校"同步课堂"建设，努力用新技术缩小区域教育差距、城乡数字鸿沟，提升乡村教育质量。深化"互联网+教育"

"互联网+医疗"，促进发达地区优质公共服务资源向 26 县延伸。推动结对双方共建产学研合作基地、科技创新孵化园和职业技能培训基地，吸引科技技术人才参与 26 县跨越式高质量发展。三是聚焦实践丰富乡村研学资源。省教育厅、省文化和旅游厅牵头指导各地各校充分借助乡村地区优质文旅资源，推出系列研学项目和实践教育活动，推动浙江省中小学生乡村研学旅行工作积极、有序、安全、健康发展。

3. 打造山海教育协作的金名片

一是以"大组团+小组团"推动教师对口帮扶全覆盖。率先开展"组团式"教师援派，实现"一县一结对""一校一帮扶"。援派教师覆盖了从学前到大学、从普教到特教的全链条，涵盖基础教育各学段全学科。2022 年浙江省在已开展教育人才"组团式"援疆、援藏、援青、援川的基础上，积极参与省内乡村振兴重点帮扶县教育人才"组团式"帮扶工作。以 10 名左右教师为一个"小组团"，探索开展"托管式""飞地式"教学帮扶，精准帮扶数理化相对薄弱学科和紧缺需求职教专业。二是以"输血+造血"助力当地打造优质教师队伍。通过整合"浙派名师"力量，构建各学段学科教研联盟，常态化开展同课异构、送教下乡等教研活动。实施"领雁工程""青蓝工程"等，结对培训名师、名校长。三是以"请进来+走出去"深化教师交流合作机制。发挥"互联网+教育"优势，为受援学校提供丰富的在线教学资源，共享"之江汇"优质课资源，开设 500 个名师网络工作室，开展"云端"教研等。积极搭建合作共建、资源共享的交流学习平台，设立"同步教研""同步课堂"。组织学校开展结对帮扶，深化校际交流合作，并辐射至周边其他学校，实现"互帮互学、取长补短、共同发展"。

五　浙江省乡村教育振兴展望

诗经有云："民亦劳止，汔可小康。"从古至今，人类对于美好生活的向往和追求从未停止，共同富裕是社会主义的本质要求，是人民群众的共同期盼。浙江在高水平全面建成小康社会的探索过程中，走出了一条"造血帮扶、双向互动、合作共赢"的"山海协作"发展之路。浙江推动共同富裕浙江先行示范区建设，必须聚焦推动教育优质均衡高质量发展的目标要求，深度推进"山海协作"，再接再厉、担当作为，携手比肩、坚定前行，扎实做好乡村教育振兴工作，为建设共同富裕示范区夯实基础。

乡村教育振兴是一项长期的工作，需要我们在以下四个方面持续发力。

1.教育助力乡村振兴，要进一步深化城乡教育共同体建设

进一步统筹教育资源和师资力量，不断缩小城乡学校的教育差距。要加强党对乡村教育振兴工作的全面领导，建立健全上下贯通、一抓到底的乡村教育振兴工作体系。要完善乡村教育振兴的推进机制，立足教育特色优势，突出重点区域、重点事项推进乡村教育振兴。要引导各方资源支持乡村教育振兴，营造乡村教育振兴的良好舆论环境。

2.教育助力乡村振兴，要重视建设堪当教书育人使命的高素质教师队伍

教师水平决定教育水平，教师质量决定教育质量。要把乡村学校教师队伍建设放到更加突出的位置，加强专业化培训，不断深化"轮岗""职称评审"等教师制度综合改革，全面提升乡村学校教师队伍的师德素养和专业化水平。

3.教育助力乡村振兴，要让职业教育赋能乡村振兴

乡村振兴，人才是关键。教育助力乡村振兴，要让职业教育赋能乡村振兴，为社会主义新农村建设和乡村振兴培养一大批"留得住，用得上"的乡土人才，在促进教育公平、带动地域经济发展、加强农村基层组织建设、推动乡风文明建设等方面发挥积极作用。

4.教育助力乡村振兴，要强化考核机制并形成长效机制

省及地方各级人民政府应当将乡村教育振兴促进工作纳入国民经济和社会发展规划，保障乡村教育投入，建立乡村教育振兴考核评价制度、工作年度报告制度和监督检查制度，并依法向人民代表大会或者其常务委员会报告乡村教育振兴促进工作情况。

B.15
江西省教育系统助力乡村振兴的探索与实践

江西省教育发展与乡村振兴研究课题组 *

摘　要： 脱贫攻坚任务完成后，江西省坚持以习近平新时代中国特色社会主义思想为指导，深入贯彻落实习近平总书记关于乡村振兴的重要论述，扎实做好巩固拓展脱贫攻坚成果同乡村振兴有效衔接的相关工作。全省教育系统严格落实过渡期内"四个不摘"要求，做到工作不留空当，政策不留空白，立足教育系统实际，整合高校、设区市教育局、县级教育行政部门等各方力量，将振兴乡村教育与教育振兴乡村有机结合起来，大力振兴乡村教育，教育赋能助力乡村振兴，形成全系统共同参与、支持乡村振兴工作的强大合力，探索出一条具有江西特色的教育系统助力乡村振兴实践路径。

关键词： 江西教育　乡村振兴　乡村教育　人才振兴

习近平总书记指出，治贫先治愚，扶贫先扶智。教育是阻断贫困代际传递的治本之策。江西省教育系统坚持以习近平新时代中国特色社会主义思想

* 课题组组长：王金平，南昌师范学院党委书记，教授，国家社科基金项目评审专家，第二、第三届省情研究首席专家。课题组顾问：杨锋，江西省教育厅发展规划处（社会力量办学管理处）处长；龚亮保，江西省乡村振兴局政策法规处处长；唐利，江西省乡村振兴局科技培训处处长。课题组副组长：敖四江，博士，南昌师范学院马克思主义学院院长、发展规划处处长，教授；郑光才，南昌师范学院党委（校长）办公室副主任。课题组成员：戴达峰，南昌师范学院党委宣传部副部长；唐刚，南昌工程学院机械工程学院副院长；杨冬华，江西高校出版社编辑；杨芳菲，南昌师范学院党委组织部综合科科长；刘蔺，南昌师范学院党（校）办文秘信息科科长；但海兴，南昌师范学院党（校）办督查科科长。

为指导，深入贯彻落实习近平总书记关于乡村振兴的重要论述，深刻领会做好巩固拓展脱贫攻坚成果同乡村振兴有效衔接的重要意义，按照教育部和省委、省政府关于巩固拓展教育脱贫攻坚成果的工作部署，严格落实过渡期内"四个不摘"要求，做到工作不留空当，政策不留空白，将振兴乡村教育与教育振兴乡村有机结合起来，科学谋划部署，全力推动落实，为教育助力乡村振兴奠定了坚实的教育基础和人才基础。

一 强化政策集成，为助力乡村振兴提供制度保障

江西省教育厅、省乡村振兴局等 7 部门联合制定了《关于实现巩固拓展教育脱贫攻坚成果同乡村振兴有效衔接的实施意见》，明确了工作的指导思想、工作目标、基本原则、重点任务和保障支撑措施，形成了一揽子振兴政策措施。

该实施意见明确提出教育系统乡村振兴的总体目标是：按照国家脱贫目标任务完成后设立 5 年过渡期的要求，过渡期内严格落实"四个不摘"要求，延续和优化现行教育帮扶责任和帮扶政策，推动一些行之有效的特殊政策向常规性、普惠性、长期性政策转变，确保政策连续性。做好教育脱贫攻坚成果巩固拓展工作，使农村教育普及水平稳步提高，农村教育高质量发展基础更加夯实，农村家庭经济困难学生教育帮扶机制愈加完善，城乡教育差距进一步缩小，教育服务乡村振兴的能力和水平进一步提升，乡村教育振兴和教育振兴乡村的良性循环基本形成。

二 振兴乡村教育和教育振兴乡村"双轮驱动"

江西省教育系统充分认识到，教育在乡村振兴中发挥着基础性、先导性作用，以振兴乡村教育赋能乡村振兴，是教育系统的职责和使命，将振兴乡村教育与教育振兴乡村有机结合，努力实现振兴乡村教育和教育振兴乡村"双轮驱动"。

（一）大力振兴乡村教育，厚植乡村振兴的人才基础

乡村振兴，教育不能缺席；教育发展，乡村不能滞后。江西教育系统将办好乡村教育作为乡村振兴的一项基础性、战略性工作来抓，从学前教育、义务教育、高中教育、师资队伍、办学条件等方面协同推进，厚植乡村振兴的人才基础。

1. 学前教育"补短板"

一是科学布局，不断扩充普惠性学前教育资源。印发《江西省"十四五"学前教育发展提升行动计划》，督促指导各地把普惠性幼儿园建设纳入城乡公共管理和公共服务设施统一规划。根据各地公办园在园幼儿占比情况及各地规划建设任务，统筹安排全省普惠性幼儿园园位建设任务。截至2022年10月，全省新建改扩建普惠性幼儿园418所，其中普惠性公办幼儿园228所、普惠性民办幼儿园190所；新增普惠性园位8.64万个，其中普惠性公办园位5.81万个、普惠性民办园位2.83万个，不断满足人民群众"幼有所育"需求。二是加强帮扶，改善脱贫地区幼儿园办园条件。督促指导各地认真落实学前教育生均公用经费补助、普惠性民办幼儿园经费补助等相关奖补政策，对落实到位的地区，按照在园幼儿人数和地方财力情况等因素给予公办幼儿园生均300元/年、普惠性民办幼儿园生均100元/年的奖补，用于扶持普惠性幼儿园发展。适时动态调整公办园收费标准，健全成本分担机制。三是规范办园，推进标准化幼儿园认定工作。2022年5月，下发《江西省标准化幼儿园认定管理办法（试行）》，坚持以标准促发展，本着"建一所、优一所"的原则，督促指导各地推进标准化幼儿园评估认定工作，将脱贫地区幼儿园纳入标准化幼儿园认定范围。四是保教并重，提升脱贫地区学前教育质量。全面开展幼儿园与小学科学衔接工作，防止和纠正幼儿园"小学化"倾向。实施幼儿园跟岗帮扶计划，将帮扶名额向脱贫地区幼儿园倾斜，整体提升脱贫地区幼儿园科学保教质量。

2. 义务教育"重均衡"

江西省教育厅注重做好控辍保学工作，依法保障适龄儿童、少年平等接

受义务教育。一是精心部署义务教育阶段控辍保学工作。下发《关于做好2022年义务教育阶段控辍保学工作的通知》，督促各地各校统筹做好控辍保学工作，严防新增辍学。二是加强对各地控辍保学工作的调度。要求各地保持控辍保学政策不变、标准不降、力度不减，防止辍学新增和反弹，巩固拓展教育脱贫攻坚成果，形成义务教育有保障的长效机制。在工作中，江西省教育厅主动与省公安厅治安总队联系，争取公安部门的配合，加强对辖区内所有户籍适龄儿童的信息比对核查，做到所有学生都去向清楚、点位明确、情况翔实，确保适龄儿童少年依法接受义务教育。三是严格"一县一案""一月一报""一学一核""一生一表"管理。每月及时报送脱贫户家庭、监测对象家庭义务教育阶段适龄子女信息台账，不具备学习条件的适龄儿童少年信息台账，义务教育阶段辍学学生劝返复学工作台账，以及"一生一表"工作档案。中小学学籍系统中控辍保学台账显示，截至2022年11月底，全省脱贫户家庭、监测对象家庭义务教育阶段适龄子女失学辍学人数为0，其他义务教育阶段适龄儿童失学辍学人数为0，延缓入学34人。

3. 高中教育"提质量"

江西省教育厅坚持普通高中教育以特色促均衡，提高办学质量，加快推进乡村振兴。一是推进项目建设，深化育人方式改革。实施普通高中办学条件改善项目，江西省2022年统筹中央和省级财政资金10.75亿元，其中支持乡村振兴的资金约3亿元，用于新建、改扩建校舍和体育运动场地，购置图书及设备；加快改善县域高中办学条件，新改扩建教室6546间，新增学位逾3万个，促进县域高中办学质量提升。实施普通高中教师新课程、新教材培训项目，开展学科专任教师省级培训和市县全员培训，整体提升教师队伍专业素质和教学能力，更好地适应新课程改革和高考综合改革。二是开展结对帮扶，均衡优质资源共享。出台《"十四五"县域普通高中发展提升行动计划》，实施县中托管帮扶工程，构建"一体两翼三联动"的县中发展全域体系，即以县域高中为"主体"，以优质高校和高中强校为"两翼"，建立健全"三个联动"机制。全省109所优质普通高中与147所薄弱普通高中建立结对帮扶关系，16所省属高校与27所县中建立托管帮扶关系，省教育厅对帮扶工作进行统一管理和协调指导，确保"帮到实处、帮出效果"。三是规范招生秩序，均衡属地优质生源。督促各地各校严格执行有关招生政策，坚持属地招生、公民同招政策，严格执行"十项严禁"，严格学籍管理，严禁跨区域招生，为县域高中发展留住优质生源。

4. 师资队伍"拓渠道"

教育大计，教师为本。为解决广大农村中小学教师数量不足、水平不高的问题，江西省教育厅广开渠道、多措并举为农村中小学补充优质师资。2022年，全省统一招聘中小学幼儿园教师10172名，保障城乡学校教师需求。一是加大贫困地区师资队伍培养和补充力度。实施"农村特设岗位计划"和"定向培养乡村教师计划"，2022年全省统一招聘特岗教师4566名，招录定向师范生4072名；实行本科师范生公费教育，2022年江西师范大学等三所本科公费师范生培养单位完成1732名新生的招录工作。二是开展校长教师交流轮岗和支教工作。全面推行义务教育学校校长教师交流轮岗制度，促进教师资源均衡配置，2022年组织12189名校长、教师交流轮岗；实施高校音体美专业大学生实习支教计划，组织2523名音体美专业师范生赴400余所受援学校开展实习支教工作；实施"银龄讲学计划"，提高农村教育质量，招募245名退休教师赴贫困地区学校支教。三是着力保障贫困地区教师待遇和地位。督促提醒各地政府严格落实"两大机制"，将义务教育教师工资待遇列为政府必保支出，全面落实国家和江西省教师待遇保障政策，坚决杜绝拖欠教师工资、欠缴社会保险和住房公积金、不落实"不低于"政策等行为。

5. 办学条件"强弱项"

加大教育投入力度，持续改善办学条件。一是科学优化网点布局，加快调整优化中小学校布局，推进城乡义务教育一体化改革发展，推动普通高中多样化发展，促进教育资源布局结构与城乡人口流动变化、新型城镇化发展、乡村振兴战略等协调匹配，与经济社会发展深度融合，不断提升教育质量和办学效益，推动全省城乡基础教育均衡发展。二是持续加快推进义务教育薄弱环节改善与能力提升项目，着力加强乡村小规模学校和乡镇寄宿制学校建设，补齐农村两类学校短板。2022年3月，省教育厅联合省发改委、省财政厅编制了《江西省义务教育薄弱环节改善与能力提升规划（2021—2025年）》，"十四五"期间将持续改善义务教育学校基本办学条件，提高义务教育教学水平和质量，有效缩小区域、城乡、校际差距，加快推进优质均衡发展和城乡一体化。三是加大教育投入力度，补齐义务教育学校办学资金短板，扩充义务教育优质资源。2022年统筹义务教育薄弱环节改善与能力提升项目中央和省级资金14.8亿元、取消城镇义务教育学校大班额专项资金6亿元。

6. 困难群体"抓资助"

一是全面落实资助政策。继续巩固拓展"双负责制"，重点保障和关注农村脱贫家庭学生以及防止返贫动态监测对象，按照学籍地原则精准资助家庭经济困难学生。截至2022年11月底，全省资助家庭经济困难学生405.9万人次，发放资助金66.3亿元，其中，资助脱贫家庭及监测对象学生128.54万人次，发放资助金10.74亿元。二是加大财政资金保障力度。在过渡期内保持学生资助力度总体稳定，2022年提前下达各级各类学生资助中央和省财政资金45.2亿元，用于保障学生资助政策落实。充分发挥资金使用效益，资金分配继续向特殊困难群体倾斜，重点保障脱贫家庭及监测对象等农村家庭经济困难学生，确保"应助尽助"。三是简化资助工作流程。联合省乡村振兴局印发《关于进一步简化学生资助工作流程的通知》，进一步完善困难学生退出和动态调整机制，简化脱贫家庭及监测对象资助工作流程。

7. 营养改善计划"强保障"

一是做好经费保障。积极配合省财政厅及时下拨学生营养膳食补助资金，2022年共下拨8.72亿元。持续加大地方投入力度，督促各试点县切实落实地方主体责任，努力提高食堂供餐比例，将"因学校食堂供餐增加的营运成本、食堂聘用人员费用等支出纳入地方财政预算"纳入2022年设区市人民政府履行教育职责督导评价细则。2022年秋季学期，全省营养改善计划食堂供餐学校占比为 87.02%。二是确保食品安全。开展了学校开餐专题调度部署，提出具体工作要求，加强业务指导，规范工作流程，提升工作质量，确保食品安全。三是提升业务能力。2022 年 8 月开办了全省农村义务教育学生营养改善计划培训班，对食品安全、学生营养健康监测评估及营养宣教、学校食品卫生安全和学生营养健康安全等方面进行专题辅导。2022 年，全省 24 个计划地区 4875 所实施学校 95.31 万名农村义务教育阶段学生受益于营养改善计划，其中，国家计划地区有 17 个，实施学校有 2914 所，受益学生达 58.15 万人；地方计划地区有 7 个，实施学校有 1961 所，受益学生达 37.16 万人。

8. 信息化赋能"促共享"

加强教育信息化建设，运用信息技术赋能，推动优质资源共享。一是不断优化"赣教云·教学通"教学系统，促进优质教育资源均衡发展。依托"赣教云"搭建"教学通"教学系统，"赣教云·教学通"配置电子课本覆盖小学一年级至高三主要学科和主流版本，名校名师教学视频、课件等备授课资源达 200 万件、教学资源 1300 万件。二是积极探索"智慧作业"配套微课资源共建共享新模式，促进优质数字资源建设可持续发展。借助微课视频自主学习，实现名师辅导"到家"帮教；探索形成全省义务教育阶段师生，特别是乡村留守儿童优质教育资源共建共享的新模式。三是全力做好"江西省中小学线上教学平台"应用保障，强化常态线上教学服务。目前平台已建成线上教学资源春季课程 6117 节，秋季课程 3277 节，专题资源 447 节。多种方式开展线上教育教学，截至 2022 年 11 月底，已为南昌、上饶、宜春等地提供"停课不停学"线上教学服务 1.9 亿次，线上教学平台访问总人次达到 17 亿人次。

（二）发挥教育系统优势，为乡村振兴注入人才和科技活水

1. 着力加大"三农"人才培养力度

积极主动融入国家重大战略，不断加大"三农"人才培养力度。一是持续加强涉农专业建设。出台《普通高等学校本科专业结构优化调整指导办法

（试行）》《服务江西经济社会发展人才培养引导性专业设置指南》等文件，全力支持高校开设智慧农业、硒科学等急需紧缺涉农专业，支持江西农业大学等高校获批的 13 个国家一流专业建设。二是积极办好面向农村的职业教育。重点支持农业类职业学校发展，结合江西省农业产业发展的实际需求，引导培养院校灵活设置相关专业或开设相关课程。2022 年，九江职业大学新增现代农业经济管理专业；上饶职业技术学院新增农村金融专业；江西农业工程职业学院新增畜禽智能化养殖专业。协同配合乡村振兴、人社、财政等部门共同落实"雨露计划"政策，对就读中职学校全日制一、二年级的农村家庭经济困难学生，按照每人每年 2000 元标准发放国家助学金，并免除一、二、三年级学费。就读高职院校的家庭经济困难学生，按照每人每年 3300 元标准发放国家助学金。三是有序开展"一村一名大学生工程"。

2. 加强科技赋能"三农"建设

一是推进农业领域"双一流"建设。启动实施"十四五"期间省"双一流"建设，着力加强南昌大学绿色食品重点学科群建设，江西农业大学畜牧学高峰优势学科、作物学高峰特色学科建设，赣南师范大学园艺学、江西农业大学农业资源与环境学、井冈山大学生物学等学科建设。二是强化农业领域科技创新平台建设。2022 年 3 月，开展了高校国家级科技创新平台培育项目遴选工作，确定江西农业大学"鄱阳湖流域农林资源与生态重点实验室"等 10 个平台的建设为国家级科技创新平台培育项目，并力争到 2025 年，有 2~3 个平台进入国家级科技创新平台行列。三是建立一批特色产业示范基地，解决科技精准帮扶"最后一公里"。支持江西农业大学围绕江西水稻、生猪、油茶等十大优势产业，大力推进综合服务示范基地、特色产业示范基地、分布式服务站、"博士农场"等科技精准帮扶基地建设，与江西各地政府、龙头企业、专业合作社等签订协议共建各类基地 92 个。四是加强"三农"成果转化应用。发挥高校学科综合优势，强化科研成果推广转化。

3. 高校科技人才帮扶持续推进

实施"科技特派员"制度，建立一支稳定的科技服务队伍。江西农业大学秉承"立足江西,服务三农"宗旨,打造"三式合一、五位一体"科技服务新机制、新模式;赣南师范大学以"建设有特色高水平脐橙技术创新研发中心、成果集聚转化中心、产业辐射引领中心、人才培养培训中心"为主线,每年有 15 名左右的博士受聘为科技特派员到赣南 18 个县(市、区)进行指导;井冈山大学在 2018~2022 年先后选派 85 名教师作为"江西省科技特派团富民强县工程"科技特派员,赴各县(市、区)解决行业技术难题,提供技术服务,开展技术培训;南昌师范学院充分发挥其科技优势,扶持贫困学生创建"一线生鸡"大学生助农创业基地,形成了"选好种、教他养、收他鸡、帮他卖、共振兴"的助农模式,帮助了近 3000 位农户,助农增收 5150 万元。"一线生鸡金凤筑梦"大学生扶贫助农创新创业项目代表江西省高校参加 2019 年全国大众创业万众创新活动周,得到了党和国家领导人的高度评价,并在 2021 年荣获第七届中国国际"互联网+"大学生创新创业大赛金奖。

4. 加大推普助力乡村振兴力度

依托挂靠在江西省教育厅的江西省语言文字工作委员会办公室和全省 7 个国家语言文字推广基地,大力实施国家通用语言文字普及提升工程和推普助力乡村振兴计划。持续开展"送经典下基层""送培送教""经典润乡土""推普助力脱贫攻坚""推普助力乡村振兴"大学生暑期社会实践志愿服务等活动;组织对农村师生、基层干部、青壮年农民等开展普通话专项培训帮扶工作。聚焦全省农村地区实施推普助力脱贫攻坚和普及提升工程,以点带面推普助力乡村振兴。2022 年,江西省 58 支团队入选"推普助力乡村振兴"全国大中专学生暑期社会实践志愿服务活动,入选数量居全国第 4。南昌师范学院马克思主义学院青马学堂服务队以暑期"三下乡"社会实践活动为契机,深入九江市修水县宁州镇,在当地东村社区童心港湾进行普通话调研与推广活动。在轻松愉悦的氛围中进行普通话推广的同时,队员还为孩子们声情并茂地讲解了红色革命故事,在社区童心港湾营造了"学语言,习文化,强信念,齐振兴"的良好氛围。景德镇学院"推普助力乡村振兴"暑期社会实践志愿服务队先后赴江西省景德镇市浮梁县浮梁镇、九江市瑞昌市白杨镇等地开展系列推普志愿服务活动。推普队员挨家挨户发放推普宣传资料，通过上户宣传、交谈询访，邀请村民们线上线下填写推普专项调查问卷，摸清了当地汉语言文字使用现状及普通话应用现状，增强了村民普通话常用语使用能力，营造了良好的推普氛围。

三 江西省教育系统助力乡村振兴的典型案例

江西省教育系统注重整合高校、设区市教育局、县级教育行政部门等各方力量，形成全系统共同参与乡村振兴工作的强大合力，工作中涌现不少具有推广价值的典型案例。

（一）高校助力乡村振兴的典型案例

1. 江西师范大学点亮"硒"望之光，照亮群众增收致富路

江西省樟树市店下镇枫林村地处著名的玉华山脚下，其山泉水资源丰富，土壤全域富硒，村民素有酿酒传统。江西师范大学驻村工作队利用高校人才和智力资源优势，发挥当地"富硒"资源优势，发展循环经济和数字经济，壮大村集体经济，促进脱贫群众持续增收。

一是挖掘资源优势，建立富硒产品链。做好"一坛酒""一袋米""一壶油""一篮果"四篇文章、四大产业支链，每年带动近百名群众在家门口就业。二是线上线下宣传推广，擦亮富硒金字招牌。通过拍摄抖音短视频，利用江西移动电视等媒体，对当地富硒产品进行直播宣传，帮扶产品销售量不断提高。驻村工作队申报的"硒望之光——梦硒农产品加工坊"项目获批全国第五届高校精准帮扶典型项目，成为江西省高校唯一入选项目。三是创建多元营销渠道，打开富硒产品销路。在江西师范大学新老校区设立农产品直销点，建立"2+N"线下产品直销点，在北京、上海、广州、深圳等发达地区建立校友帮扶产品直销网点。经过一年多的实践，实现了经营效益高、带动效果好、辐射范围广的目标，相关产业每年用工总量达数千人次，带动枫林村及周边村100多名群众就业，为当地群众增收500余万元。

2. 华东交通大学多措并举推进乡村振兴开创新局面

华东交通大学定点帮扶武宁县罗坪镇关山村，学校充分发挥职能优势，挖掘政策资源，笃行不怠，积极探索"党建+产业"融合模式，扎扎实实为群众办实事、解难事，全力助推乡村振兴有序稳步前进，奋力推进定点帮扶村乡村振兴开创新局面。

一是党建引领，打造乡村振兴"强劲火车头"。以学校"火车头"党建提升工程为牵引，学校秉承"铁"的特质，着力强组织、强班子、强队伍，持续推进村基层组织建设，设立"火车头"党员服务先锋岗，协助村党支部抓好党员管理工作，推动党建工作与乡村事业融合发展。通过定期组织开展村"两委"干部的思想政治教育，并创造条件培育懂党务、知政策、有技能的人才，把想干事、能干事的优秀村民吸纳到村"两委"队伍中来，打造一支"铁人""铁军"，推动乡村振兴工作。

二是两种业态，带动特色产业发展新"路"。学校根据关山村目前发展现状、区位条件、资源禀赋等，制定了《华东交通大学 2021—2023 乡村振兴定点帮扶工作计划》，明确重点发展生态农旅业和特色种养业。一方面，围绕"旅游兴村、产业富民"战略，构建新型民宿和农家乐产业，推动果业采摘、"农家乐"餐饮和休闲度假民宿等产业发展，推进关山生态农旅业发展。另一方面，稳步推进羊肚菌（轮作竹荪）种植项目、林下散养家禽（土鸡）项目以及南冲洞野生茶加工项目等特色种养业加工业发展。

三是打造"三个平台"，打通农副产品消费帮扶出村进城"最后一公里"。"三个平台"即创建镇村平台、拓展校地平台、活用校友平台。第一，创建镇村平台，鼓励村委会设立"武宁县关山村农业种植有限公司"，投入 15 万元产业帮扶资金，支持村里农产品综合加工厂建设，把村民手中的优质农副产品组织起来，统一规格、统一包装、统一标准、统一价格，定向订单销售，并充分发挥驻村工作队员直播带货的优势，持续扩大网络销售通道。截至 2022 年底，实现消费帮扶超 100 万元。第二，拓展地校平台，推动签订华东交通大学、武宁县政府"一个中心、六大基地"校地合作协议。

第三，活用校友平台，依托校友办，通过校友与全国各地校友会沟通对接，对关山乃至武宁的好山、好水、好产品进行宣传推广。

3. 南昌师范学院坚持"五个聚焦"助力乡村振兴

南昌师范学院定点帮扶吉水县八都镇院背村，坚持把巩固拓展脱贫攻坚成果同乡村振兴有效衔接作为首要政治任务，保持责任不减、力度不减、帮扶不减、资金投入不减，取得积极成效。

一是聚焦"作示范"，强化责任担当。成立党政主要领导任组长的定点帮扶工作领导小组。学校联系省水投相关部门协调资金 210 万元用于村自来水的安装工程，协调投资建设高标准大棚南昌师范学院产业帮扶基地，实现了院背村集体产业从无到有的良好开端。

二是聚焦"促衔接"，推进乡村振兴。产业发展再加快。筹集 53 万元，建设高标准大棚产业近 3000 平方米，种植的赤松茸已带动 10 户脱贫户的就业和技术学习，预计可实现村集体年收入不少于 16 万元。乡村建设再提升。牵头完成前期村庄规划编制工作，加快推进"厕所革命"问题整改，投入 107 万元衔接资金用于水、路、沟渠等基础设施建设以及产业基地建设。帮扶责任再升级。帮助八都镇制定了鹄山民俗风情小镇旅游规划，组织大学生到院背村开展暑期"三下乡"社会实践活动。

三是聚焦"防返贫"，强化动态监测。开展集中排查，做好动态监测。通过一月一摸排、"三线"预警等工作机制，常态化开展防返贫动态监测，探索形成"一查二访三算四兜底"的"1234"防返贫监测工作法。坚决落实好"两不愁、三保障"及饮水安全、兜底保障等惠民政策，坚决防止规模性返贫。

四是聚焦"强担当"，落实帮扶政策。认真落实教育、医疗、安全住房、安全饮水等方面的帮扶政策，实现适龄儿童"零辍学"、所有脱贫人口及"三类人员"全部参保、驻村脱贫户居住房屋均符合居住条件，也实现了全村饮水安全，让群众喝上了安全水、放心水、幸福水。

五是聚焦"补短板"，推动问题整改。扎实开展巩固拓展脱贫攻坚成果同乡村振兴有效衔接国考、省考、市检查反馈问题和县自查发现问题整改工作，认领梳理各级反馈的问题，坚持"当下改"和"长久立"相结合，细化整改措施，真改实改，不留死角。

（二）设区市助力乡村振兴的典型案例——吉安教育系统推进优秀教师规范流动，促进教师优质均衡发展

2022 年 3 月，吉安市人民政府办公室印发了《吉安市关于推进全市优秀教师规范化流动实施意见（试行）》，明确了结对帮扶、合作办学、优秀教师支教双向交流等多种流动形式，提出了教师编制、岗位管理、职称评聘、教师待遇、评先评优等 7 条保障措施，为优秀教师向基层一线流动提供了坚强有力的制度保障。

该实施意见印发后，市教体局高度重视，迅速行动。一是工作部署快速。2022 年 3 月 10 日，以市政府督导办的名义给各县（市、区）政府下发了工作提示函，要求各地结合实际，采取多种形式，引导优秀教师向基层一线流动。二是政策宣传到位。市教体局分别在吉安市政府官网、市教体局官网、微信公众号发布文件，并在省教育厅网站发布信息，扩大政策知晓度和影响力。各县（市、区）教体局也通过多种形式，积极宣传、做好前期动员工作。三是动员摸底扎实。井冈山经济技术开发区和 13 个县（市、区）均在 2022 年 4 月进行了摸底调研，摸清符合规范化流动的优秀教师信息，并广泛听取意见和建议，在此基础上制定了本地优秀教师流动实施方案。四是工作落实到位。吉安市积极推进强校带弱校、结对帮扶政策，促进教师优质均衡发展。

（三）县级教育系统助力乡村振兴的典型案例——万载县教育助学基金赋能乡村振兴的经验做法

江西省宜春市万载县按照"政府倡导、社会参与、阳光运行"工作思路，推动乡镇成立奖教助学基金组织，发挥奖教助学作用。一是树立"风向标"，高位推进。出台《万载教育改革发展重点工作十五条》，旗帜鲜明地要求各乡镇引导社会力量有组织地参与教育资助工作。二是弹好"乡愁

曲"，凝心聚力。由各乡镇党委、政府牵头，广泛发动乡贤、爱心人士支持乡村教育事业。目前，已成立教育助学基金24个，捐资助学善款已超2300万元。三是建好"理事会"，规范管理。从"明确管理制度、明确人员组成、明确管理主体"入手规范基金会管理。四是管好"钱袋子"，安全增效。提出"三个一律"，基金组织所有工作人员一律是兼职，一律不在基金中取酬，运行费用一律由所在乡镇负责。五是用好"爱心款"，情暖师生。各乡镇教育助学基金会结合当地实际，制定奖励帮扶方案。全县教育助学基金两年共资助学生1800多名，总金额超340万元。六是传好"接力棒"，改良生态。发挥乡镇教育助学基金爱心传递作用。由受助大学生自发组织的暑期夏令营已连续举办2期，参训学生超500人次。

B.16
教育高位推进乡村振兴的福建实践

林伟川　殷世东　黄爱玲　杨来恩　陈国明　邱心玫 *

摘　要： 教育是乡村振兴的基石。近年来，福建省坚持走具有福建特色的乡村振兴之路，在教育发展助推乡村人才、生态、文化和组织振兴过程中，开展了深入的理论探索和有效的实践推进，涌现了一系列优秀典型案例，逐渐形成了教育助推乡村振兴的福建经验。其经验大体包括以下六点：以习近平总书记"两山论"与乡村振兴的重要思想为根本遵循；以独特的乡土文化为支撑乡村振兴的精神根底；以天然的绿色生态为引领乡村振兴的重要资源；以特色农业产业为促进乡村振兴的发展途径；以高质量人才为助力乡村振兴的主要力量；构建多方联动的乡村振兴模式。

关键词： 乡村振兴　教育振兴　福建省

---

* 林伟川，数学博士，福建幼儿师范高等专科学校校长，教授、博士生导师，教育部教学信息化与教学方法创新指导委员会委员、福建省教育学会副会长、福建省生物数学学会会长、福建省高等教育学会教育技术学专业委员会理事长，主要研究方向为数学、教师教育、教学信息化；殷世东，教育学博士，福建师范大学教育学院副院长，教授、博士生导师，闽江学者，教育部基础教育劳动教育指导专委会委员、全国课程学术委员会常务理事、中国教育学会综合实践活动学术委员会副主任，主要研究方向为课程与教学理论、劳动教育；黄爱玲，福建师范大学教育学院教授、硕士生导师，主要研究方向为管理心理学、教育管理；杨来恩，教育学博士，福建师范大学教育学院讲师、硕士生导师，主要研究方向为教育学术史、教育思想史；陈国明，教育学博士，福建师范大学教育学院讲师、硕士生导师，主要研究方向为课程与教学理论、教师教育；邱心玫，福建师范大学教育学院讲师，主要研究方向为教育原理、教育经济与管理。

解决人民日益增长的美好生活需要和不平衡不充分的发展之间的矛盾，是全面建设社会主义现代化国家最艰巨最繁重的任务，而乡村振兴是重中之重。乡村产业、人才、文化、生态、组织等方面的振兴关键在于提高人的素质与能力，教育是乡村振兴和社会进步的基石。福建省坚决贯彻党中央以及习近平总书记关于乡村振兴战略决策部署和重要指示，高度重视教育助力乡村振兴，不断深入探索和实施高标准、可持续的乡村振兴计划，推进福建省乡村振兴，形成了福建经验和福建模式。

一 理论探索

（一）教育助力乡村人才振兴，推进乡村产业改造升级

乡村振兴的核心是人才振兴，人才振兴依靠教育发展。为此，福建省加大乡村教育力度，为乡村厚植人力资本，从而推进乡村产业改造升级。一是通过教育提升农民素养，进而提升农民的生产能力和经营能力，不断优化升级传统农业的发展模式，培养具备一定农业知识，热爱农村农业，有文化、有技术、善于经营管理的新时代高素质农民；二是积极与高校合作，将学校教育与乡村高质量发展需求紧密结合，培养面向本土的有利于乡村产业发展的专业型人才和创新创业型的农业工作者；三是通过教育促进大学生的观念转变，加强对大学生就业、创业的教育和宣传引导，宣传乡村就业创业的优势、特色，吸引各界各类人才向乡村基层一线流动，同时培养大学生的乡村情感和乡村振兴责任意识，引导农村大学生回流和城市人才下乡，拓展乡村产业发展的人才来源渠道。

（二）教育助力乡村生态文明，推进乡村生态振兴

乡村生态振兴的核心要义是处理好人与自然和谐共生的关系，让乡村成为安居乐业的美丽家园。以教育发展为路径振兴乡村生态文明，第一，要通过教育引导乡村居民增强生态文明意识和情感，树立绿色发展的理念，养成

绿色生活的习惯，提升生态环境保护的能力。这不仅需强化乡村居民的生态文明保护责任与意识，也需在学校教育中向年轻一代传授生态文明理念，教授相关知识和技能。第二，要充分发挥高校生态科技、环境科学发展的生态文明建设价值。教育在自我发展的同时也促进了生态科技、环境科学的发展，尤其是高等教育中生物科学、农学、环境学、旅游管理学等专业教育的发展为乡村生态文明建设提供了大量的治理模式和技术支持。

（三）教育发掘本土文化特色发展，助力乡村文化振兴

文化振兴是乡村振兴的精神根底、精神内核。在推进乡村振兴过程中，福建省坚持以特色乡土文化为依托，以教育发展助力乡村文化振兴，不断推进省内特色乡土文化如传统技艺、古树名木、民俗风情等的全方位延承。一是发挥教育传承在保护乡土文化中的作用，创造性地在教育教学中融入当地乡土文化，开设特色文化专业和开发乡土课程，普及和延承乡土文化，培养相关传统技艺人才。如在乡土课程中开展福建武夷茶艺、安溪茶艺学习；在研学旅行课程中体验浦城剪纸技艺、参与表演泉州提线木偶戏、学习德化瓷烧制技艺等，加深学生对乡土文化的认识以及对乡土文化的保护意识。二是在教育教学中既要保护好原生态的乡土文化，又要不断融入新元素，创造新生态的乡土文化。将教育教学、乡土文化、社会企业集团、公益组织等有机结合，深入挖掘乡村独有的文化意蕴，根据省内不同区域乡土文化特色，开发独具特色的研学旅行基地、劳动教育基地、夏令营活动基地等，形成地方文化品牌、教育品牌、公益组织品牌，打造"一乡一特色、一村一文化"的文化振兴模式，在盘活特色乡土文化的同时，促进乡土文化的弘扬和创新。

（四）教育助力乡村组织振兴，夯实乡村振兴基层组织根基

中共中央、国务院印发的《乡村振兴战略规划（2018—2022年）》中指出，要"以农村基层党组织建设为主线，突出政治功能，提升组织力，把农村基层党组织建成宣传党的主张、贯彻党的决定、领导基层治理、团结

动员群众、推动改革发展的坚强战斗堡垒"。乡村振兴需要组织振兴的保障,乡村基层党组织在贯彻落实乡村振兴战略部署中发挥着举足轻重的作用。要培养造就一批优秀的乡村基层组织和优秀的乡村基层党组织带头人队伍,和谐、有序、有效地善治乡村。但培养优秀的乡村基层党组织带头人队伍,不能脱离教育的发展。一方面,农村基层党组织带头人队伍后备人才需要在学校教育教学中得到培养;另一方面,在任农村基层党组织带头人队伍需要在后期的党校教育中得到培训和提升。

二 实践推进

(一)主要发展政策

中共福建省委成立省委实施乡村振兴战略领导小组,福建省乡村振兴局于福建省农业农村厅挂牌。中共福建省委、福建省人民政府先后制定《实施乡村振兴战略的实施意见》《福建省乡村振兴试点示范工作方案》《福建省乡村振兴重点特色乡(镇)推荐办法》等,部署推进重大政策、重大行动和重要工作,协调解决实施乡村振兴战略的重点难点问题。福建省乡村振兴局协同福建省财政厅、民政厅、教育厅等部门,印发《福建省省级财政衔接推进乡村振兴补助资金管理办法》等,助力乡村产业兴旺、生态宜居、乡风文明、治理有效、生活富裕,从集中资源支持脱贫攻坚转向巩固拓展脱贫攻坚成果和全面推进乡村振兴。此外,福建九地市的市委、市政府也出台乡村振兴相关规定和实施意见,全面推进各地乡村振兴工作,努力打造一批在全省乃至全国具有影响力的乡村振兴样板,夯实乡村振兴基础。

在教育领域,福建省教育厅、福建省乡村振兴局印发《关于实现巩固拓展教育脱贫攻坚成果同乡村振兴有效衔接的实施方案》,全面落实5年过渡期要求,以延续优化教育帮扶政策、全面实现乡村教育振兴、全力推动教育振兴乡村三大任务为重点,从"集中资源支持教育脱贫攻坚"转向"巩固拓展教育脱贫攻坚成果和全面推进乡村振兴"，致力于提升教育服务乡村振兴的能力和水平。

（二）具体教育行动

聚焦教育领域，福建省教育系统始终坚持多措并举推动教育脱贫攻坚成果同乡村振兴有效衔接，为全方位推进高质量发展、全面加快新发展阶段新福建建设贡献教育力量。[①]

1. 立足教育，创设乡村振兴之"制"

进一步健全完善乡村振兴工作体制机制，持续巩固拓展教育脱贫攻坚成果，保持现有帮扶政策稳定性和连续性，实现政策和制度体系的平稳过渡和有效衔接。一是印发《关于实现巩固拓展脱贫攻坚成果同乡村振兴有效衔接的实施意见》，明确5年过渡期的工作目标、基本原则，从延续优化教育帮扶政策、全面实现乡村教育振兴、全力推动教育振兴乡村三大方面提出16项具体工作任务，在全面振兴乡村教育的同时，推动形成乡村教育振兴和教育振兴乡村的良性循环。二是将原福建省教育精准扶贫工作小组调整为福建省教育厅乡村振兴工作领导小组，进一步强化领导组织和工作机制保障。

2. 双向促进，创造乡村振兴之"质"

第一，扩大优质乡村教育供给。学前教育阶段，乡村幼儿园得到了省级专项资金的资助，以经费拨款保障机制以及办学点的督导和评估工作为乡村学前教育"保驾护航"。义务教育阶段，不断改善办学条件、完善农村教育保障机制，深入推进城乡义务教育一体化改革，并加快推进县域义务教育从基本均衡迈向优质均衡。高中教育阶段，实施县域普通高中发展提升计划，确认和遴选乡村示范性高中与示范建设高中，推动薄弱高中提质增效，加强农村学校、城镇薄弱学校的"抬底扩优"和全方位深度结对帮扶，促进县

---

① 福建省教育厅：《福建省教育厅关于报送2022年开展教育系统乡村振兴工作有关情况的函》，2022年6月。

域高中优质多样发展和整体提升。

第二，提升服务乡村振兴效能。首先，加大乡村振兴人才培养力度。建设"新农科"院校试点，如组建福建省新农科教育研究中心，打造福建省"新农科"建设的策源地和智库；支持涉农类型省级现代产业学院建设，着力推动涉农本科专业升级转型；加强高等职业院校乡村振兴相关专业建设，构建适应未来农业发展需要的新型学科体系，全面开展对接产业链的人才培养工作。其次，加强普通高校与职业院校服务乡村振兴能力。实施省级高水平职业院校和专业群建设计划（省级"双高计划"），建设一批优质校和示范基地；会同省农业农村厅实施新型职业农民素质提升工程，扩大高素质农民和农民工培育规模，首创性地开展高校共同参与的农民工"求学圆梦行动"，惠及乡村大众。最后，着力深化涉农职业教育产教融合。充分发挥农业类行业企业、职业院校、教研机构等单位部门的作用，积极组建农业职业教育集团，促进产教深度合作，共同推进农业产业发展。

3.巩固成果，创新乡村振兴之"治"

第一，推进乡村教育治理。福建省先后印发《关于做好2022年省级教师培训工作的通知》《关于实施2022年乡村优秀青年教师培养奖励计划的通知》，加强乡村教师队伍培养；通过健全完善防止返贫动态监测和帮扶机制，严格落实过渡期内"四个不摘"要求，协同民政、乡村振兴等部门精准落实学生资助政策；通过推进数字乡村相关专业、课程、智慧教育平台体系建设，以及农村义务教育薄弱学校信息化建设，在确保巩固成果的同时，全面推动信息化建设助力数字乡村发展，助力福建教育数字化战略行动。

第二，深化闽宁教育协作。选派教师赴宁夏支教、接收宁夏校长来闽跟岗学习，全面深化教师交流协作；推进闽宁中小学结对帮扶和"互联网+教育"结对共建，深化基础教育协作；通过闽宁共商共建特色专业、教师互访交流、学生交流互访和招生合作，形成"闽宁职业教育乡村振兴合作共同体"；积极开展闽宁高校结对帮扶、干部交流培训、高校联合培养、高等教育在线课程共建共享，深化闽宁高等教育合作。

三 典型案例

近年来，福建高校在大力发展高等教育，全面助推乡村振兴过程中涌现了大量优秀案例，现介绍以下三个典型案例。

（一）乡村产业振兴：牛樟芝项目[①]

1.项目概况

福建中医药大学充分发挥其在人才、科技、资源等方面的优势，积极与地方、企业开展合作，促成福建皓天牛樟芝生物科技有限公司与福安市松罗乡政府签约，共建牛樟树种苗繁育基地。打造闽产珍稀药材特色优势产业，帮助当地农民增加收入，巩固脱贫攻坚成果，拓展中药种植与产品开发新模式，开辟乡村产业振兴新途径。

2.项目实施

该项目拟分为三期建设，总投资约 1.5 亿元，一期拟投资 3500 万元建设牛樟芝展示馆 1000 平方米、牛樟芝种植基地 160 亩，二期拟投资 5000 万元建设子实体温室培养区 1000 平方米、椴木菌丝观察室 1000 平方米、椴木植菌区 1000 平方米，三期拟投资 6500 万元建设牛樟芝产业园区 10000 平方米。目前一期项目已建设完成，馆内引进牛樟芝椴木 500 多椴，牛樟树种植 140 亩。

3.项目特点

第一，以融合为主题探索发展新路。福建中医药大学通过组建乡村振兴党建联盟、建立"专家工作站"，依托驻村第一书记、科技特派员等优秀群体协助当地群众积极探索产业融合。如在牛樟树下套种福安白茶，引进优良鸡种放养在牛樟树园里，这是农民增收致富的又一个助力点。

第二，以技术为支撑延长产业链条。福建中医药大学依托以福建省中医

---

① 资料来源：《福建中医药大学关于报送乡村振兴工作调研报告的函》，2022 年 6 月。

药科学院专家学者为主的技术团队，协同松罗乡人民政府及世界中医学会联合会牛樟芝产业分会共建牛樟芝小镇，打造大健康产业链。研发牛樟芝滴丸、精油、面膜等产品，年产值可达3000万元，为松罗乡产业融合发展带来新技术、新观念、新气象，打造松罗乡继葡萄和茶叶之外的又一农业特色产业。

第三，以康养为核心构建特色小镇。福建中医药大学立足松罗乡本地实际条件，契合当下群众广泛关注的康养产业的情况，打造以牛樟芝产业链和畲医药为主的特色康养小镇，通过农旅一体化的模式推动松罗健康产业、养生产业、文化旅游业、生态农业等多元产业形成互动，多级同频共振，带动乡村振兴。

4.成效与经验

近年来，牛樟芝项目产生了良好的社会效益、经济效益和集聚效应。

第一，社会效益，在两岸具有广泛影响力。2019年9月8日，福建中医药大学携牛樟芝培育最新科研成果出席第五届中国厦门国际大健康产业博览会，迅速吸引了各地区各级领导的高度关注，各级领导多次实地开展调研。2021年6月25日，福建省牛樟芝协会第二届理事会在松罗召开，本届理事会授予了松罗乡"牛樟芝产业示范基地"荣誉称号。

第二，经济效益，带动群众和村财增收。到2023年，农民就可以从牛樟树的树叶上提炼出精油，每亩可以受益0.5万元，140亩的收益可达70万元。种植6年后，可以收取牛樟树种子，每株收益达0.1万元，每亩可增加收入3万元。客商陈武龙先生无偿提供30厘米牛樟树实生种子幼苗给松罗农户种植，预计带动全乡林下种植牛樟树达5000亩，并提供较好的价格负责回收，年产值预计可达5800万元，带动就业1000人。

第三，集聚效应，繁荣地方经济建设。随着牛樟芝产业在松罗成功落地生根，台创园规划应运而生，吸引了牛樟芝产业分会发动成员企业台湾景天生物科技有限公司、台湾华凌生物科技有限公司、台湾昌新生物科技有限公司等的关注。牛樟芝产业分会与地方政府共同谋划建设福建闽东地区首个台创园，进一步做强做大闽台融合创新之路。

5.持续推进

福建中医药大学将继续深入贯彻落实习近平总书记来闽考察重要讲话精神，紧紧围绕福建省经济社会发展形势，聚焦服务乡村振兴和助力产业转型，发挥中医药人才、技术和资源优势，激励和支持学校科技工作者把论文"写在"乡村大地间，助力福建省构建高质量发展的中医药现代产业体系。

（二）乡村文化振兴："小眼睛·大世界"乡村儿童绘本阅读志愿服务项目①

1.项目概况

2016年，福建工程学院发起"小眼睛·大世界"乡村儿童绘本阅读志愿服务项目，希望通过开展富有特色的绘本阅读公益服务，弥补乡村儿童在学前教育和早期养育方面存在的不足，让每一位乡村儿童拥有高品质的阅读。

经过6年多的志愿服务实践探索，福建工程学院志愿服务团队于2020年1月在省民政厅的支持下，注册成立福建省首家专注乡村儿童早期阅读、公益输出儿童绘本教育课程的助学机构——福建省小眼睛助学服务中心。该中心通过研发创新的绘本教育课程体系，搭建完善的绘本阅读推广服务体系以及包括政府、企业、学校、社会组织在内的协同联动支持体系，针对乡村儿童课外阅读缺乏专业指导的短板，为2~10岁乡村儿童提供优质绘本阅读服务，实现了从城市社区向基层乡村下沉的转型。项目团队发挥资源整合的优势，推动"思政课程"与"课程思政"协同融合，把学科专业实践做在乡村大地上，结合专业优势，实施教育扶贫，撬动包括民盟福建省委、共青团福建省委在内的多元力量，并利用省内外大学生志愿者的力量快速复制推广，持续推进该项目在福建省各地常态化开展。

---

① 资料来源：肖晓琴、王伟、刘佳、林凡、沈夏冰的"巩固教育扶贫成果 青春助力乡村振兴——福建工程学院打造'小眼睛·大世界'乡村儿童绘本阅读志愿服务项目（教育助力乡村振兴典型案例）"，2022年6月。

2.项目实施

第一，搭建多方参与平台，凝心汇聚社会各方力量。福建省小眼睛助学服务中心受到了社会的广泛关注，获得真爱梦想、心和基金、恩派基金会、苍霞街道社区发展公益基金会的人力支持和项目合作支持；得到福建省儿童多元智能发展协会、全国图书电商十强——葫芦弟弟、福建省图书馆、气球王国、青腾文化发展有限公司、智赢互动传媒等多家阅读专业机构及企业提供物资支持与场所的援助；先后得到福州市鼓楼区财政支持、福州市财政支持及福州市文明办立项支持；获得福建工程学院六地市校友会各分会校友企业的热心支持。台湾"绘本故事魔女"陈蓉蓉、香港早教专家桑吕米妮、福建省海峡儿童阅读研究中心特约研究员黄如湜等专家担任团队顾问团成员。不少爱心人士也纷纷加入志愿服务队伍，与关注教育扶贫的社工组织形成联动，小眼睛助学服务中心成为社会各界传递爱心的桥梁纽带、关心关爱乡村儿童的"最后一公里"。

第二，专注课程产品研发，打造"一体两翼"服务方案。福建省小眼睛助学服务中心志愿者选取绘本阅读作为乡村教育扶贫的主要载体，打造"一体两翼"的公益阅读服务方案，帮助乡村儿童缓解社交障碍、不良情绪等，提高儿童学习专注力，促进儿童语言、社会交往、阅读习惯等行为养成。其中，"一体"即多元绘本阅读课程产品，团队甄选世界优秀绘本，搭配绘本讲解教具，分级分类形成152套绘本课程包产品。"两翼"即绘本阅读推广人三级人才梯队、农村绘本阅读公益服务点三阶建设模式，以数量规模和教学能力为分类依据，将绘本阅读推广人分为初级绘本助教、中级绘本讲师、高级绘本导师三级梯队，选用不同培训方案进行差异化教学培养；根据乡村儿童和差异化需求，设立班级绘本角、校级绘本阅读服务中心、乡镇绘本阅读服务示范基地等三级服务点。

第三，专业实践形成联动，实施"百园千师"工程。社区治理、非营利组织管理和公益创业是公共管理专业学生的必修内容。从志愿服务项目到公益创业平台，小眼睛助学服务中心不仅成为学生服务社会的平台，也成为公共管理专业学生的实践基地。在课堂上，公共管理专业师生将

"小眼睛·大世界"的项目运营、课程设计、教学安排等作为教学案例融入课堂教学环节，将解决项目运行时遇到的问题、优化发展模式、规划发展方向等作为课程设计的主要内容。在课程外，一批批学生加入志愿者队伍，乡村大地成为这些学生最广阔的专业实践场所。如今团队已有65名大学生成为固定成员，不定期参加项目的学生达到数百名，他们为乡村教育扶贫播撒了爱的火种。2020年11月，福建省小眼睛助学服务中心与福建省儿童多元智能发展协会共同发起乡村儿童绘本阅读公益推广"百园千师"工程，双方将共同为100所乡村幼儿园提供绘本教育资源，为1000名乡村幼儿教师绘本教学赋能，248名民办教育工作者现场报名并成为首批学员。

3. 项目特点

福建省小眼睛助学服务中心是全国首家专注于绘本阅读推广的公益组织，其经过精心打造的"小眼睛·大世界"乡村儿童绘本阅读志愿服务项目形成了两个主要特点。

第一，三维体系支撑项目高效率运转。该项目通过研发绘本教育课程产品，建立了创新的绘本教育课程体系；通过开发并实施系列品牌公益项目捐赠优质绘本、培育绘本阅读推广人，建立了完善的服务体系；通过跨界联盟，建立了广泛的落地支持体系，从而形成乡村儿童优质绘本阅读推广体系，致力提高乡村儿童早期阅读水平。

第二，该项目累进创新的可持续性。发挥资源整合优势，广泛获得包括45个政府群团组织及社会组织、87个青少年社工机构、63个校友会分会、68家爱心企业、5个基金会、4家专业阅读机构等在内的社会力量支持，保证项目可持续；多渠道筹资，2016年至2022年6月共计筹集资金760万元、支出597万元，合理安排支出，保证项目资金可持续；福建省儿童多元智能发展协会会长陈红、福建省儿童阅读研究中心特约研究员黄如湜、年度十佳绘本作家符文征、奇妙绘本故事首席专家陈蓉蓉等绘本创作专家加盟及绘本教育专家指导，激发大学生绘本爱好者创新潜能，保证创新研发能力可持续；通过三级服务点建设、高校小眼睛志愿服务站建设的标准化，实现服务模式的复制与推广，保证项目可持续。

4. 成效与经验

福建省小眼睛助学服务中心坚持走好公益助学路。累计开发涵盖 3 个年龄层次、10 个主题教育、152 套绘本课程包，建立 118 个乡村儿童公益阅读服务点、375 个班级绘本角，覆盖 18 省 89 个县市；为儿童捐赠绘本 41800 册，为教师捐赠课程包 1104 套；共培训 353 名乡村教师及志愿者，服务乡村儿童达 11 万人次；深受服务对象的喜爱与认可，家长、教师反馈绘本阅读对儿童成长助益效果好，合作单位、绘本业内专家及基层政府也给予了高度认可。

福建省小眼睛助学服务中心的乡村教育扶贫活动情况受到《中国青年报》、学习强国、《福建日报》、《福建新闻联播》等多家主流媒体的持续关注，累计报道 99 次，团队成员何露接受了福建新闻广播"青年领秀"专访，有 144.68 万人次收看收听直播，取得了良好的社会效益。项目得到所在学校的大力支持，项目发展与思创融合、专创融合教育相结合，带动团队成员积极进取、争先创优；团队成员获得各级各类荣誉共计 124 项，其中国家级 15 项、省级 23 项、校级 86 项，包括"全国大学生自强之星""全国大学生创业英雄 100 强""福建省向上向善好青年""福建省大学生创业之星"等荣誉称号。

5. 持续推进

未来，福建省小眼睛助学服务中心将继续走好公益助学之路，持续打造儿童绘本阅读公益服务品牌，力争为乡村儿童提供更好的早期阅读辅导、精神关爱、心理疏导、家庭教育指导，形成可复制、可推广的典型模式。一方面，丰富"一体两翼"公益阅读服务体系，重点打造"满天星"计划、"苍霞共益，绘行八闽"、"百园千师"工程、"书送希望、阅享未来"计划四大品牌项目；另一方面，不断扩大惠及面，巩固拓展乡村教育扶贫成果，力争到 2025 年培育一线绘本阅读推广人达到 5000 人、服务点达到 1000 个、服务儿童 100 万人次。

（三）乡村人才振兴："闽宁乡村职教协作"项目[①]

1.项目概况

闽宁协作，是习近平总书记在闽工作期间主导的一项东西部协作项目，自1996年启动以来，至今已有26个年头。2017年3月，闽宁两省区的教育厅、扶贫开发领导小组办公室联合印发《闽宁职业教育协作助力脱贫攻坚工作实施方案》（以下简称《实施方案》），拉开了闽宁职业教育协作的帷幕。为深入贯彻落实《实施方案》要求，福建船政交通职业学院主动对接宁夏职业技术学院，通过交流互访、共建特色专业、派遣骨干教师、跟岗培训、深化师生交流等一系列措施持续组织开展"闽宁乡村职教协作"项目。该项目在职业院校参与精准帮扶中发挥着独特作用，为提升欠发达地区教育发展水平、阻断贫困代际传递和推进乡村振兴做出了积极贡献。

2.项目特点

福建船政交通职业学院分别于2018年、2019年和2020年牵头组建了乡村振兴相关的合作共同体，创新形成了"一体两翼八共建助力闽宁乡村振兴职教协作"模式，使学校的人才、专业资源优势得到充分发挥，更好地适应帮扶地区经济社会发展现状、满足帮扶对象的动态需求，极大地提高了帮扶工作效率和效益。

3.成效与经验

第一，勇担社会责任，服务闽宁协作。福建船政交通职业学院勇担社会责任，依托闽宁职教协作共同体平台，紧密围绕提升学校内涵、提高人才培养质量开展工作，主动帮扶70多所中西部和省内职业院校，以项目为载体，推动共同体院校在队伍建设、专业建设等方面开展全面、深入合作交流，凝心聚力服务闽宁乡村全面振兴。

第二，聚焦职教热点，提供专业支撑。近年来，"闽宁职业教育乡村振

---

① 资料来源：福建船政交通职业学院，《福建船政交通职业学院乡村振兴工作研究报告》，2022年6月。

兴合作共同体"聚焦职业教育改革发展的热点和难点问题,坚持共商、共建、共享、共赢的理念,继续推进共同体成员学校高质量发展。各成员学校的人才培养培训质量不断增强,社会服务能力和水平明显提升,为乡村振兴提供了人才支撑和技术支持。

第三,打造职校共同体,广受社会好评。2021年福建省立项建设高水平中职学校36所,其中,27所为福建船政交通职业学院牵头组建和帮扶的共同体成员校。2021年福建省立项建设高水平中职专业群108个,其中,62个为学校牵头组建和帮扶的共同体成员校。

四 主要经验——走具有福建特色的乡村振兴之路

以习近平总书记关于乡村振兴的重要思想为指导,福建省立足省情农情,准确把握福建乡村振兴的特色所在、优势所在,坚定不移走具有福建特色的乡村振兴之路,福建乡村振兴的主要经验可总结为如下6个方面。

(一)以习近平总书记"两山论"与乡村振兴的重要思想为根本遵循

福建省实现了从"靠山吃山"向"养山富山"的转变,探索出一条以经济与生态互融共生、共进,实现乡村振兴战略的"新引擎"。以习近平总书记"两山论"与乡村振兴的重要思想为根本遵循,福建省始终把实施乡村振兴摆在优先位置,结合省情、农情,依靠天然的生态资源,以生态振兴为突破口,依托现代教育与科技优势,为现代农业生产赋利、为农业发展赋能、为乡村文化赋魂,聚力发展农业产业,实现绿色协调发展。

(二)"守住乡风乡愁":以独特的乡土文化为支撑乡村振兴的精神根底

乡土文化是乡村发展、乡村振兴的根底,教育应当发挥"绵延文化"的作用。福建省在积极探索乡村振兴的过程中,挖掘并根植"乡贤文化"

"敢拼会赢"的精神以及"红色文化与红色精神"等区域文化，创新文化资源与乡村振兴融合的新模式。首先，突出"乡贤文化"建设。福州、厦门、泉州、漳州、南平等地以文化旅游、教育研学、乡贤文化展馆建设、村党史与村史馆建设等方式，打造乡贤文化品牌，扩大文化惠民的覆盖面。其次，弘扬"敢拼会赢"的精神。闽南地区将相关内容编写进校本教材，走进中小学的课堂。社会层面通过组织"村BA"篮球比赛等形式，培养青少年敢拼、爱拼、善拼精神。以"爱拼才会赢"的精神为引领，一批批青年人投身乡村建设，返乡创新创业，为乡村振兴注入资金与活力。最后，传承红色文化与红色精神。福建革命老区，党史事件多、红色资源多、革命先辈多，全省共有 70 个革命老区苏区县（市、区），有 3600 多个革命基点村，2683 处革命遗迹，各类红色宣讲队伍超过 3500 支，常年开展对象化、分众化、互动化宣讲，线上线下联动，有力地促进了红色故事深入基层、深入群众。

（三）"宜居宜人宜业"：以天然的绿色生态为引领乡村振兴的重要资源

福建省"八山一水一分田"，生态资源多样性、差异性特征明显。天然的绿色生态成为新时代加快福建省乡村振兴的重要基础。各级各类学校将乡村的广袤土地、山山水水等生态资源融入学校的课程建设与教学活动，强化学生与乡村生活的联系。同时，全省还积极利用融媒体、大数据等手段，加强对乡村生态建设与乡村经济发展的宣传与教育。闽北、闽中、闽西"因山制宜"持续开展农村人居环境治理、清新流域治理等行动，创新乡村生态振兴方式，发展"云上梯田"，实行"公司+集体+农户"模式，加强生态、产业、旅游融合发展，通过"综合治理、管护结合、农旅融合"等方式，依托良好的生态本底，探索出"绿水青山"向"金山银山"的转化路径；闽东、闽都、闽南"因海制宜"持续推进乡村环境治理，开展海上养殖综合治理、岸线和滩涂湿地保护恢复、海洋生物多样性抢救性保护、生态安全屏障建设等生态环境综合治理。总之，福建省积极把教育发展、生态建设与乡村振兴坚实紧密结合，使绿水青山永远成为福建的骄傲。

（四）"存绿币，产金山"：以特色农业产业为促进乡村振兴的发展途径

乡村振兴要因地制宜、因时制宜，福建省利用天然的生态自然资源，走特色路、打特色牌，强化乡村教育与产业振兴的结合，发展茶叶、蔬菜、水果、水产、食用菌等特色产业。习近平总书记指出，特色农业是福建农业的优势所在，也是福建农业的亮点所在。沿着习近平总书记指引的方向，福建省发挥科技特派员制度优势，做优"科特派"品牌，完善驻村第一书记、乡村振兴指导员制度，让农民增知识、强精神、强化乡村发展认同，以需求性教育疏通现代农业发展的堵点，以教育"反哺"乡村，服务乡村经济社会可持续发展。在科技特派员的指导下，福建着力做好茶叶、食用菌、牛樟芝、芦柑等特色产业的发展，全力打造"一县一业""一村一品"。其中，南平市、三明市等地积极探索推广"生态银行"模式，让"绿水青山"变成"银行"，打造出一条"教育+生态+产业"乡村振兴新路径。

（五）"人才上山下乡"：以高质量人才作为助力乡村振兴的主要力量

以人才振兴赋能乡村振兴，是乡村真正实现振兴的关键。以福州大学、福建农林大学、福建师范大学、福建中医药大学、福建工程学院、福建交通职业技术学院等为代表的高等院校，准确把握乡村振兴对乡村人才提出的新要求，积极开展乡村振兴理论研究、人才培养和推广服务，加强与乡村的深入合作，积极探索订单式人才培养模式，提升高校人才培养与乡村振兴需求之间的契合度和支撑度，发挥高等教育和职业教育的人才优势、资源优势。福建农林大学率先成立乡村振兴研究院，开设农村区域发展本科、农业专业硕士点，深入实施服务乡村振兴十大行动，探索形成"围绕一个特色产业、成立一个校地研发平台、组建一个服务团队、带动一批专业合作社、助推一方乡村振兴"的"五个一"社会服务模式，打造一条服务乡村发展、乡村建设和乡村治理的高素质人才培养新路径。此外，福建省政府颁布《福建省新型职业农民认定和扶持办法》，推进更精准的高素质农民培养工程，举

办新型职业农民素质提升工程学历教育，引导农民学习新思想、新技术，创新多元乡村人才支撑项目，提升农民的综合素质和职业能力，扎稳乡村教育和乡村振兴的根基。

（六）"多元融通协调"：构建多方联动的乡村振兴模式

福建乡村振兴的实践证明，为实现乡村振兴的精准度和有效性，必须坚持党的领导，加强政府顶层设计和统筹协调，整合政府、高校、企业、社会、家庭等各方力量。在政府层面，福建省教育厅与福建省乡村振兴局印发《关于实现巩固拓展教育脱贫攻坚成果同乡村振兴有效衔接的实施方案》，持续巩固拓展教育脱贫攻坚成果，保持现有帮扶政策的连续性，基本实现政策体系、制度体系和工作体系的平稳过渡和有效衔接。在高校层面，坚持理论联系实际，将在服务乡村振兴中形成的好经验和好做法纳入高校教学科研体制，探索理论创新和实践创新，为全面推进乡村振兴提供智力支持。在企业层面，政府应给予民营企业、商会、协会更好的政策支持，让乡村振兴的行动与企业自身发展相结合，探索多元化的可持续、可复制的民营企业参与乡村振兴有效机制。经过多年努力，福建省逐渐形成了"党委有力领导、各级政府主导、跨领域协同、乡村地区内生发展、学校—市场—企业共育"的乡村振兴大格局。

五 未来发展

展望未来，福建省将全面贯彻和落实党的二十大精神，进一步建设宜居宜业和美乡村。聚焦教育领域，积极推进教育、科技、人才工作的"三位一体"战略部署，有效支撑强国建设，推动乡村振兴。至2025年，实现教育脱贫攻坚成果巩固拓展，农村教育普及水平稳步提高，农村教育高质量发展基础更加夯实，农村家庭经济困难学生教育帮扶机制愈加完善，城乡教育差距进一步缩小，教育服务乡村振兴的能力和水平进一步提升，乡村教育振兴和教育振兴乡村的良性循环基本形成，为中国式教育现代化建设贡献力量。

参考文献

中央党校采访实录编辑室：《习近平在福建》，中共中央党校出版社，2021。

中央党校采访实录编辑室：《习近平在福州》，中共中央党校出版社，2020。

中央党校采访实录编辑室：《习近平在厦门》，中共中央党校出版社，2020。

中央党校采访实录编辑室：《习近平在宁德》，中共中央党校出版社，2020。

习近平：《习近平谈治国理政（第一卷）》，外文出版社，2018。

习近平：《习近平谈治国理政（第二卷）》，外文出版社，2017。

习近平：《习近平谈治国理政（第三卷）》，外文出版社，2020。

习近平：《习近平谈治国理政（第三卷）》，外文出版社，2022。

雷明、于莎莎：《乡村振兴的多重路径选择——基于产业、人才、文化、生态、组织的分析》，《广西社会科学》2022年第9期。

习近平：《共同构建人与自然生命共同体》，《人民日报》2021年4月23日。

《青山绿水是无价之宝，山区要画好"山水画"做好山水田文章》，《福建日报》2022年第4期。

B.17
河南省教育发展助力乡村振兴

赵国祥　李　俊　宋　晔　孔维申　罗红艳　苗学杰　祁　晓

昌成明　张彦杰　韩　勇*

摘　要： 在从"脱贫攻坚"到"乡村振兴"的乡村发展新格局中，河南省坚持教育发展与乡村振兴同频共振。在教育发展与乡村振兴协同发展的宏观战略框架的基础之上，河南省乡村学前教育普及普惠水平迈上了新台阶、县域内城乡义务教育优质均衡取得了新突破、乡村普通高中和职业高中教育资源得到了新扩充、乡村教育信息化建设水平达到了新高度、乡村教师队伍建设保障水平得到了新提高、乡村学生资助服务体系建设得到了新加强。下一步，河南省将进一步探索构建教育振兴乡村与其他行业振兴乡村之间的衔接机制、教育发展与乡村振兴有机衔接的机制以及校地紧密合作新机制，实现教育发展与乡村振兴的"嵌入式"耦合。

关键词： 教育发展　乡村振兴　河南省

---

* 赵国祥，河南省宏观教育政策研究中心主任，河南师范大学教育学部教授，主要研究方向为高等教育；李俊，信阳师范大学校长，教授，主要研究方向为科学社会主义与国际共运；宋晔，河南师范大学副校长，河南省宏观教育政策研究中心常务副主任，教授，主要研究方向为道德教育；孔维申，河南省委教育工作领导小组秘书组秘书处副处长；罗红艳，河南师范大学教育学部部长，教授，主要研究方向为教育管理；苗学杰，河南师范大学教育学部副部长，教授，主要研究方向为比较教育；祁晓，河南省宏观教育政策研究中心秘书，河南师范大学教育学部副教授，主要研究方向为高等教育；昌成明，河南师范大学教育学部副教授，主要研究方向为教育基本理论；张彦杰，河南师范大学教育学部副教授，主要研究方向为教育史；韩勇，信阳师范学院发展规划处政策研究科科长，主要研究方向为区域发展与城乡规划。

一 河南省教育发展与乡村振兴的基本情况

党的十九届五中全会把"优先发展农业农村，全面推进乡村振兴"作为"十四五"时期我国经济社会发展的重要任务之一，提出"实现巩固拓展脱贫攻坚成果同乡村振兴有效衔接"。党的二十大报告重申要坚持农业农村优先发展，加快建设农业强国，巩固拓展脱贫攻坚成果，增强脱贫地区和脱贫群众内生发展动力，全面推进乡村振兴。

（一）从"脱贫攻坚"到"乡村振兴"：乡村发展新格局

1.脱贫攻坚的成果

"十三五"期间，我国脱贫攻坚战取得了全面胜利，完成了消除绝对贫困的艰巨任务，脱贫攻坚取得举世瞩目的成就。在以习近平同志为核心的党中央坚强领导下，河南以脱贫攻坚统揽全省经济社会发展全局，交出了一份合格答卷。"十三五"时期，河南全省718.6万建档立卡贫困人口脱贫，9536个贫困村全部退出贫困序列，53个贫困县全部脱贫摘帽，"三山一滩"区域性整体贫困得到解决，绝对贫困人口全部清零，脱贫攻坚取得决胜成果。①

2.乡村振兴的发展方向

"十四五"时期，"三农"工作重心历史性转向全面推进乡村振兴，加快中国特色农业农村现代化进程。《中共中央、国务院关于实现巩固拓展脱贫攻坚成果同乡村振兴有效衔接的意见》中指出，在脱贫攻坚目标任务完成后，设立5年过渡期，到2025年，脱贫攻坚成果巩固拓展，乡村振兴全面推进。为认真贯彻落实中共中央、国务院的指导精神，河南省乡村振兴的基本思路为：继脱贫攻坚目标任务完成后，对摆脱贫困的县，从脱贫之日起

---

① 《三大攻坚战成效显著 河南718.6万建档立卡贫困人口全部脱贫》，河南省人民政府网，2021年1月18日，https：//www.henan.gov.cn/2021/01-18/2080984.html。

设立 5 年过渡期;① 各地结合工作实际,做好过渡期内领导体制、工作体系、发展规划、政策举措、考核机制等有效衔接。为此,2021 年河南省印发乡村振兴五大行动计划,分别从产业、人才、生态、文化和组织建设 5 个方面划定未来 5 年河南乡村振兴的具体路径,为乡村振兴指明方向。

3.巩固拓展脱贫攻坚成果同乡村振兴有效衔接

"十三五"期间,河南省紧紧围绕脱贫攻坚大局,出台了一系列兜底保障政策,较好地保障了农村困难群众的基本生活。"十四五"时期,为巩固拓展脱贫攻坚成果,接续推动脱贫地区发展和乡村全面振兴,根据《中共中央、国务院关于实现巩固拓展脱贫攻坚成果同乡村振兴有效衔接的意见》精神并结合河南省实际,中共河南省委、河南省人民政府出台《关于实现巩固拓展脱贫攻坚成果同乡村振兴有效衔接的实施意见》。该实施意见明确提出,到 2025 年,脱贫攻坚成果持续巩固拓展,乡村振兴实现更大突破;农村低收入人口帮扶机制逐步完善,不发生规模性返贫和新的绝对贫困;脱贫地区农民收入增速高于全省农村平均水平,脱贫地区经济活力和发展后劲明显增强;农村基础设施和基本公共服务水平进一步提升,美丽宜居乡村建设扎实推进,农村基层组织建设不断加强。②

(二)教育发展与乡村振兴同频共振

1."乡村振兴教育先行"

乡村振兴,教育先行;教育先行,教师为本。振兴乡村教育,乡村教师是关键,必须把乡村教师队伍建设摆在优先发展的战略地位。关于乡村教师队伍建设,《河南省基础教育教师能力素养提升行动计划(2022—2025)》明确提出,"十四五"期间,将依托河南开放大学和师范类院校等,开展教师培训与学历提升融合项目,支持乡村教师在职便捷提升学历;分期分批对

---

① 《中共中央 国务院关于实现巩固拓展脱贫攻坚成果同乡村振兴有效衔接的意见》,中国政府网,2021 年 3 月 22 日,https://www.gov.cn/zhengce/2021-03/22/content_ 5594969.htm。

② 《河南省民政厅关于巩固拓展民政领域脱贫攻坚成果同乡村振兴有效衔接的实施意见》,河南省民政厅网,2021 年 4 月 14 日,https://mzt.henan.gov.cn/2021-04-14/2126514.html。

全省所有乡村实施"送教下乡"项目，提升乡村教师课堂教学能力；结合乡村学校教育跨学科教学、复式教学等特点，探索建立适宜乡村教育的教师培训课程体系，加强乡村教师身份认同，提升其专业发展内驱力。同时，河南省教育厅印发《河南省乡村中小学首席教师岗位计划实施方案》，决定"十四五"期间率先在全省范围内实施乡村中小学首席教师岗位计划，并遴选一大批业务素质精湛、育人水平高超、组织协调能力强的优秀教师。

自 2016 年河南省启动地方公费师范生培养计划以来，相关培养政策日臻完善、培养类别渐趋合理、培养规模逐步扩大、培养质量逐年提升。到 2021 年底，河南省已累计投入经费 3 亿元，培养地方公费师范生 1.75 万名，7000 余名毕业生到农村贫困地区投身教育事业。此外，河南省还多次将"特岗计划"纳入年度重点民生实事，并给予重点支持、全力推进。"十四五"期间，按照力争全省每个乡镇都设立 1~2 名首席教师岗位的目标，河南全省共遴选 3000 名左右乡村首席教师，建立 3000 个乡村首席教师工作室，采取"1+10+100"的模式，建立乡村教师发展支持服务体系，推动乡村教育高质量发展。[1] 2022 年 9 月，经申请、推荐、审核、公示等程序确定的 2556 名河南省第二批乡村中小学首席岗位计划聘任人选正式公布，这代表着乡村中小学首席教师岗位计划在河南全面推开。[2]

2. 教育发展反哺乡村振兴

长期以来河南都是全国最重要的劳动力输出地，2021 年河南农村劳动力转移就业总量为 3134.33 万人[3]。河南农村缺乏青年劳动力的支撑，很难为现代农业以及乡村振兴提供长效动力。为了改变农村这种单向的人口流

---

① 《河南省教育厅关于印发〈河南省乡村中小学首席教师岗位计划实施方案〉的通知》，河南省人民政府网，2021 年 9 月 23 日，http：//m.jyt.henan.gov.cn/2021/09-23/2317272.html。

② 《河南省教育厅关于公布河南省第二批乡村中小学首席岗位计划聘任人选的通知》，河南省人民政府网，2021 年 9 月 7 日，http：//jyt.henan.gov.cn/2022/09-09/2604305.html。

③ 《2021 年度河南省人力资源和社会保障事业发展统计公报》，河南省人力资源和社会保障厅网，2022 年 12 月 6 日，https：//hrss.henan.gov.cn/2022/12-06/2652231.html。

动，近年来河南建立了拥有 103.5 万人的乡土人才库①，引导各个行业的"能人"返乡，参与乡村社会经济社会发展。

（三）河南省教育发展与乡村振兴的基本情况

1. 河南省教育发展基本情况

2021 年，河南省教育年投入总量达 1927 亿元，较十年前增长 149%。② 全年省内新建、改扩建幼儿园 571 所。先后实施三期学前教育行动计划，全省幼儿园数达到 2.44 万所，学前教育毛入园率达到 90.8%，高于全国 2.7 个百分点。持续实施扩充城镇义务教育资源计划、义务教育薄弱环节改善与能力提升工程，九年义务教育巩固率达到 96.1%，高于全国 0.7 个百分点，全省 158 个县（市、区）实现义务教育基本均衡。③ 连续实施普通高中改造计划和教育基础薄弱县普通高中建设项目，普通高中办学条件得到明显改善，高中阶段毛入学率达到 92.5%，高于全国 1.1 个百分点。④ 高等教育毛入学率达到 53.13%，较上年提高 1.27 个百分点。高校新增 10 个学科进入 ESI 全球前 1%，总数达到 46 个；新增 153 个专业进入国家一流本科专业建设点。⑤

2. 河南省乡村振兴基本情况

脱贫攻坚工作收官以来，河南省认真落实党中央、国务院及省委决策部署，推动巩固拓展脱贫攻坚成果、有效衔接乡村振兴工作。为有力保障巩固

---

① 《实践河南乡村振兴 培育现代农民先行》，大河网，2022 年 9 月 27 日，http://newpaper. dahe. cn/hnrbncb/html/2022-09/27/content_ 598098. htm。

② 《2021 年河南省教育投入达 1927 亿元乡村教育投入最多增长最快效果最好》，河南省财政厅，2022 年 2 月 28 日，https://www.henan. gov. cn/2022/02-28/2405348. html。

③ 《"河南这十年"主题系列第二十五场新闻发布会（教育高质量发展专场）》，2022 年 10 月 11 日，https://www.henan. gov. cn/2022/10-11/2622427. html。

④ 《让有"温度"的教育共建共享 河南这十年推动教育事业"品学兼优"》，大河网、河南省人民政府网，2022 年 10 月 12 日，https://baijiahao. baidu. com/s? id = 1746463035795106513&wfr=spider&for=pc。

⑤ 《今年，河南教育要干这些事》，河南省人民政府网，2022 年 1 月 23 日，https://www. henan. gov. cn/2022/01-23/2386772. html。

脱贫攻坚成果，河南省坚持"投入不减"，2021年中央、省、市、县四级共投入财政衔接推进乡村振兴补助资金198.85亿元；53个脱贫县统筹整合财政涉农资金201亿元；全省新增脱贫人口小额信贷107.45亿元，居全国第一位，发放精准扶贫企业贷款71.16亿元；全省累计交易宅基地复垦1.62万亩，为脱贫县筹集资金30.66亿元；持续加大"三农"财政投入力度，安排耕地地力保护补贴106.4亿元，追加安排实际种粮农民一次性补贴19.4亿元。2021年脱贫地区农村居民人均可支配收入达15752元，较2020年增长9.7%。全省脱贫户人均收入14499.3元，较2020年增长13.2%。[1]

发展壮大乡村特色产业是巩固拓展脱贫攻坚成果、全面推进乡村振兴的重要基础。河南省开展了田园增收、养殖富民、乡村旅游等产业发展"十大行动"，2021年衔接资金用于产业发展的比例提高到57.87%。全省累计培育省级以上龙头企业970家、农民合作社19.6万家、家庭农场25.85万家，新型经营主体与72%的脱贫户建立利益联结机制。同时，全省积极推进"人人持证、技能河南"建设，促进脱贫人口务工就业由体力型向技能型转变。全省脱贫人口、农村低收入人口外出务工236.4万人，较2020年增加30.98万人，公益岗位安置就业62万人。[2]

3. 河南教育发展与乡村振兴反哺互补的基本情况

"十三五"时期以来，河南实施了一系列措施助力乡村振兴，培育经营管理型、专业生产型和技能服务型高素质农民135.7万人，[3]并使其成为乡村振兴的中坚力量。其一，以"技能振兴"促进乡村振兴。为推进"人人持证、技能河南"建设，职业院校（技工院校）对脱贫劳动力开展"订单

---

① 《筑牢防返贫坚实堤坝 续写乡村振兴新篇章 河南省全力巩固拓展脱贫攻坚成果同乡村振兴有效衔接》，河南省农业农村厅网，2022年4月2日，https：//nynct.henan.gov.cn/2022/04-02/2425127.html。

② 《筑牢防返贫坚实堤坝 续写乡村振兴新篇章 河南省全力巩固拓展脱贫攻坚成果同乡村振兴有效衔接》，河南省农业农村厅网，2022年4月2日，https：//nynct.henan.gov.cn/2022/04-02/2425127.html。

③ 《赋能"耕耘者"！河南已培育高素质农民135.7万人成为乡村振兴中坚力量》，河南省人民政府网，2022年10月10日，https：//www.henan.gov.cn/2022/10-10/2620183.html。

式""定向式"免费培训,培育高素质农民 20 万人以上。其二,发挥高校综合优势,助力乡村振兴。其中,河南师范大学乡村振兴与共同富裕研究院具有代表性。该研究院从社会服务、科学研究、人才培训示范三个方面出发,积极开展乡村振兴理论与实践探索,力求建设成为区域现代化大农业发展和新农村建设的智囊库、政产学研协同服务的策源地,为河南省委和省政府顺利实施乡村振兴战略提供理论支持与决策参考。其三,创新"互联网+培训"形式,培育乡村振兴技能人才。河南开放大学承办了河南省第一个基于乡村振兴的网络智慧教育平台——河南乡村振兴网络学院。探索利用全省开放大学办学系统,高质量地培养懂农业、爱农村、爱农民的乡村振兴人才队伍,为河南省全面培养高素质农民提供有力支撑。其四,启动河南省大学生志愿服务乡村振兴计划。2022 年河南省大学生志愿服务乡村振兴计划招募志愿者总人数为 200 人。[①] 按照"公开招募、自愿报名、组织选拔、集中派遣"的方式,选派 200 名普通高校应届毕业生参与乡村基层教育与治理的志愿服务工作。

二 河南教育发展与乡村振兴协同发展战略框架及举措

(一)河南教育发展与乡村振兴协同发展宏观战略框架

1. 教育发展与乡村振兴协同发展的顶层设计

为深入贯彻党的二十大精神,河南省先后召开了一系列重要会议、印发了一系列重要文件,为进一步巩固拓展教育脱贫攻坚成果,有效衔接乡村振兴战略,促进河南教育发展与乡村振兴做出科学决策与精心部署。

2. 教育发展与乡村振兴协同发展的路线图

河南省严格贯彻落实党中央、国务院以及省委、省政府决策部署,绘制

---

① 《河南举办大学生志愿服务乡村振兴计划培训》,中国青年网,2022 年 7 月 27 日,https://xibu. youth. cn/gzdt/gddt/202207/t20220727_ 13874584. htm。

了教育发展与乡村振兴协同发展的路线图：脱贫攻坚目标任务完成后，设立 5 年过渡期，到 2025 年，全省学前三年毛入园率、九年义务教育巩固率、高中阶段毛入学率分别达到 93%、96.4%、93.5%，保持普通高中和中等职业学校招生大体相当，农村教育总体发展水平稳步提升，农村家庭经济困难学生教育帮扶机制更加完善，城乡教育差距进一步缩小，教育服务乡村振兴、服务区域经济社会发展能力和水平进一步提升，基本实现乡村教育振兴和教育振兴乡村的良性循环。

（二）河南教育发展与乡村振兴协同发展主要战略举措

第一，巩固教育脱贫攻坚成果。河南省积极施策巩固拓展教育脱贫成果，确保教育脱贫与乡村振兴"同频共振"。

第二，强化农村家庭学生帮扶工作。河南省认真贯彻落实国家的贫困家庭资助帮扶政策，建立了覆盖学前教育、义务教育、高中阶段教育和高等教育各个阶段家庭经济困难学生的资助帮扶体系，持续加强农村家庭学生的帮扶工作，包括全面落实教育精准资助、推动实施农村义务教育学生营养改善计划、加强农村儿童教育关爱工作以及农村家庭困难毕业生就业帮扶工作等。

第三，做好有效衔接重点工作。河南省政府不仅进一步推动学前教育的普惠优质发展，还大力发展面向农村的职业教育，此外，还通过加大农村地区国家通用语言文字的推广力度，与职业教育培训相结合，开展农村地区青壮年劳动力、基层干部等普通话示范培训，充分发挥国家语言文字推广基地作用，巩固拓展推普助力脱贫攻坚成果。

第四，培养各类乡村振兴人才。第一，加强乡村教师队伍建设。通过深入实施"国培计划"，深入推进"互联网+义务教育"，健全乡村教师发展体系，促进乡村教育均衡发展。同时，通过教师特设岗位计划、地方公费师范生培养计划和农村学校教育硕士师资培养计划，加大乡村基层教师补充力度。第二，培养在乡大学生以及乡村治理方面的人才。深入实施"一村一名大学生"培育计划，分类编制"一村一名大学生"专业人才培育方案，采取集中教学与分散教学相结合、在校学习与"送教上门""送教下乡"相结合、线上教学与线下教学相结合等多种教学形式，培养"乡村人才"。第三，充分发挥农业广播电视学校等培训机构作用。支持职业院校、农业广播电视学校、农业科研院所等加强高素质农民等本土人才培养。探索建立农民"学分银行"，推动农民培训与职业教育有效衔接。

三 河南省乡村教育振兴与教育振兴乡村
工作成效及典型案例

2021年以来河南省多措并举，确保全省教育领域脱贫攻坚政策体系、工作体系、制度体系向乡村振兴平稳过渡，初步形成乡村教育振兴和教育振兴乡村的良性循环格局，取得了较为显著的成就，具体表现在以下方面。

（一）河南省推进乡村教育振兴工作成效及典型案例

目前，河南省已初步构建与省情相适应的县域城乡教育服务体系，乡村教育发展水平得到了大幅度提升。

1. 乡村学前教育普及普惠水平迈上了新台阶

河南省委、省政府将"实施学前教育普惠扩容工程"列为2022年重点民生实事。截至2022年底，全省244所新建公办幼儿园已开工建设，开工率为122%；已完成211所新建公办幼儿园，完成年度目标任务的105.5%。392所改扩建公办幼儿园已开工建设，开工率为130.67%；已完成341所公办幼儿园改扩建工程，完成年度目标任务的113.67%。新增公办学位114585个，完成年度目标任务的127.32%。[①]

各地级市也积极创造条件，确保学前教育普惠扩容工程深入推进。截至

---

① 《河南今年前三季度重点民生实事办得咋样?》，河南教育新闻网，2022年10月21日，http：//news. haedu. cn/shengnazixun/2022/1021/1185465. html。

2022 年 3 月底，商丘市为推进各县（市、区）高质高效完成目标任务，将省重点民生实事学前教育普惠扩容工程逐级分解到各个县（市、区），并定期对各县（市、区）的进展情况进行督促和面向社会公布。

表1　商丘市各县（市、区）新建改扩建公办幼儿园进度

县（市、区）	任务数	开工数	开工率	完工数	完工率
睢县	6	5	83.3%	0	0
梁园区	3	2	66.7%	2	66.7%
柘城县	5	3	60.0%	0	0
虞城县	7	4	57.1%	0	0
示范区	3	1	33.3%	1	33.3%
民权县	7	2	28.6%	0	0
睢阳县	4	1	25.0%	1	25.0%
夏邑县	5	1	20.0%	0	0
宁陵县	6	1	16.7%	0	0
永城市	2	1	50.0%	0	0

资料来源：商丘市教育体育局。

2. 县域内城乡义务教育优质均衡取得了新突破

（1）实施"两集中"战略，改善乡镇寄宿制学校办学条件。

为优化河南省乡村教育资源配置，提高基层教育教学质量。2022 年 7 月，河南省教育厅等 5 部门联合印发《关于进一步加快推进义务教育寄宿制学校建设的意见》，明确各地应以河南省"十四五"期间城乡中小学布局规划为依据，进一步优化农村义务教育学校布局，深入推进寄宿制学校建设，逐步实现农村寄宿制小学向乡镇所在地集中、寄宿制中学向县城所在地集中（简称"两集中"），使县域内义务教育学校办学条件显著改善，教育教学管理更加完善。[1]

---

① 冯军福：《让农村娃"上好学"！河南将逐步实现寄宿制学校"两集中"》，《河南日报》2022 年 7 月 7 日。

（2）加大投入力度，促进义务教育由基本均衡向优质均衡转变。

为巩固落实城乡义务教育经费保障机制，解决"城镇挤、乡村弱"的问题，2022 年 8 月河南省财政厅下达 2022 年第二批义务教育薄弱环节改善与能力提升补助资金 2.6 亿元，进一步推进义务教育学校标准化建设，持续改善提升薄弱学校办学条件。截至 2022 年底，河南省已累计下拨资金 30.5 亿元，专项用于支持河南省扩充义务教育资源、加快消除城镇"大班额"、加强乡镇寄宿制学校建设、提升教育信息化水平等，[1] 促进河南省县域义务教育由基本均衡向优质均衡转变。

（3）规范管理，切实有效改善农村学生营养健康状况。

为进一步规范对农村义务教育学生营养改善计划实施工作的管理，提高农村学生尤其是贫困地区学生健康水平，2022 年 8 月河南省下拨 2022 年第二批农村义务教育学生营养改善计划资金 0.6 亿元，专项用于提高农村地区学生身体素质、改善农村地区学生生活质量。截至 2022 年底，河南省财政已累计下拨资金 24.8 亿元，惠及学生 295 万人，切实有效改善农村学生的营养健康状况。[2]

3. 乡村普通高中和职业高中教育资源得到了新扩充

在普通教育方面，河南省先后实施普通高中新课程、新教材提质等工程，全面改善高中教育的办学条件和教育质量。河南省每年专项投入中央和省级财政资金近 10 亿元，集中支持全省县域薄弱高中改造；推动和带动市（县）投入 220 亿元，改善本地区高中办学条件。为加快缓解公办普通高中债务，河南先后出台政策，授权各地动态调整本地普通高中学费标准，确定公办普通高中生均公用经费基准定额，并逐步提高基准定额标准，进一步强化普通高中发展的条件保障，使其能"轻装上阵"。为适应高考综合改革和普通高中新课程实施的需求，2019 年，河南印发文件，在加快改善高中办学条件的同时，

---

① 《河南省累计下达资金 30.5 亿元助义务教育"扶弱"》，河南教育新闻网，2022 年 8 月 23 日，http：//news. haedu. cn/shengnazixun/2022/0823/1180012. html。

② 《省财政下达 24.8 亿元支持改善农村义务教育学生营养》，河南教育新闻网，2022 年 8 月 13 日，http：//news. haedu. cn/shengnazixun/2022/0813/1179543. html。

分类指导，分步实施，切实解决高中"大班额"问题。① 同时，科学编制教师补充和储备计划、深化"县管校聘"改革、提高教师地位待遇、加强教师队伍培训，一系列措施有效推动了全省普通高中教师队伍的素质提升。②

在职业教育方面，近年来，河南省将职业教育作为公共财政保障重点，持续加大职业教育经费投入力度。2016~2021 年，全省一般公共预算职业教育支出由 126 亿元增加到 199 亿元，累计支出 1018 亿元，年均增长 12%，高于同期教育支出增幅 3 个百分点。③ 公办中职院校生均拨款水平由不足 6000 元增加到超过 12000 元。河南中职规模长期稳居全国第一，职普比为 4.2∶5.8，实现大体相当。④ 针对中职学校"小、散弱、空"的问题，启动实施了中职学院标准化建设工程，通过合并、合作、托管、集团办学等措施，重点建设 70 所省际高水平中职学校，中职学校办学条件和内涵建设指标基本达到了国家标准。在职业教育人才队伍建设方面，全省职业院校专业课教师 2.7 万人，"双师型"专业课教师 1.7 万人。

4. 乡村教育信息化建设水平达到了新高度

在乡村振兴背景下，河南省委、省政府高度重视教育信息化工作，将教育信息化建设列为历年工作重点，先后出台《河南省教育信息化十年发展规划（2012—2020 年）》《河南省教育信息化试点工作实施方案》等政策文件，开展"中小学校信息化基础设施建设攻坚行动"，实施"数字教育资源协作共同体建设工程"等，全面完成学校宽带网络提速，确保所有学校都有多媒体教学设备，加快推进"三个课堂"实施，落实各级政府在乡村教育信息化建设中的主体责任，这些政策、工程、计划等有力地推动了河南

---

① 《到 2021 年年底河南全面消除普通高中大班额》，河南省人民政府，2019 年 4 月 2 日，https：//www.henan.gov.cn/2019/04-02/741290.html。

② 刘肖、张利军：《打好"组合拳"聚焦"核心点"振兴"塌陷区"——河南为普通高中发展"加"速度》，《中国教育报》2022 年 7 月 13 日。

③ 《1018 亿支持职业教育发展！河南加快打造职教高地》，河南教育新闻网，2022 年 7 月 28 日，http：//news.haedu.cn/shengnazixun/2022/0728/1178934.html。

④ 《职业教育大有作为丨就好业与升好学"两条腿"走路》，河南教育宣传网，2022 年 9 月 30 日，http：//www.shuren100.com/jyxc/202209/30/3969.html。

省基础教育现代化建设。

特别是 2019 年河南省启动的"互联网+教育"行动计划,涵盖信息化支撑服务体系、数字教育资源建设等多项重要举措,实现了"互联网+"条件下的区域教育资源均衡配置,有效缩小了教育资源在区域、城乡、校际的差距,促进了公平且有质量的教育真正实现。2020 年 5 月河南天业仁和信息科技有限公司通过 PPP 模式在河南省平顶山叶县投资 1.512 亿元进行教育信息化建设①,有力推动了当地城乡教育一体化进程,收到了良好的成效,产生了广泛的社会影响。

5. 乡村教师队伍建设保障水平得到了新提高

(1)为农村学校持续招聘补充特岗教师。

河南省历来注重通过特岗教师招聘计划为农村学校补充师资。如图 1 所示,河南省每年除了严格执行中央特岗计划,还持续通过省级财政设置省级地方特岗计划。尤其是 2021 年,省委、省政府确定了招聘 1.5 万名农村学校特岗教师的任务。② 省教育厅会同省委编办、省财政厅、省人社厅等部门,积极争取招聘岗位,克服诸多困难,全力以赴组织实施招聘工作,最终招聘特岗教师 17966 名,超出原定任务 2966 人,超额完成省委、省政府重点民生实事目标。③

据统计,从 2009 年起,河南省已累计招聘 17.1 万名特岗教师,给广大农村学校注入了新的生机和活力。在乡镇及以下的农村学校中,有过特岗教师服务经历的教师占比达到 30%,"特岗计划"已成为补充乡村教师的主要渠道。④ 体音美、英语、劳动教育等紧缺薄弱学科师资得到有力补充,乡村教育对素质教育重视不够的现象得到极大改善。

---

① 《让优质教育资源普惠每个学校——叶县依托教育信息化促进城乡教育均衡发展纪实》,平顶山市人民政府,2022 年 2 月 10 日,https://pds.gov.cn/contents/6/141752.html。

② 《河南省教育厅等四部门关于印发河南省 2021 年特岗教师招聘办法和岗位设置的通知》,河南省教育厅网站,2021 年 7 月 16 日,http://jyt.henan.gov.cn/2021/07-16/2184052.html。

③ 《省教育厅 2021 年超额完成两项重点民生实事》,河南省教育厅网站,2022 年 2 月 18 日,http://jyt.henan.gov.cn/2022/02-18/2401020.html。

④ 潘志贤、张慧慧:《河南已累计招聘特岗教师 17.1 万名投身乡村教育》,《中国青年报》2022 年 2 月 17 日。

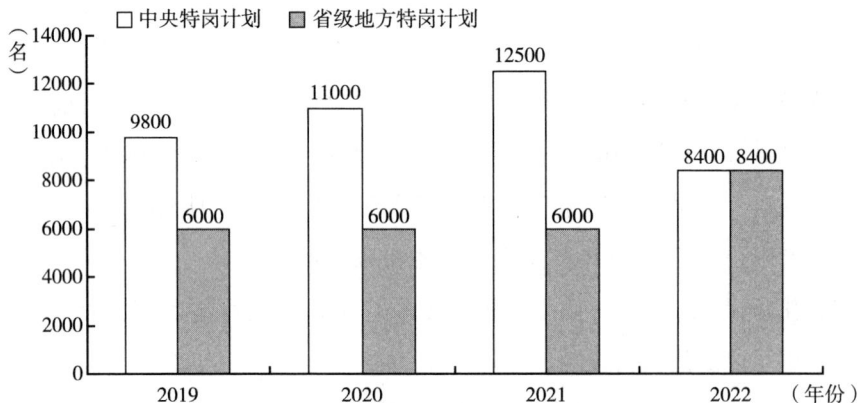

图 1　2019～2022 年河南省乡村特岗教师招聘数量情况

（2）完善农村教师周转宿舍建设，改善乡村教师工作生活条件。

为切实解决农村教师的住房难问题，2021 年，省委、省政府下达了新建农村教师周转宿舍 7000 套的任务。截至 2021 年底，全省实际完成新建农村教师周转宿舍 7587 套，超额完成了年度目标任务。[①]

近年来，河南省实施的农村教师周转宿舍工程已建成农村教师周转宿舍 6 万余套，为约 12 万名特岗、支教和离家较远的农村教师解决了在校的住宿问题，[②] 对稳定农村教师队伍、提高农村教育质量作出重要贡献。

（3）实施乡村首席教师岗位计划，助力乡村教师专业发展。

乡村中小学首席教师岗位计划试点工作是教育部的年度重点工作，河南省作为全国首批被纳入试点的 5 个省份之一[③]，从 2019 年开始已推进两期

---

① 宋向乐：《河南去年招聘特岗教师 17966 名，完成新建农村教师周转宿舍 7587 套》，https：//www. 360kuai. com/pc/907c17a95322cab22? cota＝3&kuai＿so＝1&tj＿url＝so＿vip&sign＝360＿57c3bbd1&refer＿scene＝so＿1。

② 《河南为 12 万名农村教师解决在校住宿 建成农村教师周转宿舍超 6 万套》，中华人民共和国教育部网站，2022 年 2 月 18 日，http：//www. moe. gov. cn/jyb＿xwfb/s5147/202202/t20220218＿600311. html。

③ 《陕、皖、甘、豫公布二十二个试点地市名单 乡村首席教师选聘开始》，中华人民共和国教育部网站，2019 年 5 月 17 日，http：//www. moe. gov. cn/jyb＿xwfb/s5147/201905/t20190517＿382325. html。

遴选工作，取得了比较好的成绩。如图2和图3所示，河南省乡村中小学首席教师岗位计划由2019年的5个试点地区，推广到全省23个地区，列入乡村中小学首席教师岗位计划数由2019年的685人提高至2022年的2556人。

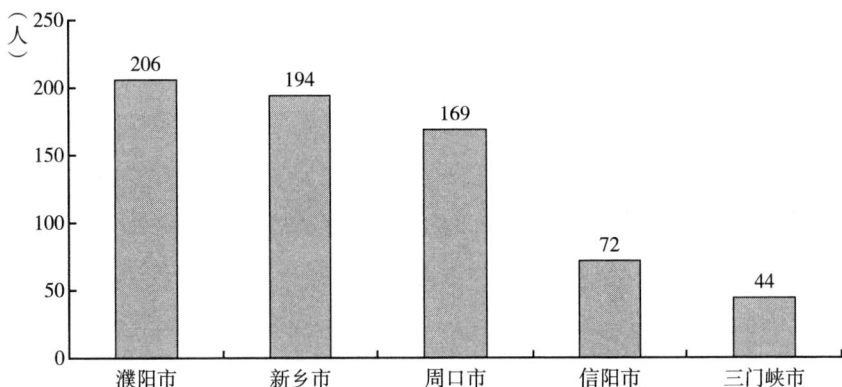

图2 2019年河南省首届乡村中小学首席教师岗位计划情况

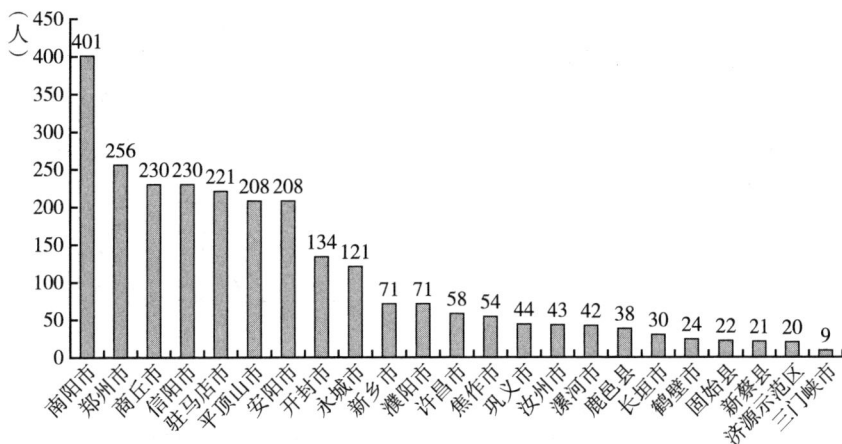

图3 2022年河南省乡村中小学首席教师岗位计划情况

6. 乡村学生资助服务体系建设得到了新加强

（1）强化义务教育控辍保学责任。

作为基础教育规模第一大省，河南省巩固控辍保学成果面临巨大压力。

为此，河南省建立依法控辍、管理控辍、重量控辍、分类控辍和环境控辍五大机制，在政府层面建立县长、乡（镇）长、村主任三级控辍保学的责任网络，在教育部门建立局长、校长、班主任三级控辍保学的责任机制，对在校实际人数与学籍人数实施动态监控，坚持"一生一策、一生一案"。截至2020年底，国家台账中河南辍学学生数由 38081 减少到 0 人，其中建档立卡学生由 15001 人减少到 0 人。①

相关统计表明，河南省 2020 年以"义务教育有保障"为核心，聚焦"两不愁、三保障"突出问题，全力打好控辍保学攻坚战。全省 2020 年共资助义务教育阶段建档立卡学生 126.58 万人次，资助金额 9.87 亿元，做到应助尽助，不让一个孩子因家庭贫困而失学；全省学前教育毛入园率、九年义务教育巩固率、高中阶段毛入学率分别达 90.22%、96%、92.55%，均高于全国平均水平。②

（2）完善随迁子女就学机制。

保障随迁子女在流入地平等接受义务教育，事关教育公平和人民群众切身利益，河南省高度重视保障随迁子女在流入地平等接受义务教育工作。2018 年河南省政府印发《关于加快推进县域内城乡义务教育一体化改革发展的意见》，明确提出完善随迁子女就学机制，进一步强化流入地政府责任，坚持"两为主、两纳入"（即以流入地政府管理为主、以公办学校为主，将随迁子女义务教育纳入城镇发展规划和财政保障范围），建立以居住证为主要依据的随迁子女入学政策，切实优化随迁子女入学流程并简化证明要求。③

2020 年以来，河南省教育厅印发《关于进一步做好随迁子女接受义务教育有关工作的通知》等文件，要求人口流入相对集中且学位资源紧张的

---

① 《教育部："十三五"期间我国 20 万建档立卡辍学学生实现动态清零》，中华人民共和国教育部网站，2020 年 12 月 10 日，http://www.moe.gov.cn/fbh/live/2020/52763/mtbd/202012/t20201210_504723.html。

② 张利军：《河南：控辍保学实现"动态清零"》，《中国教育报》2021 年 2 月 7 日。

③ 《省教育厅二级巡视员董玉民出席"奋进十四五 建功新时代"系列第十二场新闻发布会》，河南省教育厅，2022 年 6 月 30 日，http://jyt.henan.gov.cn/2022/06-30/2478463.html。

市县，按照常住人口增长趋势，进一步加强城镇学校建设，通过扩大供给、推进公办学校普遍向随迁子女开放等措施，加大学位供给力度，确保"应入尽入"，不断提高随迁子女在公办学校就读比例。2021年河南省义务教育阶段在校生约1493.37万人，义务教育阶段随迁子女总数约87.74万人，其中，在公办学校就读率达到90.56%。[①] 河南将继续增加公办学校资源供给，坚持义务教育国家办学主体和公益属性，切实维护随迁子女享受免费义务教育的权利。

（3）落实家庭经济困难学生资助责任。

学生资助是一项重要的保民生、暖民心工程，也是促进教育公平和社会公平的重要举措。目前，河南省已建立以政府为主导、学校和社会积极参与、覆盖各教育阶段、各级各类学校、所有家庭经济困难学生的学生资助政策体系，实施的资助项目达40余项，从制度上保障了"不让一个学生因家庭经济困难而失学"。2021年，全省累计资助学前教育（幼儿）、义务教育、中职学校、普通高中和普通高校学生1748.9万人次（不包括义务教育免除学杂费和免费教科书，下同），累计投入资金181.21亿元，比上年增长16.78%，资助资金和资助人数持续增长。[②] 脱贫攻坚期间，河南投入76.18亿元，资助建档立卡学生804.46万人次；实施乡村振兴战略以来，投入资金21.55亿元，接续资助原建档立卡学生192.2万人次。[③] 进一步明确乡村振兴期间教育资助对象，帮助他们在5年过渡期内，享受原建档立卡学生资助政策。

（4）保障残疾儿童少年接受教育的权利。

随班就读是保障残疾儿童少年平等接受义务教育的重要途径。为保障残疾儿童少年接受义务教育的权利，自2019年以来，河南省按照"一人一案、

[①] 潘志贤：《河南优化随迁子女入学流程》，《中国教育报》2022年6月29日。

[②] 《不让一个学生因贫困失学！去年河南发放助学贷款51.88亿，资助63.21万人》，北青网，2022年9月1日，https：//www.360kuai.com/pc/9c3a6a89877429c2c？cota＝3&kuai_so＝1&sign＝360_57c3bbd1&refer_scene＝so_1。

[③] 河南新闻广播：《十年来，河南累计发放教育资助资金1153.3亿元》，2022年8月31日，http：//news.hnr.cn/djn/article/1/1564753895220584449。

分类安置"原则,优先采取普通学校随班就读的方式,确保适龄残疾儿童少年接受义务教育。截至 2020 年,已完成了全省残疾儿童少年义务教育入学率达 95% 以上的目标。[①] 在实践中,要求县级残联等有关部门核查底数,县级教育行政部门依据名册按照"一人一案、分类安置"原则确保建档立卡适龄残疾儿童少年全部进入名册。

对于已经入学的残疾儿童少年,如出于身体原因确实不适应学校环境和教学的,县级教育行政部门应指导就读学校或者县级特殊教育资源中心提供一定的支持和保障,确保其不失学、不辍学。接收残疾学生 5 人以上的普通学校应配备资源教室,河南省对资源教室配备需求较多的地区给予了一定的资金支持。

(5)落实"两免一补"政策城乡全覆盖。

为巩固落实城乡义务教育经费保障机制,促进义务教育由基本均衡向优质均衡转变,2022 年 7 月,河南省下拨 2022 年第二批城乡义务教育经费保障机制资金 12.8 亿元,加上已提前下拨的资金 151.3 亿元,已累计下拨资金 164.1 亿元。该资金主要用于义务教育阶段学生免学杂费、免费提供教科书,补助家庭经济困难学生生活费,支持县(市、区)巩固完善农村义务教育阶段学校校舍安全保障长效机制,为推动全省义务教育高质量发展,确保义务教育阶段学生不因贫失学、不因学致贫提供有力保障。[②]

(二)河南省推进教育振兴乡村工作成效及典型案例

全国各地高校充分发挥其学科、专业、人才、文化等优势,为如期打赢脱贫攻坚战作出了独特的贡献。步入全面推进乡村振兴新时代以来,河南省高校充分发挥其在人才培养、科学研究和社会服务方面的优势,在实践中探

---

① 《2.7 万人！2020 年河南省超额完成保障残疾儿童康复救助任务》,中国网,2021 年 1 月 12 日,http://henan.china.com.cn/news/2021-01/12/content_41424985.htm。

② 《河南省财政下达资金 164.1 亿元 支持城乡义务教育均衡发展》,2022 年 7 月 26 日,https://finance.eastmoney.com/a2/202207262462086380.html。

索出了许多新模式和新机制，产生了良好的社会影响，为我国教育振兴乡村工作提供了河南经验。

1. 加大涉农人才培养力度，赋能乡村人才振兴

河南省高校深化涉农人才培养供给侧改革，主动服务乡村人才振兴。河南农业大学积极组织动员科技特派员深入农业农村一线，倾情服务"三农"，尤其是 2021 年暑期，河南省部分地区遭受特大暴雨侵袭，学校迅速组织 173 位专家组成"助农天团"，对口服务河南省 26 个县①，进行灾后技术指导并研究制定多套应急防汛减灾管理措施和技术指导意见，有效精准地开展技术培训和科技服务，为帮助灾区救灾减灾、开展灾后重建贡献了力量。河南城建学院采用"三支一扶"等方式，积极引导生物技术、生物工程、环境工程等专业学生到乡村场域中发挥专业力量；此外，还积极面向乡村定期举办各类培训班。南阳农业职业学院立足南阳形成了独特的弹性学制和人才培养模式，依托河南省乡村振兴技能人才培训示范基地等平台，培养了大批有文化、懂技术、善经营、会管理的职业农民和"三农"工作队伍。还有商丘学院探索出了"一核一站三平台"（以新农科人才培养为核心，以农林人才培养工作站为枢纽，搭建学校专业课程教育、驻村基层服务锻炼、企业生产实践教育三个平台）的新农科人才培养模式，致力于培养新农科人才。信阳师范学院积极发挥其师范教育优势，补强补足乡村教师资源等。

2. 以学科建设为引领，推进科技成果转化，巩固脱贫攻坚成果

河南大学成立乡村振兴研究院并召开乡村振兴战略高端论坛，着力打造高水平的理论智库平台、科研创新平台和治理实践平台，积极指导种植、水产养殖等产业，探索实现乡村振兴的新路径。在理论建设上，河南大学省部共建作物逆境适应与改良国家重点实验室王学路教授团队在 *Science* 上发表了最新研究成果，首次证明光信号是豆科植物与根瘤菌共生结瘤的必须因子，为设计弱光或暗处也可以共生固氮的新型植物提供了独特思路。在实践

---

① 《纷纷请战！河南农大"助农天团"扩容至 173 人，对口服务 26 个县！》，《人民日报》2021 年 7 月 25 日，https：//wap.peopleapp.com/article/rmh22219834/rmh22219834。

尝试中，河南大学生命科学学院创建兰考张庄立体生态农业体系新模式，把美国红鱼、黑鲷等高营养价值的海鱼引进黄河滩区进行淡化养殖，将生态循环养殖和沿海地区优质品种的引进相结合，有效解决了水产界多个技术难题。河南师范大学成立了深化校地合作暨共建金银花联合研发中心，目前，金银花新品种繁育 500 多万株，推广面积 2 万多亩，带动周边 1000 多户脱贫致富，受益群众有 5000 多人。[①] 多年来，河南师范大学副教授李建军选育了金银花、皂荚、地黄等 12 个新品种，累计种植面积超 50 万亩，让种植户累计增收超过 10 亿元。"一亩金银花，十里振兴梦"，河南省科技特派员李建军点燃了农村科技创新的"火种"。还有河南科技大学的甘薯产学研工作、河南科技学院的物学特色学科建设、河南城建学院的乡村图书编制工作、河南农业大学的蚕桑扶贫工作以及信阳师范学院的河南水产养殖帮扶工作都有力地带动了乡村产业的发展。

3. 加强校地合作，提升高校服务乡村振兴能力

河南省高校加强校地合作，深化产教融合，以产业拉动、科技推动，提升服务乡村振兴能力。河南农业大学重视加强与地方政府和企业的合作，持续推进与新乡、周口、许昌、驻马店、安阳、商丘等十多个地级市，50 多个县（市、区）的校地合作，与牧原集团、金苑种业等 150 余家公司开展了全方位校企合作，围绕产学研深度融合模式，进行深入思考和实践探索，有力地推动了地方社会经济高质量发展。[②] 2021 年，学校与郸城县签订校县合作框架协议，携手加入科技部"100+N"开放协同创新体系，共同探索以国家农业科技园区为核心、辐射带动县域创新发展的模式和机制，不断提升乡村振兴科技成果供给能力。黄淮学院专门成立学校乡村振兴工作专班，组建黄淮学院乡村规划设计研究院，并按照"乡村振兴、规划先行"的理念，深入总结新集村等成功规划设计经验，加强校地合作，深入调查研究，做好

---

① 《播种"金银"人生如花——河南师范大学副教授李建军的产业扶贫路》，新乡市科学技术局，2019 年 5 月 24 日，https：//kjj. xinxiang. gov. cn/news/29_ 3849。

② 《发挥高校综合优势 接续助力乡村振兴》，河南省教育厅网站，2022 年 6 月 10 日，https：//jyt. henan. gov. cn/2022/06-10/2465676. html。

分类规划设计，打造乡村振兴示范乡镇、示范村。河南城建学院依托该校的河南省健康食品工程技术研究中心，面向地方提供食用菌种植技术指导，着力推进食用菌产业发展。南阳农业职业学院以产业拉动、科技推动、企业带动和培训驱动"四轮联动"方式服务"三农"，建立集养殖生产、科研实训、示范带动、技术推广为一体的奶牛养殖示范园区等。郑州大学充分发挥其一流大学医学学科优势，积极促进优质医疗资源下沉。信阳师范学院持续加强乡村振兴规划咨询服务团、产业科技服务团、金融咨询服务团和干校文化研究团 4 个教授博士服务团建设，分别与潢川县委农办（县农业农村局）、工业和信息化局（科技局）、发展投资有限公司和黄湖农场等建立了一对一智力帮扶关系。

四　经验总结与未来展望

（一）教育发展与乡村振兴经验总结

针对河南省情，省委、省政府在巩固拓展脱贫攻坚成果同乡村振兴有效衔接、推动教育发展与乡村振兴同频共振上取得了显著成效。

1. 打好乡村学生资助"保障牌"，确保乡村学生顺利完成学业

针对资助政策涉及面广、群众关注度高以及学生基数大、情况复杂等特点，抓好资助政策宣传，把资助政策送进千家万户。在确保每个资助学生情况精准的基础上，将每项资助资金精准发放到学生手中，确保资助政策全员、全学段得到落实。

2. 打好基础教育"发展牌"，促进乡村学校办学水平持续提升

实施学前教育普惠扩容工程，通过改建、新建一批幼儿园，进一步补齐学前教育短板，提高县域学前教育普及、普惠水平。进一步优化农村义务教育学校布局，深入推进寄宿制学校建设，逐步实现农村寄宿制小学向乡镇所在地集中、寄宿制中学向县城所在地集中。设立专项资金进一步推进义务教育学校标准化建设，促进河南省县域义务教育由基本均衡向优质均衡转变。

通过专项财政资金和系列建设工程，扩充乡村普通高中和职业高中教育资源。通过持续招聘补充特岗教师，实施乡村首席教师岗位计划，完善农村教师周转宿舍建设等途径为乡村教师稳定和发展奠定坚实基础。

3. 打好职业教育"技能牌"，增添乡村振兴新引擎

河南制定职业教育服务乡村振兴战略行动计划，围绕产业，打造职教品牌，支持职业院校围绕现代农业、战略性新兴产业等，建设一批特色专业和产业集群，支持职业院校与企业、地方共建产业学院、产教园区，增强职业教育适应性，深化职普融通、产教融合、校企合作，推进"人人持证、技能河南"建设。① 培养乡村振兴产业带头人和高素质农民队伍，为农村劳动力转移就业尽心尽力，创新技能培训模式；建设产业人才数据平台等开放共享的产教融合服务平台，让职教成为产业发展的"力量倍增器"，实现职业教育与乡村振兴同频互动、高质量发展，打造职教振兴乡村的"河南模式"。

4. 打好高校引领"智力牌"，助推乡村地区人才培养和产业发展

各高校充分发挥其在人才培养、科学研究和社会服务方面的优势，通过加大涉农人才培养力度，赋能乡村人才振兴；以学科建设为引领，推进科技成果转化，巩固脱贫攻坚成果；加强校地合作，提升高校服务乡村振兴能力。在实践中探索出了"定向育人""成果转化""产教融合"等特色乡村振兴实践模式，目前已收到"结好对子、出好点子、搭好台子、蹚出路子、收获果子"的良好效果。

（二）教育发展与乡村振兴工作展望

在乡村振兴时代，应该在进一步巩固现阶段教育扶贫成果的基础上，把教育发展与乡村振兴工作纳入区域经济社会发展全局的高度进行统筹考虑，实现教育发展与乡村振兴的"嵌入式"耦合。

---

① 《河南省"人人持证、技能河南"建设工作领导小组办公室关于印发〈2023 年高质量推进"人人持证、技能河南"建设工作方案〉的通知》，河南省人力资源和社会保障厅，2023 年3 月20 日，https：//hrss. henan. gov. cn/2023/03-06/2701644. html。

1. 探索构建教育振兴乡村与其他行业振兴乡村之间的衔接机制

教育对乡村振兴的"反拨"力量具有滞后性，基础教育阶段人才培养对乡村人才的储备主要体现在奠基性方面，还需要其他具有"显著性"效果的行业参与乡村振兴。此外，在实践中由于缺少与同层级其他横向主体之间的协作，在客观上会不可避免地出现资源的重复配置、低水平建设，以及部分主体获得多重资助的情况，进而引发新的社会不公平。在乡村振兴时代，实践中迫切需要构建与国情、省情相适应的教育系统与其他系统横向协同振兴机制。

2. 探索构建教育发展与乡村振兴有机衔接的机制

当前教育振兴乡村实践中的主要工作思路是"提供人才和技术"，工作重点强调的是"点对点""哪里需要就支持哪里"，群众的获得感提升相对有限。在乡村振兴时代，应不断强化县城的支撑能力和综合服务能力，构建与我国国情相适应的教育发展与乡村振兴有机衔接机制，以乡镇和县城为增量教育资源配置的重心，满足广大群众接受优质教育机会的诉求，增强群众的教育获得感。

3. 探索校地紧密合作机制，实现由单向支撑向双向合作转变

当前教育振兴乡村实践中，高校主要采用单向对口支持乡村地区的做法。参与支持的高校主要把对口支持作为一项政治任务来对待。高校具有人才培养、科学研究和社会服务等职能，随着市场化、大众化和全球化浪潮的冲击，以及我国经济社会发展的全面转型，高校应该主动树立"开门办学"的理念，主动把区域经济社会发展对人才、科研和社会服务的要求整合进高校人才培养、科学研究和社会服务的全过程，探索构建与我国国情相适应的校地合作模式，提升高校人才培养、科学研究和社会服务的现实针对性，助推乡村地区全面振兴。

B.18
教育先行：安徽省教育脱贫与乡村振兴有效衔接研究

安徽省教育脱贫与乡村振兴研究课题组*

摘　要：　2021 年以来，安徽省委教育工委、省教育厅坚决贯彻党中央、国务院和省委、省政府的决策部署，进一步巩固和扩大教育脱贫攻坚成效，并全力促进与乡村振兴的有效衔接，各项工作都有条不紊扎实推进。本文总结了安徽省实现教育脱贫与乡村振兴有效衔接的具体举措，包括财政支持与资金利用有序重组，提高脱贫地区的办学质量等。同时，也对其存在的问题进行分析，并根据现阶段问题对下一步工作做出规划与展望，以实现教育脱贫攻坚和乡村振兴的更好衔接，具体举措包含完善乡村教育机制，努力缩小城乡差距，建设高质量教师队伍，加强精准识别与帮扶，整合资源以实现教育振兴乡村。

关键词：　安徽省　教育扶贫　乡村振兴　精准帮扶

2021 年是实施"十四五"规划的第一年，乡村振兴战略也即将步入全

---

*　课题组负责人；储常连，中共安徽省委教育工委委员、安徽省教育厅副厅长。课题组组长：彭凤莲，安庆师范大学校长，教授，博士生导师。课题组成员：肖新，安庆师范大学党委常委、副校长，教授，硕士生导师；孔繁希，安徽省教育厅财务处处长；江贵生，安庆师范大学科研处处长，教授，硕士生导师；潘锦云，安庆师范大学教务处处长，教授，硕士生导师；吴云助，安庆师范大学教师教育学院执行院长，副教授，硕士生导师；郭永昌，安庆师范大学教授，硕士生导师；江瑞辰，博士，硕士生导师。课题组顾问：闵永新，安徽师范大学教授，博士生导师。

面实施阶段。在推进乡村振兴这一战略任务中，安徽省根据教育部等四部门发布的《关于实现巩固拓展教育脱贫攻坚成果与乡村振兴有效衔接的意见》文件精神，制定了《安徽省实现巩固拓展教育扶贫攻坚成果同乡村振兴有效衔接的实施方案》，在巩固以往教育脱贫攻坚成就的基础上，进一步采取措施，在学前教育、义务教育和职业教育三个阶段分别取得十分显著的成效。

一　巩固拓展教育脱贫攻坚成果与乡村振兴高效衔接取得阶段性进展

教育扶贫将焦点对准基础教育发展较弱区域，从持续改善教育基础设施、减轻贫困家庭教育自身负担与发展职业教育，以及扩大高等教育供给入手，提升贫困人口文化素质及贫困家庭劳动人口专业技能，从根本上阻断贫困代际传递这一内在逻辑。跨入全面推进乡村振兴新时期，安徽省主动适应新形势发展需要，把巩固拓展脱贫攻坚成果摆在更加突出的位置，在推进乡村振兴上不断强化改革创新与实践探索，两大战略衔接取得了明显成效。

（一）财政支持与资金利用有序重组

1. 贯彻落实国家教育资助政策

落实农村家庭经济困难大学生教育帮扶机制。2021年，安徽省全面贯彻落实国家教育资助相关政策，总结建档立卡家庭大学生资助经验，积极开展成果推广并与乡村振兴有效衔接，确保大学生资助"四不减少"，即政策不减少、责任不减少、救助不减少、监督不减少。一是与原省级扶贫办共同下发了《安徽省教育厅关于做好2021—2022学年学生资助工作的通知》，就做好已脱贫家庭学生的资助工作作出了总体安排，引导各地区各学校按照时间节点和资助标准充分落实资助政策。及时与省、乡、村振兴局对接，获得已脱贫人口信息。二是实施国家助学贷款新政策，增加贷款额度并优化贷款资金用途。2021年安徽省向25.6万名家庭经济困难大学生发放生源地信用助学贷款22.2亿元。目前安徽省已脱贫家庭学生受助人数达114.1万人，受助经费达14.8亿元，其中义务教育阶段已脱贫家庭学生受助人数达67.1万人，受助经费达5.7亿元。

2. 向重点帮扶县予以投资倾斜

教育部强调，对实施乡村振兴战略的重点帮扶县给予适度倾斜。2021年安徽省实现国家及省级所有教育项目向寿县全覆盖，省级以上教育转移支付资金继续用于扶持已经脱贫的革命老区，按"先切块、剩余部分正常拨付"的方式向寿县倾斜，2021年度寿县教育转移支付资金共计29365.2万元（含建设项目类资金7462.8万元），倾斜安排1478.5万元，用于扶持加快基本公共教育服务均等化。

扶持寿县新改扩建学前教育工程2处，占地面积4160平方米，投入资金1115万元，其中中央资金814万元；义务教育薄弱环节提升及能力提升工程229处，占地面积6500平方米，投入资金1544万元，其中设备购置资金409万元；普通高中学校办学条件提升工程8处，校舍建筑面积7600平方米，投入资金881万元；寿县膳食补助资金7585万元，惠及83917人，受益学校258所，实现受益学生和学校全覆盖。建设义务教育小规模学校或教学点智慧学校60所、乡村中小学智慧学校122所、城镇学校智慧学校68所，寿县中小学智慧学校已全面覆盖。

对各项招生计划安排给予倾斜。落实国家、地方和高校3个专项招生方案，2021年寿县共有439名考生入学，其中国家专项招生315人，地方专项招生116人，高校专项招生8人；实施"特岗计划"、"定向培养乡村教师计划"、"三区"人才支持计划等教师专项方案。2021年寿县共培训教师531人，下拨培训经费237.9万元。

（二）提高脱贫地区的办学质量

随着一系列精准扶贫措施和教育帮扶政策的落实，相对贫困地区教育机会公平、"人人有学"普惠目标得以实现。2021年安徽省将不断巩固和扩大

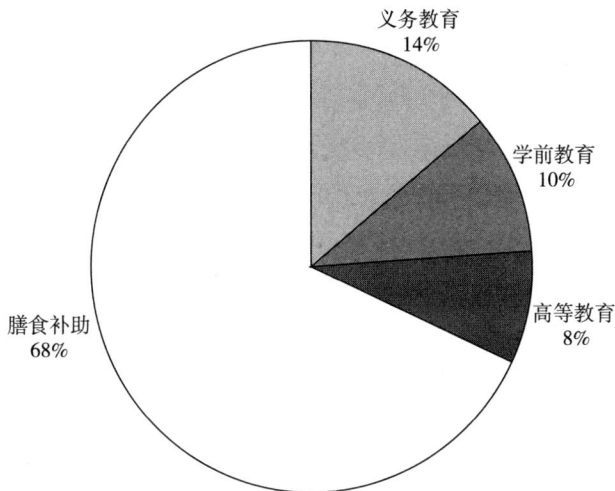

图 1　2021 年安徽省寿县在教育资金倾斜方面的使用情况

各个阶段教育成果，实现脱贫地区义务教育、学前教育和职业教育向更高水平发展。2021 年安徽省各教育阶段城乡在校学生情况如图 2 所示。

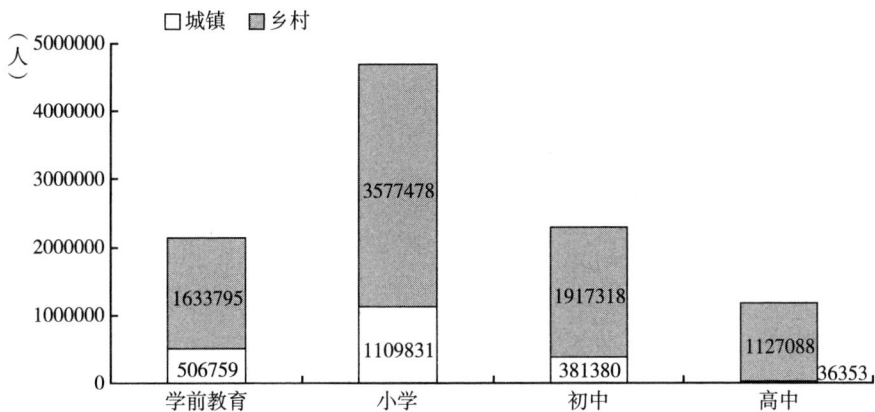

图 2　2021 年安徽省各教育阶段城乡在校学生情况

1. 义务教育阶段取得的成果

在持续巩固 2020 年义务教育阶段脱贫成果和《关于实现巩固拓展教育脱贫攻坚成果与乡村振兴有效衔接的意见》的支持下，安徽省在巩固拓展控辍保学、改善办学条件、教育信息化发展和乡村教师队伍建设等方面取得新成效，同时也总结了相关经验。

（1）贯彻控辍保学工作基本要求

义务教育阶段开展控辍保学是有效维护适龄儿童少年受教育权的重要途径，也是阻断贫困代际传递、提高国民整体素质的重要环节。在 2021 年义务教育阶段控辍保学活动中，安徽省主要取得了以下成效：一是贯彻落实控辍保学指南工作要求，继续核查台账，并部署了春、秋学期回校检查相关工作；二是出台 2021 年度普通中小学招生入学文件，在巩固义务教育"公民同招"成果、切实做好适龄残疾儿童少年的入学安置工作等的同时，督促各地区及时做好中小学学籍信息的收集、录入工作；三是保证相关资料的完整、准确，在全省范围内进行户籍和学籍数据比对，并组织各地区逐项进行核实，确保目标定位准确，政策落实到位。

（2）持续改善办学条件

办学条件的改善是义务教育学校标准化的核心衡量标准，它对于提升教育教学质量、缩小义务教育的发展差距、实现教育公平具有决定性意义。安徽省以优质发展为目标，一是继续抓好义务教育薄弱环节的改进和能力提升工作，督促地方科学制定规划、严格管理项目。截至 2021 年底，32 个已脱贫地区开工面积、完工面积及完成投资额度均完成 2021 年的规划目标。二是强化义务教育的城乡布局统筹。三是有效促进教育公平，随迁子女进入公办义务教育学校学习的比例达 94.1%，比 2020 年增加了 7 个百分点，同时也做好了适龄残疾儿童、少年接受教育的核实及一人一案的安置，并对二期特殊教育升级改造项目的完成率进行调查，为开发三期特殊教育升级改造项目做铺垫。

2021 年，全省普通中小学学校总数为 10468 所，其中小学学校数达 6964 所，中学学校数达 3504 所。在学校各类设施建设中，体育运动场面积、体育器械配备、音乐器材配备以及实验仪器的达标学校数目均已超过总校数的 98%，但存在校医院、专职校医和专职保健人员不足以及城乡差距大等问题（见图 3）。

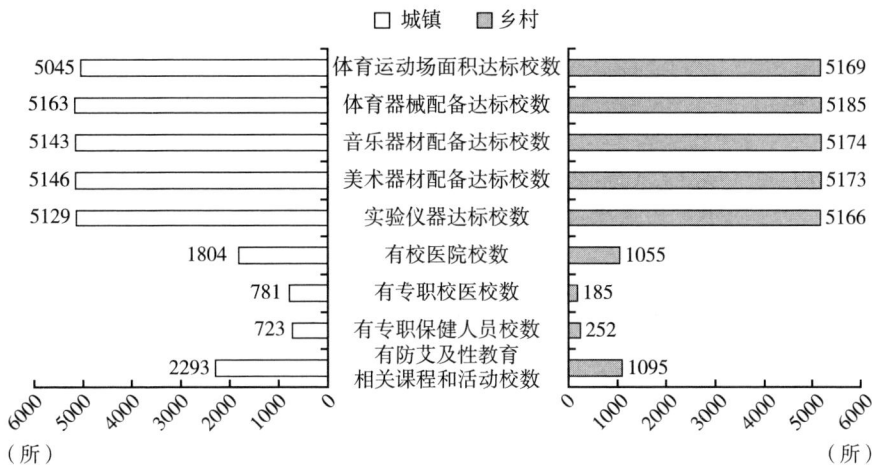

□ 城镇　■ 乡村

城镇		乡村
5045	体育运动场面积达标校数	5169
5163	体育器械配备达标校数	5185
5143	音乐器材配备达标校数	5174
5146	美术器材配备达标校数	5173
5129	实验仪器达标校数	5166
1804	有校医院校数	1055
781	有专职校医校数	185
723	有专职保健人员校数	252
2293	有防艾及性教育相关课程和活动校数	1095

（所）　　　　　　　　　　　　　　　　　　　　　　（所）

图3　2021年安徽省义务教育阶段办学条件达标情况

（3）优化智慧学校建设

加快教育信息化优质发展，积极推行"互联网+教育"模式，围绕信息化全面开展智慧学校、数字赋能、智慧助学等工作。安徽省重点支持乡村中小学建设智慧学校，以弥补乡村智慧学校数量的不足。根据分级建设和分级分担原则，对有关教育项目资金进行协调和整合，构建多元筹措机制。根据"全省一盘棋"发展模式，搭建安徽"教育云"，研发全省智慧学校应用监管平台。2021年末，全省共完成建设乡村中小学智慧学校5728所，累计覆盖率达100%；建设非贫困县义务教育小规模学校或教学点智慧学校402所，总覆盖率为72.56%。同时，到2021年12月2日，安徽省智慧课堂总课时超过747万余课时，智慧学校应用达标率超90%，共完成应用培训超12.25万人次。努力扩大优质教育资源覆盖面，办好公平而有质量的教育。

（4）加强乡村教师队伍建设

安徽省不断加大师资力量投入和提升力度。第一，省教育厅等6部门联合出台《关于加强新时代乡村教师队伍建设的实施意见》；第二，落实2021年度农村义务教育阶段学校教师特设岗位计划，聘用特岗教师3665人；第三，落实 2021 年度定向培养乡村教师工作方案，培养 2380 人；第四，落实优秀教师定向培养计划，2021 年有 326 人参与，其中，参与国家优师专项计划的有 72 人，参与地方优师专项计划的有 254 人；第五，落实农村学校教育硕士师资培养计划，2021 年培养 40 人。2021 年国家级培训列入省级民生工程，培训体系与质量效益建设全面加强。此外，安徽省还开展了"三区"人才支持计划——"教师专项"项目，2021 年度全省共有 962 位骨干教师被选派到脱贫地区义务教育学校支教 1 个学年。

（5）开展营养改善计划

安徽省政府成立了由分管副省长任组长的营养改善计划工作领导小组，各试点县（市、区）也纷纷成立了以政府主要领导或分管负责人为组长的领导小组，各级领导小组均下设"营养办"，各试点学校成立膳食委员会，形成了"纵向上由省级政府统筹、市级政府协调、县级政府实施、试点学校执行，横向上由教育部门牵头负责、各有关职能部门积极配合"的长效工作机制。实施 2021 年秋季学期改善农村义务教育学生营养膳食补助基础标准政策，2021 年全省有 22 个县（市、区）开展了农村义务教育学生营养改善计划。在动态管理原则下，22 个试点县（市、区）4324 所学校 142 万名农村义务教育学生获得了营养餐服务，投入学生营养膳食经费 15.81 亿元。农村义务教育学生营养改善计划充分保证了城乡学生的营养水平均衡，为乡村学生成长提供身体条件保障。

2. 加强对涉农职业教育的扶持

职业教育是技术技能人才培养的主要载体，发展农村职业教育，对于提升农村劳动力质量、助力乡村振兴具有重要意义。安徽省促进相对贫困地区职业教育发展的举措有如下 4 点。第一，实施"皖北振兴与大别山脱贫攻坚技术技能人才创新培养"工程，筛选出的课题纳入安徽省职业教育创新发展试验区工程培训库，鼓励地方在促进区域职业教育的创新发展、服务乡村振兴重大战略中先行先试。第二，促进涉农专业内涵建设。优化涉农专业设置，全面启动中职质量提升工程。中职学校涉农专业的办学总体水平和服务地方能力得到了大幅度提升。第三，开展中职学校办学水平分类达标评估，促进中职学校办学条件和办学水平的整体提高。以安徽省现代农业专业教育集团和大别山专业教育集团为基础，进一步完善农业类专业教育资源配置。第四，紧紧围绕服务乡村振兴发展战略积极开展涉农专业招生、职业技能培训等工作。2021年，全省中职学校涉农专业在校生达6.02万人；中等职业学校资产再创新高，其固定资产总值为2301584.84万元，其中教学科研实习仪器设备资产值共计464919.51万元；在校图书（册）共计21679401本，能够满足中职学校教师和学生的使用和学习需求。

3. 提升普惠性学前和普通高中的教育质量

学前教育方面，一是增加公办园的数量，401座公办园于2021年启动，现已竣工；二是对城镇小区配套园整治进行"回头看"，引导各地区进行全面检查，对相关配套园建设情况设立台账；三是在全省范围内开展幼小科学衔接活动，在不同的教育阶段分层开展试点工作；四是启动"安吉游戏推广计划"，深入开展学前教育"宣传月"活动，深化幼儿园科学保教观念，不断提升安徽省科学保教水平。普通高中教育方面，推进普通高中大班额的管控与消除工作。到2021年11月下旬，安徽省普通高中大班额占比下降至1.98%，提前1年实现了"2022年年底控制在5%以内"的计划目标；继续使用普通高中新课程、新教材，对各学科教师使用新课程、新教材进行培训。

4. 实施专项招生计划

强化对考生志愿填报的专业辅导，允许潜在考生自主选择专项计划。2021年安徽省各高校招收国家专项考生4916人，地方专项考生2475人，高校专项考生646人；招收农村订单定向医学生本科层次学生290人，专科层次学生300人；分类考试招收原建档立卡学生6686人，专升本考试招收原建档学生2248人（见表1）。从毕业生帮扶的层面上看，2021年，安徽省给予5.4万名各类困难毕业生就业求职补贴，补贴金额为8159.7万元。

表1　2021年安徽省专项招生计划人数

单位：人

专项招生计划	专项考生			农村订单定向医学生		原建档学生	
	国家	地方	高校	本科层次	专科层次	分类考试	专升本考试
招生人数	4916	2475	646	290	300	6686	2248

资料来源：安徽教育考试招生院。

5.高校助推乡村振兴

高校是推进乡村振兴的坚实动力源。一是扎实推进一村一大学生计划。安徽农业大学2021届高职扩招900人，参加学历继续教育本、专科注册的学生累计3553人，已考过专升本的学生累计1978人，专科招生正在实施之中。安徽科技学院持续加大专升本层次招生和培养力度，到2021年，实际注册学生突破1000人。二是持续开展高校食堂面向脱贫地区采购的工作。到2021年底，安徽省高校向脱贫地区购买农产品总额达2.53亿元。三是积极实施推普助力乡村振兴计划。举办农村学校（幼儿园）语言文字工作骨干培训班；做好来皖就读少数民族学生的国家通用语言文字教学工作；指导安徽师范大学和合肥幼儿师范高等专科学校教师到广西隆林县、青海泽库县对当地少数民族教师开展普通话培训。

（三）深化定点帮扶

2021年安徽省深化驻村帮扶工作。一是以政策为依托，编制了《2021年定点帮扶工作计划》。2021年，省委领导先后11次到定点帮扶县和定点帮扶村进行调查研究；省委教育工委书记分别于4月27日、6月4日主持召开省委教育工委会议，就深入学习贯彻习近平总书记关于深化东西部协作和定点帮扶工作的重要指示精神作出具体工作部署。

二是抓住各地区的实际，稳步推进帮扶工作。在竹根河村养殖山羊500头、黑毛猪700头，种植油茶10亩、中药材200亩、有机稻300亩；对申报产业奖补的89家农户给予奖励；积极规划有机稻示范田农田改造和申报中药材饮片加工厂建设项目；创建"一源一关"旅游线，截至2021年底，已落实铜锣关旅游线步道和停车场等超80万元的建设项目。完善防止返贫动态监测帮扶工作机制，建立村级防返贫监测网，在竹根河村实施"一户一计一人一措"方案。截至2021年底，竹根河村各学段受教育资助的在校学生达223人次，受助金额29.83万元；村民全部参保，参保人数达1846人。在郭店村为79户脱贫户申报产业奖补23.2万元；为21人申报县外就业交通补贴1.05万元；为33人申报县内就业奖补3.09万元；在年初低价发放茶苗、油茶苗7.22万棵；村竹制品加工厂顺利投产，带动30人就业。巩固提升脱贫成果，为郭店村699户村民统计房产、土地、山林、收入、资产等基础数据，A级及以上信用户超过92%；开展新一轮厕所改造排查工作，重点排查727座厕所、化粪池；2021年6月以来累计发放超市购物券7740元，惠及231户脱贫；积极协助开展各类文体活动累计21次。严格落实干部包户，下发《关于继续开展委厅机关"干部包户"工作的通知》，对包户干部进行动态调整，委厅机关349位党员干部继续帮助竹根河村和郭店村89户脱贫户。

二 巩固拓展教育脱贫成果与乡村振兴实现有效衔接的难点

安徽省教育脱贫攻坚行动始终严格遵循中央指示精神和要求，力争做到政策无缝衔接、机构顺利过渡、工作有条不紊。然而，从当前实践工作看，促进巩固拓展教育脱贫攻坚成果与乡村振兴衔接还存在部分难点。

（一）学籍核查存在难度

严格把控学籍数据质量是巩固脱贫攻坚成果向乡村振兴平稳过渡，助推我国教育事业现代化建设的一大重点任务，关乎乡村地区学生的正常入学，同时也是学校管理的一项重要内容。从当前实践来看，少数安徽省户籍适龄儿童和少年到外省学习尚无学籍，这加大了验证难度。

（二）营养改善计划工作需要优化

相较于脱贫攻坚，乡村振兴整体推进范围广度大、任务难度大、战略深度大，各级各部门承担着更多的职责和任务。从计划运行管理上看，农村义务教育阶段学生营养改善计划试点地区学生营养办多数挂靠于相关科室、股室，专职管理人员偏少，加之学校后勤人员、食堂财务人员不足，出现了"一人多职"的情况，影响了营养改善计划任务落实的进度和质量。另外，从资金运行情况看，试点县（市、区）的财力有限，营养改善计划运转经费足额列入财政预算保障的执行难度较大。

（三）资助政策体系仍需完善

当前学前教育幼儿资助经费来源以国家奖补资金为主，没有明确省、市、县三级匹配比例，各地在制定资助标准及分担比例上缺少文件依据，从而影响各地匹配资助经费的落实。安徽省教育厅前期已经会同省财政厅以书面形式向相关部委提出意见，提请尽快推出专门的学前教育儿童经费支持政策，并对经费支持标准、各级财政负担比例等问题作出明确规定。

三　加快巩固拓展教育脱贫攻坚成果与乡村振兴 高效衔接的具体举措

（一）完善乡村教育振兴机制

为了保证教育脱贫攻坚成果能够更好地服务于乡村振兴，推动二者更好衔接，应不断优化和完善政策体制机制并明确责任分工。一方面要健全和完善控辍保学机制；另一方面要完善教学质量保障机制、深化教育教学改革、持续提高农村教育教学质量。结合推动乡村振兴过程中生产生活的实际需要，引导各地区深化职业教育改革和推进科教结合、产教融合、协同育人等模式创新，加快构建学历教育和培训齐头并进的新型职业农民培育培训模式，为实现乡村振兴提供更强大的智力支撑。

充分发挥人才对乡村振兴的作用，一要加大对乡村振兴人才的培养力度，尤其是关注涉农职业院校的人才培养工作；二要注重对新型职业农民的培训工作，促进农村劳动力向第二、第三产业转移；三要以市场需求为先导，建立以市场为导向的人才培养机制，为乡村建设培养适用性人才。

（二）努力缩小城乡差距

坚持目标导向。针对衔接重点，以维护帮扶政策整体稳定为前提，对微观政策进行进一步调整与优化，增强政策针对性与可操作性，构建基础性与差异性相结合的政策衔接体系。

完善顶层设计。深化城乡一体化改革是实施乡村振兴战略的根本要求，因此，必须坚持稳中求进的工作步调，科学制定阶段性目标任务与工作着力点，理性把握衔接节奏、力度与期限，从上至下建构基础性政策体系。具体来讲，应以基础设施建设为目标，以公共服务供给为保障，以项目资源投入和重点工程安排为重点，实现民生保障类普惠性政策和产业就业类发展性政策的最优化。同时掌握衔接工作进展情况，确定帮扶政策与帮扶资源的重点扶持领域，并充分考虑城乡现实情况及不同发展基础、发展模式与趋势，分层次、分类别制定衔接过渡期的任务目标。

（三）建设高质量教师队伍

全面提升教师队伍质量对深化教育体制改革及实现教育质量起到基础性、全局性作用。目前安徽省乡村教师队伍建设取得了明显成就，但在部分地区仍存在队伍数量不足和结构失衡情况，城乡之间教师队伍结构和文化水平仍有较明显差距，这在影响乡村教育的同时也加速了乡村生源向城市流失。第一，应继续执行"农村教师特岗计划""中小学幼儿园教师国家级培训计划""乡村教师生活补助政策""优秀教师定向培养计划"等，多渠道解决乡村高素质教师数量不足的问题；第二，需适度提高乡村教师社会地位与工资待遇，对优秀教师进行奖励；第三，通过政策引导等方式推动城乡教师合理流动,优化组织结构,完善乡村教师职业培训,推动城乡义务教育一体化进程;第四,培育青年乡村教师的乡土情怀,全面提高乡村教师队伍整体素质。加快形成"引得进、稳得住、流得好、教得好"的良好氛围,筑牢人才根基、文化根基,为推动乡村振兴战略的全面实施贡献力量。

(四)加强精准识别与帮扶

继续加强精准识别与帮扶,巩固乡村教育办学成果。一是确保每一名适龄儿童有学上,继续开展控辍保学专项行动,对因身体健康、家庭经济等而辍学的儿童建立一对一的帮扶机制;积极利用大数据等先进的信息技术,建立控辍保学系统,将留守、流动学生的分布情况和就读数据进行实时监测,真正确保所有农村家庭适龄学生接受教育,应读尽读,在实现"有学上"前提下的"上好学"。二是开展精准资助,实施学前教育至高等教育全学段资助政策,保障农村家庭经济困难学生按有关规定获得资助,改变基于经济指标的单一教育贫困认定模式,对贫困对象心理、精神和能力现状进行综合系统考量,实现多维认定,达到多渠道帮扶。三是进一步规范和落实"学生营养改善计划",强化经费的使用和管理,以食堂供餐为主要方式,提高乡村学生的营养水平确保乡村学生的身体健康。

(五)整合资源以实现教育振兴乡村

巩固拓展教育脱贫攻坚成果与乡村振兴高效衔接是个系统的工程,这要求各级部门齐抓共管、齐头并进,把各种资源要素进行再集中再分配,集中精力把事情办好。第一,在推进乡村教育振兴的过程中,要注重发挥基层党组织战斗堡垒作用和广大党员先锋模范作用,常态化开展党员政治学习,基层党委和脱贫村"两委"干部应积极带领群众巩固拓展脱贫攻坚成果。第二,要优化资源配置,提升乡村教育质量。促进资金、人才、技术等要素在区域间合理流动,让有限的教育资源能够在乡村基础教育中得到充分利用。此外,绝不遗漏乡村和偏远山区的学校,让教学点和农村薄弱学校的孩子也能享受优质教育资源,引进教育信息技术和数字校园,做到优质资源共享。

参考文献

郭远智、周扬、刘彦随：《贫困地区的精准扶贫与乡村振兴：内在逻辑与实现机制》，《地理研究》2019 年第 12 期。

徐晓军、成君琦、孙权：《教育先行：巩固脱贫攻坚成果与乡村振兴的衔接》，《中国民族教育》2021 年第 10 期。

贾伟、邓建中、蔡其勇：《新时代我国实施义务教育控辍保学的内在价值、政策沿革及发展经验》，《教育与经济》2021 年第 4 期。

高强、曾恒源：《巩固拓展脱贫攻坚成果同乡村振兴有效衔接：进展、问题与建议》，《改革》2022 年第 4 期。

高强、曾恒源、殷婧钰：《新时期全面推进乡村振兴的动力机制研究》，《南京农业大学学报》（社会科学版）2021 年第 6 期。

庞丽娟、金志峰、杨小敏、王红蕾：《完善教师队伍建设 助力乡村振兴战略——制度思考和政策建议》，《北京师范大学学报》（社会科学版）2020 年第 6 期。

B.19
湖北省乡村教育振兴政策回顾与成效

湖北省教育发展与乡村振兴研究课题组*

摘　要： 在乡村振兴的命题里，教育有着举足轻重的地位。湖北省乡村教育振兴政策通过不同类别的政策工具激活了城乡教育均衡发展的杠杆，依托教师队伍建设、文教氛围营造、教育财政增投、城乡教育一体规划等议题，建构了学前教育、义务教育、职业教育等新培养体系。湖北省通过乡村教育振兴引导产业转型升级、促进人力资本积累、革新教育治理理念、赋能文化自觉自为、建构现代化发展空间等措施巩固并拓展了教育脱贫攻坚成果，衔接了乡村教育全面振兴的具体方略，形成了值得推广的区域性经验模式。湖北省要继续优化政策工具的多元使用，增强教育治理的先进手段，通过提升乡村教育发展水平、拓展乡村振兴智力服务来丰富乡村教育振兴成果。

关键词： 湖北　乡村教育振兴　教育治理　教育均衡

* 课题组组长：李金林，中南民族大学校长。课题组负责人：陈向军：黄冈师范学院党委书记；宋发军，中南民族大学党委副书记、副校长。课题组成员：夏庆利，黄冈师范学院副校长、二级教授；黄宗武，湖北省教育厅计财处副处长；康翠萍，中南民族大学教育学院原院长、二级教授；覃瑞，中南民族大学科学研究发展院院长；贺展，中南民族大学中华民族共同体学院党委书记；韦耀阳：黄冈师范学院教育学院副院长；向福，黄冈师范学院发规处副处长；林永希，黄冈师范学院研究生处处长；李威，黄冈师范学院教育学院教授；库在强，黄冈师范学院科学技术开发处副处长；王之，博士，中南民族大学党委统战部科长；姚林，博士，中南民族大学教育学院讲师；黄鸿，博士，中南民族大学教育学院讲师；姚平，博士，中南民族大学教育学院讲师。

一 湖北省乡村教育振兴概况

2017 年，党的十九大报告正式提出实施乡村振兴战略。随后，中共中央陆续颁布印发了《乡村振兴战略规划（2018—2022 年）》等政策文件。2020 年 12 月，《中共中央、国务院关于实现巩固拓展脱贫攻坚成果同乡村振兴有效衔接的意见》发布。随后，相继出台《中共中央、国务院关于全面推进乡村振兴加快农业农村现代化的意见》《中共中央办公厅、国务院办公厅关于加快推进乡村人才振兴的意见》等文件，从意识形态、政策旨要、产业布局、人才培养、治理理念等维度推动脱贫攻坚与乡村振兴的承继，将巩固脱贫攻坚成果与乡村振兴工作有机整合到全面实现小康社会和实现"两个一百年"的战略目标体系之中。

教育作为"扶贫先扶志、扶贫先扶智"的载体发挥着基础性、先导性、根本性的作用，以"输血"引"造血"增强个体和地区可持续发展的内生动力。在乡村振兴的命题里，教育依然有着举足轻重的地位。

（一）党的十九大以来湖北省乡村教育振兴政策考察

1.湖北省乡村教育振兴政策分析

2020 年底湖北省 37 个贫困县全部"摘帽"，4821 个贫困村实现脱贫，590 万贫困人口达到脱贫标准。教育扶贫发挥了巨大作用，湖北省委、省政府制定颁布的《湖北省教育精准扶贫行动计划（2015—2019 年）》提出从教育经费保障机制、教师管理制度、教育教学、办学模式、帮扶机制和评价机制 6 个方面进行改革，实施"十个一批"工程，以学龄人口全部入学、困难学生全程资助、薄弱学校全面达标、教师培训全员覆盖、智力扶持全力支撑等举措提升省际教育扶贫的效率。

而随着国家乡村振兴战略的提出，乡村振兴工作的开展，湖北省相继出台了《湖北省推进中药产业振兴发展五年行动方案（2018—2022 年）》

《湖北省"十三五"推进基本公共服务均等化规划》《关于进一步支持民族乡村加快发展的意见》《关于全面加强乡村小规模学校和乡镇寄宿制学校建设的实施意见》等政策，从教育服务产业转型升级、教育促进人力资本积累、凝练弘扬传统文化、增进民族地区发展等维度展开了乡村教育振兴的湖北实践，而《关于新时代支持革命老区振兴发展的实施意见》《湖北省教育事业发展"十四五"规划》政策的出台则指向乡村教育振兴的着力点。

通过对党的十九大以来湖北乡村教育振兴政策①进行文本和内容分析，本文透视政策迭变趋势并聚焦核心，探索湖北省乡村教育振兴的实践表达。如图1、图2所示，在政策发布数量趋势上，湖北乡村教育振兴政策与国家政策具有相对应的迭变趋势，但在重要年份基于国家战略进行了不同领域的统筹分解，这说明省级政府在政策维度上具有从上至下的响应策动机制，具有从宏观到微观、从理论到实践的政策执行及开发取向。而对政策内容词云的分析则发现地方政策与国家政策相比具有强烈的区域特征。

2. 湖北省乡村教育振兴政策内容考察

为了进一步探索湖北省区域政策的迭变趋势和价值内涵，本文通过内容分析法以质性阐释的方式对党的十九大以来湖北省乡村教育振兴政策进行结构化的编码分析。

第一，基于政策理念、政策价值、政策主体等因素，本文使用Nvivo12软件对所有政策文本进行政策工具内容编码并进行初步分析；第

---

① 党的十九大以来湖北省颁布出台了乡村教育振兴相关政策文件共12份，分别是《关于统筹推进县域内城乡义务教育一体化改革发展实施意见》《湖北省"十三五"推进基本公共服务均等化规划》《湖北省传统工艺振兴计划》《关于促进中医药振兴发展的若干意见》《关于进一步加强老年教育工作的意见》《关于进一步支持民族乡村加快发展的意见》《关于全面加强乡村小规模学校和乡镇寄宿制学校建设的实施意见》《湖北省推进中药产业振兴发展五年行动方案（2018-2022年）》《关于实施博士后人才倍增计划的意见》《关于新时代支持革命老区振兴发展的实施意见》《湖北省教育事业发展"十四五"规划》《关于推动现代职业教育高质量发展的实施意见》。政策词云根据此12份政策文件内容分析得出。

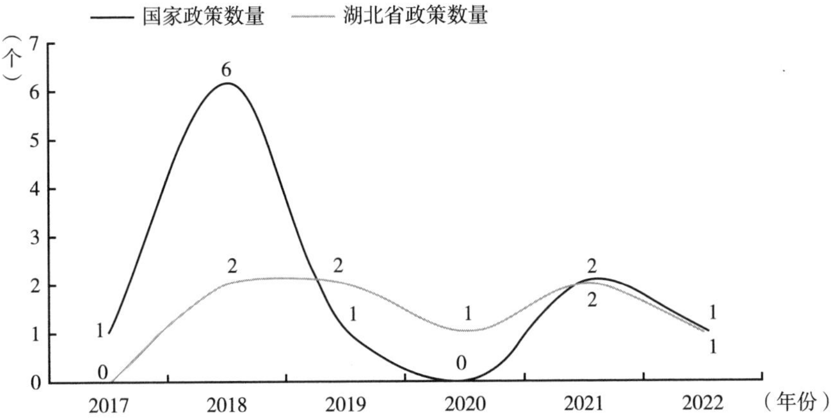

图1　2017～2022年国家、湖北省乡村教育振兴政策发布数量

图2　湖北省乡村教育振兴政策词云分析

二，使用扎根理论对编码的政策文本进行提取归纳，对呈现的数据进行分析；第三，通过不同维度量化分析的结果，以政策工具的使用偏好对湖北省乡村教育振兴政策进行发展迭变分阶阐释及政策的内涵与实施表达。

在政策样本选择上，以2017年党的十九大召开以来湖北省乡村教育振兴政策为研究对象，在湖北省政府网站、湖北省教育厅网站上以"乡村振

269

兴"为内容合并"教育"为关键词进行组合检索相关性高的政策文件。为保证研究的科学性，同时对收集的所有政策文件进行甄别，去除相关性不高以及重复提及的文件，本文共收集12份有效政策文件样本。

在政策工具选择上，本文选择了基于系统的网络分析架构把技术创新政策分为环境型、供给型和需求型三种类型，这种分类方法也被广泛运用到智慧城市、消费扶贫、生育政策等相关领域的政策研究当中。环境型政策工具是政府政策对乡村教育振兴产生的一种外部影响和渗透，即政府通过法规管制、金融支持、税收优惠等政策提供有利的发展环境以推动乡村教育振兴。环境型政策工具包括教育公共服务、教育规划、教育衔接、教育资源供给等。供给型政策工具是指政府通过各种方式的支持，促进乡村教育振兴发展的政策工具。根据政府对教育振兴支持方式的不同可以将供给型政策工具划分为教育基础设施建设、教育资金投入、人才教育培训、教育环境整治等。需求型政策工具指政府通过服务外包、机构设置等方法拉动乡村教育振兴向全方位和高水平发展的政策工具。因此，可以将需求型的政策工具分为教育政府采购等。

政策内容分析编码表由政策编号、政策名称、政策发布时间及单位、政策主题、内容编码以及政策工具类型及频次组成（见表1），政策文本中涉及的政策文件由"政策编号—政策主题—政策工具类型"逐级进行编码，其中政策主题设定为：1——教育基础设施建设/教育资金投入/人才教育培训/教育资源供给，2——教育公共服务/教育规划/教育衔接/教育环境整治，3——教育政府采购；而将政策工具类型设定为：A——供给型政策工具，B——环境型政策工具，C——需求型政策工具。例如将第二份政策样本《湖北省教育事业发展"十四五"规划》编号为"2"，其中指出的"按照四统一要求，推进城乡义务教育一体化发展。与新型城镇化建设、乡村振兴战略同步规划城乡义务教育学校"属于教育规划，应用的政策工具是环境型政策工具，因此编号为2-2-B。本文基于提出的三种政策工具的分布情况，对政策样本进行编码与归类。

表1 政策内容分析编码

政策编号	政策名称	政策发布时间及单位	政策主题	内容编码	政策工具类型及频次
1	《关于推动现代职业教育高质量发展的实施意见》	2022年4月湖北省人民政府	教育规划 人才教育培训 教育衔接	1-2-B 1-1-A 1-2-B	环境型政策工具2次 供给型政策工具2次 环境型政策工具1次
2	《湖北省教育事业发展"十四五"规划》	2021年11月湖北省人民政府	教育环境整治 教育规划 教育公共服务 教育资源供给 人才教育培训	2-2-B 2-2-B 2-2-B 2-1-A 2-1-A	环境型政策工具1次 环境型政策工具1次 环境型政策工具1次 供给型政策工具1次 供给型政策工具3次
3	《关于新时代支持革命老区振兴发展的实施意见》	2021年11月湖北省人民政府	教育规划 教育公共服务 教育资源供给 教育采购	3-2-B 3-2-B 3-1-A 3-3-C	环境型政策工具1次 环境型政策工具1次 供给型政策工具3次 需求型政策工具2次
4	《关于实施博士后人才倍增计划的意见》	2019年9月省人民政府	人才教育培训 教育公共服务	4-1-A 4-2-B	供给型政策工具2次 环境型政策工具1次
5	《湖北省推进中药产业振兴发展五年行动方案（2018-2022年)》	2018年11月湖北省人民政府	教育公共服务 教育规划 教育衔接	5-2-B 5-2-B 5-2-B	环境型政策工具1次 环境型政策工具1次 环境型政策工具1次
6	《关于全面加强乡村小规模学校和乡镇寄宿制学校建设的实施意见》	2018年12月湖北省人民政府	教育公共服务 教育规划 教育资金投入 教育环境整治	6-2-B 6-2-B 6-1-A 6-2-B	环境型政策工具1次 环境型政策工具1次 供给型政策工具1次 环境型政策工具1次
7	《关于进一步支持民族乡村加快发展的意见》	2018年11月湖北省人民政府	教育基础设施建设 教育资金投入 教育 教育资源供给 教育公共服务 教育环境整治 教育政府采购	7-1-A 7-1-A 7-1-A 7-2-B 7-2-B 7-3-C	供给型政策工具1次 供给型政策工具1次 供给型政策工具1次 环境型政策工具2次 环境型政策工具1次 需求型政策工具3次
8	《关于进一步加强老年教育工作的意见》	2018年8月湖北省人民政府	人才教育培训 教育资源供给 教育公共服务 教育衔接	8-1-A 8-1-A 8-2-B 8-2-B	供给型政策工具1次 供给型政策工具2次 环境型政策工具2次 环境型政策工具1次

续表

政策编号	政策名称	政策发布时间及单位	政策主题	内容编码	政策工具类型及频次
9	《关于促进中医药振兴发展的若干意见》	2018年6月湖北省人民政府	教育公共服务教育规划	9-2-B9-2-B	环境型政策工具1次环境型政策工具1次
10	《湖北省传统工艺振兴计划》	2018年5月湖北省文化厅、经信委、省财政厅	教育公共服务教育规划	10-2-B10-2-B	环境型政策工具2次环境型政策工具2次
11	《关于统筹推进县域内城乡义务教育一体化改革发展实施意见》	2017年4月湖北省人民政府	教育基础设施建设教育资源供给教育公共服务教育规划教育政府采购教育资源供给	11-1-A11-1-B11-2-B11-2-A11-2-B11-3-C11-2-B	供给型政策工具2次环境型政策工具1次环境型政策工具1次供给型政策工具1次需求型政策工具3次环境型政策工具2次
12	《湖北省"十三五"推进基本公共服务均等化规划》	2017年12月湖北省人民政府	人才教育培训教育公共服务教育衔接	12-1-A12-2-B12-2-B	供给型政策工具2次环境型政策工具1次环境型政策工具1次

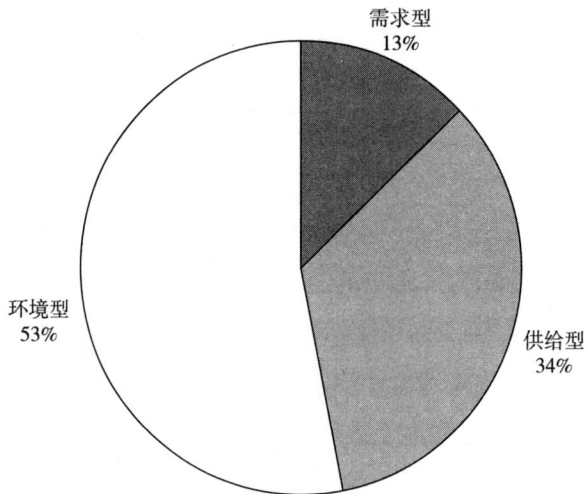

图3 实践维度上湖北省乡村教育振兴政策政策工具响应情况

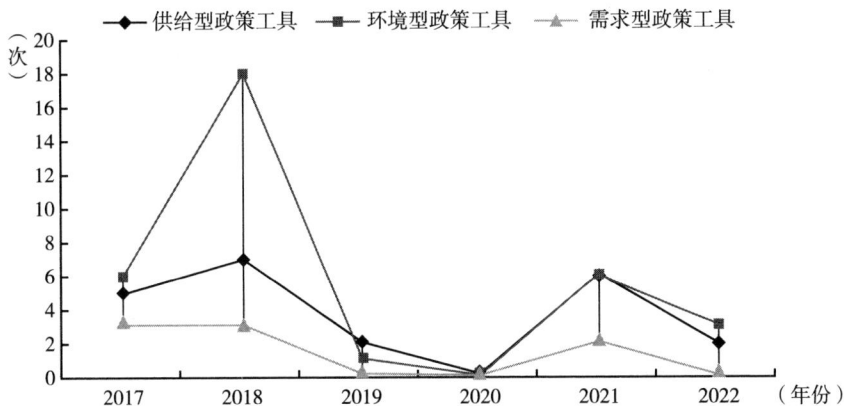

图4　2017~2022年湖北省乡村教育振兴政策政策工具使用情况

根据图3可以发现，环境型政策工具响应占比53%，表明湖北省乡村教育振兴的全面推进重视教育目标规划、教育治理体系、教育监督评价机制构建等，通过教育公共服务、教育衔接、教育环境整治、教育资源供给等营造良好的教育振兴环境；而供给性政策工具响应占比34%，这说明湖北省政府在乡村教育振兴工作中注重资金扶持和资源导引，而其中人才教育培训建设所占比最高，约为74%，这说明人力资本的积累驱动资源的聚集和转化，亦是产业调整升级的关键；而需求型政策工具响应占13%，表明政府对需求型政策工具的使用仍有欠缺。

3.湖北省乡村教育振兴政策的工具性迭变

在不同的时段中，湖北省政策工具类型偏好具有差异，需求型政策工具一直处于低水平阶段；在2017年和2018年，湖北省在乡村教育振兴政策中偏好明显，环境型政策工具的使用频率较高；而在2019~2020年，供给型政策工具稍居上风；而自2021年开始，环境型政策工具选择次率再次上扬。因此，根据时间维度政策工具的选择偏好将湖北省乡村振兴政策发展分为以下三个迭变期。

第一，环境创设阶段（2017~2019年）。湖北省在2017~2019年颁布了8项相关政策，但由于此时国家自上而下正集中于精准扶贫和脱贫攻坚工作，湖北治理政策也倾向于在响应国家政策的基础上的领域规划分解。而且，地方政策在国家战略策发布的基础上进行实践响应是具有滞后性的，特别是在脱贫攻坚克难的关键时期乡村振兴尤其是乡村教育振兴更多的是在中央政府的战略决策指引下以机会窗口和政策示范进行政策理念的衔接，因此供给型政策工具和需求型政策工具暂无锚定的矢地而在使用频率上居于下位。

第二，资源供给阶段（2019~2020年）。2019年6月国务院发布《国务院关于促进乡村产业振兴的指导意见》，在教育维度提出要促进农村创新创业，健全人才保障机制。湖北省在这一阶段紧随中央颁布了一系列乡村振兴政策。其中，在教育领域发布了《关于实施博士后人才倍增计划的意见》，提出要在全省积极组织"博士后科技服务团基层（企业）行"等活动。此阶段供给型政策工具的使用偏好突出，但也要看到在此阶段湖北省教育振兴政策在环境型政策工具方面的使用差距并不太大，二者在趋势折线上具有同样的形态，说明湖北省政府意图兼顾教育治理和教育资源供给，兼顾实践和理念，兼顾内外促发乡村教育振兴服务教育的均衡化发展和教育服务效能的提升。除此之外，2019~2020年正值精准扶贫工作火热期，消除绝对贫困依然是此阶段的政策核心，因此，地方政策在供给型政策工具上的偏好也是实践的应然表达。值得一提的是，此阶段需求型政策工具的使用严重不足，目的导向的政策施力特征明显。

第三，交叉应用阶段（2021年至今）。2021年是扶贫工作的进程上极为重要的时间节点，《中共中央、国务院关于实现巩固拓展脱贫攻坚成果同乡村振兴有效衔接的意见》成为"后脱贫时代"的政策旨要，在教育维度提出了"进一步提升脱贫地区公共服务水平，做好人才智力支持政策的衔接"，《中共中央、国务院关于全面推进乡村振兴加快农业农村现代化的意见》《中共中央办公厅、国务院办公厅关于加快推进乡村人才振兴的意见》均以建设中国特色现代化和共同富裕为目标，衔接巩固脱贫攻坚成果与乡村教育振兴。经过前期的规划和实践，湖北省在乡村教育振兴理念革新和资源挖掘积累上进行了纵深的政策探索，具有湖北特色的乡村振兴思路和工作模式逐渐清晰。此阶段政策的主题涵盖了教育基础设施建设、教育资金投入、人才教育培训、教育公共服务、教育资源供给、教育规划、教育环境整治等，在政策工具使用上环境型政策工具比例超过供给型政策工具，需求型政策的响应次数也比上一阶段要多。

（二）湖北省乡村教育振兴政策成效

1. 乡村教育振兴引导产业转型升级

在中国超高速城镇化背景下，乡村振兴的关键基点是乡村产业的振兴，直指产业转型和优化升级。湖北省在制定乡村振兴政策时把"产业"与"教育"场域进行融通，将教育置于乡村现代化发展的重要位置。

2018 年 5 月，湖北省文化厅、省经信委、省财政厅等部门联合出台《湖北省传统工艺振兴计划》，提升传统工艺产业的集群升级经济效能；同年湖北省政府连续出台中医药产业发展的相关政策：《关于促进中医药振兴发展的若干意见》《湖北省推进中药产业振兴发展五年行动方案（2018—2022 年）》，旨在通过医教协同方式加强中医药人才培养，加快中医药骨干人才培育，实施中药产业自主创新发展战略。除此之外，2018 年 11 月《关于进一步支持民族乡村加快发展的意见》提出要"加强民族乡村农村实用人才和新型职业农民培育，深入实施千万农民素质提升工程"。通过职业教育培育一批懂农业、爱农村、爱农民的高科技农业技术型人才，帮助乡村探索产业发展所面临的短板，指导农民应用先进技术和农机装备，用行动说明提高生产经营水平是乡村产业转型提振升级的必由之路。2022 年 4 月，《关于推动现代职业教育高质量发展的实施意见》指出要"加快发展面向农村的职业教育，大力开展农业农村各类人才培养培训，助力乡村振兴"。湖北省出台的一系列乡村教育振兴政策是新时代乡村振兴战略的重要抓手，而教育融合产业发展模式是乡村教育振兴政策"造血"的终极要义。

2. 乡村教育振兴促进人力资本积累

在乡村场域中，"我者"与"他者"是人力资本的维度分野，前者指向乡村教育振兴的原始人力资本，作为世居者的农民是乡村建设的主体和受益者，其自身素质的高低直接决定着乡村振兴的实施成效。而后者指向乡村教育振兴的人力开发资本，乡村教师、技术培训师等角色从外至内开发资源、积累资本，以人才供给推动乡村振兴战略发展。

在人力的原始积累维度通过职业教育可以培养出懂农业、爱农村、爱农民的高科技农业技术型人才。另外，在《湖北省传统工艺振兴计划》政策文件中亦有彰示"通过在高等学校和职业院校开设传统工艺专业课程，以现代学徒制方式传承传统工艺技艺，培养高素质的传统工艺技术技能人才"是挖掘地方特色资源、培养特殊人才进行原始人力资本积累的教育导引。

湖北省政府长期关注人力开发资源的积累，积极蓄力。2017年12月发布《湖北省"十三五"推进基本公共服务均等化规划》，要求深入实施省级统筹农村义务教育学校教师补充新机制和中央"特岗计划"。落实集中连片特困地区乡村教师生活补助政策、乡镇工作补贴政策和农村义务教育学校骨干教师补助政策。2018年11月《关于进一步支持民族乡村加快发展的意见》将重心置于就业，指出"加强就业服务，动员高校毕业生到民族乡村工作，加大对民族乡村教师的培养力度"。2019年9月颁发的《关于实施博士后人才倍增计划的意见》更是引导人才向企业基层集聚，助力乡村振兴。2021年11月《关于新时代支持革命老区振兴发展的实施意见》也强调要强化革命老区教师编制统筹配置，全面实施中小学教师"县管校聘"，加大教师培训力度。湖北省致力于通过乡村教育振兴政策实现乡村人力资本的积累使政策发挥"有利后果"，续力无穷。

3. 乡村教育振兴革新教育治理理念

二元对立产生的社会问题阻碍当前现代化发展和共同富裕目标的实现。因此，在新的城乡文明共生框架下，城乡一体化即破解乡村发展滞后的重要措施，其中教育是帮助乡村、促进人的现代化的关键举措。而城乡教育一体化便是湖北省乡村教育振兴的以"城乡融合"为理念的政策展演。

2017年颁布的《关于统筹推进县域内城乡义务教育一体化改革发展的实施意见》以缩小全省县域内城乡间、学校间教育差距，着力解决"城镇挤""乡村弱"等问题为旨要，以城乡二元结构教育壁垒基本破除、城乡师资配置基本均衡、城镇学校大班额基本消除、乡村学校建设基本达标、控辍保学机制基本健全为目标，标准化建设城乡学校、配置城乡师资、完善城乡教师待遇保障机制、推动学校集群发展，统筹推进全省县域内城乡义务教育一体化改革发展。

2018年12月出台的《关于全面加强乡村小规模学校和乡镇寄宿制学校建设的实施意见》要求通过"科学规划布局、改善办学条件、加强师资建设、提高办学水平"等途径来加强乡村小规模学校和乡镇寄宿制学校建设，推进义务教育城乡一体化改革发展。在政策之外，还以行政命令要求各级政府统合部门资源，更新治理理念，在城镇化规划、脱贫攻坚、户籍制度改革、居住证制度等维度统一思想和办事原则促进城乡教育一体化改革发展。

湖北省采取的强化乡村教育基础设施建设等举措推动城乡教育一体化发展，不仅指向城乡教育协同融合，还意味着在教育治理理念更新基础上的教育内容与教育途径面的调整，而这也实现了乡村教育振兴的良性循环，真正摆脱二元对立发展的窠臼。

4. 乡村教育振兴赋能文化自觉自为

乡村教育指向乡村生活技能和乡村记忆激活，在传承文化与探索生活的双向建构过程中，具备践行教育的文化自觉自为的含义。湖北省在乡村振兴政策制定时，注重对乡村文化的挖掘和凝练，"以文化心、以文化生"是政策的内在价值取向，也是乡村教育振兴政策的使命。在"后脱贫时代"，以意志为切入点促进乡村内生原力的进阶，是扶贫扶智（志）的旨归。依据乡村教育与文化自觉自为的功能解析，根据湖北特色文化分布情况，湖北省乡村教育振兴政策关注革命老区红色文化、民族地区特色文化和传统工艺文化的激活，通过文化唤醒形塑新型乡村精神场，形成积极有为、勤奋向上的新农村风貌。

2018年出台《湖北省传统工艺振兴计划》，提出要通过开设传统工艺专业课程传承传统工艺技艺文化；通过地方特色课程开展传统文化研学旅行和社团活动；通过增加传统工艺手工体验学习提高青少年的动手能力和创造能力，加深对传统文化的认知；通过宣传荆楚传统工艺系列，促进知识传播、普及和技艺交流，增强传统工艺的社会文化认同。2018 年 11 月颁布《关于进一步支持民族乡村加快发展的意见》，通过教育加强民族文化资源的挖掘、传播和传承。2021 年 11 月又出台《关于新时代支持革命老区振兴发展的实施意见》指出要开发红色文化资源，以革命老区红色历史为重要内容开发党性教育精品课程、教学案例和实用教材；在革命老区建设党性教育现场教学基地（教学点），在全省大中小学开展读红色经典和讲革命故事活动，挖掘革命老区红色基因，传承传播红色文化，形塑区域文化特色。

5. 乡村教育振兴建构现代化发展空间

党的二十大报告指出，当前全国人民的奋斗目标是建设中国式的现代化，其中包含人口规模巨大化这一中国式特征。然而，中国式现代化不仅需考量人口体量，还需要兼顾人口结构。因此，中国式现代化是一种"共建共治共享"的治理格局，现代化发展空间包括治理主体多元构建和治理机制多向导入。

2018 年 8 月出台《关于进一步加强老年教育工作的意见》，主张引入多元主体，建立健全教育体系；引入多向治理机制，推动公共资源开放。具体要求是"发展农村社区教育，有效利用乡村教育文化资源，以村民喜闻乐见的形式开展适应农村老年人需求的教育活动；鼓励公办的青少年宫、老年活动中心、乡村文化礼堂等各类公共设施，利用闲置时间以低价租赁或免费方式提供给社会举办老年教育"。政策将目光放在之前涉及较少的"老年群体"身上，对于教育公共设施的建设的强调、多渠道治理资源的引入无不是在强调和表征中国式现代化发展空间治理机制的多向和治理主体的多元，这是真正激活乡村振兴内生之力、内泵之力、内活之力的政策战略彰示。

此外，湖北省对中医药产业振兴的规划也展示了政策治理主体的统合性和治理机制的资源统整性，对职业教育政策的规划亦有中国式现代化的战略内涵；而对革命老区红色文化、民族地区传统特色文化的政策性关注体现了中国式现代化的第三重特征。湖北省乡村教育振兴政策是地方政策与国家战略的协同，也是微观使命在时代命题里的自在、自觉和自为。

二 湖北省乡村教育振兴案例与经验模式

大别山地区受历史、地理环境条件等诸多因素限制，经济发展一直处于落后状态，在当前建设社会主义新农村的大背景下，大别山农村的经济发展问题显得尤为重要。本文仅从高等教育规模这一方面入手，以大别山地区具有重要代表性的城市——黄冈市为例，研究高等教育对乡村振兴的影响。

（一）主要做法及成效

1. 黄冈师范学院助力乡村振兴的实践

黄冈师范学院八年如一日，深度帮扶助推麻城市东垸村和美乡村建设，先后筹措、投入、协调各类帮扶资金近3000万元，选派常驻村工作人员11人次，全体校领导和师生来村调研指导工作、入户慰问1300余人次，实现了昔日重点贫困村的华美蝶变。

驻村以来，学校全力提供科技、人才和信息、技术的支持，聚焦东垸村基础设施建设，新建桥梁2座、村民文化广场3个，修建通村通组公路10.7公里；聚焦油茶种植和乡村旅游特色产业，对东垸村200余亩荒废油茶林实施技术改造；指导并参与东垸村美丽乡村、传统古村落项目的编制、规划、建设和实施工作，成为《民生周刊》"我为群众办实事——2021民生示范工程"推荐案例；真心实干暖民心，学校为东垸村捐赠价值10余万元的办公用品、防疫物资等，通过832平台购买当地农副产品30余万元，为村民销售农副产品9万余元，并争取资金32万元完成自来水通垸组工程。

东垸村先后列入"中国传统村落""湖北省美丽乡村"，并获批"国家级3A景区"。东垸村的改变，是新时代党和国家最壮丽的中国故事缩影，是黄冈师范学院扎根基层、服务桑梓的百年底色。

同时，学校涌现了以"微光""繁星"为代表的一批公益乡村基础教育志愿服务团队，仅 2022 年暑期，就有 47 支团队 700 余人奔赴鄂东大别山各乡镇开展乡村教育公益服务，积极服务乡村教育振兴。

2. 黄冈职业技术学院乡村振兴学院

2021 年 8 月 28 日，黄冈乡村振兴学院在黄冈职业技术学院揭牌成立。该学院由黄冈市农业农村局、黄冈市乡村振兴局、黄冈职业技术学院联合举办，为乡村振兴提供智力支持和人才支撑，是湖北省职业院校开办的首家乡村振兴学院。

黄冈乡村振兴学院创新职业教育服务乡村振兴体制机制，以高素质农民培训等形式开展高质量的人才培养，并整合学校、行业、企业资源，组建专家技术团队，有效对接黄冈 10 个县（市、区）的特色主导产业，为其提供技术支撑和智力服务。

2022 年 5 月，黄冈职业技术学院师生代表 95 人前往该校乡村振兴驻点村——英山县雷家店镇茶园河村联合开展"助推文明创建，助力乡村振兴"系列活动。该校还围绕理论宣讲、科技科普、生态环保、健康卫生等内容，分类实践、精准施策、分类辅导、按需施策，贴近群众、暖心施策，广泛开展形式内容多样、群众乐于参与、针对性、实效性强的新时代文明实践活动，助推文明创建，助力乡村振兴。

（二）经验和启示

黄冈教育在促进乡村振兴中积累了很多经验和办法，为打赢黄冈脱贫攻坚战提供了坚强支撑，为全面推进乡村振兴积累了宝贵经验。

一是坚持学校党委对帮扶工作和促进乡村振兴工作的全面领导，做好持续性机制建设，确保乡村振兴工作稳步持续推进。

二是不断优化帮扶项目台账制度，努力做到帮扶项目可持续，帮扶资源与需求精准对接，帮扶成果可复制、可推广。黄冈师范学院通过抢抓中央对湖北省一揽子支持政策机遇争资立项，为龟山镇东坳村积极争取到2020 年、2021 年国家级乡村旅游配套设施建设一期"以工代赈"示范工程项目，争取资金近 155 万元。通过乡村振兴专项支撑，先后完成东坳村传统古村落 3A 景区建设一期工程项目，先后助力东坑村修建景观步道 2800 余米、村史馆 140 平方米、绿化生态停车场 600 平方米；修建村民文化广场 3 个；打造景观亭 3 座、景观长廊 1 个；建造 400 平方米的游客服务中心，丰富特色村落的文化景点和人文内涵。

三是促进特色学科建设与特色资源优势合力发展，用时间的积淀和辛勤的汗水浇灌一方热土，用知识之花映衬乡村振兴硕果。在专家的引导及支持下，党员村民带头养鸡、养猪、养羊，率先实现养殖年收入超 15 万元。同时，黄冈师范学院相继投入扶贫专项资金、筹措项目建设资金和消费扶贫资金等共计 1700 余万元，与当地政府共建产业基地与实验基地相结合的科技示范村，积极探索农业产业结构调整，大力发展绿色生态农业。

四是打造一支"带不走"的基层科技队伍，培育一批黄冈未来发展的生力军。黄冈市几所高校连续选派 9 届研究生支教团前往基层乡村中小学接力支教。推进乡村基层党组织建设，开展党课下乡、党支部结对工作，发挥基层党组织的战斗力和党员的示范作用。

三 湖北省乡村教育振兴下一步工作展望

（一）巩固乡村教育办学成果

1. 学龄儿童就读情况动态监测

湖北省主要采取两种方式对辍学学生实施监测：第一种方式是开展控辍保学专项行动；第二种方式是利用数字信息化技术，将学生就读数据与省乡村振兴局的大数据进行对接。此外，湖北省还对残疾儿童、留守儿童、随迁子女和困境儿童等群体进行重点跟踪监测，并实行数字化动态管理。这些措施旨在及时发现学生辍学情况并为其提供帮助，促进全省义务教育公平发展。

2. 辍学儿童分类施策劝返复学

为了特别帮助家庭困难、身体残疾、随迁子女、留守儿童和返乡儿童等特殊学生以及有学习困难、外出打工等高风险倾向学生，湖北省建立了"一对一"教育关爱帮扶机制。此外，还出台了加强中小学生心理健康教育管理工作的指导意见。在课堂教学方面，各地各校加强《心理健康教育》课程的推广，以降低学生辍学的可能性。

3. 完善农村留守儿童和困境儿童救助保护协调机制

湖北省利用"儿童快乐之家""妇女儿童中心"等载体积极开展"彩虹行动""护蕾行动"等活动，组织志愿者和社会工作服务机构为特殊儿童提供全方位的关爱服务，以促进他们身心健康发展。同时，高度重视特殊儿童的教育问题，确保他们享有接受义务教育的权利。2022年，湖北省在加强义务教育保障方面取得了显著成果，小学和初中入学率均达到100%，九年义务教育巩固率达到98.3%。

（二）提升乡村教育发展水平

1. 组织各地推进实施"万个公办幼儿园学位扩充"实事项目

一是建立项目清单，将建设任务分解至各县（市、区），指导各地制定并实施方案，确保各级责任的压实。二是加大投入保障力度，落实中央补助资金10.13亿元，省级配套资金2.00亿元，用于支持和引导各县（市、区）建设公办幼儿园，并带动各地充分利用自有财力、地方政府债券资金等，共同加大公办幼儿园建设投入力度。三是强化过程督导，对建设进度实施月度通报，以督促各地落实人、财、物保障，并扎实做好项目建设、验收和开园准备等各项工作。2022年湖北省新投入使用公办幼儿园285所，新增学位6.7万个。

2. 推动县域教联体建设

一是制定推动县域教联体建设的指导意见，把"决策共谋、发展共建、建设共管、效果共评、成果共享"贯穿于教联体建设全过程。二是明确各地可结合实际探索跨市域、跨县域、跨学段组建教联体。通过办学机制和管理体制创新，促进优质教育资源集群发展、快速成长。设立省级教联体建设专项资金，采取"以奖代补"形式支持各地建设一批示范性教联体。三是明确县域教联体建设目标任务。2022年底前，全面部署推动教联体建设，遴选确定约89个省级教联体试点。2023年底前，每个县（市、区）至少建设1个示范性教联体，总结推广一批教联体建设经验模式。2024年底前，全省县域范围内推行教联体建设，优质教育资源覆盖面不断扩大。2025年底，全省80%以上的义务教育学校被纳入教联体建设，教联体建设长效机制全面建立，农村学校条件持续改善、质量全面提高，城镇新建学校优质成长、薄弱学校快速提升，城乡、校际差距进一步缩小，学生、家长、社会对教育的满意度明显提升。四是谋划"共同发展"实现路径。紧紧围绕"共"字做文章，谋划建立"内部治理共融共生""教师队伍共用共管""教学资源共建共享""建设成效共测共评""家校社共谋共治""条件保障共促共进"6项工作机制17条具体措施，确保教联体"联"出特色、"联"出效益、"联"出成果，努力形成和谐发展、共生共荣的良好教育生态。

3. 全面实施县中振兴行动

一是改善办学条件，2022年湖北省落实中央和省级资金5亿元，支持新建、改扩建校舍38万平方米，运动场23万平方米，设备购置费用1.2亿元。二是有效缓解普通高中大班额现象，大班额率从2021年的28.2%下降到2022年的15.9%。三是促进县域高中质量提升，制定县域普通高中发展提升实施方案，推动县中托管帮扶工程，4所部属高校与4所县中开展结对帮扶。四是推动普通高中教育改革，包括推进学生综合素质评价、学生发展指导和选课走班，使用新课程、新教材，落实学校办学质量评价指南，规范招生秩序等。

4. 不断增强职业教育服务能力

一是坚持职业教育优先发展战略地位，坚持"政府统筹规划、适应市场需求、产教融合发展、创新体制机制"原则，推动职业教育高质量发展。二是积极引导各县（市、区）有效整合各类公办职业教育资源。2014年以来，先后实施三期中职学校重点建设规划，支持各地区重点建设2~3所有较强影响力的中职学校，每个县（市、区）集中力量办好1所中职学校，自此学校数量虽明显减少，但校均在校生规模明显增大，办学效益明显增强，原来中职教育"空、小、散、弱"的局面有所改观。三是动态调整专业。湖北省引导各学校依据产业发展方向设置专业，支持各职业院校根据产业需求办专业。截至 2021 年底，高职学校共开设专业点 2546 个，中职学校共开设专业点 3427 个。四是持续为经济社会发展提供人力支撑。近年来，中职毕业生初次就业率连续多年稳定在 95% 以上，高职毕业生初次就业率平均在 90% 以上。全省 90% 以上的中职学生来自农村家庭和城市经济困难家庭，85% 的高职学生为家庭第一代大学生，他们通过职业教育改变了自身命运和家庭面貌，实现"一人上职校、脱贫一家人"。五是大力开展职业技能培训。湖北省启动实施促就业"职业教育赋能提质专项行动计划"。全省共有 51 所职业院校开展涉农类职业培训，共计开展培训项目 248 个，累计培训 91124 人次，主要涉及特种作业培训、保育员培训、月嫂培训、高素质农民培训。六是开展脱贫地区特殊招生。2021 年，省教育厅会同省直 7 部门将农民工纳入高职扩招对象范围，对农民工等群体实行招生计划单列，免文化考试，只参加与专业相关的职业适应性测试，共录取农民工、高素质农民 4000 余人；全省完成"政校行企联合培养技术技能型人才"专项计划培养一线劳动者 1800 人，"一村多名大学"专项计划培养一线劳动者 3300 人。七是开展职业教育东西部协作。湖北省组织武汉职业技术学院等 9 所优质高职学校对口支援新疆博尔塔拉职业技术学院 7 个二级学院，开启"校帮院"对口支援新模式，打造职教对口援疆"升级版"。

5. 加快教育信息化促发展

一是湖北省制定了《湖北省教育信息化发展规划（2014—2020 年）》《湖北省教育信息化 2.0 行动计划（2020—2022 年）》等文件，以加强规划引领，统筹智慧教育健康发展。二是通过实施义务教育薄弱环节改善与能力提升等项目，重点支持农村学校提升信息化基础设施建设水平，全省学校网络接入率达 100%，带宽全部达到 100M 以上，多媒体教室基本实现全覆盖，学校网络教学环境得到根本改善。三是建设湖北省教学点网校，通过"专递课堂""名师课堂""名校网络课堂"等方式，助力农村教学点开齐课、开好课，提高教学点教学质量。同时，推进数字校园建设，通过在 100 多所中小学开展数字校园建设试点，大力探索信息技术在教学、管理、服务、文化育人等方面的深度应用，在区域内发挥其示范引领和辐射带动作用。四是推进教育管理信息化，初步形成覆盖全体教师、学生、教育机构信息的基础数据库，构建学籍管理、招生入学、课程实施、学生资助等各类信息系统。

（三）拓展乡村振兴智力服务

1. 大力加强教师队伍建设

一是通过省级统一考试扩招中小学教师 11000 余人。二是通过实施国培省培项目，全年培训中小学幼儿园教师 8 万人次。三是实施优师计划，为 28 个脱贫县中小学校定向培养教师 420 人。四是实施银龄讲学计划，招募银龄计划讲学教师 1240 人。五是推进县管校聘，不断完善中小学教职工编制管理系列配套政策。六是实施"湖北省乡村教师奖励基金"项目，安排募集资金 420 万元，拟奖励优秀乡村教师 1200 余名。

2. 着力实施百校联百县行动计划

一是把握高校和地方的需求，谋发展带动百校百县。2022 年湖北省共有 101 所高校申报 1502 个"百校联百县——高校服务乡村振兴科技支撑行动计划"项目，覆盖产业、旅游、教育、文化、医疗等 10 个发展领域，覆盖县（市、区）104 个。项目推进中，采用"一评定二审核"机制，优化科研路径，制定可检查、可量化、可考评的实施方案。二是加强项目管理，全程提供平台云服务。截至 2022 年底，参与高校已研发新技术 23 项、新工艺 9 项、新产品（设备）35 项、数字化平台 32 个，调查、培育农业（生物）新品种 287 个，申请授权专利 15 件、转化 4 件，举办科技培训讲座 87 场次、文化活动 27 场次，产生经济效益过亿元。

3. 持续推进农村人才培训培养

一是扩大优质高校面向农村和贫困地区招生规模，2022 年国家专项计划共录取 3524 人、地方专项计划共录取 2208 人。二是培养新型基层就业的农民和乡村医生，2022 年湖北生物科技职业学院等 11 所高校"一村多名大学生计划"共录取 2425 人，湖北中医药高等专科学校等 11 所高校"村医计划"共录取 1683 人。三是引导高校根据行业部门和企业委托，为基层培养实用技术人才，2022 年咸宁职业技术学院等 6 所高校"一线劳动者计划"共录取 870 人。

4. 有效开展高校毕业生就业帮扶工作

一是强化工作统筹，湖北省先后印发《2022 年湖北省普通高校毕业生就业创业工作方案》等文件，压实帮扶责任，把困难群体就业帮扶摆在更加突出的位置。二是实施有针对性的帮扶工作，指导高校摸清脱贫家庭毕业生底数，"一人一档""一生一策"建立帮扶台账，优先推荐 3 个以上有效就业岗位。同时，实施面向原建档立卡贫困家庭毕业生"专升本专项计划"，录取 2593 人。三是注重形成工作合力，联合多部门，建立省级困难群体毕业生就业帮扶工作联席会商机制。在工作协同、数据共享、政策宣传、就业培训、专项招聘、典型宣传等方面建立工作制度。四是注重引导就业，征集宣传基层就业等 5 类学生事迹，引导毕业生基层就业。

参考文献

孙杰远：《乡村教育应在文化选择中重塑主体性与自觉性》，《探索与争鸣》2021 年第 4 期。

王子君、王鉴：《乡村振兴背景下如何振兴乡村教育》，《学术探索》2022 年第 6 期。

刘复兴、曹宇新：《新发展阶段的乡村教育振兴：经验基础、现实挑战与政策建议》，《西北师大学报》（社会科学版）2022 年第 1 期。

朱德全、石献记：《职业教育服务乡村振兴的技术逻辑与价值旨归》，《中国电化教育》2021 年第 1 期。

于东超：《高等教育助力乡村振兴的时代诠释》，《中国高等教育》2021 年第 22 期。

戴妍、王奕迪：《中国乡村教育振兴的未来图景及其实现——基于百年乡村教育发展连续统的视角》，《西南大学学报》（社会科学版）2022 年第 3 期。

袁利平、姜嘉伟：《关于教育服务乡村振兴战略的思考》，《武汉大学学报》（哲学社会科学版）2021 年第 1 期。

袁利平、姜嘉伟：《关于教育服务乡村振兴战略的思考》，《武汉大学学报》（哲学社会科学版）2021 年第 1 期。

肖正德：《论乡村振兴战略中乡村教师的新乡贤角色》，《教育研究》2020 年第 11 期。

杜尚荣、刘芳：《乡村振兴战略下的乡村教育：内涵、逻辑与路径》，《现代教育管理》2019 年第 9 期。

陈时见、胡娜：《新时代乡村教育振兴的现实困境与路径选择》，《西南大学学报》（社会科学版）2019 年第 3 期。

朱成晨、闫广芬、朱德全：《乡村建设与农村教育：职业教育精准扶贫融合模式与乡村振兴战略》，《华东师范大学学报》（教育科学版）2019 年第 2 期。

B.20
湖南省高校教育发展与乡村振兴工作
思路、主要举措及成效

湖南省高校教育发展助力乡村振兴研究课题组*

摘　要： 乡村振兴，教育先行。湖南省乡村教育振兴工作坚持牢牢守住底线、紧盯发展目标、推进教育振兴、坚持"三力"齐发、瞄准重点发力的工作思路，各大高校积极发挥资源优势，通过创新科技服务、凝练文化品牌、聚焦素质提升、完善维度升级等举措，巩固拓展脱贫攻坚成果，全面推进乡村振兴。

关键词： 乡村振兴　湖南省　教育振兴

一　湖南省乡村教育振兴概况与思路

　　乡村振兴，教育先行。湖南教育系统始终扛牢政治责任，彰显"精准扶贫首倡之地的首倡之为"，为全省深入实施乡村振兴战略贡献教育力量。近年来，湖南教育系统认真对照任务目标抓好工作落实，明确责任分工，突出工作重点，细化工作措施，加强统筹协调，坚持把"办人民满意的教育"

* 课题顾问：曾四清，湖南省教育厅二级巡视员。课题组组长：龙献忠，湖南文理学院党委书记。课题组副组长：王刚，怀化学院党委书记；宁立伟，邵阳学院党委书记；彭小奇，湖南第一师范学院原党委书记；曹晓鲜，长沙师范学院校长；刘宇文，湖南文理学院校长。课题组成员：龚卫明，湖南文理学院党委副书记；刘志敏，湖南第一师范学院原党委副书记；周小李，怀化学院副校长；徐庆军，长沙师范学院副校长；蒋剑平，邵阳学院副校长；晏昱，湖南文理学院副校长；胡春光，湖南第一师范学院教育学院院长；郭杰荣，湖南文理学院组织部部长；李虹，湖南文理学院组织部常务副部长兼党校常务副校长、机关党委书记。

融入乡村振兴战略，在人、财、智、物等方面加大支持力度，帮助农村儿童少年成长成才，促进振兴乡村教育与教育振兴乡村良性循环，在乡村振兴工作方面取得了新的更大成效。

（一）牢牢守住底线，大力振兴乡村教育

一是持续巩固拓展控辍保学成果。持续做好控辍保学动态清零工作，确保义务教育阶段适龄儿童少年入学"不漏 1 人"。同时，持续跟踪控辍保学政策的落实以及辍学问题的反弹情况。

二是全面落实教育资助政策。进一步完善学生资助政策体系，确保从学前教育到高等教育阶段各级各类学生资助政策全面落实到位，保障农村家庭经济困难学生按规定享受资助。强力督促各地按时拨付资金，统筹用好各级各类资助项目，确保精准资助、应助尽助。

三是持续改善乡村教育办学条件。从基础办学条件、资金资助以及师资等方面继续实施薄弱环节改善与能力提升工作。2021 年，湖南省教育厅大力加强乡村寄宿制学校和乡村小规模学校建设，100 所芙蓉学校全部竣工投入使用。2022 年，对已脱贫地区继续实行资金倾斜和资助比例倾斜政策，安排超 30 亿元的教育专项转移支付资金支持 15 个乡村振兴重点帮扶县；同年，在已脱贫地区普遍实施公费师范生培养计划，确保脱贫攻坚期内的各项教育扶贫政策既优化整合，又力度不减。

（二）紧盯发展目标，不断巩固脱贫成果

一是完善学前教育公共服务体系。湖南省"十四五"学前教育发展提升行动计划，完善了学前教育资助制度，保障了孤儿、事实无人抚养儿童、特困家庭儿童、家庭经济困难的残疾儿童接受免费学前教育，促进了全省学前教育的普及与优质发展。

二是深入推进义务教育优质均衡发展。实施义务教育成果提升工程，开展义务教育基本均衡"回头看"行动，支持 5 个县持续推进县域义务教育优质均衡发展创建工作。

三是加快乡村教师队伍建设。实施师资队伍建设保障提升工程，全面推进"强师工程"。实施中西部欠发达地区优秀教师定向培养计划，实施"特岗计划"，加大农村艰苦边远地区学校及急需紧缺学科教师招聘力度。推进实施"国培计划"和"省培计划"，加大乡村教师培训力度，不断提升乡村教师教育教学能力和水平，助力乡村教育振兴。

四是加快推进教育信息化。巩固学校联网攻坚行动成果，加快学校网络提速扩容。依托国家、省级数字教育资源公共服务体系，助力脱贫地区共享优质教育资源，不断扩大优质教育资源覆盖面，完善数字教育资源公共服务体系建设，丰富数字教育资源和服务供给，推动智慧课堂建设。如加强"三个课堂"应用，开展网络"精准扶智"工作，促进教育优质均衡发展；全面实施"阳光校园·智慧教育"工程，实现教育教学过程中的数字化、网络化、智能化发展，全方位推动优质教育资源共建共享，丰富数字教育资源和服务供给，深化网络学习空间应用。

（三）推进教育振兴，大力提升乡村振兴质量

一是增加农村和脱贫地区考生上大学的机会。实施 2022 年重点高校面向农村和脱贫地区招生专项计划，统筹协调三大专项，增加农村和脱贫地区考生上大学特别是考上高水平大学人数。继续实施或配合实施基层专业人才定向培养项目，落实原建档立卡贫困家庭毕业生"专升本"专项计划，实施"少数民族高层次骨干人才培养计划"。

二是加大高等院校涉农支持力度。持续推进高校定点帮扶工作，拓展深化帮扶形式和内容。一方面，普通高校加大帮扶力度，如湖南农业大学联合湘鄂赣贵渝五地区 18 家高校与科研院所组建武陵山罗霄山和湘赣边区乡村振兴科教联盟，协同开展科技支撑区域农业特色产业振兴工作；湖南大学等高校成立了乡村振兴研究院（中心），围绕全省或区域乡村振兴需求，加强对接研究。另一方面，涉农高职院校和县级职教中心也大力发展现代农业职业教育，结合乡村振兴战略需要和当地经济社会发展需求，推动高职院校发挥培训职能，广泛开展面向"三农"、面向乡村振兴的职业技能培训。鼓励

涉农院校、开放大学等根据乡村振兴需要开设涉农专业，支持农民通过"半农半读"等方式就近接受学历职业教育。持续实施农民大学生培养计划，每年培养农民大学生约 10000 名。

三是推进乡村振兴育人工作。湖南教育系统把乡村振兴作为国情教育和思政课堂的重要内容，鼓励教育系统干部师生积极参与、深度实践，进一步深化立德树人成效。指导高校组织大学生开展暑期"三下乡"社会实践活动；将符合要求的乡村休闲旅游项目纳入科普基地和中小学学农实践基地。鼓励各类学校积极探索乡村振兴育人模式，形成一批可复制、可推广的工作成果。

（四）坚持"三力"齐发，推进高校服务乡村全面振兴

1. 组织力

把实施乡村振兴战略的政治责任扛在肩上，指导高校切实把组织优势转化为服务乡村振兴的工作优势。一是形成强有力的组织体系。省教育厅党组强化示范引领，成立由主要领导任组长、分管领导任副组长的厅乡村振兴工作领导小组，各大高校也相继成立了由书记校长任双组长、常务副书记副校长任副组长、全体校领导为组员的领导小组。二是强化常规性研究指导。省教育厅乡村振兴工作领导小组先后进行 7 次专题研究，形成了《湖南省教育厅 2022 年扎实推进乡村振兴工作方案》等文件，指导各级教育部门组织开展服务乡村振兴重点工作。各级教育主管部门、学校将其摆在重要议事日程，如湖南大学等高校定期召开党委常委会、校长办公会，专题研究乡村振兴工作。三是促成全周期调度督导。将履行乡村振兴职责纳入高校党委书记年度述职范围、市州政府履行教育职责评价范围；厅乡村振兴工作领导小组办公室每半年至少调度一次高校工作，并组织书面调研、实地调研，督导相关工作落地落实。

2. 行动力

围绕乡村振兴"20 字总方针""五大振兴任务"指导教育系统用实际行动实现乡村振兴的各项目标。一是产业振兴。通过各级教育机构专业人

才对现代农业农村关键技术的研发和实践应用，为农民增收提供现代化的农业技术支持，2021年湖南省农产品加工业营业收入增长7%。二是人才振兴。鼓励高校和职业教育机构调整优化涉农专业并展开职业技能培训。目前湖南省14所本科院校（含独立学院）共开设涉农相关专业51个，其中22个获批一流本科专业建设点（国家级、省级各11个）。湖南开放大学连续20年实施"农民大学生培养计划"，为湖南农村培养了15万余名"留得住、用得上、干得好、有文化、懂技术、会经营"的乡土人才。三是文化振兴。利用教育系统中特有的教育价值认知引领功能，从乡村思想道德建设、乡村公共文化服务水平、乡村地域传统（红色）文化研究、乡村文化产业、农村精神文明建设等几方面不断施力，繁荣文化事业和文化产业，传承湖湘文化优秀传统。四是生态振兴。推动各级教育系统积极参与美丽乡村建设，推进高校相关专业开展村庄规划编制、农村人居环境整治工作，形成中国范式、湖南样本。五是组织振兴。通过定向培养、资源共享、支部共建等方式，促进教育系统深度参与村级基层党组织建设。湖南开放大学紧贴基层实践，培育乡村治理生力军。在湖南省2021年村（社区）"两委"换届中，有1179名农民大学生当选为村支部书记，有22734名农民大学生进入村（社区）"两委"班子，优化了农村干部队伍结构，提高了农村干部队伍整体素质，增强了农村基层党组织的凝聚力、战斗力和创造力。

3. 支撑力

指导高校充分调动和发挥其人才、智力、资源、平台等优势，科学帮扶，因地制宜。一是支持成立专业平台。支持有条件的高校成立乡村振兴研究院（中心），广泛开展相关研究与实践。湖南农业大学联合省社科联、省农科院、省林科院等成立的"湖南乡村振兴战略研究院"入选湖南省首批专业特色智库。邵阳学院成立"邵阳红"公共品牌研究院，开展"三农"行动，服务邵阳农产业，做好"土特产大文章"。湖南应用技术学院也成立乡村振兴研究院，搭建有效平台，助力乡村振兴。目前，全省高校共拥有140余个国家和省部级乡村振兴相关平台。二是指导开展系统研究。指导高校围绕全省或区域乡村振兴需求，加强对接研究，提供决策咨询。中南大学乡村振兴研究中心承担了《湖南"十四五"乡村振兴重点任务研究》《民族地区脱贫摘帽后的持续发展问题研究》等省委、省政府重大委托课题，提交系列乡村问题研究报告，被《人民日报内参》采用1次，获国家领导人和省部级领导肯定性批示近10次。湖南农业大学牵头起草《湖南省乡村振兴战略规划（2018—2022年）》《湖南省"十四五"农业品牌建设规划》等省级规划5个，主持智库课题37项、农业农村部和中国工程院委托咨询项目10项。三是鼓励做好差异帮扶工作。鼓励高校顺应乡村发展规律和演变趋势，立足发展基础，聚焦阶段任务，把握节奏，准确定位，梯次推进乡村振兴，分类推进乡村发展，提出并实施差异化帮扶方案。

（五）瞄准重点发力，统筹振兴乡村教育和教育振兴乡村

1.重点地区，兜底帮扶

健全义务教育控辍保学长效机制，守住守好教育"阵地"不发生规模性返贫，持续优化乡村学校规划布局。2022年以来，全省教育系统高位推进乡村振兴工作，加强组织领导和经费保障，安排超30亿元教育专项转移支付资金，对标《湖南省教育厅支持十五个乡村振兴重点帮扶县跨越发展实施方案》《湖南省教育厅支持龙山县跨越发展实施方案》，加大对15个乡村振兴重点帮扶县的支持力度，扎实推进联点县乡村振兴工作。

2.农林教育，职业帮扶

加快构建高质量农林教育体系，发挥职业教育在乡村振兴中的关键作用，鼓励各级学校广泛开展乡村社会实践活动，全面提升教育振兴乡村的能力水平。全省现拥有"省级示范性产业分校"11家，"省级示范性实训基地"156家，初步构建了农民田间学校基层教学工作格局，全省农民田间学校建设发展工作取得明显成效，农民田间学校已成为全省乡村的稳定办学场所，发挥了农民教育培训主渠道和主力军的作用，农民

群众受益度高，社会影响力持续增强。

3. 高校定点，结对帮扶

深入推进高校定点帮扶工作，加大定点帮扶力度，聚焦产业和人才振兴，进一步开展高校服务乡村振兴创新试验工作，不断丰富消费帮扶的渠道和方式。2020年，湖南省依托省市场营销协会开展了"高校消费帮扶营销大赛"并取得了良好成效，创新开拓了"三造"湖南高校扶贫模式。以湖南大学、中南大学为首的湖南各大高校，持续推广"以购代捐""以买代帮"消费帮扶活动。通过"点对点"对接供应、"面对面"联合采购等形式，选购帮扶地区的农副产品，并建立长期定向采购合作机制。支持定点帮扶县依托龙头企业建设一批高校"订单式"农产品直供示范基地，建立完善农产品仓储、检测、物流等配套服务体系，联合惠农网、望家欢集团、搜农坊、湖南邮政、湖南达漫等众多企业和平台，搭建校企合作平台，完善服务体系，推进电商平台、直播带货、"互联网+订单农业"等新业态市场化运作，将消费帮扶作为开展定点帮扶工作的重要途径。

4. 乡村教育，数字帮扶

充分发挥教育信息化助力乡村振兴的关键作用，把数字化作为创新乡村教育的有效手段和载体，形成一套实用管用的课程体系，探索一套适应乡村学校的数字化教学模式。省委、省政府将教育信息化2.0试点省建设和教育数字化转型摆在突出位置，出台《湖南省"互联网+教育"行动计划（2019—2022年）》，实施"学校联网攻坚行动"和"多媒体教室攻坚行动"；联通7000余个农村教学点，将网络条件较差的9000余所农村学校带宽全部提升到100M以上；配备22万余间多媒体教室，实现99.93%的学校拥有多媒体教室，扎实推进学校环境数字转型和智能升级。建成22个农村网络联校实验县、101所现代化芙蓉学校、540所新型网络联校，打造"上联名校、下联村小"的城乡数字教育共同体，不断推进线上线下结合、优质资源共享的数字教育均衡体系建设。

二 湖南省高校教育发展与乡村振兴主要举措及成效

湖南省各大高校积极贯彻响应习近平总书记重要讲话精神，积极发挥高校资源优势，按照全要素整合、全领域覆盖、全过程统筹、全周期管理的总体思路，聚焦农业、农村、农民，全面推进乡村振兴，巩固拓展脱贫攻坚成果。

（一）创新科技服务，助推农业产业新发展

依托智库创新平台、结合各自优势团队、融合地方特色，因地制宜开展技术攻关。为确保国家粮食安全，应把中国人的"饭碗"牢牢端在自己手中，从根本上解决农业科技力量弱、农村发展存在短板等诸多问题。为端好湖南人的"饭碗"，湖南省各高校科研平台、科技创新团队纷纷积极应对农业技术短板和"卡脖子"问题，以农业科技创新为乡村振兴注入新活力，助推农业产业发展。从新品种选育、养殖关键技术到产品提质与深加工，各大高校各出"奇招"。

明星云集——湖南农业大学"院士天团"是科技创新和成果转化的亮丽名片和突出代表，他们的研究成果引领我国农业相关产业高质量发展。官春云团队选育的油菜新品种，成为长江流域主栽品种，支撑了湖南油菜产业在全国的优势地位。印遇龙团队研发的生猪生态养殖关键技术，解决了肉品质量和养殖环境污染问题，助推宁乡花猪成为中国"四大名猪"。刘仲华团队研发的茶叶提质增效与深加工关键技术等均处于国际领先水平，引领我国茶产业高质量发展，支撑安化成为中国茶叶税收第一县、全国茶叶百强县。

独辟蹊径——中南林业科技大学致力于提升湖南果品品质生物学学科快速发展，为湖南果品产业采后减损增值提供科技支撑。科技特派员团队负责人周文化教授组织罗霄山片区开展特色农产品加工技术服务，先后利用国家星火计划项目、科技部科技人员服务企业专项经费开展了大蒜、白芷、茶陵

奈李和早熟梨等特色农产品贮藏和加工技术服务，采后损失减少15%，为当地创造了超1000万元的经济效益。王森教授与谢碧霞教授研究的南方鲜食枣木质化枣吊结果机理与促成技术，在湖南祁东县推广示范，打破了"南方不适宜发展枣产业"的论断。"祁东酥脆枣"现已获得国家地理标志保护，其推广示范面积达到湖南枣树栽培面积的2/3，仅在祁东一县就服务带动4142家建档立卡贫困户精准脱贫。

全面出击——湖南文理学院"教授博士沅澧行"近三年来先后派出200多名教授、博士组成29个科技服务团队，深入企业一线和生产现场，先后开展了对接座谈以及现场考察1200余人次，直接对接和现场考察企业300余家，与企业签订技术服务合同400多项，横向科研项目直接进账经费超8000万元。经过近3年的努力，湖南文理学院"教授博士沅澧行"成为常德市科技创新的主力军，成为常德市广大企事业单位的技术依靠，也成为服务湖南"三高四新"战略的高端智库。

因地制宜——湖南医药学院主动对接《怀化市中医药健康产业发展规划》，利用武陵山片区、雪峰山区药用植物资源优势，推动山区中药材种植业、中药材深加工业、中药康养旅游业协同发展，在侗药"救美菇""马蹬艾"等方面取得初步研究成果，"酒黄精炮制工艺的攻关及其功能产品开发"获评2022年怀化市重点项目，"侗医腰痛腼吓（刮痧）疗法"被列入湖南省首批中医药专长绝技项目。

依托电商平台，结合公司农合，融合定点帮扶，广泛拓展市场通道。为确保优质农产品源源不断地从生产端流向消费端，实现从"种得好"到"卖得好"的转变，湖南各大高校汇集各方力量在基础设施配备、网络平台搭建、销售人员培训、商业模式摸索等方面下功夫，全方位、多层次畅通农产品销售渠道。湖南工程学院捐赠30台电脑及网络设备为铺坪村装配电脑机房，同时建成功能全面的乡村电商平台，对当地135名中小学生"一对一"远程网络教学需求进行调研，并面向该村开展计算机基础知识培训。设立村内特色产业，融入直播功能，助力特色农产品搭乘电商"快车"，打通农产品销售渠道。湖南文理学院依托学校科技优势，积极培育特色产业，采用"高校+专业合作社+市场"模式发展"短平快"养殖产业，利用"高校+专业合作社+基地"模式探索高价值农产品产业，并通过"高校+市场+农户"模式助力农民成为经营主体，此"三位一体"模式，促进茶园湾村产业集群发展，增加农民收入，同时，通过构建校县企协同共建机制，打造石门农特产品 IP，在学校设石门农特产品生活馆，建立电商平台，推行全校师生消费帮扶。湖南应用技术学院以农业信息化乡村振兴为主题打造"公司+农合社+农户"的商业模式，开辟乡村产业"科技扶贫+商务创新"的乡村振兴之路，做好信息化技术传输、乡村技能人才的信息化培训、计算机应用能力培训、农产品电商创业培训、农技人员创业培训等，为农村产业的品牌化、市场化、信息化的智慧农业发展夯实坚固基础。

（二）凝练文化品牌，绘制农村环境新面貌

为进一步打造乡村振兴后的农村新面貌，全省各高校从文化资源挖掘、精神引领、环境改善和产业发展等方面频频发力。湖南文理学院、吉首大学、湖南城市学院等高校因地制宜，围绕"茶"做文章，通过科普展示室、编写书籍、拍摄电视专题片、设计文创产品、研学课程等深挖并大力传播茶产业资源，积极搭平台、谋规划、建基地，实施"生态保护+特色产业+乡村旅游"模式，打造出薛家村、五官村、高马二溪村等文化形象，以茶产业带动旅游业，以旅游业促进茶产业，推动茶旅一体化发展，成功打造茶文化品牌。受王新法、王婷父女义务扶贫事迹感召，石门县"红色引领、绿色崛起"发展战略的激励，以及石门县厚重的文化底蕴和丰富的旅游资源的吸引，湖南文理学院在扎实开展石门县乡村振兴帮扶工作的基础上，与石门县委、县政府及当地知名企业合作，开启了校县企协同共建模式，打造乡村振兴样板，三方受益、成效显著。邵阳学院着力打造"邵阳红"公共品牌，指导师生通过专题实地实践、非遗文化进课堂、优秀传统文化专题田野调研等方式聚焦、保护与弘扬本土非遗文化和优秀传统文化，并运用挖掘的地方非遗文化元素，进行文创产品开发和创意成果转化，成为乡村振兴企业

品牌形象、包装创意、广告宣传的新途径。

湖南城市学院、湖南应用技术学院、湖南工程学院、湖南科技职业学院等充分发挥其艺术设计相关专业优势，积极开展村庄规划概念设计、商标及包装设计、墙绘作品创作、美育课堂等，让设计入村，提供生态、人居、文化整体解决方案。其中，湖南城市学院赴新疆，承担吐鲁番市高昌区新城片区新城西门村等 3 个村巩固脱贫攻坚成果暨乡村振兴规划项目，为当地振兴发展提供科学依据；湖南应用技术学院碧波手绘工作室团队从 2021 年 9 月起，先后完成了 800 多幅生动形象的墙绘作品，合计面积超 2 万平方米，创建出常德乡村振兴"碧波墙绘"品牌，把作品绘制在建设美丽乡村的田间地头，为当地人居环境改善增添文化氛围。

（三）聚焦素质提升，培育农民文明新风尚

习近平总书记强调，实施乡村振兴战略要物质文明和精神文明一起抓，特别要注重提升农民精神风貌。为不断深化农村精神文明建设，湖南省各高校积极行动。一是不断发挥各自专业优势，找准各地农民精神缺口，实施文化帮扶。怀化学院通过"一水一油一豆腐，一花一果一药材"产业布局，将"乡愁"作为凝聚发展力量的磁场，把文化作为乡村治理的"尚方宝剑"，为花桥村规划建设"豆腐文化村"。2021 年以来，开展教育培训 20 余次，举办文化活动 10 余场次，引回"能人" 6 名，引进产业项目 4 个，引进社会资金近 4000 万元，协调实施民生项目 10 余项，投入资金近 3000 万元。花桥村获评市级基层党建示范点、"平安创建"先进村和发展壮大村级集体经济"真抓实干奖"，学校先后在"全省驻村第一书记培训班""教育系统乡村振兴工作推进视频会"上作典型发言。湖南应用技术学院召集"乡村振兴·大学生文化帮扶"志愿服务队，采取"集中+分散，线上+线下，文化帮扶+走访慰问"等形式开展乡村知识文化、社团文化、心理文化、爱国文化、安全文化帮扶服务活动，以文化振兴助推乡村振兴。该校人大代表郭俊兰驻点施家陂村人大代表实践站，带领"白云"志愿服务队成员，开展"送培送教"服务，效果显著，"白云"志愿服务

队入选 2022 年湖南省"七彩假期"志愿服务团队。吉首大学和湖南科技学院则分别基于"非遗文化保护"和"清廉文化建设"将传统文化融入乡村振兴，以文化赋能提振乡村发展活力。

二是夯实高校本职，创新育人模式，开展教育帮扶。湖南农业大学做好紧缺人才培养工作，近两年，培养涉农专业人才 4000 余人，每年有 1000 余名毕业生参与"大学生村官计划""基层选调生"等基层项目，鼓励毕业生下沉至县以下基层单位就业。为培养理论素养高、实践技能强的农技特岗人才，从 2019 年起开展农学、水利水电工程、农业机械化及其自动化 3 个专业的农技特岗人员定向培养。围绕十大农业优势特色产业和农业现代化，创新专业建设，探索开设耕读教育必修课程，结合专业领域和产业需求，开发体现新农科特质的核心专业课程和学科交叉系列课程，打造农业物联网、农业人工智能等一批新农科教育的特色"金课"，实现课程教学与产业发展有效对接。承担乡村干部以及基层科技骨干、新型职业农民、致富带头能人等培训任务，近年来，共计举办农业系统干部培训、扶贫培训、新型职业农民培训、企业管理人员培训等培训班 143 期，培训人数 1.5 万余人次，学校被誉为"中国南方农村职教师资的摇篮"。湖南工程学院全程资助铺坪学子，为他们定制包含科技活动、艺术熏陶、红色研旅等内容的为期三天的夏令营，深化"三全育人"的校外探索，让大山里的寒门学子有机会在中学阶段走出校园，开阔眼界。湖南开放大学成立乡村振兴学院，坚持以农民为中心，以终身学习为根本，以扎根湖湘大地培育"永不撤退"的乡村振兴工作队为初心使命，近 5 年让 5 万多名农民实现"家门口学技能、读大学、评职称"；其精心打造的"互联网+职业教育"先锋队、终身教育体系的"主力军"、"一村一名大学生计划"的湖南样板，逐渐形成了"互联网+"乡村振兴人才培养模式优秀案例；产出的"助推职教精准扶贫'三扶四教三维'有效培养乡村人才的创新与实践"成果，受到联合国教科文组织表彰，得到中央组织部推介，获得湖南省职业教育省级教学成果奖特等奖，且被青海等 10 个省份学习借鉴，为全国实施乡村人才振兴提供了湖南经验。长沙师范学院实施体育美育的整体浸润、精准浸润和持续浸润工程，分批派遣驻地教师 64 人次（每次驻地 2~4 天），驻地学生 33 人次（每次 3~4 个月）；开设体育美育课程 27 节/周；在对口学校新建体育美育学生社团 6 个；先后开展 12 个主题的第二课堂及大课间活动；举办 1 届趣味运动会、1 期羽毛球夏令营、4 次大型艺术活动；组织师资培训送培到县 2 期、随岗研修 1 期，线上培训课程 14 门，培训学员 913 人，学员辐射 49 所学校；浸润帮扶媒体报道 90 余次。

（四）完善升级维度，开拓乡村振兴新局面

2022 年中央一号文件强调要奋力开拓乡村振兴新局面，而新局面的开拓需要从空间维度寻找新方向，在全要素整合、全领域覆盖、全过程统筹、全周期管理方面，湖南各大高校各出奇招、全面出击。

在多维度寻找乡村振兴新方向上，湖南大学首创湖南省驻村规划师制度，构建驻村规划师"蓝图绘制技术员、村民诉求传递员、规划决策建议员、项目实施监督员、社会资源输送员、村庄发展研究员、美丽乡村宣传员"的七重身份角色，不断丰富以乡村规划引领乡村振兴的"湖大经验"，并在花垣县十八洞村、隆回县白水洞村、隆回县崇木凼村、双牌县桐子坳村等百余村得到很好的实践。湖南农业大学实施"五新工程"——打造人才集聚新高地、谱写立德树人新篇章、贯彻创新驱动新理念、谋划校地融合新格局、引领农民致富新征程，助力脱贫攻坚和服务乡村振兴，为"农业强、农村美、农民富"做出了应有的贡献。湖南科技大学紧密围绕"建设美丽新永发"，抓牢产业发展这个核心，深挖资源禀赋，着力优化产业结构，积极探索发展产业助力乡村振兴新路径，通过做优环境、做强品牌、做新模式带动黄桥镇永发村集体经济提质增效。其余高校如湖南工业大学、湖南理工学院、怀化职业技术学院、湖南应用技术学院、湖南科技学院分别从"五个好""四大工程""四精准""学科交叉融合""聚焦'五点'齐发力"等方面为湖南省的乡村振兴事业做出贡献。

在全面开拓乡村振兴新局面上，湖南女子学院对接乡村振兴巾帼行动，聚焦农村女性，找准乡村振兴切入点，创新提出"母亲赋能"理念，高位

构建"母亲赋能"机制，并校地联动推进"母亲赋能"工程。经过一年多的实施，"母亲赋能"工程在乡村振兴帮扶村快速落地见效，乡风文明、人居环境、产业发展和村民就业等局面大为改观，各级党委和政府对"母亲赋能"工程产生了极大兴趣并给予了充分肯定。湖南科技大学"心与馨"志愿支教服务队以"从儿童的视角，做可持续拓展的公益"为活动方针，为当地的孩子们进行艺术普及和心理辅导方面的培训。该公益活动自实施以来，共计吸纳109名志愿者，募集公益资金及相关物资超175万元，志愿服务总时长超过9442.5小时，累计超过2000名留守儿童因此受益。湖南工业大学党委研究制定了《关于进一步落实防返贫致贫结对帮扶工作的实施方案》，帮助一般脱贫户及已消除风险边缘易致贫户提升发展能力，巩固脱贫成果，并对监测对象制定"一户一策"针对性帮扶措施，帮助其实现稳定脱贫。湖南三一工业职业技术学院制定面向全省贫困地区的增加招生计划，以及减免学费等政策，助力贫困地区建档立卡贫困家庭学生有学能上、助力家庭经济困难学生有业可就。

三　展望

业由人兴，乡村振兴的关键在于人才。湖南是教育大省，也是农业大省，办好湖南教育，大力培养"留得住、沉得下"的乡土人才，对于推进湖南乡村振兴各项工作而言，既是历史使命，也是湖南教育义不容辞的责任。

未来，湖南教育将致力于通过党建引领、人才带动，提高乡村产业质量效益和竞争力，提升农村基础设施建设和基本公共服务水平，实现生态环境持续改善，美丽宜居乡村建设扎实推进，乡风文明建设取得显著进展，农村基层组织建设不断加强。争取让"产业兴旺、生态宜居、乡风文明、治理有效、生活富裕"的湖南画卷在湖南大地上徐徐展开。

参考文献

龙献忠、龙晴琴、王兵：《乡村振兴背景下地方高校乡土人才培养研究》，《武陵学刊》2021 年第 6 期。

龙献忠、胡朝霞：《"三基"定向，"四爱"融通，"五协同"搭合—湖南文理学院打造乡村"四有"好老师培养模式》，《中国教育报》2022 年 10 月 19 日。

刘宇文、涂丽华、罗碧琼：《培养乡村教师 助力乡村振兴——湖南文理学院乡村教师 4ACCESS 培养模式综合改革》，《人民日报湖南频道》2021 年 11 月 18 日。

黄建军、任嘉蕊、曹毅：《新时代教育扶贫的生成逻辑、核心价值与价值彰显》，《中国高等教育》2022 年第 22 期。

曾广录、秦小珊：《湖南乡村产业振兴模式与农村资源的耦合》，《湖湘论坛》2022 年第 2 期。

B.21
广东省教育赋能乡村振兴政策与实践

广东省教育赋能乡村振兴研究课题组*

摘　要：　2022 年是实施乡村振兴战略的关键之年。广东省积极出台系列
教育赋能乡村振兴的政策，实施聚焦薄弱环节推进乡村教育振
兴、聚焦科研与人才短板赋能乡村振兴战略、聚焦弱势群体彰
显教育民生温度、聚焦援藏援疆和东西协作展现广东担当等四
大举措，推动高质量党建引领教育赋能乡村振兴高质量发展、
统筹推进"三个转向"走深走实、推进"四大转变"深化衔接
工作等三大创新，并提出深化教育资源均衡配置、改进高等教
育发展水平与赋能乡村振兴能力、推动职业教育再上新台阶等
三大展望。

关键词：　教育赋能　乡村振兴　广东省

* 课题组总负责：朱俊文，省教育厅二级巡视员。课题组总顾问：梁健，原广东省委农办专
职副主任、原广东省乡村振兴局专职副局长。课题组组长：廖益，教育学博士，教授，广
东韶关学院院长，第九届、第十届、第十一届国家督学，国家对省级人民政府履行教育职责
评价专家，教育部本科教学工作审核评估专家，广东省高等学校设置评议委员会委员，广
东省督学顾问，广东省第十三届政协委员。课题组副组长：赵三银，博士，教授，韶关学
院党委委员、副院长；赵琦，省教育厅基信处处长；李霞，省教育厅师资处处长；梅毅，
省教育厅事务中心党支部书记。课题组组员：游细斌，博士，韶关学院南岭振兴发展研究
院教授；向爱国，韶关学院校长办公室主任、乡村振兴办主任；李洪生，韶关学院离退休
处处长；刘鹏飞，韶关学院图书馆参考咨询主任；陈庆礼，博士，韶关学院教师教育学院
教师；张世奇，博士，韶关学院教师教育学院教师；李文，博士，韶关学院旅游与地理学
院教师；徐文渊，韶关学院校长办公室调研科科长。课题顾问：吴业春，肇庆学院院长；
郑文，惠州学院副院长；袁铎，嘉应学院副院长。

2022年是实施"十四五"规划的承上启下之年，也是实施乡村振兴战略全面开展的关键之年。习近平总书记强调，要"咬定青山不放松，脚踏实地加油干，努力绘就乡村振兴的壮美画卷，朝着共同富裕的目标稳步前行"，为广东省实现教育赋能乡村振兴指明了前进方向，提供了根本遵循。2022年3月，国家乡村振兴局召开的理论学习中心组（扩大）学习交流会提出，要加快推动乡村振兴落地见效工作重心转换，把工作对象转向所有农民，把工作任务转向推进乡村"五大振兴"，把工作举措转向促进发展（"三个转向"）。

一年来，广东省深入贯彻习近平总书记对广东系列重要讲话和重要指示精神，结合科教兴国、人才强国、创新驱动发展等战略实施，积极落实国家乡村振兴发展战略。省第十三次党代会报告指出，要以更有力举措、汇聚更强大力量推进乡村全面振兴。省教育系统强化组织领导、形成教育系统乡村振兴协同推进机制，精准分类施策、构建较为完善的乡村教育体系，以人才支撑、科技支撑、理论支撑和体制机制改革，服务乡村振兴科技创新行动，各项工作取得新进展、新成效，为广东乃至全国乡村振兴提供强有力保障。

一 广东教育发展与乡村振兴的政策实践

广东省紧密结合中国式现代化的战略要求，从教育赋能乡村振兴的重大历史使命出发，深入贯彻落实国家乡村振兴政策，围绕对口帮扶、学前教育和县域高中教育发展提升、技能人才培养、就业基地帮扶、深化对外口援助等方面密集出台系列教育赋能乡村振兴政策。

（一）部署全面推进乡村振兴重点工作

一是广东省委、省政府于2021年3月制定《关于实现巩固拓展脱贫攻坚成果同乡村振兴有效衔接的实施意见》，强调要建立健全巩固脱贫攻坚成果长效机制；深化拓展区域协作，健全协作机制；要全面推进乡村振兴，提升公共服务能力；加大政策支持衔接力度，做好科技支撑政策衔接工作，巩固推广"院地合作"模式等。二是广东省委、省政府于 2021 年 3 月出台《中共中央国务院关于全面推进乡村振兴加快农业农村现代化的实施意见》，指出要提高农村教育质量，多渠道增加农村普惠性学前教育资源供给，支持建设城乡学校共同体；加强涉农高校、涉农职业院校、涉农学科专业建设；发挥广东开放大学体系办学网络覆盖城乡的优势，加大乡村振兴实用技术技能人才培养培训力度；发挥省级以上职业教育与成人教育示范县的示范引领作用，全面提升乡村工匠技术技能水平等。三是广东省委、省政府于 2022年 4 月制定《关于做好 2022 年全面推进乡村振兴重点工作的实施意见》，从实施农村基本公共服务提升行动、完善乡村人才培养措施等方面，推进教育赋能乡村振兴工作。四是广东省人民代表大会常务委员会于 2022 年 6 月颁布《广东省乡村振兴促进条例》，把行之有效的教育赋能乡村振兴政策法定化，对乡村振兴促进法的有关规定予以细化落实，为全面推进乡村振兴提供更有力的法治保障。

（二）出台系列教育赋能乡村振兴政策

一是省内对口支援方面。省政府办公厅于 2022 年 9 月出台了《省直机关及有关单位对口支援重点老区苏区工作方案》，明确 2022 至 2030 年 72个省直机关、国有企业、中央驻粤机构对口支援任务，如省发改委对口支援原中央苏区——梅州市梅县区，省教育厅对口支援革命老区——河源市紫金县。二是学前教育和县域普通高中教育高质量发展方面。省教育厅等九部门于 2022 年 12 月联合印发《广东省"十四五"学前教育发展提升行动计划》《广东省"十四五"县域普通高中发展提升行动计划》，为基础教育资源优质均衡化明确路径。三是技能人才培养方面。省人力资源社会保障厅于2021 年 11 月印发《广东省人力资源和社会保障事业发展"十四五"规划》，通过"粤菜师傅""广东技工""南粤家政"三项工程聚焦乡村振兴，通过全省技工院校区域发展布局优化抓牢技能人才队伍建设，推动全省技工教育高质量发展。四是脱贫人口就业帮扶方面。省人力资源社会保障厅、省乡村振兴局于 2022 年 1 月出台《广东省省级示范性就业帮扶基地认定管理办法》，为企业积极吸纳建档立卡贫困劳动力（现脱贫人口）稳岗就业提供制度基础。

（三）深化援藏援疆和东西部协作

省教育厅坚决落实党中央、国务院关于对口支援西藏、新疆的工作部署、习近平总书记关于深化东西部协作重要指示精神和新阶段中央关于开展东西部协作重大战略决策部署，联合省委组织部、省人力资源社会保障厅于2021年12月印发《转发教育部等三部门〈关于进一步加强教育人才"组团式"援藏工作的通知〉的通知》，联合贵州省教育厅于2022年3月印发《2022年粤黔教育协作工作要点》，联合广西壮族自治区教育厅于2022年4月印发《2022年粤桂教育协作工作要点》，以巩固拓展教育脱贫攻坚成果，全面推进乡村教育振兴和教育振兴乡村。省委实施乡村振兴战略领导小组办公室于2022年11月进一步出台《广东省支持国家乡村振兴重点帮扶县巩固拓展脱贫攻坚成果同乡村振兴有效衔接"九大加力行动"方案》，从加力专业技术人才选派等方面支持广西、贵州两省区40个国家乡村振兴重点帮扶县巩固拓展脱贫攻坚成果同乡村振兴有效衔接。

二　广东教育发展与乡村振兴工作实践

（一）聚焦薄弱环节，推进乡村教育振兴

一是加强"新强师工程"实施力度深化基础教育发展。按照省政府出台的《广东省推动基础教育高质量发展行动方案》，重点实施"新强师工程"，逐步缩小区域间、城乡间师资力量的差距。推进中小学教师"县管校聘"，实施高校毕业生到农村从教上岗退费，公费定向培养粤东粤西粤北地区中小学教师计划，银龄讲学计划等"组合拳"政策；投入财政资金约35.73亿元，全面推动落实中小学教师平均工资收入"两个不低于或高于"、边

远山区和农村地区教师生活补助、原民办代课教师生活困难补助等系列政策，提高乡村教师工资待遇保障水平；实施全口径全方位融入式结对帮扶，选派支教跟岗教师、校长、教研员合计 3376 人，开展粤东西北地区中小学教师全员轮训等系列举措，提升乡村教师队伍整体素质，切实增强基础教育高质量发展的核心竞争力。二是实施薄弱环节改善与能力提升项目。2022年中央、省级、市县共投入义务教育薄弱环节改善与能力提升项目资金173.41 亿元，加强过程管理和跟踪指导，基本完成五年规划第二年建设任务。加强乡村小规模学校和乡镇寄宿制学校建设，2022 年建设寄宿制达标学校 612 所，新增达标寄宿制学位 14 万个。三是推进乡村幼儿园规范化建设。坚持科学规划、合理布点，加强公办乡镇中心园和村级园建设，完成2022 年乡村振兴战略实施目标任务。四是实施乡村幼儿园质量提升行动。立项《广东省乡村幼儿园环境创设指导手册》《广东省乡村幼儿园游戏和教育活动指导手册》2 个研究项目。建设 21 个资源中心，以乡镇中心园为支点，发挥城区优质园带动作用，提高乡镇中心园辐射能力，推进镇村幼儿园一体化管理。设立粤东、粤西、粤北乡村学前教育发展 3 个研究中心，建立校地协同的工作机制，推助力粤东西北乡村学前教育发展。五是推进特殊教育普惠发展。推动 113 个县（市、区）规划建设特殊教育学校。完善特殊教育政策体系，提高义务教育阶段残疾学生生均公用经费标准，实施残疾学生 15 年免费教育。做好未入学适龄残疾儿童少年数据核实和入学安置工作，确保残疾儿童少年义务教育入学安置率达 98.66%。

（二）聚焦科研与人才短板，赋能乡村振兴战略

一是加强乡村振兴科研创新。发挥高校学科优势，统筹现代农业研究院、乡村振兴（培训）学院等平台资源，针对省情、农情，重点围绕习近平"三农"工作重要论述、城乡融合发展、精准扶贫脱贫、绿色发展方式、乡村治理体系等重大理论和现实问题开展深入研究。贯彻落实《高等学校乡村振兴科技创新行动计划（2018—2022 年）》，《广东省乡村振兴科技计划》，出台《广东省高等学校服务乡村振兴科技创新行动实施方案（2020—

2022 年）》，支持相关高校加强涉农科学研究支撑和技术创新攻关，加强农业领域创新平台建设，积极参与"粤强种芯"等涉农重大工程，在 2022 年"科技服务乡村振兴"重点领域专项中立项 127 项涉农科研项目。二是推动涉农科研成果转移转化。指导高校进一步完善科技成果转移转化体制机制，充分发挥广东省涉农院校农技推广联盟、广东省农业科技创新联盟等平台作用，支持高校打造"互联网＋大农业'"大学生创新创业孵化平台，举办"乡村振兴创新创业大赛"，探索搭建"互联网＋精准扶贫＋农产品网上行"平台，加快推进涉农成果推广转化，助力乡村振兴。推动涉农科研院所、高校、职业院校、开放大学与地方合作建设乡村振兴学院或研究中心，开展乡村振兴理论研究，提供决策咨询、成果转化等服务，开展科技、教育帮扶。三是完善乡村振兴人才培养体系。推进粤东粤西粤北地区中等职业教育资源整合，优化职业院校结构布局，加大对乡村（农村）职业教育转移支付力度，努力推动乡村（农村）职业院校补短板、强基础。实施一流高职院校结对帮扶计划，组织 19 所高水平高职院校对口帮扶 18 所欠发达地区公办高职院校。支持高校设立农业硕士创新班、开设乡村振兴相关课程，完善涉农专业人才培养方案，优化涉农专业课程体系，重点培养符合当前农村、农业发展需求的高层次复合型人才。发挥农村职业教育和成人教育示范县示范引领作用，推动我省 16 个国家级农村职业教育与成人教育示范县、20 个省级农村职业教育与成人教育示范县进一步完善示范县建设机制。四是加强乡村振兴人才培养培训。深化研究生教育改革，创新专业学位研究生培养模式，提高乡村振兴拔尖人才供给能力。深入推进"基层医护人才培养"专项行动计划，面向乡村卫生医疗机构开展订单定向医学人才培养，加大粤东西北医学院校建设支持力度，2022 年农村卫生定向生培养规模增至 2492 人，培养医学院校增至 10 所。发挥职业院校人才、技术、资源等优势，实施"乡村工匠"工程，建设乡村振兴人才驿站，开展"粤菜师傅""广东技工""南粤家政""农村电商""电工培训""农产品病虫害防治"等项目培训，培训乡村实用技能学员 4000 多人次。深化校企合作，开展服务乡村（农村）人才订单式培训和在职培训，带动全省农村职业教育与成人教育发展。

做好就业服务保障，保质保量完成"三支一扶"等基层项目招录，推动高校毕业生到乡村基层就业。

（三）聚焦助学扶智，彰显教育民生温度

一是打造"高位推动"教育援疆新体系。以铸牢中华民族共同体意识为主线，按照"一个体系、两个重点、三支队伍"的总体要求，成立由省政府主要领导担任组长的省教育援疆专项工作领导小组，编制新阶段教育援疆五年规划，新增组织华南师范大学等 16 所高校与新疆对口支援地区共建大学生思想政治教育暨实习支教基地，于 2022 年 9 月底组织第一批 105 名支教大学生进疆支教，加力教育援疆再上新台阶。二是打造"组团式"教育支援和帮扶品牌。选派 439 名优秀教师"组团式"援藏援疆援桂援黔，组建 6 个支教团分别支援西藏林芝和新疆喀什共 16 所中小学校；新增选派 268 名（其中校长 74 名）教育人才帮扶广西、贵州 40 个国家乡村振兴重点帮扶县，打造"以省包校""以市包县""教育加力行动"等教育帮扶品牌。三是打造乡村振兴驻镇帮镇扶村教育样板。开展"校地共建服务乡村振兴"试点行动，发挥教育系统资源及专业优势，推动被帮扶镇中小学校教学设备的更新换代和教学场所整体升级，引领带动被帮扶镇教育高质量发展。四是抓好义务教育控辍保学。印发实施《关于进一步健全义务教育控辍保学长效机制的通知》，对照台账及时做好疑似失学辍学儿童摸排、动态监测和劝返复学，并提供针对性的帮扶救助，全省疑似辍学学生实现动态清零，九年义务教育巩固率达到 96.22%。五是抓好学生资助政策落实情况。2022 年全省各级财政投入学生资助资金约 70 亿元，资助学生约 366 万人次。发放国家助学贷款 23 亿元，受助学生达 21.25 万人，创历史新高。六是抓好随迁子女教育权益保障工作。落实"两为主、两纳入、一依据"的随迁子女入学政策，简化优化随迁子女入学流程和证明要求，目前广东省随迁子女入读公办学校比例提高到 85% 以上。

（四）聚焦援藏援疆和东西协作，展现广东担当

一是打造"高位推动"教育援疆新体系。以铸牢中华民族共同体意识为主线，按照"一个体系、两个重点、三支队伍"的总体要求，成立由省政府主要领导担任组长的省教育援疆专项工作领导小组，编制新阶段教育援疆五年规划，组织华南师范大学、韶关学院等16所高校与新疆对口支援地区共建大学生思想政治教育暨实习支教基地，于2022年9月底组织第一批105名支教大学生进疆支教，推动教育援疆再上新台阶。

二是打造"组团式"教育支援和帮扶品牌。选派439名优秀教师"组团式"援藏援疆援桂援黔，组建6个支教团分别支援西藏林芝和新疆喀什共16所中小学校；新增选派268名（其中校长74名）教育人才帮扶广西、贵州40个国家乡村振兴重点帮扶县，打造"以省包校""以市包县""教育加力行动"等教育帮扶品牌。

三　广东教育发展与乡村振兴典型案例

（一）省内教育赋能乡村振兴案例

案例一：华南农业大学高端智库建言献策助力地方乡村振兴

华南农业大学充分发挥国家农业制度与发展研究院及广东农村政策研究中心、乡村振兴研究院等智库作用，围绕乡村振兴热点、难点问题开展理论研究，科学分析研判，提炼政策观点，为实施乡村振兴战略提供决策参考。

2018年以来，学校向各级主管部门及智库提交政策咨询报告200余篇，其中50余篇获得省部级以上领导的肯定性批示，10余篇决策咨询报告被中办全文采纳；40余篇决策咨询报告被广东省委办公厅、农业农村部农业贸促中心等单位以及《南方智库专报》《广东调研》等重要内参采纳。

案例二：广东省乡村（农村）职业教育助推乡村振兴

1. 系统推进职业院校服务乡村振兴战略部署

省教育厅协同省直有关部门推动各地、各校深入实施"乡村工匠"工程，系统推进职业院校全面服务乡村振兴战略，重点推动职业院校加强乡村（农村）实用技能人才教育和培训，提高院校服务乡村振兴能力。

2. 加大乡村（农村）职业教育办学投入力度

省级财政加大对乡村（农村）职业教育转移支付力度，努力推动乡村（农村）职业院校补短板、强基础。近两年，省级以上专项资金对粤东西北地区每年投入超过 3 亿元。中等职业教育免学费（农村户口、涉农专业、城市家庭困难）覆盖了近 90% 的学生，助学金（家庭经济困难）覆盖了 13% 以上的学生。

3. 发挥农村职业教育和成人教育示范县的示范引领作用

推动广东省 16 个国家级农村职业教育与成人教育示范县、20 个省级农村职业教育与成人教育示范县进一步完善示范县建设机制，加强宣传展示平台建设，不断提升服务发展能力。

4. 加强服务乡村振兴相关专业建设

在全省高等职业院校涉农专业中，共设 6 个省级重点专业、示范性专业，3 个省级一类品牌专业，4 个省级二类品牌专业；其中 2 个专业被认定为国家级骨干专业。涉农中职学校中，立项了 5 所省高水平中职学校，在粤东西北地区立项了 6 个省级"双精准"专业。推动深圳博伦职校精准帮扶广西德保职校，实施"中职 111 工程"。

5. 强化乡村振兴人才培养培训

进一步扩大乡村工匠人才培养规模，在高职扩招工程中设置"乡村振兴人才"专门类别，助推乡村工匠学历提升和新型职业农民培养，89 所高职招收"农民工""高素质农民""下岗失业人员"等重点人群超 3.4 万人，年培训量超 10 万人次。

6. 打造乡村振兴教育"一镇一品牌、一村一特色"的继续教育典型

支持、指导广东开放大学与云浮市委、市政府打造乡村振兴教育"一镇一品牌、一村一特色"的继续教育"云浮模式"，形成乡村振兴教育"广东模式"。

（二）省外教育帮扶案例

案例三：发挥高校大组团优势，打造教育援藏"新出彩"

广东在坚持"规定动作落实落细"的基础上，充分发挥高校人才优势，开启了教育大组团援藏新模式、民族团结教育新形式、人才培养新机制。我省组织省内师范类或具有师范专业的高校如韶关学院与西藏林芝共建大学生思想政治教育实践育人基地，并将该项目纳入广东省党政代表团赴藏考察签约项目，实现了"政府搭台，校地对接，三方共赢"。

2022年底，15所高校累计选派实习支教师范大学生1284名分赴林芝市63所学校开展为期1个学期至1年不等的支教工作，缓解了林芝市教师紧缺的问题，精准帮扶了薄弱学科教学，构筑了广东—林芝市直—县区—乡村全领域的广东教育援藏优质资源辐射网，切实增强了爱国主义教育、民族团结教育、艰苦奋斗教育的实效性。

案例四：深入实施少数民族青少年"铸魂工程"

广东省教育系统认真贯彻新时代党的治疆方略，深入贯彻落实第三次中央新疆工作座谈会、第八次全国对口支援新疆工作会议精神，以铸牢中华民族共同体意识为主线，以普及国家通用语言和加强思想政治教育为重点，全面推进文化润疆和智力援疆工作。

1. 以社会主义核心价值观引领人

着力在受援地中小学实现红色文化教育、中华民族优秀传统文化"两个传承"和思政教师教育培训、青少年红色教育"两个全覆盖"。选拔广东优秀思政老师支教，率先在学校设立爱国主义教育展厅。培育"红色小宣讲员"，组建200多支"红孩儿"红色宣讲团。广泛组织粤喀两地学校开展结对帮扶交往活动，引进广东优秀少儿文艺作品，用生动的动漫形象和有趣的动漫故事传播现代文化，帮助少数民族青少年学习国家通用语言。

2. 以中华优秀传统文化熏陶人

以铸牢中华民族共同体意识为主线，推动"零星""多点"支援提升为"全面""全覆盖"帮扶，创办多种多样富有中华优秀传统文化和广东地方文化的特色文化课堂、社团活动、粤新交流活动等，促进民族交往交流交融。

3. 以知识技能造就人

实施"教育援疆五个一工程"；实施"院帮系"工程，开创"6+6""9+1"职教协作新模式，组织广东轻工职业技术学院等6所职业院校各帮扶喀什职业技术学院一个专业，组织中山大学等9所高校共同援助喀什大学。在19个援疆地区中率先提出充分发挥足球运动团结、拼搏、互助、守纪的正面作用，投入援疆资金超3000万元，培训足球教练员200多人、青少年足球运动员超13000人，将少数民族青少年吸引到足球场上，助力国家通用语言文字教育，增强"五个认同"。

四 广东教育发展与乡村振兴经验总结与创新

（一）高质量党建引领教育赋能乡村振兴高质量发展

进入新发展阶段，农村教育发展不充分、城乡发展不平衡的问题仍是广东教育最大的短板和"潜力板"。党建引领是全面推进乡村振兴的根本保证，广东省教育系统以习近平新时代中国特色社会主义思想为指导，深入贯彻习近平总书记对广东系列重要讲话和重要指示精神，深入学习宣传贯彻省第十三次党代会精神，深入贯彻落实"抓党建促乡村振兴"的要求，以党建强队伍、以党建谋发展、以党建促振兴，着力补齐城乡教育发展短板，围绕建设高质量教育体系，在科学谋划、精准施策、深化改革、治理规范等方面下功夫，为推动广东早日进入全国乡村振兴第一方阵作出积极贡献。

（二）统筹推进"三个转向"走深走实

以党的二十大精神为指引，踔厉奋发，围绕"发展"主题，统筹推进"三个转向"走深走实，使乡村教育与国家同步实现现代化，具体包括以下几个方面：

一是高位统筹，逐步形成教育系统协同推进机制。

充分发挥教育在乡村振兴中的独特作用，坚持"乡村振兴、教育先行"的原则。一方面，统筹出台一揽子教育领域乡村振兴政策，指导地方教育行政部门、高校和中小学投身到乡村振兴中。另一方面，在纵向上坚持稳步推进、久久为功的机制，如持续推进《广东省全口径全方位融入式帮扶粤东粤西粤北地区基础教育高质量发展实施办法》，分步配置相应任务，推动乡村教育高质量发展。

二是狠抓重点任务落实不断提升农村教育基本公共服务水平贯彻落实"全面改善贫困地区义务教育薄弱学校基本办学条件"等等重大项目，持续改善农村义务教育学校基本办学条件；投入资金 3000 万元改善普通高中学校办学条件，有序部署推进县域高中振兴，整体提升县域高中质量；对于粤东西北地区，推进实施全口径、全方位融入式帮扶基础教育高质量发展组织实施中小学教师全员轮训，切实提高教师队伍整体素质及能力；建立信息技术应用"整校推进"混合式校本研修新模式，因地（校）开展"智慧教育"与"多技术融合"两种应用模式下教师信息技术应用能力的全员培训，全面促进信息技术与教育教学融合创新发展，推动广东省基础教育高质量发展。

三是强化人才培养，为乡村建设提供强有力的人才支撑深入推进涉农人才培养提质，重点支持涉农高校 43 个涉农重点学科建设，中山大学等 4 所高校的 5 个涉农学科入选国家新一轮"双一流"重点建设学科，华南农业大学等 14 所高校 35 个学科进入 ESI 前 1‰。加强"新农科"建设，推进产教融合，支持高校与农业龙头企业深度合作协同育人，华南农业大学、广东海洋大学等 7 所院校 11 个项目入选教育部新农科研究与改革实践项目。推广科技小院模式，将科技小院纳入当地农业技术服务和农民培训体系，助力乡村振兴。广东省 4 所高校 26 个科技小院获国家支持建设，韶关学院的科技小院获国家、省、市主流媒体报道。

办好面向农业农村的职业教育和继续教育，充分利用和发挥区域教育发展的品牌和特色，支持和指导高校与政府联动，共建乡村振兴学院，打造乡村振兴教育"一镇一品牌、一村一特色"的继续教育典型。同时建成市、县、乡镇、村（居）四级乡村振兴教育网络，积极开展新农科学历教育和涉农职业培训、乡村干部培训、乡村工匠培训等，形成乡村振兴教育广东模式，展现"广东职教担当"。

（三）推进"四大转变"深化衔接工作

一是强化组织领导，推进帮扶工作从"攻坚思维"向"发展思维"转变。

在广东省乡村振兴战略领导小组的统筹部署下，支援市、县教育行政部门［含教研机构（教师发展中心）］和高校与受援市、县教育行政部门建立互访制度和联席会议制度；各地各高校指定 1 名教育局（高校）领导为负责人，明确具体的机构和责任人，成立基础教育帮扶工作组。

各高校统筹自身资源优势，积极把"教育服务乡村振兴战略"纳入定点帮扶县工作内容，全力开展驻镇帮镇扶村工作，将帮扶工作由脱贫攻坚向乡村振兴转变。如暨南大学的三华李深加工研究，获批国家自然科学基金联合基金重点支持项目；华南师范大学、韶关学院赴西藏林芝、贵州台江等地开展"校地共建"支教工作，派出省首批赴新疆喀什支教服务队。

二是构建多元生态，推进帮扶内容从"脱贫攻坚"向"五大振兴"转变。

各高校结合定点帮扶县的资源禀赋和产业基础，通过院士工作站、科技专家工作站、博士工作站、科技小院等多种形式，以服务乡村振兴的技术服务、科技攻关、农技推广、成果转化、专题培训等形式，增强产业发展新动能，推进帮扶内容从"脱贫攻坚"向"五大振兴"转变。如中山大学旅游学院实施的"阿者科计划",华南理工大学的"大手牵小手"行动,华南农业大学的全链条人才协同培养新模式等。

三是突出示范引领,推进帮扶项目从"传统模式"向"创新模式"转变。

以院地合作为纽带,通过示范引领、科研创新不断推进高校精准服务乡村振兴创新试验工作。如建成首个省级农产品加工技术研发中试公共服务平台;成立全国首个预制菜产业联合研究院;组建广东种业集团、广东畜禽种业集团;全省农业科技贡献率达到71.3%。

四是广泛汇聚力量,推进帮扶模式从"单兵作战"向"组团协作"转变。

在省内教育赋能乡村振兴方面,采用组团式"大兵团作战","大兵团"由高校、科研部门、科技特派员加中直、省直、企业、志愿者、金融助理等各种帮扶资源构成,将原来的脱贫攻坚转变为全域全覆盖全面推进乡村振兴,推动镇村融合发展如惠州学院大力推进农村科技特派员科技下乡活动,与国家级示范社、金融助理等多方资源一起,共同推动惠州市汝湖镇甜玉米标准化生产,构建了"七仙汝湖·诗画田园"乡村振兴综合示范带。汝湖镇被广东省农业农村厅评为"甜玉米专业镇",汝湖镇横山头村被评为"甜玉米专业村"。

在对外协作方面,组建国内、省内高校、职校对口支援联盟,促进受援地人才振兴。实施国家乡村振兴重点帮扶县教育人才"组团式"帮扶广西、贵州40个国家乡村振兴重点帮扶县;推进"组团式"教育人才援藏;推动广东轻工职业技术学院牵头全国11所职业院校共同组建"职业院校对口支援协同发展联盟"。

五 广东教育发展与乡村振兴未来发展方向

"十四五"以来,广东教育总量位居全国前列,教育质量不断提高,为广东乡村振兴奠定了坚实基础。但广东省内教育发展依然存在严重的不均衡问题。从区域发展看，粤东西北地区教育发展较为落后；从乡村振兴急需人才看，乡村缺少专业技术、创新创业、组织领军、公共服务等人才，人才培养与乡村振兴需求脱节的情况仍然比较严重。为此，一方面要进一步提升各级各类优质教育资源供给数量与质量，推动教育资源均衡配置；另一方面要有针对性地供给乡村振兴急需人才，在涉农高校相关专业开办乡村振兴定向班，为乡村振兴培育用得上、用得好、留得住的应用型复合型人才。

（一）深化教育资源均衡配置

一是加大粤东西北地区教育资源供给质量与帮扶力度。增加幼儿园公办学位供给，做好农村寄宿制学校建设；进一步加大珠三角教育发达地区与学校对粤东西北地区的帮扶力度、广度、深度、精准度，强化全口径全方位融入式帮扶，继续推进提高粤东西北地区中小学教师全员轮训水平，加大对粤东西北地区高等教育和职业教育支持力度。

二是加快建立城乡教育共同体。强化顶层设计，建立城乡教育共同体，积极推动探索教育共同体建设的现实路径，有效推动教育各项资源要素在共同体内部合理流动，提升乡村义务教育水平，促进城乡教育均衡发展，赋能乡村振兴。

三是持续推进省"同步课堂"项目建设。推进省教育资源公共服务平台应用落地服务暨"人人通"试点区项目，进一步缩小区域之间、城乡之间、校际的差距，提升偏远农村地区学校的教育教学质量，实现教育均衡发展。

四是深化教育对口支援和东西部协作。注重总结"组团式"教育人才援藏援疆、"校地共建"等项目经验，进一步加强教育人才"组团式"帮扶国家乡村振兴重点帮扶县，积极推进广东学校与受援地、协作地学校"结对子"，打造具有"广东特色"的教育援助品牌。构建"组团式"援藏与我省其他教育援藏特色项目和干部人才"组团式"机制。

（二）改进高等教育发展水平与赋能乡村振兴能力

进一步加大对区域内高校扶持建设力度，提高优质高校招收广东学生的数量和比例，增加高等教育招生人数。加强省内地方高校服务地方经济社会发展的能力，增强高等教育赋能乡村振兴的水平与能力，特别是人才培养适应社会需求的能力，改革人才评价标准，强化高等教育人才评价与社会需求的关联性。提升低收入家庭高校毕业生就业能力，优先为困难群体毕业生推荐岗位，实现一对一兜底帮扶。

（三）推动职业教育再上新台阶

加强统筹规划，将职业教育服务乡村振兴、加强乡村人才振兴纳入对各地、各校职业教育相关考核评价范围。建立高校与政府的协同培训机制，积极与地方党政部门和农业经济组织等开展合作，开展新时代农业农村干部人才、新型职业农民、乡村振兴带头人、新型农业经营主体等主题培训；承担落实好省"领头雁"农村青年创业致富带头人培训项目。

B.22
重庆乡村教育的发展态势与未来路向

重庆市人文社科重点研究基地
长江师范学院西南乡村教育创新发展研究中心*

摘　要： 重庆市积极推进巩固拓展教育脱贫攻坚成果与乡村振兴有效衔
接，通过建立健全"义务教育有保障"成果长效机制，建立健
全农村低收入人口教育帮扶机制，完善巩固拓展教育脱贫攻坚同
乡村振兴有效衔接的机制，全面巩固拓展义务教育办学成果，充
分保障农村儿童的教育权益，全面协同促进"智志"双扶。经
实践，重庆乡村教育短板逐步补齐，教育发展成果惠及面持续扩
大；乡村学校融合育人实效不断增强，乡村教育生态进一步优
化；乡村教育特色不断彰显，高质量发展路径逐步清晰；职业教
育"为农"属性更加鲜明，服务乡村建设能力不断增强；优质
教育资源整合更加有力，乡村教育保障服务能力明显增强；乡村
教师队伍建设成效持续巩固，乡村教育发展人才支撑更加夯实。
未来，重庆市要加强党对教育事业的全面领导，强化乡村振兴与
乡村教育之间的有机衔接，建立健全重庆市乡村学校学生高质量
发展体系，完善重庆市乡村学校教师队伍高质量建设机制，重点
抓好重庆乡村小规模学校高质量发展的相关工作，以推动重庆乡

---

* 课题负责人：蔡其勇，教授，博士生导师，重庆市教育科学研究院院长；向小川，长江师范
学院副院长，教授；赵骏，长江师范学院纪委书记，教授。课题组组长：冉隆锋，长江师范
学院教师教育学院党委书记、院长，教授，硕士生导师，重庆市人文社科重点研究基地长江
师范学院西南乡村教育创新发展研究中心执行主任。课题组成员：周大众，重庆市人文社科
重点研究基地长江师范学院西南乡村教育创新发展研究中心副教授；王磊，重庆市人文社科
重点研究基地长江师范学院西南乡村教育创新发展研究中心副教授；蹇世琼，重庆市人文社
科重点研究基地长江师范学院西南乡村教育创新发展研究中心兼职教授，硕士生导师，西南
大学教师教育学院教授。

村教育可持续发展。

关键词： 乡村教育　乡村振兴　重庆

在重庆市委、市政府的领导下，重庆市委教育工委、市教委成立深化乡村教育振兴工作领导小组，党政"一把手"负总责、亲自抓，班子成员具体抓、协同抓。2021年，重庆市教委印发了《关于实现巩固拓展教育脱贫攻坚成果与乡村振兴有效衔接的实施意见》，形成了分领域专项政策、行动计划、实施方案等上下联动、统一协调的治理体系，全力推动教育改革发展服务乡村振兴。

一　重庆乡村教育发展的政策支持情况

（一）建立健全"义务教育有保障"的成果长效机制

1.巩固拓展义务教育控辍保学成果

重庆市教委印发《关于做好2021年春季学期开学阶段义务教育控辍保学工作的通知》和《全市开展"两不愁三保障"巩固情况"回头看"工作方案》，重点排查义务教育阶段控辍保学机制落实、困难家庭教育资助政策落实、农村薄弱学校改善等情况，确保除身体原因不具备学习条件外脱贫家庭义务教育阶段适龄儿童不失学、不辍学；扎实做好包括一般户、边缘户、易返贫户在内的义务教育控辍保学和学生资助监控等，适时开展"回头看""回头帮"，确保"疑似问题"动态清零。

2.切实抓好办学成果巩固

持续巩固农村义务教育办学水平，聚焦乡村振兴和新型城镇化建设，有序增加城镇学位供给，补齐乡镇寄宿制学校和乡村小规模学校办学条件短板，推进县域内城乡义务教育一体化发展。深入实行教育信息化2.0行动计划，持续巩固"三通两平台"建设成果，加快"三个课堂"建设与应用，提高乡村网络教育水平，推动"专递课堂""名师课堂""名校网络课堂"常态化应用。大力推广"一校带多校、一校带多点"模式，支持城区优质学校与山区薄弱学校开展结对帮扶，助力脱贫地区共享优质教育资源。

3. 巩固拓展乡村教师队伍建设成果

2021 年，重庆实施了乡村教师队伍建设的四大举措。一是招聘特岗教师 230 人；二是投入 1.14 亿元，继续实施国培计划，重点向农村学校倾斜，继续开展对原深度贫困乡镇学校的"一对一"帮扶、乡村教师访名校、送教下乡等培训工作，培训教师 3 万人次；三是推进"三区支教""银龄讲学计划"，选派 466 名骨干教师到贫困区（县）支教讲学；四是全面推行义务教育阶段教师"县管校聘"管理改革，实行学区内"跨校兼课"、教师"走教"制度。

（二）建立健全农村低收入人口教育帮扶机制

1. 精准资助农村低收入家庭学生

2021 年，努力构建多维的学生资助政策制度保障体系，确保"应助尽助"，学生不因家庭经济困难而失学。在资助保障方面，落实各级各类学生资助项目近 40 项，覆盖从学前教育到研究生教育所有学段，覆盖学费、生活费、教科书费、住宿费等各类项目。2021 年安排学生资助资金 79 亿元，惠及学生 688 万人次。在强化教育帮扶方面，关爱特殊群体学生，完善农村留守儿童的校内外关爱帮扶体系，加强家校沟通协作，针对性开展安全教育、心理辅导，充分保障农村留守儿童的教育权益。

2. 规范实施农村义务教育学生营养改善计划

发布《关于进一步做好农村义务教育学生营养改善计划有关工作的通知》，规范实施农村义务教育学生营养改善计划。进一步明确实施范围和对象，为区（县）城以外的农村地区义务教育学校学生提供支持。进一步提高营养膳食补助标准，从 2021 年秋季学期起，国家试点和地方试点区（县）的膳食补助标准由每生每天 4 元提高至 5 元（全年按 200 天计）。强化区（县）人民政府主体责任，严格规范资金使用管理措施，确保食品安全与营养健康。

（三）完善巩固拓展教育脱贫攻坚成果同乡村振兴有效衔接的机制

1. 加快发展农村普惠性学前教育

以全面落实《"十四五"学前教育发展提升行动计划》为抓手，完善普惠性学前教育发展的体制机制，将办好乡村学前教育纳入乡村振兴战略行动计划。加大公办幼儿园建设力度，实施乡镇中心幼儿园建设任务。一是提高公办资源占比；二是强化师资队伍建设；三是加大财政投入力度；四是强化日常监督管理；五是提升保育保教质量，实施城乡幼儿园帮扶计划，促进城乡学前教育均衡发展。

2. 持续深化扶贫育人工作

把脱贫攻坚和乡村振兴作为国情教育的重要内容。鼓励教育系统师生积极参与、深度实践，鼓励高校、职业院校、中小学积极探索扶贫育人模式和乡村振兴育人模式，深化立德树人成效。鼓励高校、职业院校对脱贫攻坚、乡村振兴等资源进行挖掘、整理和创新，把"耕读教育"纳入涉农专业人才培养体系。比如重庆三峡职业学院与重庆万州、云阳等9个区（县），15个乡镇（企业）签订战略合作协议，大力开设"田间学院"，以"五融合、五重构、五联动"为育人模式，破解"三农"人才培养不适应、缺实践、难协同等问题，打通技术推广的"最后一公里"，达到真正的科技入户，实现乡村振兴。

3. 继续深化"高校+科研院所"的智志双扶机制

涉农高校开设涉农专业，大力开展农业农村教育；职业院校推进涉农专业建设，培养农业技能人才。2021年，支持立项建设涉农本科一流专业8个、职业教育涉农专业11个。由重庆市乡村振兴局牵头，重庆交通大学联合中国移动重庆公司共同承建了"乡村儿童社会主义核心价值观AI互动空间"，把教育阵地"用"起来，把红色基因"传"下去，把核心价值观"树"起来，塑造儿童内在修养和健康人格，打造乡村精神文明建设新模式、新生态。长江师范学院启动"乡村振兴百村行·博士团队下基层"项目，为地方产业振兴、生态建设、乡风文明、乡村教育发展提供智力支持。加大教研帮扶力度，更好地服务脱贫地区学校教育教学、教师专业成长和学生全面发展，发挥教研工作在提高脱贫地区教育质量中的重要支撑作用。重庆市教育科学研究院立项一批乡村教育主题的教育科学规划重大重点课题，持续加强教育科学理论和实践研究，为实现巩固拓展教育脱贫攻坚成果同乡村振兴有效衔接发挥驱动和引领作用。

4. 深化渝鲁教育协作

继续深化鲁渝教育协作。加强鲁渝两地区教育资源要素对接，在完成学校结对、人才交流、教师培训、网络研修、教科研协作 5 个"规定动作"的基础上，积极实践"自选动作"。一是学校结对由部分学段拓展到所有学段，山东省的 202 所学校结对帮扶重庆市 182 所学校（其中乡村学校和幼儿园 150 所）。二是师资培训由点拓展到面，组织重庆市 14 个区（县）管理干部、骨干教师赴鲁培训，累计培训重庆市干部教师 3000 余人次，邀请 14 个区（县）中小学、幼儿园教师 9 万余人次参加山东"互联网+教师专业发展工程"网络培训，实现教师培训全员覆盖。三是从软件帮扶拓展到硬件帮扶，通过跟岗指导、师徒结对等方式，对重庆市 14 个区（县）的学校管理、教师培养开展诊断式教育帮扶工作，把山东省先进经验带入重庆，提高了重庆受援学校教育教学质量。山东省结对区（县）投入帮扶资金近 1 亿元，支持受援学校基础设施建设。

5. 积极谋划4个重点县和17个重点乡镇帮扶工作

重庆市教育委员会力求巫溪、城口、酉阳、彭水 4 个重点帮扶县和酉阳县花田乡等 17 个重点帮扶乡（镇）的教育帮扶政策总体稳定，推动乡村教育振兴和教育振兴乡村工作良性循环。现有教育帮扶责任该延续的延续、该优化的优化、该调整的调整、该创设的创设，推动一些行之有效的特殊政策向常规化、普惠性、长期性转变，保证政策的连续性，增强教育帮扶政策的均衡性和普惠性。

二 重庆乡村教育发展的绩效分析

（一）乡村教育短板逐步补齐，教育发展成果惠及面持续扩大

1. 乡村学校办学条件显著改善

重庆市乡村学校办学条件明显改善。2021 年重庆市基础教育财政经费增至 863.4 亿元，助力乡村小规模学校、乡镇寄宿制学校办学条件改善，义务教育、普通高中超大班额全面消除。例如，重庆市彭水县补齐乡村教育短板，"全县最好的房子是学校"。

2. 农村义务教育学生营养改善计划见成效

2021 年，重庆市农村义务教育学生营养改善计划覆盖农村学校 2197 所，受益学生 735009 名。14 个重点区（县）还实施了农村学前教育儿童营养改善计划，覆盖幼儿园 1752 所，惠及幼儿 147317 名，实现了重点区（县）农村义务教育学生和学前教育儿童营养改善计划全覆盖。相关调研数据显示，与 2011 年相比，2021 年农村义务教育学生营养改善计划试点学校学生生长迟缓检出率降低了 1.25 个百分点，营养不良检出率降低了 5 个百分点，身高平均增长 2 厘米。

3. 农村义务教育控辍保学成果持续巩固

2021 年，重庆市教育委员会利用信息化手段，实现了招生、学籍、民政、残联、乡村振兴人口数据比对共享，比对人口数据 100 万条，为近 60 万名低保等特殊困难群体学生建立数据库。按照"零门槛"政策，妥善安置 35.9 万流动人口随迁子女相对就近接受义务教育，占全市义务教育阶段学生总数的 11.3%。适龄残疾儿童、少年义务教育入学率达到 97.44%，连续 3 年保持在国家要求线以上。

4. 乡村教育公益普惠项目多元发展

重庆市鼓励引导各区（县）、社会组织、团体积极开展各类乡村教育公益普惠项目，让教育发展成果惠及更多农村学生。2021 年全市新建 15 所中

央项目乡村学校少年宫和 35 所乡村"复兴少年宫"试点学校,重庆共建成各级各类乡村学校少年宫 720 所,覆盖全市 84% 的乡镇。预计到 2025 年底,将实现每个乡镇至少有 1 所乡村"复兴少年宫"。各区(县)结合自身实际,积极探索乡村教育振兴特色公益项目。如渝北区实施了"渝阅小书包"志愿阅读服务项目,将优质图书和公共文化服务送到乡村学校,打通全民阅读服务的"最后一公里",共计送出"渝阅小书包"400 个、优秀儿童书籍2000 余册,设立 10 场阅读体验课,在乡村小学掀起"多读书、读好书、读整本书"的新热潮。

(二)乡村学校融合育人实效不断增强,乡村教育生态进一步优化

1."五育并举"育人理念落实有力,立德树人成效显著

2021 年重庆市继续系统推进"五育并举"工作,将青少年心理健康教育和综合防控儿童青少年近视工作列入本年度重要民生实事,纳入对各区(县)经济社会发展业绩考核指标。如合川区育才学校坚持秉承陶行知教育思想,落实生活育人理念,将"大自然"与"课堂"结合,打造陶行知生活教育研学基地,借助农耕学堂这一载体,探索出新时代乡村学校"五育并举"的特色育人实践模式,在生活体验中促进学生德智体美劳全面发展。再如江津区李市小学以"李市山歌"为载体,搭建了"和乐山歌""和乐美德""和乐劳动""和乐展演"四大平台,用采、创、研、学、编、演等方式,将山歌文化融入学生德智体美劳全面发展中,打造出校本特色的"五育并举"育人体系。

2."双减"工作扎实推进,乡村教育活力更加焕发

2021 年"双减"政策出台以来,重庆市乡村教育"减"出新气象,"增"进新活力。不少区(县)乡村学校深入挖掘地方特色文化教育资源,因地制宜开设地域文化特色课程,既增强了课后服务的吸引力、提高了满意度,又促进了乡村学生综合素质的培养。如梁平区明达镇天台完全小学,成立了美术、书法、音乐、舞蹈等社团,还将乡村游戏纳入了"课后延时服务"课程,有效补齐了农村艺体教育短板。如石柱县马武镇小学,将土家

族非物质文化遗产融入课后服务课程，通过聘请非遗"啰儿调"传承人、民间舞狮艺人进校园，让学生真切地感受到民族文化的魅力。

（三）乡村教育特色不断彰显，高质量发展路径逐步清晰

重庆市各区（县）充分利用乡村独特的自然环境和特色地方资源，打造乡村教育特色，逐渐探索出一条契合乡村教育实际的高质量发展道路。例如永川区在学前教育领域探索实施了"三自"教育，通过立足"自然"资源深化"自然"课程建设，打造出独特的农村学前教育品牌，在义务教育领域推进耕读教育模式，将耕读教育、劳动教育和思政教育有机融入课堂教学活动，组织学生深入社区、乡村、中小学社会实践基地等，开展蚕桑养殖实践，插秧、收割农耕体验等活动220次，引导学生掌握劳动技能，感受农耕文化。例如南川区与教育部基础教育课程教材发展中心、课程教材研究所合作，先后共建"课改实验区""课改实验示范区""课改示范区"，提出"热爱家乡、守望田野、遵循规律、自然生长"的农村办学主张，编制"规范+特色"的农村学校课程方案，提升农村学校教育教学质量。

（四）职业教育"为农"属性更加鲜明，服务乡村建设能力不断增强

1. 面向农村的职业教育发展模式不断完善

重庆市积极引导并大力支持面向农村的职业教育改革发展，扭转农村职教"非农化"倾向，改变人才流向"离农化"现象。如重庆市开州区职教中心实施专业升级改造，建立乡村振兴专业群，开展精准职业培训，走出"人才链+平台链+产业链"的"链式兴农"发展模式。重庆财经职业学院探索形成"县校共建、校企共育、产教融合"的乡村振兴产业学院新模式，不断健全"三融六双"乡村人才培养新体系，在区域乡村振兴人才培养上取得了丰硕成果。

2. "农民田间学校"品牌项目建设卓有成效

重庆各区（县）持续加强"农民田间学校"建设，形成了一批具有中

国特色的农民田间学校。重庆市动员鼓励农技人员、种养大户、龙头企业等新型农业经营主体积极建设农民田间学校，截至 2021 年底，累计认定挂牌农民田间学校 549 所，其中 28 所为市级农民田间学校，1 所被中央农广校认定为全国首批共享农民田间学校。先后有 94 所农民田间学校获得农民教育培训相关的财政奖补，有 36 所农民田间学校具有创业孵化功能。10 年来，重庆市农民田间学校共接待培训农民 110 万人次，平均每所田间学校接待培训农民 2000 余人次。

（五）优质教育资源整合更加有力，乡村教育保障服务能力明显增强

1. 教育帮扶机制与模式创新发展，优质教育资源共享效能不断提升

重庆市通过持续推进"学区化、集团化办学示范""领雁工程"等项目，实现城乡学校结对发展全覆盖。目前全市共有乡村中小学 3759 所、村小学和教学点 1445 个，区（县）优质学校对口帮扶农村薄弱学校、乡镇中心小学对口帮扶村小学和教学点，基本实现对口帮扶全覆盖。同时，各区县积极创新教育帮扶模式。如璧山区探索实施"9+N"共同体发展模式，形成了"9+N"的以强带弱帮扶模式。

2. 教育信息化稳步推进，乡村教育发展新动能逐步形成

2021 年，重庆市深入实施"教育信息化 2.0 行动计划"，持续巩固"三通两平台"建设成果，加快"三个课堂"建设与应用，加强乡村网络教育，推动"专递课堂""名师课堂""名校网络课堂"常态化应用。目前全市乡村学校互联网接入率 100%，宽带达 100M 以上，数字资源全覆盖 1948 个农村教学点。教育信息化稳步推进，实现了优质教育资源共享，提升了脱贫地区师生信息素养，促进了乡村教育发展。

3. 社会资源聚合有力，乡村教育资源供给不断扩大

重庆市教育发展基金会广募社会资金，扎实助力乡村教育振兴发展。2021 年与民生教育集团达成合作协议，募集资金 4000 万元，设立"民生育才资助"项目，专项用于过渡期内学生资助，取得良好效果。同时，配合

乡村振兴教育帮扶集团募集帮扶资金 1528 万元，助力万州恒合乡、巫溪天元乡、石柱县石家乡乡村振兴基础设施建设，促进学校办学条件改善。携手鼎风志愿者团队募集"信息课堂"资金 40 万元，采购信息课堂设备 16 套，捐赠给 4 所乡村小学，改善了边远学校的信息化教学条件。此外，为乡村振兴重点区（县）900 所农村小学装备图书室，总价值 243 万元，受益学生 40 余万人次。

（六）乡村教师队伍建设成效持续巩固，乡村教育发展人才支撑更加夯实

1. 乡村教师定向培养与补充持续开展，乡村教师队伍结构更加优化

2021 年重庆市继续实施农村小学全科教师计划，面向 29 个区（县）定向培养农村小学全科本科教师 1030 名。继续实施学前教育公费师范生计划，面向 23 个区（县）定向培养 5 年学制初中起点学前教育公费师范生 245 名。截至 2021 年底，重庆市已累计招收小学全科师范生 1.2 万人、学前教育公费师范生 2700 人。此外，全市继续积极推行义务教育阶段教师"县管校聘"管理改革，实行学区内跨校兼课、教师走教制度，加快城乡教师合理流动，努力推进区域内教师交流轮岗，提高县域优质学校教师向薄弱学校流动比例，优化乡村教师资源配置，引导各区（县）统筹调整小规模学校教师富余编制，确保乡村教师队伍持续充实、结构优化。

2. 乡村教师专项培训力度不断加大，乡村教师教育教学能力得到有效提升

2021 年重庆市继续实施国培计划，并重点向农村学校倾斜；继续将小学全科教师培训纳入市培重点项目，专项培训 100 名小学全科骨干教师；继续对原深度贫困乡镇学校开展"一对一"帮扶、乡村教师访名校、送教下乡等培训工作，投入 1.14 亿元，培训教师 3 万人次；推进"三区支教""银龄讲学计划"，选派 466 名骨干教师到贫困区县支教讲学。

3. 乡村教师支持机制不断完善，乡村教师队伍更加稳定

重庆市综合采取提高乡村教师待遇、改善乡村教师生活条件、深化乡村教师减负改革、实施乡村教师荣誉制度、制定乡村教师评聘评优倾斜政策等

举措，对乡村教师工作生活与个人发展给予充分支持，确保乡村教师队伍持续稳定。2021 年，全市 8.8 万名乡村教师享受补助资金 4.04 亿元，同时乡村教师还有每人每月 200~300 元的乡镇工作补贴，11 个区（县）乡村教师还享受最高每人每月 415 元的艰苦边远地区津贴。以垫江县为例，垫江县实施乡村教师荣誉制度，2788 人获得乡村任教 30 年荣誉证书、1684 人获得乡村任教 20 年荣誉证书；全面落实乡村教师每人每月 600~1000 元不等的生活补助和乡镇工作补贴，以每人每年不低于 800 元的标准保障乡村教师享受一次免费常规体检；加大教师周转房建设力度，全县共建成教师周转房 1006 套，有效解决外地教师住房问题；积极开展职工互助保障活动，最大限度保障乡村教师合法权益。

三 重庆乡村教育发展的未来方向

（一）进一步加强党对教育事业全面领导，全面提升重庆乡村教育治理体系的思想政治理论水平

1. 实施党建引领工程，加强党对重庆乡村教育事业的全面领导

坚持政治统领，将学习习近平新时代中国特色社会主义思想作为首要政治任务。深入实施新时代乡村学校党建示范创建和质量创优计划等，启动并开展重庆市中小学校党建引领创新和质量创优工作。紧紧围绕"办人民满意的乡村教育"开展党建工作，充分发挥乡村学校党支部的政治核心作用和"战斗堡垒"作用，调动乡村教育中的全体党员和广大师生的积极性。积极引导各区（县）教育行政部门推进乡村学校党支部建设，完善乡村学校党支部管人管事的相关制度，注重加强乡村学校党支部对乡村学校共青团的领导，积极开展党建带团建活动。抓好乡村教育中的党员和教师队伍建设，不断提高坚守在乡村学校的党员和广大教师的文化素质、政策法律水平和教育教学能力，让乡村教育成为重庆市大中小学思政一体化建设的重要基础和鲜明底色。

2. 实施铸魂育人工程，全面落实立德树人根本任务

实施"大思政课"专项行动，结合乡村教育中留守儿童比例大、家庭教育薄弱等问题，建立健全"重庆市乡村留守儿童思政促发展"制度，推进重庆市乡村学前教育、义务教育思政课程之间的有效衔接，推进重庆市乡村教育思政课程一体化建设。实施"重庆市乡村学校美育浸润行动计划"，引导乡村学校师生发现乡村美，树立其建设美好重庆乡村社会的决心和信心。系统设计、科学制定"重庆市乡村学校劳动教育行动计划"，引导重庆市乡村学校师生主动在劳动中建设"校园、家园、国家"，将思政渗透到重庆市乡村学校全课程、全学程中。

（二）进一步强化乡村振兴与乡村教育之间的有机衔接，发挥乡村教育对乡村振兴的助力作用

1. 继续抓好与乡村振兴有效衔接的教育重点工作

全面落实"四个不摘"的政策要求，坚决守住脱贫地区教育脱贫攻坚成果，做好巩固拓展教育脱贫攻坚成果同乡村振兴有效衔接的工作，实现工作不留空当、政策不留空白。一是坚持不懈抓好控辍保学成果巩固工作。针对控辍保学工作具有长期性、动态性和复杂性等特点，市教委将常态化开展控辍保学工作，定期开展数据比对，特别是对边缘户和监测户子女就学状况进行核查，坚持做好台账管理，用好学籍系统和义务教育控辍保学动态监测平台，加大劝返复学力度。二是进一步健全防止乡村学校学生返贫动态监测和帮扶机制。对易返贫致学生的家庭人口实施常态化监测，重点监测其收入水平变化和"教育有保障"巩固情况，继续精准施策。三是健全完善低收入人口教育帮扶机制。不断优化学生资助管理信息系统功能，提升精准资助水平。加强教育、扶贫、民政等部门工作联动，强化数据比对和信息共享。进一步完善重庆市乡村教育体系从学前教育到中职教育的学生资助政策体系，保障农村低收入家庭学生"应助尽助"，确保各学段学生资助政策落实到位。四是持续巩固重庆市乡村教育的既有办学成果。持续巩固农村义务教育办学水平，聚焦乡村振兴和新型城镇

化，有序增加城镇学位供给，补齐乡镇寄宿制学校和乡村小规模学校办学条件短板，推进县域内城乡义务教育一体化发展。五是深入实施"教育信息化 2.0 行动计划"，持续巩固"三通两平台"建设成果，加快"三个课堂"建设与应用，推广"一校带多校、一校带多点"模式，支持城区优质学校与山区薄弱学校开展结对帮扶，提升脱贫地区师生信息素养，助力脱贫地区共享优质教育资源。

2. 重点解决新时代背景下重庆市乡村教育中的新问题和新难题

各级教育行政部门以及乡村学校都要深刻认识到新时代背景下"双减"政策的重要意义与时代价值。一是继续推进重庆市乡村教师减负工程，让乡村教师工作内容真正围绕"教书育人"开展，不人为增加乡村教师工作量。二是进一步保证乡村学校学生的"减量不减质"工作，针对乡村学校中留守儿童多的现状制定并完善留守儿童"双减"服务下的关爱体系，着力巩固乡村教育中的"双减"成果。三是积极回应人民群众关切期盼。推动乡村教育振兴和教育振兴乡村之间的良性循环，做好乡村义务教育学生职业教育和高中教育的预判分流工作，重点实施重庆市乡村教育中的学前教育发展提升行动计划、义务教育优质资源拓展计划、初中教育质量提升计划等。

（三）建立健全重庆市乡村学校学生高质量发展体系

1. 搭建平台助力重庆乡村学校营养餐提质计划

建立健全重庆市乡村学校学生营养餐"营养提质"计划，逐步提高重庆市农村义务教育学生营养改善计划补助标准。搭建重庆市乡村学校营养餐菜源"校农结合"平台，打通乡村学校与乡村产业振兴之间的壁垒，建构重庆乡村农产品产销渠道，在地方教育部门、企业、农民专业合作社、农户的合力推动之下，保障本土农产品进校园的安全、绿色。同时，也有助于解决农民合作社、生产基地的农产品销路问题。

2. 多元主体协作完善重庆乡村学校学生身心健康发展监测体系

推动重庆市内不同层次的师范院校协同建设重庆市乡村学校学生身心健康发展的监测平台。在实证研判的基础上，建立健全重庆市乡村学校学生身心健康预警、判断、干预机制。加强重庆市乡村学校学生心理辅导、心理咨询，对乡村学校学生家长定期进行心理健康知识普及等活动，形成重庆市乡村学校家校合作的心理健康教育工作模式，促进重庆市乡村学校中小学生身心健康成长。

（四）完善重庆市乡村学校教师队伍高质量建设相关机制体制

1. 由传统的"留得住"转向"教得好"的治理理念转变

乡村教师队伍的治理需要正视乡村教师的"离开"意愿，应由传统的"留得住"理念转向"教得好"理念。这样的转向并非任由重庆市乡村教师离开和流动，而是在法理范畴内提高重庆市乡村教师契约服务期违约成本的基础上，重视他们在服务期时的获得感和成就感，保证优秀乡村教师在契约服务期内能安心教学、专注教学。通过完善乡村学校教研体制，搭建"教得好"的优秀乡村教师示范展示平台，给予相应物质奖励或精神奖励等，形成对乡村教师"教得好"的持续激励机制。将对乡村教师的刚性管理方式转向人本治理模式，既促进重庆市乡村教师在契约服务期间的内涵式发展，也能更好实现重庆市乡村教师队伍建设相关公共政策的公共利益。

2. 厘清重庆乡村教师专业工作边界提升乡村教师专业地位

重庆市乡村教师能在乡村振兴中引领学生思想进步、能力提升，但他们不是乡村社会基层治理的排头兵或者先锋人员。各级教育行政部门以及地方各级政府需要通力合作，逐步厘清重庆市教师群体在地方基层治理的具体责任，对重庆市乡村教师在乡村学校的工作任务或者工作范畴进行更为明确的规定。在此基础上，如果重庆市各级乡村社会治理需要重庆市乡村教师付出额外的工作时间或者劳动资源，则应该为他们提供相应的交通保障与待遇补偿。

3. 明确重庆优秀乡村教师子女在县城接受优质教育的利益

调研发现，"子女接受优质教育"是重庆市乡村教师留乡任教最为关心的问题，为妥善解决这一问题，可系统性设计"乡村学校教师子女受教育绿色通道"保障制度。一是健全重庆市"乡村教师子女受教育绿色通道"

组织架构。各区（县）级教育行政部门应作为牵头单位，建设以各区（县）城市中小学为服务主体、以各区（县）乡村中小学为配合主体的多主体组织架构，确保乡村教师子女接受高质量教育。二是完善各区（县）"乡村教师子女受教育绿色通道"的具体措施。比如对户籍不在城区且需在城区中小学、幼儿园就读的乡村教师子女，可由各区（县）教育行政部门统筹安排入学；对夫妻双方都是乡村学校教师，并让子女随读乡村学校的给予其子女额外的生活与教育补助；对在乡村学校服务年限超过 6 年的乡村教师（结合当前的"特岗教师计划"政策基本服务期以及重庆地方公费师范生服务期），其子女在区（县）城区上学可不受户籍和居住地所限。三是为重庆市优秀乡村教师颁发"优秀乡村教师人才服务卡"，为其子女在区（县）城区接受优质教育提供政策保障，可根据乡村教师的职称、教学成绩、服务年限、教学影响力等综合判断、定期选拔"优秀乡村教师"，并发放"优秀乡村教师人才服务卡"，明确规定其子女在区（县）城区接受优质教育时所享受的具体优待。

（五）重点抓好促进重庆乡村小规模学校高质量发展的相关工作

1. 基于系统、连贯、适切的原则，提升重庆乡村小规模学校的治理水平

一方面，要遵循系统性原则，在坚持乡村振兴战略的大前提下，与重庆市教育改革发展"十四五"规划相结合，确保重庆乡村小规模学校的政策设计与各学校实际状况相互匹配。与此同时，要因地制宜，结合不同区（县）乡村教育发展实际、资源实际、地理区域实际等，公开寻求公众的意见建议，遵循并总结重庆市各区（县）高质量教育体系的资源配置基本逻辑。

2. 推进课程教学改革，创建特色化的乡村小规模学校

小规模学校是重庆乡村教育高质量发展不可忽视的必要性环节，第一，应促进"五育并举"，创建"小而全"学校。开展在地化劳动教育等课外实践活动实现小规模乡村学校劳动教育的德育价值，推动校内校外有效衔接；利用"双师课堂"等教学模式强化学生素质教育等。第二，实现"五育"

融合，创建"小而精"学校。完善积极的激励制度，鼓励小规模学校教师挖掘当地自然环境、乡土民俗等人文资源，开发与当地社会文化和民众交往适应的地方课程和校本课程。

3. 重振家庭教育，构建"家庭—学校—社会"教育共同体

第一，通过社会工作介入改变小规模学校家长的家庭认知，转变教育价值观。要让家长认识到家庭教育的职责，有意识引导和提高小规模学校学生家长的家庭教育水平和能力。第二，要发挥学校教育的主阵地作用，建立重庆市农村儿童早期发展状况检测与教养干预体系。注重满足小规模学校学生全面发展、生存自信等乡村情感和价值观的个性发展需要，对发展相对滞后的特殊儿童进行精准监测和及时帮扶。

参考文献

《重庆市教育事业发展"十四五"规划（2021—2025年）》，重庆市人民政府，2021年11月10日，http://www.cq.gov.cn/zwgk/zfxxgkzl/fdzdgknr/zdmsxx/jy/zyzc/202111/t20211123_10008078.html。

重庆市人民政府办公厅：《关于印发重庆市巩固拓展脱贫攻坚成果同乡村振兴有效衔接"十四五"规划（2021—2025年）的通知》，重庆市人民政府，2021年12月24日，http://www.cq.gov.cn/zwgk/zfxxgkml/szfwj/qtgw/202201/t20220106_10278281.html。

《关于实现巩固拓展教育脱贫攻坚成果同乡村振兴有效衔接的意见》，中国政府网，2021年5月14日，https://www.gov.cn/xinwen/2021-05-14/content_5606347.htm。

B.23

四川省统筹推进"乡村教育振兴"
与"教育振兴乡村"实践研究

四川省教育发展与乡村振兴研究课题组*

摘　要： 2022 年是巩固拓展脱贫攻坚成果同乡村振兴有效衔接的第二个
年头，四川省统筹推进"乡村教育振兴"与"教育振兴乡村"
协调发展。根据协调发展战略需要，通过顶层设计，强化政治站
位、规划先行和党建引领；着眼统筹推进"乡村教育振兴"与
"教育振兴乡村"的现实需求，通过系列措施强化实践推进；着
眼现实挑战和未来需要，从多个维度持续优化工作规划。

关键词： 四川省　乡村教育振兴　教育振兴乡村

2022 年是巩固拓展脱贫攻坚成果同乡村振兴有效衔接的第二个年头，
四川省将习近平总书记的深切关怀和殷殷嘱托转化为实际行动，认真履

＊ 课题组顾问：董发勤，西南科技大学党委书记，教授、博士生导师；王清远，成都大学校
长，教授、博士生导师。课题组组长：汪明义，四川师范大学校长，教授、博士生导师。课
题组副组长：张海东，四川师范大学党委常委、副校长；杨玉华，成都大学原副校长；杜学
元，四川师范大学四川文化教育高等研究院院长，教授、博士生导师。课题组成员：魏刚，
四川师范大学党政办公室常务副主任，副教授、硕士生导师；饶显周，四川师范大学校地合
作处处长；鲁炜中，西南科技大学科技创新与基地建设处项目规划与管理办公室主任，副研
究员；李敏，成都大学师范学院院长，教授、硕士生导师；卢德生，四川师范大学四川文化
教育高等研究院副院长，教授、博士生导师；谭淳月，博士，四川师范大学四川文化教育高
等研究院助理研究员；赵智兴，博士，四川师范大学四川文化教育高等研究院助理研究员；
刘秀霞，博士，四川师范大学四川文化教育高等研究院助理研究员；余珍，博士，四川师范
大学四川文化教育高等研究院助理研究员；冯庆，四川师范大学校地合作处副处长。

行定点帮扶责任，以更明确的目标、更有力的举措、更有效的行动，扎实做好定点帮扶各项工作，进一步巩固拓展教育脱贫攻坚成果，保持教育扶贫政策总体稳定，实现工作不留空当、政策不留空白，建立解决脱贫人口就学困难问题解决机制，持续助推教育质量提升，以乡村教育振兴助推乡村振兴。

一　着眼"乡村教育振兴"与"教育振兴乡村" 统筹推进战略，强化顶层设计

（一）强化政治站位，重视教育政策引领

2021年以来，四川省持续巩固脱贫攻坚成果同乡村振兴有效衔接，全面推动乡村振兴，按照《四川省省直部门和有关单位定点帮扶工作方案》要求，补短板、固成果、夯基础、促振兴，发扬伟大的脱贫攻坚精神接续推进定点帮扶，为四川省全面实施乡村振兴战略奠定了坚实基础。

四川省设立了教育系统乡村振兴工作领导小组，负责统筹全省教育系统乡村振兴工作，研究部署乡村振兴重大决策措施，推动解决工作中的重大问题。省委教育工委书记和教育厅党组书记、厅长担任组长，领导小组下设"控辍保学""办学条件改善""乡村教师队伍建设""教育质量提升""乡村振兴人才""高校定点帮扶""东西部协作""教育人才'组团式'帮扶""直属机关定点帮扶"9个专项工作组，分别负责组织领导、统筹推进全省教育系统乡村振兴各专项工作。

2022年5月13日，四川省委教育工委、四川省教育厅出台《2022年乡村振兴工作要点》，明确了21项重点任务，提出要"坚持志智双扶、育人为本，巩固拓展教育脱贫攻坚成果，促进振兴乡村教育和教育振兴乡村的良性循环，为推动全省农村经济社会发展、建设教育强省贡献力量"。

在此基础上，四川省陆续出台《关于实现巩固拓展脱贫攻坚成果同乡村振兴有效衔接的实施意见》《四川省高校定点帮扶工作实施方案（2021—

2025 年）》《关于推动四川省大学生志愿服务西部计划服务乡村振兴战略的实施意见》等系列政策文件，协调发展教育事业，巩固拓展脱贫攻坚成果，有效衔接乡村振兴。

（二）强化规划先行，落实牵头单位责任

2021 年以来，四川省委、省政府及有关部门先后出台《关于全面实施乡村振兴战略开启农业农村现代化建设新征程的意见》《四川省乡村振兴战略规划（2018—2022 年）》《四川省乡村振兴促进条例》等规划条例，对全面实施乡村振兴战略提出了纲领性要求，从四个方面落实各级牵头单位责任要求。

一是加强组织领导。省内各市（州）教育部门、高等学校对标"五级书记抓乡村振兴"的责任要求，把乡村振兴工作摆上重要议事日程，研究问题、提出办法、关注效果，全方位服务乡村振兴。

二是完善推进机制。借鉴脱贫攻坚经验，把教育脱贫攻坚的工作体制和推进机制转化运用到乡村振兴中来，加快责任落实、组织推动、要素保障、社会动员、督促检查等方面的推进机制建设，建立健全竖向贯通、横向联动的乡村振兴工作体系。

三是加大投入保障力度。坚持财政资金投入优先保障教育，落实教育投入两个"只增不减"政策要求。优化教育财政支出重点，聚焦支持脱贫地区巩固拓展教育脱贫攻坚成果和乡村振兴，适当向乡村振兴重点帮扶县、重点帮扶村倾斜。

四是强化考核督导。教育系统配合相关部门做好防止返贫监测帮扶评估、脱贫攻坚后评估及乡村振兴工作的督查考核工作，及时发现和解决巩固拓展教育脱贫攻坚成果同乡村振兴有效衔接相关问题，推动各项政策举措落实落地。

（三）强化党建引领，发挥战斗堡垒作用

四川省教育系统深入开展党组织结对共建活动，指导受扶村加强基层党

组织建设和党员队伍建设。引导返乡农民工、大中专毕业生、复转军人回乡创业，帮助培养一批致富带头人。组织村组干部和致富带头人到乡村振兴先进地区考察学习，开阔视野，转变观念，提升能力。推动依法治村，加强应急管理，建设平安乡村。借鉴脱贫攻坚的典型做法和先进经验，指导帮助建立健全党组织领导的自治、德治、法治相结合的乡村治理体系，推进乡村治理体系和治理能力现代化。

二　着眼"乡村教育振兴"与"教育振兴乡村"统筹推进需求，强化系统实践

"乡村教育振兴"与"教育振兴乡村"工作是一个系统工程。四川省围绕这一工程由点带面地推动实践，取得了系列成效。

（一）巩固发展基础，拓展脱贫攻坚成果

1.推进控辍保学从动态清零转向常态清零

紧扣"义务教育有保障"核心任务，强力推进控辍保学工作，做到"该入学的一个不能少，已入学的一个不能走"。采取明察暗访、万师进万家、移位点名、打击童工童婚、设卡堵截、逐一销号等手段强力控辍；通过送教上门、集中补偿、随班就读、职业学校学技能等个性化复学入学方式，四川省28639名失辍学人员已全部劝返或核销。建立四川省控辍保学动态信息管理系统，厅级领导主动挂帅、带头出征、一线督战，88个贫困县（市、区）教育脱贫工作全部通过省检，116.2万名建档立卡贫困家庭学生全部实现"应读尽读"。甘孜、阿坝、凉山等地继续用好四川省民族地区控辍保学系统，实施动态销号。全省脱贫家庭子女失辍学保持"清零"状态，教育部控辍保学台账劝返核减完成率达99.99%。

2.实施国家通用语言文字普及提升工程助力乡村振兴

2022年，四川省在多个民族地区开展"学前学会普通话2.0"行动试点，此项工作以学前学普为引领，核心内容是从硬件和软件上全面提升民族

地区学前教育的质量。四川省投入专项资金 6000 万元，建设幼教点 4535 个，1.67 万名辅导员享受劳务补助，37 万余名 3~6 周岁幼儿获得系统学习普通话的机会，长期困扰民族教育的"听不懂"问题得到根本性解决，试点经验写入教育部"童语同音"计划。试点开展"学普用普"提升行动，并将其纳入省委、省政府"树新风促振兴"暨妇女儿童关爱提升三年行动；制定《巩固拓展凉山彝族自治州学普用普成果三年行动计划》；通过"小手拉大手"带动家庭说普通话，重点开展以 45 周岁以下农村留守妇女为重点的"十万新公民"普通话培训；推动群众学好普通话、养成好习惯、融入新时代。

（二）重视协调推进，促进优质均衡发展

1. 推进县域内义务教育学区制治理

依托片区科学合理划分学区，积极推进学区制治理，统筹优化配置学区教育资源，缩小校际教育差距，促进区域教育优质均衡发展。全省 21 个市（州）已全面完成区域内 720 个义务教育学区划分。推动城乡学校共同体建设，促进区域内优质教育资源共建共享。"县管校聘"和集团化办学改革有序推进。多管齐下、持续深化"县管校聘"改革，最大限度整合、盘活教师资源，促进圈层间师资交流，缩小城乡差距，为巩固教育脱贫攻坚成果乃至赋能乡村振兴提供基础性保障。

2. 加强乡村教师队伍建设

统筹全省 3000 个事业编制以支持凉山彝族自治州 11 个深度贫困县招聘义务教育教师。全面落实义务教育学校绩效工资、乡镇工作补贴、艰苦边远地区津贴和高海拔折算工龄补贴等政策，农村教师生活补助政策惠及"四大片区"88 个县 17 万余名农村教师。鼓励各地区提高乡村教师补贴标准，加大补贴力度。多渠道招聘乡村教师，持续缓解农村学校师资短缺的现实问题。完成全省中小学教职工编制新一轮动态调整，为万余名民族地区乡村教师调增中小学教职工编制。教师农村任教满 20 年可评聘中级职称，任教满 30 年可评聘高级职称，放宽基层专业技术人才学历和任职年限等倾斜政策

要求，引导人才向艰苦地区和基层一线流动。

3.对口帮扶山区教育，精准匹配当地教育需求

针对凉山彝族自治州学生规模急剧增加、教师刚性缺口增大的特殊实际，继续实施和优化优秀师范生顶岗实习的支教制度和"一对一"片区学校精准帮扶提升工程。"一对一"片区学校精准帮扶提升工程是统筹优质教育资源、整体提升受扶县片区教育教学质量的实践探索，也是建立一校一策、以点带面常态支持机制的重要举措。四川师范大学等7个承训单位分别对接普格县、布拖县、喜德县、昭觉县、越西县、金阳县、美姑县，分别进行县校两个层面的"五个一"重点帮扶。承训单位年均在县帮扶培训超120天，组织超过50所一线优质中小学校参与培训，受扶教师11万人次。受扶教师课堂教学明显改进，教育教学水平大幅提升，受扶学校校园文化和学生学习习惯明显改善，学生学业成绩明显提升。精准帮扶提升工程实施以来，各承训单位多措并举长效帮扶，成效明显。

（三）优化教育环境，推动智慧教育建设

1.深入推动乡村教育信息化基础环境建设

实施"学校联网攻坚行动"，推动农村学校互联网接入；2020年底，四川省内中小学（含教学点）实现互联网全覆盖。制定并实施《四川省中小学数字校园建设规范（试行）》，加快推进数字校园建设。目前，全省中小学（含教学点）出口带宽均达100M以上，带宽200M以上的学校达97.8%。全省拥有多媒体教室的学校比例达100%，此外，各县（市、区）还积极推进数字化社区建设，致力实现"智慧广电"网络乡村全覆盖的目标。

2.建设"四川云教"平台，为智慧教育发展提供资源

目前"四川云教"平台已覆盖中小学（幼儿园）全学段、全学科，建成教学联盟43个，惠及民族地区、边远地区相对薄弱学校1195所、学生23万余名、教师近2万名。同时，该平台提供特色专区，供民族地区教师在岗在线学习；此外，"四川云教"平台还围绕"教、考、评、校、管"等

教育重点环节，组织各级各类学校开展"5G+智慧教育"应用，助力智慧教育发展。

3. 深化数字教育资源建设

四川省教育资源公共服务平台通过录制、举办教学竞赛等方式，汇聚了各级各类课程资源224万余节，并开设"课后服务专区""居家学习专区"。同时，将已经梳理完成的4200余节课程教学类、教师研修类两类资源与国家中小学智慧教育平台对接推送；此外，积极推动四川省中小学图书信息化管理信息系统建设。

4. 推进"三个课堂"建设与应用

通过"专递课堂""名师课堂""名校网络课堂"等应用模式，让优质学校带动薄弱学校、优秀教师带动普通教师。通过互联网将优质教育资源输入欠发达地区、农村地区，着力缓解薄弱学校特别是农村小规模学校教师结构性短缺，开不齐、开不足、开不好国家课程等问题，并基于当地实际情况研发校本课程。

（四）坚持志智双扶，促进乡村人才振兴

1. 大力发展成人在职培训，尤其是面向农业农村的职业教育

在乡土人才素质提升方面，重点实施"一村一幼""一村一医""一乡一全科""一村一名农技员""一户一名技术能手"策略。依托职业院校广泛开展职业技能培训，实施高素质农民培育工程。高质量推进新农科建设，根据新兴产业需求，开设如直播电商服务等专业，培养多类型卓越农林人才。继续将农民工、基层农技人员纳入高职扩招范围，组织近百所高校面向农民工、基层农技人员等"八类人员"开展高职扩招专项工作。引导农民学习使用手机、互联网、先进的机械设备和农业种植知识等；充分利用互联网平台，共享优质教学资源，打造农民在线学习平台，让农民"能学愿学""愿学尽学"。

2. 打造四川乡村振兴人才培养优质校

聚焦乡村振兴人才需求，统筹教育、科技、人才资源，创新人才培养模

式，形成与产业链紧密联系的技术技能人才培训机制。发布四川省乡村振兴人才培养优质校和农业科研院所推介名单，包括四川农业大学、四川师范大学、四川射洪市职业中专院校等14所院校及绵阳市农业科学院，为四川省乡村振兴新农科建设提供多行业、多领域的人才支持。

3. 启动乡村产业振兴带头人培育项目

持续开展乡村产业带头人培育项目，如四川农业大学与雅安市根据《乡村产业振兴带头人培育"头雁"项目实施方案》，共建"天府头雁培育学院"，培育了一支乡村产业振兴带头人"头雁"队伍。成都举行2022年返乡高校毕业生乡村振兴主题培训班，提高毕业生返乡创业能力。四川省达州市与重庆市万州区、开州区筹建川渝乡村人才培育联盟，三地共同培育新型职业农民、农业产业领军人才、农业经理人、新型农业经营主体带头人，发掘农村"土专家""田秀才"，进行农民教育师资队伍建设。

（五）发挥高校职能，开拓乡村振兴思路

1. 建设乡村振兴学院，培养新式农村人才

乡村振兴学院深入开展乡村振兴干部、人才培训，培养懂农村、爱农村、爱农民的"三农"干部队伍，探索乡村振兴模式和具有地方特色的乡村发展道路，为乡村振兴提供智力支持。四川师范大学联合成都中医药大学、四川轻化工大学等高校组成C5联盟，后联合地方政府先后组建了13个四川乡村振兴学院。四川乡村振兴学院传承创新教育家陶行知的"乡村教育思想"，创造性应用平民教育家晏阳初的"以文艺教育攻愚，以生计教育攻穷，以卫生教育攻弱，以公民教育攻私"四大方法，促进乡村振兴。四川战旗乡村振兴培训学院成立3年来承办各类培训活动540余场，接待学员5.2万余人次，辐射全国22个省份、30多个县（市、区）。四川农业大学和西南大学合作建立成渝乡村振兴学院，并建立多个新农村发展研究院，为乡村振兴提供高质量智库成果和综合示范。在此带动下，各地乡村振兴学院陆续成立，如安居乡村振兴学院、达州乡村振兴学院等。

2. 立足于高校优势学科，探索振兴乡村的多重路径

四川省内 79 所高校立足于本校优势学科，探索多样化的助力乡村发展方式。四川农业大学精准发力扎实做好科技特派团工作。西南医科大学积极开展产业帮扶工作，支持昭觉县村民进行中药材种植，发展中医药产业。西南科技大学"输血"和"造血"相结合，打造政产学研用一体化平台，激发群众内生动力，拓宽增收致富渠道。成都大学充分发挥综合性大学学科优势，从学前教育、干部培训、医疗卫生、旅游产业、消费帮扶、大学生社会实践等方面深度定点帮扶民族地区乡村振兴。吉利学院以"扶教+扶校+扶智+扶志"四位一体，通过"三聚焦三提升"助力乡村教育。南充文旅职院通过"农文旅"深度融合的方式助推乡村振兴。

3. 高校间携手合作，协同推进乡村振兴

四川省"百校联百县兴千村"行动，充分发挥高校科技、人才、智力优势，结合签约县（市、区）的资源禀赋、区位条件和发展机遇，深化各领域合作，补齐乡村建设的人才短板，极大地推进了乡村振兴战略的发展。眉山市彭山区成立以高校硕士与博士为主体的"博士团"，涵盖高校青年教师、研究员、华西医院医师、博士后、在读博士生等，广泛吸纳理工农医文管等各类优秀高层次人才加入，通过提供技术服务、宣教实践活动、对接协调资源等，为乡村振兴提供技术指导和智力支撑。

三　着眼"乡村教育振兴"与"教育振兴乡村"统筹推进难题，强化持续优化

推进"乡村教育振兴"与"教育振兴乡村"统筹发展，四川省在取得巨大成绩的同时，也遇到系列挑战，着眼未来发展需要，可以从三个方面进行优化。

（一）持续优化乡村教育质量，着力提升乡村综合吸引能力

1. 着力提升乡村学校办学特色

乡村学校通过开展特色的教育，开发特色的教育资源，体现特色的育人

成效，是乡村综合吸引能力的重要表现，为此，应着力提升乡村学校的办学特色。第一，引导乡村学校做好办学定位，鼓励乡村学校根据办学历史、办学理念、乡村社会教育期待和特色优势资源确定引领学校发展的特色定位。第二，鼓励乡村学校科学开展体现办学特色的教育实践活动、开发体现乡村文化和乡土特色的课程资源。以及开展提升教师地方文化育人能力的校本培训活动。第三，鼓励学校积极改革，以体现乡村教育特色为目标、以学生综合发展为内涵、以学校育人实力提升为标志，打造优质乡村教育品牌。

2. 整体提升乡村学校师资能力水平

城乡教育质量的差距，归根结底是师资力量的差距，加强乡村学校师资队伍建设可以开展以下工作。第一，增加乡村教师储备。加强对师范生职业规划的正确引导，让更多热爱乡村教育的师范毕业生到乡村学校工作，在"乡村教育振兴"和"教育振兴乡村"的伟大事业中实现自己的人生价值。第二，着力提升乡村教师融入乡村的能力。政府部门和乡村学校在职前、职中、职后协作共育乡村教师的乡土知识，进一步增强教师对乡村社会的理解和认同感。以及对乡村未来发展的信心。第三，提升乡村教师专业发展能力。乡村社会翻天覆地的变化为乡村教育提供了不断变迁的教育场域，需要乡村教师提升专业能力，并自主解决教育教学中出现的新情况和新问题。

（二）着力提高涉农人才培养质量，持续扩大乡村人才供给水平

乡村振兴和农业科技创新为农业产业结构优化提出了新思路、新要求，调研发现，四川省涉农人才供给存在数量不足、质量不高、供给渠道单一、供给错位等问题，需从扩大乡村人才供给，提高人才质量、专业性等方面入手，实现与乡村振兴实际需求的精准对接。

1. 优化升级涉农类专业设置

乡村振兴需要农业产业经营人才，农村第二、第三产业发展人才，乡村公共服务人才，乡村治理人才和农业农村科技人才等复合型人才。因此，相关高校在农业类学科建设和发展上应注重与其他学科，特别是理工科类和文科类学科的交叉融合；在相关专业设置上应主动适应信息社会对乡村人才需

求的转变,建立健全专业动态调整机制,推动形成招生就业与人才培养的联动机制。在此基础上,高校需与地方积极互动,不断优化涉农专业建设,切实增加高校人才供给,提高乡村农业发展人才需求的匹配度。

2.高度重视涉农人才的"三农情怀"教育

只有思想上"知农爱农",行动上才能"强农兴农"。培育具有"三农情怀"的人才是涉农院校和涉农专业的使命担当。为此,要通过情感教育涵养"三农情怀",具体说来,可以通过人生观教育引导学生树立服务"三农"意识,通过家国情怀教育激发学生的"三农"情怀。同时,要积极探寻"三农情怀"的教育教学体系,将思政教育、理论教学、实践教学、文化养成和教学评价有机融合,创新教学内容和教学模式,将课程建设与基地建设、社会实践有机衔接,采用环境熏陶、知识拓展、文化引领、情感体验、宣传感染等形式助力学生形成"三农情怀"。

3.打造高质量师资队伍和实训基地

建设适应"校企合作、产教融合"教学模式需要的专业教师队伍,鼓励有经验的教师积极探索与企业合作的领域和方向,吸引有实践经验的农学企业家担当"产业教授"。涉农高校加快推动新农科实训基地的建设,将校内实践教学与校外实训有机结合,建立健全产学研相结合的发展通道,充分激发学生学习和实践热情,为学生全面发展创造更有效的条件。

(三)持续推进人才组团帮扶工作,着力提高乡村振兴帮扶质效

精准扶贫期间的组团式教育帮扶改变了过去分散的帮扶局面,是一种科学的制度设计,但也存在一些问题。如,强强联手的帮扶模式优化了教学资源配置,但也拉大了受扶地区各学校之间的差距;帮扶对象以初中和小学义务教育学校为主,学前教育和高中阶段涉及较少;"供求矛盾"对话机制不完善等。因此,为进一步提高乡村振兴帮扶质效,应持续推进和优化人才组团式帮扶工作。

1.深入推进教育人才"组团式"帮扶工作

第一,将帮扶重心转移到学前教育和高中教育部分,科学制定帮扶周

期，提高帮扶师资数量和质量，丰富帮扶的形式和内容。第二，加强对中层管理人员和专任教师的业务指导，促进与被帮扶学校教师团队相互融合，建立"传帮带"机制。第三，严格执行薪酬待遇、探亲休假、健康关爱、走访慰问、人才激励等各项关爱制度，确保教育人才安心帮扶。第四，针对校长、副校长、中层管理人员和专任教师等岗位，分类制定年度考核细则和日常考核标准，科学评价考核成效。

2. 继续做好高校定点帮扶工作

第一，以定点帮扶为纽带深化高校与帮扶县的联系，把专业优势转化为规划优势，持续发挥高校在乡村振兴县级规划层面建言献策的能力。第二，以乡村人才和产业振兴为重点持续释放高校助力乡村振兴的潜能，从"输血"到"造血"两方面都要有所突破，把高校需求引入乡村产业市场，把乡村人才引入高校课堂。第三，以创新试验为动力丰富高校服务乡村振兴的有效路径，发挥高校的平台优势，实现资本、资源、市场的有效融会，形成定点帮扶服务网络体系。

B.24

以"美的教育"实现贵州省教育高质量发展与乡村振兴同频共振

贵州省高校乡村振兴研究中心课题组*

摘　要： 贵州省教育系统通过深入贯彻落实党的二十大精神，探索出"七个围绕"工作思路，即顶层设计围绕乡村振兴布局谋篇，党建引领围绕乡村振兴强基固本，人才培养围绕乡村振兴整合聚力，科学研究围绕乡村振兴蓬勃开展，社会服务围绕乡村振兴担当作为，文化传承创新围绕乡村振兴留住乡愁，协作交流围绕乡村振兴融通共享；打造出"美的教育"，实现了教育高质量发展与服务乡村振兴同频共振。

关键词： 美的教育　乡村振兴　贵州省

2022 年，贵州省教育系统坚持以习近平新时代中国特色社会主义思想为指导，深入学习宣传贯彻党的二十大精神，落实省政府工作报告中的重点工作任务和全省教育工作目标任务。根据省教育厅"坚持从政治上看教育、从战略上谋教育、从民生上抓教育、从规律上办教育、从作风上严教育，坚决把习近平总书记关于教育的重要论述有效转化为发展导向、政策举措和工

---

* 课题组负责人：邹联克，中共贵州省委教育工作委员会副书记、贵州省教育厅党组书记，贵州省教育厅厅长、贵州省教育厅直属机关党委书记。课题组组长：陈云坤，博士，安顺学院院长、党委副书记，教授。课题组成员：张来，博士，安顺学院副院长，教授；黄林，贵州省教育宣传中心主任；石恪，安顺学院乡村振兴工作领导小组办公室主任，安顺学院科研处处长，教授；孟凡松，博士，安顺学院乡村振兴工作领导小组办公室副主任，教授；王智勇，安顺学院马克思主义学院副教授；王艺霖，贵州省高校乡村振兴研究中心研究人员。

作方法"的指示，贵州省教育系统探索出"七个围绕"工作思路，将教育高质量发展主要目标与乡村振兴的现实需求相结合，推动贵州省教育高质量发展与乡村振兴同频共振。

一 顶层设计围绕乡村振兴布局谋篇

新时代中国特色社会主义教育基本职能与国家乡村振兴战略需求高度契合，贵州省教育厅深入推进以县域基础教育和市域职业教育为主体的乡村教育振兴，将 2022 年乡村振兴工作要点概括为基础教育领域夯实保障基础、巩固保障成果，职业教育与高等教育领域提升保障质量。顶层设计围绕乡村振兴，体现了贵州省高等教育规划之美。

（一）聚焦"守底线、抓发展、促振兴"，扎实推进乡村教育振兴和教育振兴乡村工作

一是聚焦守底线，夯实乡村教育保障基础。持续巩固拓展控辍保学成果，全面落实教育资助政策，持续改善乡村教育办学条件，督促落实教育经费保障。

二是聚焦抓发展，巩固乡村教育保障成果。完善学前教育公共服务体系，深入推进义务教育优质均衡发展，加快乡村教师队伍建设，推进教育信息化发展。

三是聚焦促振兴，扎实推进乡村教育振兴和教育振兴乡村工作。要进一步完善学生资助政策，提升学生资助管理水平，进一步巩固脱贫攻坚教育保障成果。实施"校农结合"助推乡村振兴行动计划。加快构建校农结合消费帮扶、人才培养、品牌建设、产教融合、党建引领"五大行动"的"大校农结合格局"。实施职业技能和学历"双提升"工程，深入推进面向农村的职业教育改革，加快培养高素质农民。加快高等院校设置和优化布局调整，全面开工建设贵州医科大学、贵州轻工职业技术学院新校区，明确将安顺学院更名为贵州文化旅游学院。发挥好农村中小学的教育中心、文化中心

作用，助力培养高素质农民和农村实用人才。推进粤黔东西部协作教育组团式帮扶工作，引导人才向艰苦地区和基层一线流动。

（二）聚焦助力乡村振兴，各高等院校强化顶层设计，健全工作机制

贵州大学校党委行政召开 7 次会议安排部署相关工作，成立贵州大学助力贵州省"四化"工作领导小组和助力乡村振兴工作领导小组，出台贵州大学《关于进一步助力巩固拓展脱贫攻坚成果同乡村振兴有效衔接的实施意见》和《关于进一步助力省级特色田园乡村·乡村振兴集成示范试点的通知》等文件，做好顶层设计，为助推全省乡村发展贡献贵大智慧。

贵州师范大学按照党中央、国务院和省委、省政府决策部署，制定出台《贵州师范大学 2022 年助力乡村振兴工作方案》，助力全省乡村振兴工作。

贵州财经大学以党建引领强化顶层设计，学校党委制定乡村振兴专门工作方案，以"12345"的系统工作步骤统筹全校力量，将教育帮扶、科研帮扶、电商帮扶、旅游帮扶和校农结合等帮扶项目工作抓具体、抓深入。

贵州医科大学以"党建引领"为主线，以"人才带动"为核心，把助力地方乡村振兴工作纳入党建工作要点和学校工作要点，充分发挥其教学、医疗、科技、人才等优势，聚焦党建帮扶、校农结合、教育帮扶、科技帮扶、医疗帮扶等具体工作，全力推进乡村振兴。

贵州中医药大学带领全校各级党组织和专家、驻村干部履职尽责，制定《贵州中医药大学乡村振兴驻村帮扶工作方案》及《贵州中医药大学乡村振兴驻村第一书记干部和工作队管理办法》，构建具有中医药特色的"1+1+1+N"（1 名驻村干部+1 位校领导+1 个牵头部门+N 个责任单位）的帮扶模式。

贵州理工学院抽调人员成立乡村振兴专班，建立健全校党委委员联系机制、驻村干部联系机制、科研秘书兼任乡村振兴联络员机制等推进乡村振兴工作。贵州师范学院创新实践"1+1+N"帮扶模式，举全校之力助力贵州乡村振兴。遵义师范学院以校内产学研项目为抓手助力"产学研用"工作，发挥联盟效应创新"小班制"精准帮扶模式，融入"地方科技创新体系"

建设促进成果转化，引导人才下基层为振兴乡村赋新能。安顺学院出台"一项融合工程、一家研究机构、一个专题智库、一批咨政文章"等"乡村振兴十个一工程"，明确了学校乡村振兴工作在人才培养、科学研究、社会服务、文化传承、交流合作与宣传、党建等方面的主要举措。

二 党建引领围绕乡村振兴强基固本

习近平总书记反复强调，加强党对教育工作的全面领导是办好教育的根本保证。贵州省教育厅提出，要确保教育领域始终为坚持党的领导的坚强阵地。2022年，全省教育系统注重以党建引领助力乡村振兴，通过驻村帮扶工作夯实农村基层乡村振兴"底座"。党建引领围绕乡村振兴，体现了贵州高等教育奋进之美。

贵州师范大学选派12名优秀干部、优秀教师赴石阡县担任驻村"第一书记"和驻村干部，开展帮扶工作，助力乡村振兴。贵州财经大学完成4名驻村干部的轮换与2名驻村"第一书记"的选派工作，定期对学校驻村干部履职情况进行抽查。贵州医科大学通过基层党支部落实乡村振兴工作，以人才落地的形式促进乡村基层人才工作的落实。以支部结对共建为起点，积极发挥学校党建优势，围绕乡村振兴战略，以帮助建好基层党支部作为工作重点，不断健全校村党支部结对共建机制。贵州理工学院建立健全校党委委员与驻村干部联系机制，由科研秘书兼任乡村振兴联络员，扎实推进驻村帮扶各项工作。

三 人才培养围绕乡村振兴持续发力

党的二十大报告首次提出全面提高人才自主培养质量，着力造就拔尖创新人才。贵州教育以立德树人为根本宗旨，持续巩固拓展控辍保学成果，持续改善乡村教育办学条件，完善学前教育公共服务体系，深入推进义务教育优质均衡发展，深入实施职教助推乡村振兴政策，深入推进高等院校学科专业建设调整与人才培养路径的改革创新。培育时代新人,体现贵州教育立德树人之美、感恩奋进之美。

(一)推进义务教育、高中教育和特殊教育发展,促进县域基础教育发展

1.实施县域义务教育"公办强校"计划

一是以实施"公办强校"为抓手,强力推进县域义务教育优质均衡发展。分两批次遴选出1513所"公办强校"项目学校。研究出台《贵州省义务教育公办强校项目学校建设评价指南》。二是有序推进县域义务教育均衡发展,支持具备条件的县(市、区)开展县域义务教育优质均衡创建工作。

2.坚持控辍保学常态动态"清零"与"双减"工作落地见效

坚持控辍保学常态动态"清零"。一是指导各地各校精准摸排初三年级学生返校情况,"一人一案"做好控辍保学方案。二是将控辍保学纳入"四下基层"重点督查内容,持续在全省范围内开展自查、督查工作。三是将年度控辍保学重点工作列入2022年基础教育重点工作任务。四是召开全省春季、秋季学期开学工作会议,对开学前后控辍保学重点工作进行安排部署。五是制定县级教育行政部门对义务教育学校学生到校情况的日调度制度。

持续高位推进"双减"工作落地见效。一是通过2022年春季学期基础教育业务工作会、基础教育工作调度会等会议对学校落实的"双减"工作进行安排部署,对有关业务工作进行再培训、再学习。二是推动各地制定出台课后服务收费政策,夯实课后服务经费保障;开展作业管理、课后服务典型案例征集工作,不断提升作业管理水平和课后服务水平;指导各地积极开展寒暑假托管服务,开放学校体育馆、图书室等场馆免费为学生提供自主学习、锻炼等的空间。三是将"双减"工作纳入"四下基层"调研督导内容、开学检查内容和综合大督查内容,加强对各地各校作业管理、课后服务等工作的督促指导。四是印发《关于贵州共青团协助教育系统开展"双减"工

作的通知》《关于利用文化和旅游资源、文物资源提升青少年精神素养的实施方案》等政策文件，拓展课后服务途径，充实课后服务力量。

3. 补齐县域普通高中发展短板，推动普通高中多样化发展

实施强县中计划，壮大县域普通高中办学力量。一是研究制定《贵州省"十四五"县域普通高中发展提升行动计划实施意见》和《全面消除普通高中大班额专项规划（2022 年—2025 年）》。二是持续推进规范招生工作助力普职协调发展。三是认真落实"县中托管帮扶工程"的部署要求，加大对教育基础薄弱县普通高中的帮扶力度，提升县中整体办学水平。

积极通过示范引领推动普通高中多样化发展。一是持续推动示范创建促进内涵发展。按照"以评促建设、以评促改革、以评促发展"的工作思路推进示范高中和特色高中建设。二是全面推进高考综合改革。印发《贵州省普通高中学校学生选课指导意见》《贵州省普通高中学生生涯规划指导意见》，启用全省普通高中学生综合素质评价信息管理系统。

4. 持续提升特殊教育服务能力

一是完善特殊教育体系，指导各地贯彻落实《贵州省"十四五"特殊教育发展提升行动计划实施意见》。二是推进适宜融合教育，研究制定《贵州省特殊教育融合发展实施方案》，创建贵阳、遵义、铜仁、六盘水 4 个融合教育实验区。三是推进特殊教育对外交流，成功举办 2022 中国—东盟教育交流周开幕期特殊教育国际论坛——融合教育高质量发展的中国道路与国际借鉴，展现新时代贵州特殊教育发展成效。四是推进特殊教育办学质量提升，加强省内各地区特殊教育资源中心、资源教室规范化建设，推进三类特殊教育学校义务教育课程标准实施，组织团队编写《特殊儿童随班就读工作指南》《特殊儿童入学评估工作指南》《特殊儿童送教上门工作指南》，开展特殊教育、融合教育、康复教育种子教师专项培训。

（二）完善职业教育办学体系，深入产教融合助推乡村振兴

1. 支持高水平高职院校和专业群建设

坚持"双高"引领，把职教改革的"龙头"舞起来。例如《贵州省支持职业教育发展若干措施》，不仅助推了高职"双高"工程的实施，而且有利于集中优势资源支持高水平高职院校和专业群的建设。

2.深化协同育人推进职业教育与行业企业深度融合

探索"双元"模式，把国际先进的"经验"用起来。以校企"双元"育人为着力点，积极探索"教室就是车间、教师就是师傅、学生就是学徒、教学就是生产、作业就是产品"的技术技能人才培养模式。深化与先进职业教育国家的合作，按照"引进标准本土化、中德合作样板化、加强交流开放化、提升服务国际化"思路，实施跨界协同五联发展行动，推动职业教育与本土大型国有企业联盟、与区域行业发展联合、与当地园区发展联结、与省内主导产业联动、与城乡融合发展联袂，强化"引企入教"和"送教入企"协同育人。

在上述基础之上，贵州省亦采取了诸如统筹中高职协同发展教育体系、推进创新创业教育融入职业人才培养体系以及进一步加强"产教融合、产城融进"以推进职业教育扩容提质等方式，多措并举协同促进乡村振兴。

（三）提高高等教育育人质量，培养乡村振兴战略需要的人才

1.明确人才需求，强化涉农院校与涉农学科专业建设

人才培养规划主动融入乡村振兴战略。各高校围绕"乡村振兴"主题专项开展培训工作，举办创新创业竞赛、"互联网+创新创业大赛"、"三下乡"社会实践等丰富人才培养的"第二课堂"。

人才培养方向紧贴乡村建设发展需求。贵州师范大学围绕助力乡村振兴，承担培养高素质"工匠之师"的历史使命，聚焦职业教育教师核心能力培养开展"双师型"职业技术教育硕士培养模式探索。安顺学院探索乡村实用人才培养新模式，围绕农业技术、农村发展、文化旅游等方向强化学科专业建设，开设"乡村振兴概论"等通识课程，通过网络课堂、农技论坛等拓展教育教学资源。

积极培养乡村产业人才。贵州师范学院坚持以应用型人才培养为目标，

打造了一批校内外一体、校企事业携手的"双师双能型"专业教师团队。安顺学院根据乡村产业发展需要农业经营管理人才（农业职业经理人）、新型职业农民、农业科技人才和农村电商人才的现实，主动承办全国第八届大学生物流设计大赛贵州省赛区决赛。

积极培养环境治理与乡村规划人才。贵州大学师生长期跟踪传统村落保护、发展、规划与建设，10 余名具有注册城乡规划师执业资格的教师领衔编制 100 多个传统村落的保护发展规划，30 多项乡村规划设计类项目获得贵州省优秀城乡规划设计奖。贵州师范大学熊康宁科研团队通过科研攻关，探索出石漠化综合治理的"花江模式"，构建石漠化综合治理与生态产业 9种模式与衍生产业技术体系，为贵州治理石漠化找到办法并培养出大批服务生态文明建设的专业人才。

积极培养文化传播人才弘扬社会主义核心价值观助力乡风文明。贵州民族大学传媒学院依托两个国家级一流专业"新闻学"与"播音与主持"的建设工作，以实践教学活动和网络主播大赛为基础，通过培养正能量的网络主播人才和优秀自媒体人，帮扶和引导网络直播新经济领域的创业和就业。

培养教育和医疗方面的人才。贵州医科大学针对贵州县域医疗人才需求培养乡村医疗人才，建立起完善的乡村振兴人才培养机制。贵州中医药大学始终把握中医药人才培养优势，为贵州 30 余个县（市、区）培训中药材种植技术骨干人才。黔南民族师范学院教育科学学院努力将高校教育资源与当地学前教育资源紧密结合，与黔南州各乡村小学、幼儿园搭建深度合作平台，以见习、研习、实习"三习"模式，组织各年级学生深入乡村学校教学一线，增强服务乡村教育的情感认同。

2.以情感教育为引擎，将乡村教育融入人才培养全过程

安顺学院将服务乡村振兴战略纳入创新创业教育环节，编写乡村振兴通识课程讲义，开设《乡村振兴概论》公选课，编写《村情调查提纲》，指导在校大学生利用寒暑假返乡的契机对家乡地理与历史文化进行深度调查。贵州民族大学在西江苗寨举行新农科项目"弘扬民族文化，助力乡村振兴"暑期研学活动，让大学生了解民族地区优秀乡村文化的保护、传承和发展现

状，为支持乡村文化发展建设做准备。

3. 深度融合乡村振兴目标需求开展创新创业教育

贵州大学积极参与和承办各类大学生科技创新赛事，触发学校形成长效"创新创业"竞赛育人机制。在第十七届"挑战杯"竞赛中，共获得了全国一等奖3项、二等奖4项、三等奖7项，"最具感染力奖"1项。

贵州师范学院通过推进"一院一赛"将创新创业与学科竞赛相融合，打造"一院一课"将创新创业与专业教育相融合，提升"一师一能"将创新创业与师资建设相融合，建成13个乡村振兴社会实践基地，编写完成35万字的创新创业规划教材，上线《大学生创新创业基础》等5门线上线下课程，其中《创新创业训练营》获国家一流本科课程认定。

贵州医科大学以"双创"比赛为契机，引导导师带领学生进入乡村地区开展乡村振兴方面的"双创"工作。2022年共组织近500个项目团队参加各类创新创业比赛，取得各类赛事国赛铜奖3项、省级竞赛奖项30项。

四 科学研究围绕乡村振兴蓬勃开展

高校助力乡村振兴能力与高校的职责范畴具有高度契合的特点，在高校助力乡村振兴的实践限度内，科学研究无疑是高等院校结合自身学科专业优势与乡村振兴需求导向而发力的主要优势之一。围绕高水平科技自立自强，贵州高等教育奋力书写大地论文之美。

（一）聚焦涉农产业技术强化科技攻关

全省高校聚焦贵州12个农业产业，设置重大科技项目，突破关键核心技术，助推贵州省农业产业转型升级和结构优化。贵州大学在重要病虫害防治、新农药创制、作物育种方面聚焦前沿技术研究，以高技术推动农业高质量发展。贵州大学申报的"国家云贵高原特色作物种质资源圃（贵阳）"被农业农村部确定为第一批国家农作物种质资源圃，实现了贵州省国家农作物种质资源圃的"零突破"。

（二）践行"两山"理论开展喀斯特地貌下高原山地生态研究

贵州师范大学喀斯特研究院立足中国南方喀斯特地区实际，积极开展喀斯特生态环境保护与石漠化综合治理等特色研究。建立反映生态产品保护和开发成本的价值评价方法，探索多元化的生态保护补偿机制路径，为"两山"理论在贵州更好地实现提供科技支撑。

2022年4月，贵州省科技厅组织贵州大学、贵州理工学院召开了碳达峰碳中和工作调研座谈会。贵州大学团队围绕绿色低碳发展研究院组建情况、工业领域碳捕获技术、贵州省碳源—碳汇平衡研究、"类离子液体"吸附二氧化碳新材料技术研究、抽水蓄能等方面进行汇报。贵州理工学院对赤泥的无害化资源化利用技术与岩溶碳汇过程监测、水生生物固碳机制等研究工作进行介绍，提出"以渣汇碳"等工作思路。

（三）打造乡村振兴智库平台服务高质量发展

贵州大学基层社会治理创新高端智库是贵州新型特色智库中唯一入选的"中国智库索引"（CTTI）来源智库，该智库瞄准"新时代文明实践与乡村治理创新"、"乡村绿色治理与产业转型升级"和"数字化改革与基层治理现代化"三大研究领域的重点难点问题，全面加强"资料库、思想库和数据库"建设，在基层治理领域树立"多彩贵州"新形象、提高区域治理能力方面贡献智慧和力量。

贵州财经大学举办"防止返贫与乡村振兴"和"贵州减贫经验总结及其国际传播策略"系列学术会议，来自全国高校与科研院所的众多专家基于自身在减贫与乡村振兴领域的责任担当和专业知识，介绍了中国伟大减贫奇迹中的贵州减贫经验、新时代中国特色社会主义的减贫与乡村振兴实践，为世界反贫困事业提供了中国实践和中国样板。

贵州师范学院积极推动乡村振兴智库建设，充分利用省内高校专家团队资源，开展脱贫攻坚成果巩固与乡村振兴有效衔接评估工作，为省委、省政府提供了重要决策参考，围绕贵州省建设巩固脱贫攻坚成果样板区的总体定位，在乡村人居环境整治关键技术、脱贫人口持续增收路径、易地扶贫搬迁"三块地"资源盘活等主要领域取得了一批重要资政研究成果。

安顺学院持续举办"文化旅游赋能乡村振兴全国学术论坛"，先后发布"乡村振兴·安顺宣言""乡村振兴·安顺倡议"，培育乡村振兴新型智库——"娄湖智库"平台，积极开展应用对策研究，一批咨政文章获省市主要领导签批。

五　社会服务围绕乡村振兴担当作为

全省高等教育系统结合自身社会服务职能，持续深入推进"校农结合"，建立健全产业专班服务产业革命，创新应用科技实现路径助力涉农科技成果转化，参与乡村振兴集成示范试点建设助力美丽乡村实践，深刻诠释贵州高等教育担当之美、贵州学子投身强国之美。

（一）实施"校农结合"行动计划，强化消费帮扶巩固拓展脱贫攻坚成果同乡村振兴有效衔接

贵州师范大学围绕学校和后勤服务集团与地方政府签订的"校农合作"等长效扶贫机制，持续大力采购与学校签订校农合作协议的农特产品，截至 2022 年 11 月，学校通过"832 平台"采购了价值近 210 万元的脱贫地区农产品。

贵州财经大学食堂整合自身农副产品采购需求，积极与驻村干部所在乡村和相关脱贫地区进行农产品市场精准对接，保质保量完成"832 平台"采购脱贫地区农副产品任务，推动形成农业产业发展和保障学校食堂供给的双赢局面。2022 年 1 月至 11 月采购农产品总金额 1625.7 万元，截止到 11 月底，学校食堂在"832 平台"采购大米 19 万公斤，合计 102.6 万元。

贵州中医药大学依托"校农结合"合作平台长期向贫困县采购水果、蔬菜、大米、生猪等农产品，学校后勤 2022 年采购贫困地区农产品约 82.8 吨，采购金额 748.6 万余元，推进"一码贵州""832 平台"线上采购农产

品 45.88 万元。

贵州理工学院 2022 年通过"一码贵州"平台采购食堂农产品共计 1090 万元，其中贵州省农产品采购额达 1020 万元；通过"832 平台"完成 67.8 万元农产品采购。

贵州师范学院抓实消费扶贫，学校食堂向贵州虹牧农产品贸易有限公司、贵阳市南明区黔丰粮油经营店、云岩继泰农产品经营部等省内多家供货商采购米、油、鲜肉、鸡蛋、蔬菜等食材，购买来自盘州市华福兴养殖场等生产基地（合作社）的大宗物资。截至 2022 年 11 月，学校校采购农产品总量达 98.7 万公斤，金额达 783.2 万元。

（二）建立产业专班服务农村产业革命，助力十二大农业特色产业高质量发展

贵州大学围绕贵州省确定的 12 个农业特色优势产业，组建了中药材、生态渔业、生态畜牧、茶、油茶、蔬菜、食用菌、特色水果、石斛、刺梨、竹、辣椒 12 个产业团队，采取"产业+专家+基地+博士村长"工作模式，持续派出产业团队专家，主动对接各地方部门和相关企业，服务乡村产业振兴卓有成效。其中，生态畜牧团队以贵州省唯一育成品种贵州黄鸡为基础通过配套杂交，自主培育了青胫贵州黄鸡新品系，建立了集种鸡繁育、商品鸡生产和产品开发为一体的全产业链，年推广 10 万羽，产值 6000 万元，受益农户超 1 万人；刺梨产业团队服务贵州宏财、天刺力两家企业开展高档刺梨原汁、刺梨含片等产品加工技术服务，大幅提升企业产品质量与市场竞争力，到 2022 年 10 月底这两个企业实现销售产值达 2.9 亿元；特色水果团队领衔编制《贵州省水果产业发展规划（2021—2025）》由省水果产业发展领导小组于 2022 年 11 月 16 日发布。

贵州师范大学组建刺梨、油茶、蔬菜、中草药、水果 5 个产业服务专班助力农业科技发展与农业产业振兴。其中，刺梨产业服务专班深入企业调研，与兴义义龙公司深度合作，挂牌推进高校与企业的产学研工作，技术扶持公司种植富硒刺梨示范基地 5000 亩；油茶产业服务专班承担建立贵州省

特色林业产业重点实验室,以黔东南天柱县为示范点开展油茶林下生态养殖集成示范科学以及油茶林下养鸡研究;蔬菜产业服务专班深入基层开展《蔬菜病虫害防治》《速生型蔬菜新品种及其高效栽培技术》《水芹的节水栽培技术和病虫害防治》等技术培训服务,与贵州佬黔贝生态农业有限公司合作进行速生型蔬菜栽培技术产业化开发,与贵州省红湖种植养殖专业合作社、贵阳市白云区牛场乡小山蔬菜专业合作社合作开展节水型水芹和豆瓣菜产业化开发示范推广;中草药服务专班实现了 10 项商标的技术以及 1 种国产保健食品批文的技术转让;水果服务专班先后到镇宁、关岭、贞丰等县开展火龙果、百香果等热带水果种植技术培训指导。

凯里学院 9 个农业产业工作专班以"基地建设及产业发展"为主线,结合黔东南地方经济发展实际开展产业科技服务工作,先后赴三穗、岑巩、雷山等 13 个县 20 余个村镇,通过开展技术技能培训、技术攻关、成果转化、实用技术示范展示等活动,在电商平台建设、产品经营模式探索、产品包装改良、农经作物品种选育、农经作物病虫害防治、农经作物栽培技术等实用技术普及及对接企业需求、科技成果转移转化等方面开展了大量工作。

(三)创新应用科技实现路径,助力科技成果转化

探索以"揭榜挂帅"为特点的农业科技攻关与应用一体化模式。贵州大学召开激励农业技术人员创新创业行动工作推进会议,8 个单位共计 48 个团队代表依次汇报了揭榜实施方案。

设立"科技小院"模式,示范推广特色产业发展新品种、新技术、新模式,探索特色产业高质量发展路径。贵州大学水稻、刺梨、高粱等 26 个产业团队入选教育部、农业农村部和中国科协组织的科技小院建设项目。

(四)参与乡村振兴集成示范试点建设,助力美丽乡村建设

贵州大学根据省乡村振兴工作统筹安排,整合资源成立 15 个乡村振兴集成示范点工作专班,助力 10 个县做好"特色田园乡村·乡村振兴"集成示范试点建设工作,为全省乡村振兴规划和农业现代化搞示范,做引领,树

标杆。

贵州大学制定《贵州大学农学院服务乡村振兴加快农业农村现代化"十百千"行动方案》，通过选拔 10 名技术村主任进驻 10 个样板村，组织 100 名专业教师服务贵州农业特色产业，组织 1000 名本硕博学生服务乡村振兴的行动方案助力乡村振兴。

六 文化传承创新围绕乡村振兴留住乡愁

2022 年 12 月 23 日，习近平总书记在中央农村工作会议上指出，建设农业强国要实现乡村由表及里、形神兼备的全面提升，要敬畏历史、敬畏文化、敬畏生态，留住乡风乡韵乡愁。因此，我们在推进教育现代化进程中，必须结合中华民族历来具有的崇文重教的优良传统，传承贵州特色文化，深挖贵州深厚红色底蕴，共赏民族复兴之美、中华传统文化之美。

（一）在地方特色历史文化资源调查、整理与研究中发现乡村价值

贵州传统地域特色文化与民族民间文化在主体上都属于根植于乡村社会的农耕文化。基于历史时期贵州走廊的社会经济文化交流，贵州呈现的西南山地农耕文化又表现出显著的民族融合多元与"线路"及区域商业发达的特点，这种特点主要体现在清水江文书与屯堡文书的整理与研究上。

（二）基于地方文化与红色文化资源开发校本课程，增强学生乡土文化认同度，增进家国情怀

遵义师范学院立足以长征精神、遵义会议精神为核心的红色文化资源优势，制定《遵义师范学院思想政治教育专业长征班改革试点实施方案》，于 2022 年秋季首期招生"长征班"，培养新时代需要的中小学思想政治教育优秀人才，以服务新时代基础教育强师计划和乡村振兴战略。

安顺学院积极推进屯堡文化进校园活动，目前已在安顺市西秀区初步形

成覆盖小学、初中、高中到大学的屯堡文化校本课程体系。2022 年 12 月，举行 2022 中国—东盟国际交流周传统戏剧展演系列活动之"地戏文化进校园"主题活动，对学校师生更好地了解传承地方文化起到积极作用。

（三）深入基层开展聚落文化调查，推动贵州乡村史志工作

启动"贵州村志"项目，首期对贵州省 9 个地州市 10 个村寨的自然资源、村史和文化资源进行挖掘整理。贵州师范大学、贵州财经大学、贵州民族大学等教授带队，深入乡村开展田野调查，通过文献整理、实地走访、调研，录音、整理口述史，收集、整理村寨的自然资源与人文信息。

全省各高校积极参与推动属地乡村调查。铜仁学院乌江学院教工党支部到共和镇焕河村开展支部联建暨传统古村落保护与开发调研活动，为焕河村收集、整理并撰写村志提供帮助。凯里学院组织师生对黔东南州剑河县革东镇宝贡屯村开展深度田野调查，围绕该村的历史环境及经济、社会组织、婚姻与信仰等基础问题进行走访，形成《宝贡屯村村志》草稿。安顺学院贵州省屯堡文化研究中心持续组织开展屯堡村落调查，以村为单位整理并出版《大屯契约文书汇编》等屯堡民间文书数种，设立专门项目资助《九溪村志》出版。

七　协作交流围绕乡村振兴融通共享

2021 年 4 月 8 日，习近平总书记对深化东西部协作和定点帮扶工作作出重要指示，提出要适应形势任务变化，聚焦巩固拓展脱贫攻坚成果、全面推进乡村振兴，深化东西部协作和定点帮扶工作。因此，要加强与周边省份交流合作，深化中西部对口帮扶工作，发挥好中国—东盟教育交流周机制作用，促进贵州教育对外开放。协作交流围绕乡村振兴，体现贵州教育融通之美。

（一）精心举办2022年度中国—东盟教育交流周

2022 年度"中国—东盟教育交流周"在贵安新区举办，以"共建友好

家园，共创多彩未来"为主题，共组织了37项开幕期活动和57项全年期活动。一是联合北京大学、上海交通大学、新加坡南洋理工大学国内外知名高校，举办第二届山地农业与绿色植保国际会议、教育数字化转型等高水平专业和学术论坛。二是推动成立"中国—东盟职业教育联合会"，深入实施职业教育特色合作项目，举办中国—东盟特色合作项目成果展；举办马中职业技术教育与培训论坛、智能制造领域中外人文交流人才培养高质量发展论坛以及护理和康养产业国际研讨会等职业教育高端论坛，共商国际产学研用实践路径。三是继续举办系列青少年项目活动展现地区多元文化特色，举办"知行贵州"丝绸之路青年交流计划项目、中国—东盟（国际）"机甲大师"机器人挑战赛、第四届中国—东盟留学生创新创业大赛、中国—东盟青少年艺术交流等系列活动促进国际青年交流相通。四是开展"一带一路""零碳校园"建设行动，举办校农结合"一带一路"生态特色食品展、"交流周十五周年成果展"等。"中国—东盟教育交流周"推进了贵州基础教育、职业教育和高等教育领域的品牌项目建设，提升了贵州在东盟国家影响力。

（二）持续深化东西部协作教育对口帮扶工作

一是推进粤黔东西部协作教育组团式帮扶工作。加大教师培训和互派交流力度，挖掘一批精准帮扶典型案例，重点推进粤黔教育协作共建100所示范校园工作。二是深度用好东西部帮扶政策加强校际合作。省教育厅致力于探索打造"东部优质企业+贵州资源""东部市场+贵州产品""东部总部+贵州基地""东部研发+贵州制造"等模式，与广东省优质职业院校共建10所"粤黔"示范校。三是深度用好东西部帮扶政策加强校企合作。毕节职业技术学院与省内外近100家企业签订了校企合作协议，通过实施共定专业建设方案、共育"双师型"教师、共建师资培训基地、共促学生就业、共研技改难题"五个共同"战略，推动校企深度融合发展，打造东西部职教协作基地，目前有东西部协作示范校、新型职业农民培训中心、乡村振兴学院等多个项目成功立项，通过20多个专业"学徒制"教学实践形成了东西部协作跨区域产教融合、校企合作人才培养"穗毕模式"。

在全社会共同践行乡村振兴战略背景下,全省教育系统切实履行立德树人、科学研究与社会服务职能,主动担负起助力乡村产业、生态、文化、组织与人才振兴的时代责任。通过持续巩固拓展控辍保学成果,全面落实教育资助政策,持续改善乡村教育办学条件,督促落实教育经费保障,完善学前教育公共服务体系,深入推进义务教育优质均衡发展,加快乡村教师队伍建设,加快推进教育信息化建设,深入实施职教助推乡村振兴,深入推进校农结合和高校服务产业革命,持续推动东西部教育协作等措施,实现乡村振兴教育与教育振兴乡村的相互支撑,有效提高贵州人民群众在教育领域的获得感、幸福感和安全感。

B.25
宁夏"互联网+教育"赋能乡村
振兴的实践

北方民族大学教育发展与乡村振兴研究课题组*

摘　要： "互联网+教育"为宁夏教育发展提供了新引擎，成为巩固拓展脱贫攻坚成果和推动乡村振兴发展的重要实践。本文全面梳理了教育助力乡村振兴发展的机理，多角度分析了宁夏"互联网+教育"发展的基本概况，科学总结了宁夏"互联网+教育"赋能乡村振兴的典型做法与启示，客观揭示了宁夏"互联网+教育"面临的现实困境，并基于乡村振兴战略的纵深推进，对宁夏"互联网+教育"发展的可行路径进行了深入思考，以期为国家深入推进"互联网+教育"与乡村振兴的有机结合提供可资借鉴的经验与参考。

关键词： "互联网+教育"　乡村振兴　宁夏

党的二十大报告明确指出，要全面推进乡村振兴战略，坚持农业农村优先发展，巩固拓展脱贫攻坚成果，加快建设农业强国，扎实推动乡村产业、人才、文化、生态、组织振兴。在这一过程中，教育具有不可替代的

---

* 课题组组长：李俊杰，北方民族大学党委书记、校长，教授，博士生导师。课题组副组长：刘七军，北方民族大学经济学院副院长，教授，硕士生导师。课题组成员：王平，博士，宁夏回族自治区政协农业和农村委员会办公室主任；王燕红，北方民族大学中华民族共同体学院民族学专业在读博士研究生；姬浩浩，北方民族大学中华民族共同体学院民族学专业在读博士研究生；赵琪，上海理工大学管理学院管理科学与工程专业在读博士研究生；张引杰，北方民族大学经济学院应用经济学专业在读硕士研究生。

作用。宁夏教育系统以习近平总书记关于教育的系列重要论述为根本遵循，秉持乡村全面振兴战略必须要保障城乡教育公平、教育强化乡村振兴、教育振兴与乡村振兴彼此促进的教育助力乡村振兴内在机理，抓住2018年宁夏获批为全国首个"互联网+教育"示范区的契机，在推进示范区建设过程中，对"互联网+教育"赋能乡村振兴进行了深入探索，取得了显著成效。宁夏160余万教育人口向互联网"迁徙"，建成了全国第一个"互联网+教育"省级大平台，实现了从基础设施、资源到应用的数字化转型升级，师生信息素养与应用能力均居于全国前列，为乡村振兴提供了坚实的教育支撑。

一 宁夏"互联网+教育"基本概况

（一）宁夏"互联网+教育"示范区的确立

2014年，宁夏回族自治区党委、政府提出建设智慧宁夏，教育云是其中的"八朵云"之一。2018年6月，李克强同志在宁夏考察时强调，要深入推动"互联网+"行动，配置更多优质资源给基层和贫困地区的群众。同年，宁夏建成了全国第一个从省级层面对各级各类教育、社会公众服务的教育云平台，实现了全区公共服务平台的集中建设、教育数据的集中管理、教育资源的共享共用，打破了以往各自为政导致的"信息孤岛"、"资源孤岛"和"应用孤岛"，突破了时空、地域限制，为农村和发展薄弱地区带来了优质教育资源，缩小了城乡教育发展差距，促进了教育均衡发展；同时将信息技术融入教育教学的各个环节，形成了互联网教学一体化课堂体系，推进教育能力和治理体系现代化。基于此，2018年7月20日，"互联网+教育"示范省（区、市）座谈会在宁夏银川召开，宁夏获批成为全国首个"互联网+教育"示范区，为宁夏教育改革发展带来了新的历史机遇。

（二）宁夏"互联网+教育"的实施内容

1. 依托"一朵云"，分层分类推进教育资源应用

宁夏依托省级教育云平台，实现了优质教育资源的普及普惠。率先在全国建成了覆盖各级各类的教育云平台，将教育区块链、智能应用中心等系统作为服务架构，实现了全区学校在同一教育云平台教育教学的深度学习、深入研讨、充分交流和教学管理。分层分类推进教育资源应用，分区域推进建设了8个示范县（市、区），在各级各类学校建成了80所应用示范校，分地分学校探索出了"互联网+教育"的方向和重点。学前教育以探索信息化管理、特色保教和家园共育为重点；中小学着重开发空中德育课堂，探索开展云备课、云教学，建设智慧教室等教学条件改善和管理应用水平提升为重点；职业教育大力探索校企合作、顶岗实习的网络化管理，重在推进虚拟仿真实训、远程网络实训；高等教育则以推动开放课程的应用、建设内涵发展质量监测等系统为重点，通过推动高校之间的资源贯通和内容衔接，助力全区高等教育内涵式发展。在提升服务能力方面实现了从"专用资源服务"向"大资源服务"的全面转变，推动了"互联网+教育"大平台在教育教学和管理领域的广泛应用。

2. 建设"一张网"，助推创新素养教育环境构建

宁夏率先提出创新素养教育概念，将其作为示范区建设的核心，建成了"互联网+教育"示范县（市、区）、"互联网+创新素养教育"示范学校，培育了大量的"互联网+创新教育"教学名师，大力助推了创新素养教育的质量提升。加强校园网建设，通过建立健全全员全方位、全过程的创新素养教育机制，促进新技术与创新素养教育各环节的深度融合，形成了新型教育教学模式。同时，把创新素养教育融入各学段、各学科之中，根据不同的学科特点，利用数字信息化建立了科学合理、操作性强的学生创新素养教育评价体系和评估模型，实现了课堂教学方式的变革，达到了评价主体多元化和评价结果科学化的目标。

3. 建好"三课堂",扩大优质教育资源覆盖面

全区依据各地各级学校按需使用的原则,因地制宜,有序推进了"三个课堂"的建设。一是用好"在线课堂",实现资源共享。在推进"一拖一""一拖N"教学模式的基础上,总结教育集团、城乡共同体的办学经验,形成精准帮扶模式,实现了城乡教育优质资源的均衡发展。二是开展"名师课堂",强化辐射引领。通过开设"网络名师工作室"、课例点评等活动,形成有效的督促体系,促进信息技术与教育深度融合,引领其他教师专业化成长。三是开展"名校网络课堂",丰富教育形式。通过在城区优质中小学积极打造互联网背景下参与式课堂教学模式,收集整理各类优秀教育教学资源,构建起覆盖所有学校、所有年级主要课型的动态开放、交互共享的优质教学资源库。

4. 抓好"培训点",提升师生信息素养水平

通过加强教学应用指导,充分利用在线互动课堂、名师网络工作室等创新教研形式,推进教师教学应用、学生学习应用全覆盖,全面提升师生素养水平。一是完善培训体系,建立骨干团队,通过遴选优秀学科教师成立区级专家团队,开展培训交流研讨,充分发挥好服务团队的服务引领能力。二是实施"青蓝工程",将三个教育集团和三个城乡办学共同体作为试点,试行校际、城乡教师交流,青年教师跟岗实践等,优化管理措施,解除轮岗教师的后顾之忧,消除城乡隔阂,发挥优质教育资源的学校优势,提升薄弱学校教师信息化水平。三是强化培训考核,健全教师信息技术激励机制和督导评估机制,以提升信息技术应用能力为突破口,组织开展信息化应用能力项目式学习,全面提高了教师信息化应用能力,有效提升了教师在"互联网+教育"背景下的课堂教学水平。

5. 建好"示范点",加快推进"数字校园"建设全覆盖

为有效推动数字校园向智慧校园的转型升级,宁夏全面落实了《中小学数字校园建设规范(试行)》《高等学校数字校园建设规范(试行)》等建设规范。通过积极实施数字化校园建设工程,新建智慧教室等数字化场所,将监控系统和校园广播接入校园安全网络管理平台,实现了广播和监控

的智能化、自动化，为学校开展安全教育、安全管理等服务提供便利，建设起集智慧教室、党建思政、教育教学等为一体的高标准数字校园。2020年底率先在全国实现中小学在线互动课堂全覆盖，推进优质教育资源的均衡发展，实现了全区"互联网+教育"达标县（市、区）和数字校园建设全覆盖。2022年，进一步推动深化数字校园的应用，实现了数字校园应用常态化、特色化建设目标。

6. 完善"应用点"，推进人工智能教育融合应用

为充分发挥示范区引领作用，宁夏通过积极开展农村薄弱学校教师专项智能教育培训、送培到校等活动，组织区内师范类高校和优质学校与薄弱学校结对帮扶，建立远程同步智能课堂和教师"智能手拉手"。一方面，为推动人工智能在教育教学、校园管理等方面的全流程应用，指导试点地区和试点学校开展智能化教学基础环境建设，推进"智慧教学""智能实训"，提升职业教育智能化实训和教学水平。另一方面，通过实施人工智能助推教师队伍建设，利用大数据管理机制，开展人工智能教学实践课题研究等培训研修活动，完成人工智能课程全员培训。同时，建设人工智能应用创新中心，加强"人工智能+学科专业"复合型师范生培养，形成教师队伍治理的新模式，使人工智能成为助推课堂变革和教师队伍建设的强大引擎。

7. 实施"扶智点"，支持教育信息化结对帮扶

在推动网络"精准扶智"行动、支持贫困地区教育信息化发展过程中，宁夏依托教育云构建了省级在线互动课堂平台，推动名师名校资源共享，助力城乡中小学教学名师与农村教师共同发展。结合实施乡村振兴战略，在政策和资金等方面给予中南部9县（市、区）倾斜支持。2018年，完成了3个贫困县（市、区）和3个非贫困县（市、区）的在线互动课堂建设，并利用首都带首府、沪宁合作、闽宁合作等合作平台，推进北京、上海、福建等地优质学校与宁夏贫困地区学校"一对一、一对多"结对帮扶。2020年，完成了所有贫困县（市、区）和非贫困县（市、区）的在线互动课堂建设，全区农村学校在线互动课堂全覆盖，形成了一批独具特色的宁夏典型应用模式，确保了网络"精准扶智"行动的扎实推进。

二 宁夏"互联网+教育"赋能乡村振兴的典型做法与启示

（一）宁夏"互联网+教育"赋能乡村振兴典型做法

1.强基础：提升校园信息化基础设施建设

农村学校基础设施薄弱一直是农村教育落后的一个重要原因，"教育扶贫"改善了农村学校的办学条件，使农村学校的旱厕、土操场等硬件设施得到了改善，但微机室、多媒体教室等仍存在配备不齐、缺少维护等问题，网络覆盖率、网络速率也难以满足实际需要，"互联网+教育"示范省（区、市）的建设为宁夏农村地区学校信息化基础设施的优化提升发挥了重要作用，盐池县在此方面做了典型示范。

案例1　盐池县：三大工程齐发力，全面提升信息化基础设施

盐池县是著名的"中国滩羊之乡"，也曾是国家扶贫重点开发县，该县在"互联网+教育"达标县创建过程中，通过实施三大工程，全面加强教育信息化基础建设。一是实施校园基础网络改造升级工程。通过以租代建方式，由电信公司对全县中小学、幼儿园校园基础网络进行改造升级，县城学校接入带宽达到1000兆、乡镇学校500兆、教学点300兆，校园无线网络实现全覆盖。二是实施在线互动课堂建设工程。先后为全县中小学、幼儿园建设在线互动课堂151间，其中主讲教室88间、接收教室63间，配备智慧黑板10套，实现了在线互动课堂全覆盖。三是实施数字化校园建设工程。新建智慧教室、精品录播教室、VR虚拟教室、智慧书法教室等48间，建设语音朗读亭18个、虚拟电视台3个，配备编程机器人、模拟飞行设备302套，为5所学校安装巡课系统，改造升级校园数字广播系统、校园安防监控系统，实施明厨亮灶工程，一键报警系统全覆盖并接入公安监控系统；补充更新师生用机690台、教学一体机169台，全县中小学教室多媒体教学终端全部接入国家和自治区教育资源公共服务平台，实现了数字校园全覆盖。特

369

别是投入 376 万元建成了班级教学、食堂监控、校园安全监控、视频会议等一体化教育系统数字管理平台，初步实现了学校管理全过程监管。

2. 建平台：实现优质数字教育资源共享

在"互联网+教育"示范省（区、市）建设期间，宁夏率先在全国建成了省级教育云平台，汇聚区内外优质教育资源 4300 余万件并免费开放，有效破除了资源共建共用的壁垒，实现优质数字教育资源共享，泾源县基于此探索出了一种全新高效的模式。

案例 2　泾源县：探索"一拖二"模式，促进城乡教育均衡发展

泾源县地处宁夏最南端，属于曾经的国家级贫困县。近年来，通过"互联网+教育"的实践和探索，总结出了利用互联网促进区域间协作，推动农村教育教学变革的全新模式。泾源县针对教学点存在的教师数量少、专业学科教师缺乏、不能开齐国家课程特别是活动类课程等实际问题，借助宽带网络探索出"一拖二"在线授课模式，以破解教学点缺师少教难题及优质资源共享问题。在泾河源镇白面民小搭建主课堂，在泾河源镇高峰教学点、泾河源镇白吉教学点搭建远程互动副课堂，通过网络建立主课堂与副课堂的实时互动共享机制。不仅将以前教学点没有条件开设的音乐课、美术剪纸课送进了教学点的课堂，教学点的学生通过网络也享受到了丰富的教学资源，有效改善了农村薄弱学校专业学科师资缺乏的现状，实现了中心学校学生和教学点学生共上一节课的目标，是实现优质数字教育资源共享、促进城乡教育均衡发展的有效实践。

3. 育人才：打造平等自由的全民学习氛围

宁夏采用了"云—网—端"架构模式，建成大中小幼一体化数字课程与学习体系，教育云平台向全区师生和社会公众免费开放，实现人人皆学、处处能学、时时可学。通过建成智慧职教服务平台，建立数字技能职业教育培训体系，创新开展"互联网+"职业技能培训工作，提升农民、农工、技工等群体生产能力和技术水平，海原县基于信息平台建设也作出了示范。

案例3 海原县：用好互联网信息平台，提升农民综合素质

海原县曾是苦瘠甲天下"西海固"的重点区域，也曾是宁夏深度贫困地区之一。从2021年开始，海原县利用官方平台——海原县广播电视官网，以微视频的形式传授知识，内容包括：网络公开培训课、科普知识、安全知识、先进人物事迹的宣传、国家重要政策的网上宣讲等，使用者只需要打开网站，就能够免费点击观看这些视频，接受起来较为容易。海原县电子商务网络公开培训课程是国家电子商务进农村综合示范项目，也是"互联网+职业教育"的一次有力实践，这项课程系列视频共计34期，全部免费供广大群众学习，在不到3个月的时间里，34期视频总共点击量已过万次，使受众从理论、技术、操作等方面全方位了解电子商务，给其发展带来了更多的可能性，也给乡村振兴注入了更多的活力。除此之外，国家政策的宣讲、消防知识、禁毒知识等线上专题培训也使群众第一时间了解国家政策方针，积极投身乡村治理和乡村建设，成为更有素质、更有能力的新农人。

4. 重培训：提高教师信息技术应用能力

面对教师数量短缺、教师水平参差不齐、教师培训不精准等难题，宁夏深入实施人工智能助推教师队伍建设国家级试点，率先在全国实现教师信息素养全员测评，利用人工智能等新技术对教师的课堂教学行为进行评价，通过数据分析与经验指导相结合，实现乡村教师在教学能力上的快速提升，利通区通过该方式达到了这一目标。

案例4 利通区：多种培训方式相结合，提高新时代教师队伍建设水平

吴忠市利通区的金银滩复兴小学是一所九年一贯制农村学校，建校之初，办学条件十分艰苦，教学质量也很差，各项考核成绩多年垫底，学校仅仅把维稳、扫盲作为主要目标。从2008年开始，学校通过合并村级完小，逐步形成了具有规模的九年一贯制农村学校。金银滩复兴学校教师绝大多数是年轻的特岗教师，善于接受新鲜事物，学校利用这一优势鼓励并支持他们利用信息技术开展课堂教学改革。为了提高教师的信息技术应用能力，金银

滩复兴学校采取了多种培训方式，主要有集中培训、专题培训、问题培训、交流培训及分层培训等。学校邀请区内外专家对教师的信息技术基本理论、基本操作等进行培训，在每周固定学习时间，学校安排分组或集中对软件、学科工具等用法进行培训，信息技术教师对日常教学中出现的问题归纳整理，利用教研活动或集会时间解答，并且根据教师年龄、操作水平的差异，有针对性地进行分别培训。学校通过一系列的培训提升了教师队伍的信息化素养和应用能力，提高了教师应用信息技术优化教学的积极性，充分发挥了"互联网+教育"大数据平台的作用。

5. 架桥梁：构建农村良好的家庭教育环境

面对农村留守儿童缺少家庭教育和人文关怀的问题，宁夏充分利用"互联网+教育"，搭建起家长与孩子、老师之间的沟通桥梁，引导家长更多重视孩子心理和教育问题，逐步形成家庭和谐教育氛围和拉近亲子关系的良性循环。石嘴山市在构建良好教育环境方面亦作出了典型示范。

案例5　石嘴山市：利用现代网络技术，推进"家校同育"

石嘴山市第四中学地处"城乡接合部"，移民和留守学生较多，近几年该校积极探索，通过依托先进的现代网络技术，为家校沟通搭建桥梁，有效解决了众多难题。云校家 App 是一款家校共育沟通软件，专门为老师、学生以及家长打造。全校老师和学生以及每位学生家长都开通了个人云空间，各个教学班开通了班级空间，充分利用起班级圈、课程表、课堂记录、成绩通知、请假条、教师考评、悦听说、学生点评等功能，扩大了家校沟通的覆盖面，为学校管理提供了便捷的途径。教师通过云校家平台向家长推送学生成绩、反馈作业情况，还经常把学生的课堂表现、课间活动以及校园生活拍摄下来上传至班级圈，方便家长及时直观地了解孩子在学校的表现。学校通过平台开辟了"亲子共读"专栏，引导学生与父母在亲子阅读中，增加亲子互动，帮助很多家长与孩子建立了亲密的关系，促进其形成和谐的家庭氛围。

（二）宁夏"互联网+教育"赋能乡村振兴的做法启示

1. 明确的制度指引是"互联网+教育"赋能乡村振兴的行动指南

2021 年，宁夏引发《关于实现巩固拓展教育脱贫攻坚成果同乡村振兴有效衔接的实施方案》，明确本地教育赋能乡村振兴的路线图。对于"互联网+教育"，宁夏在获批建设"互联网+教育"示范省（区、市）后，首先成立了自治区"互联网+教育"示范区建设工作领导小组，推动各级政府建立"互联网+教育"工作领导机制和教育局局长、校长负责制，落实组织保障。随后出台《宁夏回族自治区"互联网+教育"示范区建设规划（2018 年—2022 年）》，进一步明确各项任务和目标，明晰各部门职责，将推进网络"精准扶智"行动作为一项主要任务，提出要支持贫困地区教育信息化发展和开展省际学校结对帮扶。同时，《宁夏回族自治区"互联网+教育"示范区建设实施方案》将贫困地区教育信息化发展、网络"精准扶智"行动任务细化并按年进行分解，将责任落到具体单位，为"互联网+教育"赋能乡村振兴提供了制度保障。除此之外，制定建设与应用指南、组建"互联网+教育"示范区建设指导专家组等，既为示范区建设提供了理论和技术支撑，也为"互联网+教育"赋能乡村振兴提供了行动指南。

2. 完善的基础设施是"互联网+教育"赋能乡村振兴的重要保障

为提高宁夏区内乡村学校的信息化水平，在"互联网+教育"示范区建设期间，宁夏教育厅设立专项资金，建立教育信息化经费保障长效机制和区、市、县三级分担机制，为示范区建设提供坚强资金支持。2018 年以来，宁夏全区通过整合各类资金，借鉴东部地区先进经验，实施了校园基础网络改造升级工程、在线互动课堂建设工程、数字化校园建设工程，多媒体教学终端接入教育资源公共平台等，实现数字校园全覆盖，极大地提升了线上教学效果。完善的基础设施建设更需要企业的助力，宁夏与移动、联通、电信三大通信运营商签署了战略合作协议，把科技创新作为引领力量，调动各方积极性，在改善教育信息化基础环境、促进教育管理水平提升、推动宁夏教育"云应用"等领域开展了多种形式的合作，协助推进全区教育信息化的健康、快速发展。

3. 高水平的师资队伍是"互联网+教育"赋能乡村振兴的核心力量

"互联网+教育"使得教育者可以从大数据中获得教、学、评、测的全链条信息，但海量信息的处理对教师来说是全新的挑战，对教师提出了更高要求。为了突破有资源"不愿用、不会用、用不好"的瓶颈，需要通过系统的培训提高教师信息化素养，推动传统教师角色逐渐向信息化教师转换，让教师优化教学设计与实施能力，融合新技术、新理念、新方法，提高教育教学的开拓性和创造性。

4. 资源的有效共享是"互联网+教育"赋能乡村振兴的本质要义

"教育扶贫"使农村孩子"上得起学"，"互联网+教育"使农村孩子"上得好学"。"互联网+教育"赋能乡村振兴的本质要义是要破除教育资源共享壁垒，为促进教育公平、提高教育质量、实现个性化教育带来新的可能。"互联网+教育"带来的优秀教育资源让城乡学生同上一堂课，随时感受到"名师课堂"，同时也打造出了一个泛在学习环境，有效延伸了课堂教学，培养了学生自主学习的良好习惯。

5. 劳动者技能提升是"互联网+教育"赋能乡村人才振兴的必然要求

教育是有效阻断贫困代际传递的正确之举，也是引领实现乡村振兴的第一动力。乡村振兴除了支持义务教育阶段学生的发展外，更应当重视对农民的教育培训。面向农民的职业培训，将好的产业发展相关知识带到乡村，促进乡村产业兴旺、提高农民整体素质、优化乡村治理。宁夏组织开展多项线上职业技能培训，通过发放培训补贴等手段鼓励各类人员参加培训，针对建档立卡贫困劳动力、就业困难人员等特殊群体，还给予培训期间的生活补贴，切实解决了这些人员参加学习的后顾之忧。通过"互联网+教育"培养出一批专业、优秀的农业经营管理者，构建带领当地经济发展的产业体系，激发了农户致富的内生动力。

三 宁夏"互联网+教育"赋能乡村振兴的路径思考

人才作为第一资源，对乡村振兴具有至关重要的作用，但宁夏在乡村发展中存在人才供需不匹配的困境。"互联网+教育"赋能乡村振兴的实质是知识赋能、信息赋能，最终目的是提高乡村人力资本，加快"农民富、农业强、农村美"目标的实现。实现这一目标，需设计以政府为主导，乡村、学校、企业等共同参与的具体路径（如图1），重点提高宁夏乡村职业教育实用技能和基础教育教师、学生文化素养，增强知识的应用能力和"变现"能力。

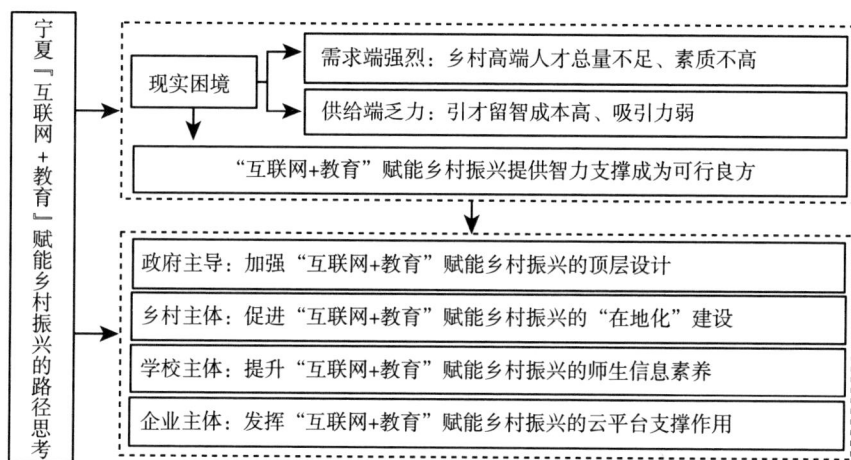

图1 宁夏"互联网+教育"赋能乡村振兴路径框架

（一）着眼政府主导，加强"互联网+教育"赋能乡村振兴的顶层设计

政府应因势利导、主动作为，在顶层设计上将"互联网+教育"与乡村振兴进行有效衔接和结合，进一步完善"互联网+教育"制度供给体系和云平台资源建设的物质保障体系。

一方面，要强化"互联网+教育"服务乡村振兴战略的制度供给体系。针对"互联网+教育"与"乡村振兴"之间衔接的顶层规划缺乏问题，亟待在相应上位法指导下，制定地方性的配套政策或实施方案。要以"互联网+教育"的理念为引领，结合科教兴国战略、人才强国战略、创新驱动发展战略，从互联网教育资源库建设、管理服务、资源保障与支撑等多个方面制定政策法规，探索一条属于教育发展的新领域新赛道，构建教育新生态，为乡村教育振兴、人才振兴提供兼具指导性和操作性的政策保障。

另一方面，要完善宁夏"互联网+教育"服务乡村振兴战略的云平台资源建设等物质保障体系。要继续完善基础教育层面的[①]"云—网—端"服务架构和教育云平台，持续推进校校用平台、班班用资源、人人用空间。还要着力在职业教育层面建立健全云平台教育资源传输机制。

（二）突出乡村主体，促进"互联网+教育"赋能乡村振兴的"在地化"建设

首先，要深入挖掘宁夏乡村文化建设中的"乡土性"知识和元素。要注重传承发展农耕文化，发掘乡村教育与乡土文化之间的耦合性知识，推动形成文明乡风、淳朴民风和富有特色的乡村精神文明，培养"知农民、懂农业、爱农村"的新生代知识群体，改变农村长期为城市培养人才的单向输出模式。

其次，在推进教育数字化，建设全民终身学习的学习型社会背景下，宁夏要以"互联网+教育"为平台，加快乡村知识和元素的保存、扩散。乡村优秀文化元素中蕴含着丰富的科学知识、人文精神和民众智慧，给乡村的持续发展提供精神能量。[②] 要充分发挥互联网数字化储存、便捷化提取的功能和"一次储存、永久使用"的优势，推动宁夏优秀乡村元素入校入户入企，让乡村知识和优良传统真正成为提升乡村人口素质和产业现代化发展的"软实力"。

最后，要发挥"互联网+教育"对农民群体的积极作用。通过开发支农惠农的网站和实用手机软件等的方式，加强农村职业教育"网络学习空间

---

① 《宁夏推进"互联网+教育"全覆盖 建设公平而有质量的教育》，宁夏新闻网，2020 年 10 月 22 日，https://www.nxnews.net/zt/2020/zlys/zlhlw/202010/t20201022_6898598.html。

② 王菲：《乡村振兴战略下乡村文化建设探析》，《农村·农业·农民》（B 版）2022 年第 7 期。

人人通"专题培训，降低农民获取农业知识的时间成本、精力成本和精神成本，帮助农民完成自身经验与农业科学知识的完美对接。

（三）彰显学校主体，提升"互联网+教育"赋能乡村振兴的师生信息素养

一方面，要提高教师群体的信息素养。一是树立信息意识。宁夏教师群体需要转换角色定位，全面提升自身教育理念和思想认识，树立探索和学习的责任意识，积极对接教育发展的新要求、新做法和新经验，自觉强化信息敏感度。二是营造信息化教学氛围。要充分发挥骨干教师的榜样示范作用，推动教师在日常课堂教学中有效运用信息化手段，实现"互联网+教育"的实际效果。三是加强教师信息素养的培训。建立和完善长期稳定的教师进修与培训服务机制，加强各类培训，注重信息有机整合，为教师提供可持续的系统的提升信息素养机会。四是提升教师信息化教学和应用能力。通过网课评比、成果展示等途径，培养教师的教育资源鉴别、获取、整合、应用能力，提高教师信息化教学和应用素养，促进信息技术与传统教学有机结合。

另一方面，要提高学生群体的信息素养。不仅要为学生创新素养的培养提供丰富的资源和有效的载体，还要积极主动地培育学生的探索性学习能力，更要在课内外实践中强化学生的信息挖掘能力。

（四）凸显企业主体：发挥"互联网+教育"赋能乡村振兴的云平台支撑作用

一是促进云平台用户界面建设。"乡村振兴+教育"云平台用户界面要以"功能强大、操作简单、贴近用户"为原则，针对不同类别受众群体，以个性化、多样化和定制化为目标，将知识分门别类整合并进行展示，以卫星、电视、互联网和移动终端等为主要载体，通过"造云、借路、建端"，搭建直通乡村的远程教育信息化支撑平台，使受众群体能便捷搜索，并在使用上能实现全天候、多终端访问与交流互动。

二是加快云平台资源建设。要及时更新、上传与宁夏实际切合的实用知

识，促进共建众享，满足不同群体对资源的多层次、多形式需求。基础教育要借助区内外优质资源，加强"三个课堂"应用模式研究，发挥"一师一优课、一课一名师"示范引领作用，形成覆盖基础教育所有学段、学科的生成性资源体系。职业教育要围绕自治区重点产业、特色产业，以"三农"知识传授、农产品产销信息推送为重点，整合政府、行业、企业资源，建设和推广应用内容丰富、层次多样的职业教育教学资源库，厚植农业知识、农业市场信息赋能"三农"发展，助力农民持续增收。

三是加强云平台运维管理。在技术支撑方面，要将日益更新的数字技术积极地纳入"互联网+教育"云平台运维管理之中，提供更加个性化、精准化的知识服务。在资源支持方面，要以教育资源的供给、组织和管理来展开，将教育资源录入、分配和优化作为云平台运维管理的主要工作，动态化调整课程资源，降低获取最新知识成本，提供更加泛在的教育环境。

B.26

地方师范院校服务乡村教育
振兴的内涵、价值与路径

——基于广西师范大学的实践经验

广西师范大学教育与乡村振兴课题组*

摘　要： 地方师范院校服务乡村教育振兴是实施乡村振兴战略的重要渠道。社会服务是高等学校三大职能之一，故而地方师范院校服务乡村社会是应有之义。地方师范院校服务乡村社会具有区位优势和专业优势，其发挥地方性、师范性和应用性特色服务乡村教育振兴，是乡村教师队伍建设的源头活水，乡村留守儿童成长的精神支持，乡村学校教育发展的营养成分。因此，总结和分析广西师范大学的实践经验，地方师范院校服务乡村教育振兴，应培养适应乡村社会发展的师范生，构建乡村教师专业发展的新体系，实现乡村社会实践活动的常态化，形成高校教师文化服务的新实践，建立乡村学校课程改革的试验区，这是推动高等教育内涵式发展的机遇，也是助力乡村振兴的有效路径。

关键词： 地方师范院校　乡村教育振兴　社会服务

自习近平总书记在党的十九大报告中正式提出"乡村振兴战略"以来，

＊ 课题负责人：贺祖斌，博士，广西师范大学党委书记，二级教授，博士生导师，兼广西社科联副主席。课题组成员：林春逸，桂林旅游学院校长；欧阳修俊，玉林师范学院教育科学学院副教授；蒲智勇，广西师范大学发展规划处规划科科长；曾雪，广西师范大学教育学部在读硕士研究生。本文通讯作者：梁宇健，广西师范大学教育学部在读硕士研究生。

党和国家坚决落实这一重大决策部署。2018 年 1 月,中共中央、国务院在《关于实施乡村振兴战略的意见》中强调"优先发展农村教育事业","支持地方高等学校、职业院校综合利用教育培训资源……为乡村振兴培养专业化人才。"同年 9 月,中共中央、国务院在《乡村振兴战略规划(2018—2022年)》中重申了"优先发展农村教育事业",要求"落实好乡村教师支持计划……建好建强乡村教师队伍"。同年 12 月,教育部印发的《高等学校乡村振兴科技创新行动计划(2018—2022 年)》指出,"组织和引导高等学校深入服务乡村振兴战略,发挥高等学校在人才培养、科学研究、社会服务、文化传承创新和国际交流合作等方面的重要作用"。显然,教育服务乡村振兴极其必要,也是当务之急。地方师范院校作为以教师教育为主体的地方高校,对服务乡村教育振兴具有区域优势和专业优势。因此,本文试图明晰地方师范院校服务乡村教育振兴的内涵与价值,并对广西师范大学服务乡村教育的实践进行分析,从其实践经验中并探索地方师范院校服务乡村教育振兴的实践路径。

一　地方师范院校服务乡村教育振兴的内涵解析

教育服务乡村振兴的重心在人才。乡村人才振兴则需依靠高等教育服务供给。地方师范院校是我国高等教育的重要组成部分,也是培养乡村教师的主要机构,其社会服务职能与乡村教育振兴具有内在联系。在新时代背景下,如何理解地方师范院校乡村社会服务职能的旨趣,是明晰地方师范院校服务乡村教育振兴基本内涵的前提与基础。

(一)地方师范院校具有独特的乡村社会服务职能优势

高等教育服务社会发展的职能具有悠久的历史。19 世纪中后叶,美国康奈尔大学和威斯康星州立大学率先开启了高校服务社会的先河。我国高校参与社会服务起源于明朝,黄宗羲在《明夷待访录》中就提出"公其非是于学校"的理论,旨在促进学校为社会政治服务,其提及的学校就包含了具有高等教育性质的书院。《国家中长期教育改革和发展规划纲要（2010—2020 年）》明确指出："高校要牢固树立主动为社会服务的意识，全方位开展服务。"可见，随着社会发展需求和社会互动关系的转换，高等教育服务教育、经济、文化等事业的发展成为必然。地方师范院校因具有高等学校的社会服务职能和师范性的教育服务功能而在地方发挥着独特作用。

一方面，地方师范院校服务地方发展具有区位优势和人员向心力。地方院校是指由省区级或省区级以下地方政府财政拨付经费，以服务地方经济社会发展为主要目的的高等院校，其本身具有向地方开放，为地方服务的本质属性。高等学校的社会服务是指"高校在保证正常的人才培养和科学研究活动前提下，依托高校的教学、科研、人才和知识等资源优势，向社会提供直接的、服务性的、促进经济和社会发展的活动"。地方师范院校则是专门为当地教育事业培养师资的高等学校。广西师范大学是教育部与广西壮族自治区人民政府共建的高校，其主要服务于广西的发展，为广西培养了大量的师范人才。地方师范院校能够积极发挥地方优势和自身特色，明晰地方发展需求，在完善为地方服务的人才培养模式和提升科研成果的转化能力等方面具有独特优势。具体就区位优势而言，为地方基础教育服务是地方师范院校的办学定位，是地方师范院校扎根区域并获得发展的办学指导方向。就人员向心力而言，地方师范院校师资队伍具有本土化发展优势，地方师范院校师范生也因其来源乡村而更具有服务地方的向心力。

另一方面，地方师范院校在服务乡村教育这一特殊领域具有专业优势。在乡村振兴背景下，地方师范院校积极面向地方各级教育行政部门，面向基础教育，面向乡村学校，服务地方教育发展，能够培养一大批助力乡村发展的急需人才。显然，地方师范院校服务乡村教育振兴是地方师范院校社会服务的重要内容，也是教育服务乡村振兴的具体体现，具有服务乡村教育的专业优势。受城乡二元发展结构的影响，乡村地区"下不去"也"留不住"优秀教师，部属师范大学的免费师范生难以适应和满足乡村教师需求。顾明远先生就曾指出："将免费师范生转移到地方师范学校是可以留得住的。"

并且，"地方师范院校在办学方向上明确区别于部属、省属师范大学，突出地域优势，承担起补充地方师资，尤其是将培养乡村中小学教师的责任，明确列在培养目标之中"。这为地方师范院校培养的乡村教师更容易具有扎根乡村社会、关爱乡村儿童、保持乡土特色、涵养乡土情怀奠定了基础。

（二）地方师范院校服务乡村教育振兴之意蕴内核

基于以上理解，笔者认为地方师范院校服务乡村教育振兴是指充分发挥其地方性、师范性和应用性特色，为乡村教育提供人才、资源和发展支撑。"我国一半以上的学龄儿童在乡村，乡村教育质量如何，很大程度上关系着国家整体教育质量和发展水平。"地方师范院校服务乡村教育振兴能够逐渐缩小城乡教育差距，促成乡村教育高质量发展。一是就地方性而言，地方师范院校始终立足于地方，依托地方资源，全方位为地方经济文化服务。二是就示范性而言，地方师范院校充分发挥自身的师范性办学特色，为乡村基础教育培养一批优质师资。三是就应用性而言，地方师范院校可以主动融入国家战略，立足当地发展需求来培养应用人才，转化应用科研成果，适应地方发展需求。可见，地方师范院校能够真正突显地方优势和师范特色，培养具有真本领的应用型人才，具有服务乡村教育的不可替代优势。

具体而言，地方师范院校服务乡村教育振兴主要体现在以下三个方面。一是地方师范院校为乡村教育振兴提供人才支撑。随着高等教育内涵式发展，"地方师范院校向综合化转型主要表现在办学目标、学科专业、培养模式和课程体系的综合化"，这能够为基础教育以及地方社会经济发展需要培育人才。二是地方师范院校为乡村教育振兴搭建服务平台。有地方师范院校探索了新的人才培养模式，形成了理论联系实际的教学育人平台，学做互动的实践育人平台，校地联动的社会育人平台。这为地方师范院校与乡村学校共建实践基地、开展面向乡村教育的服务活动提供了参考。三是地方师范院校把握着乡村教育振兴的未来发展方向。地方师范院校响应国家号召，试行本地师范生免费教育工作，更加精准地为乡村基础教育输送优秀师资。"部分省（自治区、直辖市）在实践中探索实行地方师范院校对于师范生的免费培养工作，取得了一定的效果。"这既是实现免费师范生服务本地的政策目标，也符合乡村中小学的现实需要，为进一步提升乡村教师队伍质量，突破乡村教育发展瓶颈，助力乡村儿童成长成才指明了路向。

二 地方师范院校服务乡村教育振兴的价值

地方师范院校服务乡村教育振兴是以学校教育为主阵地。在基础教育中，教师和学生是教育活动最活跃的主体，学校是联结教师与学生的主要场所。因此，地方师范院校服务乡村教育振兴对教师、学生和学校的发展具有重要价值。

（一）师范人才培养：乡村教师队伍建设的源头活水

"乡村振兴，必兴教育，而教师队伍建设是乡村教育振兴的基石。"地方师范院校是培养基础教育教师的主体力量和重要场所，其着眼于乡村振兴战略，建立地方师范院校人才培养机制，是乡村教师队伍建设的源泉和动力。一是为乡村教育输送一批高质量的教师，解决教师"下不去"的问题。地方师范院校通过探索人才培养新模式，加强定向公费培养，"坚持自身的办学特色和办学优势，为地方的基础教育服务，为地方教育事业的发展输送合格的师资力量"。二是涵养乡村教师队伍的乡土情怀，解决乡村教师"留不住"的问题。地方师范院校通过招收以地方生源为主的定向师范生，使得定向师范生更容易适应地方乡村生活，涵养乡村教育情怀，保障乡村教师队伍长期、稳定地为乡村教育服务。三是提高乡村教师队伍的专业水平，解决乡村教师"教不好"的问题。没有优秀师范人才，乡村教育发展就难以为继。地方师范院校通过架构与乡村中小学沟通的桥梁，建立起相对稳定的实习支教基地，培养优秀的师范人才，为乡村提供高水平、有能力、有抱负、有思想的教师。同时，地方师范院校为乡村学校提供优质的培训活动，能够提升乡村教师的教学能力和水平。可见，地方师范院校面向基础教育，为乡村培养高质量的师范人才，是保障乡村教师"下得去、留得住、教得好"的关键。广西师范大学办学以来，为乡村培养了大量的优秀教师，尤其是招收的地方公费师范生，为乡村地区输送了卓越的乡村教师，践行了地方师范院校的乡村社会服务职能。

（二）人力资本帮扶：乡村留守儿童成长的精神支柱

乡村儿童是乡村教育振兴的受益者，促进其健康成长成为地方师范院校社会服务的重要任务。随着城镇化进程加快，农村劳动力向城镇转移，乡村家庭中的父母双方外出务工，由此产生了一批留守乡村规模庞大的群体——乡村留守儿童。乡村留守儿童教育问题极具复杂性：一是隔代抚养导致乡村儿童家庭教育缺失；二是乡村基础教育资源有限，课程设置难以适应儿童身心发展；三是"由于父母长期外出务工，留守儿童原应享有的家庭教育出现空缺，使得学校教育与社会教育从留守儿童教育的远端支持转变为近端支持"。因此，发挥地方师范院校力量，为乡村教育服务，对乡村留守儿童健康成长具有现实意义。一是促进乡村留守儿童健康成长。地方师范院校依托自身的优势与特色，建设好师范生的顶岗支教工程、开展寒暑假社会实践活动等，关注乡村留守儿童的心理发展是有效构建关爱乡村留守儿童服务机制的方式。二是以专业的教育弥补乡村留守儿童家庭教育缺失的不足。地方师范院校工作者"下沉"到乡村基础教育中，通过定期的指导与回访加强沟通，提供在校外的教育，保障乡村留守儿童得到健全地发展。显然，乡村教育发展不仅需要资金、教学设备的帮扶，人力资本帮扶同样起着至关重要的作用，是乡村留守儿童健康成长的精神支柱。

（三）教育资源供给：乡村学校教育发展的营养成分

乡村学校作为与城镇学校相对的教育机构，其教育水平发展一直在追赶城镇教育，却始终处于弱势地位。如今，乡村振兴战略就为提升乡村学校的教育质量提供了新的发展机遇。因此，抓住乡村教育振兴的突破口，发挥地方师范院校服务功能，能够为乡村学校教育发展供给充足的教育资源。一是为乡村学校培养高质量的教师。地方师范院校与部属师范院校着力点不同，其能够结合自身基础、优势以及社会发展需要，准确定位人才培养目标，为地方基础教育培养"适销对路"的教师人才，更好地服务于乡村学校教育发展。二是推动乡村学校开发校本课程与建设乡土教材。"校本课程最能反映学校的具体情境和学生的学习需求，体现学校的特色和发展风貌。"但乡村学校的资源相对匮乏，乡村教师研究水平相对较低，使得乡村学校的校本课程难以开发。地方师范院校通过资源供给与技术支持，能够促进乡村学校的校本课程开发，进而编写适合乡村学校发展的乡土教材。不难看出，乡村基础教育依靠自身的力量难以独善其身，通过地方师范院校的教育资源供给能够为乡村学校提供"营养"，促进乡村学校高质量发展。

三　地方师范院校服务乡村教育振兴的实践路径

地方师范院校服务乡村教育振兴具有独特优势与特色资源，其有效发挥优势与高效统整多方资源，以形成合力服务乡村振兴，是提升乡村教育质量的关键所在。

（一）人才特供：培养适应乡村社会发展的师范生

"乡村振兴离不开教育，振兴乡村教育离不开优质师资。"地方师范院校应承担乡村优质师资供给，培养适应乡村教育发展的师范生是当务之急，更是战略之举。同时，"乡村教师是乡村文化的传承者、维护者和创新者，在乡村振兴战略中起着关键性的作用"。因此，立足乡村师资实现本土化建设，培养一批主动扎根乡村的优质教师，增强乡村教师的乡土情感与乡土文化认同，是稳定教师规模与优化教师结构的重要之举。

随着全面深化新时代教师队伍建设改革的推进，地方师范院校作为乡村优质师资供给的主力军，需要提高其办学水平，通过专业化、本土化的教师教育培养模式，为乡村教育的发展提供人才支撑，实现高等教育的内涵式发展。一是加大定向培养力度，建设好乡村教师后备队伍——师范生。乡村教师补给问题一直是影响乡村教育高质量发展的首要难题，这要求地方师范校在多方合作的基础上，积极实行定向培养，结合免费师范生、"三支一扶"、国家特岗等计划定向培养乡村教师"候选人"，促使更多的师范生深入乡村、热爱乡村、扎根乡村。例如，广西师范大学组织师范生到桂林市灵川县雄村小学开展支教活动，这既能充分发挥教师教育优势与专业特长，用青春力量推动乡村教育高质量发展，为乡村教育振兴赋能，也能提升师范生投身乡村教育实践的意愿。二是调整师范生培养模式，增强"准教师"的乡村文化认同。开设相关乡村文化课程，帮助师范生正确认识乡村社会，涵养乡土情怀，使其具备在乡村生活的技能与乡村教学的能力。开展乡村学校教育实习，注重师范生培养计划中对于地方意识的熏染，强化乡村生活体验、乡村文化活动参与，在师范生心中埋下向往乡村社会生活的种子，这有利于师范生未来主动服务乡村教育。例如，广西师范大学组织本科生、硕士和博士研究生到桂林市资源县瓜里村开展支教，在课程设计上强调学科知识与乡土知识相结合；在支教过程中强调深入乡村产业基地考察乡村产业发展，让学生肩负起助力乡村教育振兴的使命与责任。三是吸收本土生源，培养真正扎根乡村的"本土教师"。与外来生源相比，本土生源生于乡村、长于乡村，具有乡村生活经历与乡村社会关系的文化属性，对乡村文化有更深层次的认同，更能够适应乡村社会生活。因此，地方师范院校应注重师范生的来源，配合地方师范生免费教育政策，精选、优选能够适应乡村生活且愿意服务乡村教育的生源。

（二）师资建设：构建乡村教师专业发展的新体系

乡村教师获得持续发展，是推动乡村教育事业振兴与长足发展的重要基础。长期以来，"乡村教师在追赶城市教师的过程中，其专业自信日益下降，自身认同感不断弱化，自我提升的意愿逐渐消失"。因此，应重视乡村教师的生存状况和专业诉求，激活乡村教师发展的内生动力，这是乡村教育发展的关键。对此，地方师范院校不仅要承担师范人才培养工作，更要承担乡村教师专业发展的任务。

地方师范院校具有区域性特征，能够利用内在辐射范围精准把握地方教育发展需求，为乡村教师提供服务，以培养具有地方特色与乡土文化的乡村教师。具体而言：一是搭建乡村教师学习与研修的网络平台，实现区域内教育教学资源的共享。地方师范院校可建立网络资源平台，开展在线培训工作，实现优质教学资源共享，为乡村教师提供学习与发展的机会。以网络作为交流平台，是乡村教师培训模式的创新，也是缓解乡村教师的工学矛盾，服务乡村教师的专业发展的有效之策。例如，广西师范大学在科学研究、人才培养、社会服务方面的优势，结合桂林市永福县的地方特色支柱产业，围绕"人才培养""人才服务""教师教育""康养旅游""乡村振兴"等领域和方向，加强科研项目合作，推动产学研"智库建设"，建立了长期战略合作关系。二是更新乡村在职教师的培训内容，促进乡村教师形成正确的现代教育观念与职业价值追求。地方师范院校应主动承担乡村在职教师的培训工作，充分利用自身的教育资源优势，结合新课程改革理念，将乡村教师教育理论与教育实践相结合。同时，及时更新培训内容，提高乡村教师专业素养，使乡村教师树立现代教育课程观、教学观、师生观，掌握乡村儿童的身心发展特征，并对自身职业有更精准的定位。例如，广西师范大学在桂林市资源县实施乡村振兴校长发展工程计划项目，根据桂林市资源县校长（园长）专业发展需求，有计划、有组织地培育为能规划学校发展、领导课程与教学改革、引领教师成长、整合教育资源的骨干校长（园长），为资源县乡村振兴校长工程培养一批教育理念先进、专业素养精湛、管理能力突出的师资队伍。三是引导乡村教师开展乡土教育行动研究，助力教育智慧的生成与教学反思能力提升。乡村教育本身具有复杂性与实践性，要求乡村教师不断地深入研究。但其自身缺乏必备的教育理论素养与研究能力，严重制约着乡村教师开展教学研究。而地方师范院校的教师具有较强的教育理论素养，掌握前沿的研究成果，具备相应的洞察力与研究能力。因此，地方师范院校可以通过高校教师引导乡村教师开展乡土教育行动研究，帮助乡村教师提升教学反思能力，切实有效地提升乡村教师专业化水平。

（三）队伍下乡：实现乡村社会实践活动的常态化

当前，乡村留守儿童的教育依旧是乡村教育需要解决的"顽症"。由于乡村留守儿童是指以单亲或隔辈的监护方式为主，家庭教育不完整，而乡村学校的关爱服务有限，使得乡村留守儿童的教育问题成为难题。对此，地方师范院校发挥社会服务职能，关注乡村留守儿童的教育问题，促进乡村留守儿童健康成长显得尤为重要。

地方师范院校教师具有专业的理论素养，具有熟悉与洞察乡村留守儿童身心发展特点的能力，能够为乡村留守儿童关爱服务机制提供专业理论支撑。师范生作为具备教师素养的群体，在健全乡村留守儿童关爱服务体系中同样发挥着重要作用。因此，应凝聚地方师范院校师生的力量突破乡村留守儿童的困境。具体而言，一是摒弃"重物质，轻精神"的实践活动，关注乡村留守儿童身心健康成长。地方师范院校在学龄儿童教育层面有着科学的认识与判断，在开展社会实践活动关爱留守儿童的过程中，应突破过去发放补助与学习生活用品等简单服务，将目光聚焦其身心发展。对此，地方师范院校可通过高校教师或师范生开展儿童心理健康辅导的实践活动，促进乡村留守儿童的身心发展。例如，广西师范大学开展"心理健康教育公益行"助力乡村振兴志愿服务活动，为龙胜各族自治县实验中学的学生分别上了以情绪管理为主题的心理健康教育课，引导学生觉察情绪，在体验游戏过程中学习缓解不良情绪的方法，并学习合理表达情绪，以更加积极有效的方式学习和生活。二是构建专业化的乡村留守儿童关爱团队，建立健全乡村儿童关爱服务的长效机制。当前，地方师范院校主要通过"寒暑假社会实践活动"大学生"三下乡"等途径开展乡村教育，但乡村教育呈现的问题需要得到持续性关注，这些"间断性"的活动依旧无法满足乡村留守儿童的发展问题。对此，地方师范院校应建立能够持续提供服务的机制，鼓励师范生自愿参加社会服务活动，将关爱乡村留守儿童的社会实践活动作为师范生人才培养的重要内容，使开展乡村留守儿童关爱服务的实践活动形成常规。同时，地方师范院校可将关爱乡村留守儿童的社会实践活动纳入师范生评价体系中，作为师范生个人能力和综合素质的集中体现。例如，在第 38 个教师节即将到来之际，广西师范大学西部乡村振兴研究院、"数学课栈"、桂林市卓然小学"小学数学阅读"小组、教育学部社会服务队、"乐群麦邦"五个团队赴凤山县开展乡村振兴调研和送教下乡活动。三是建立跟踪评估机制，创建乡村留守儿童个人档案。地方师范院校可以鼓励师范生与乡村留守儿童开展结对帮扶活动，对乡村儿童的学习成绩、思想状况、健康水平、心理状态等进行跟踪调查与服务，解决留守儿童教育成长的问题。这既考验师范生教育研究能力水平的有效方式，也是师范人才培养体系中不可或缺的内容。将社会服务与人才培养相联动，是有效利用地方师范院校社会服务职能的重要举措。例如，广西师范大学坚持硬件建设和软件建设同步推进，开展援建捐赠、师生支教、师资培训、结对关爱等行动，促进帮扶村的教育教学质量实现较大提升。

（四）智慧支持：形成高校教师文化服务的新实践

乡村学校是乡村社会的文化中心，乡村社会是乡村学校的文化母体，但出于种种原因，现实中的乡村学校与乡村社会不断地走向背离。乡村文化的现实境遇决定了乡村学校应当回归乡土社会中，实现新时代乡村文化建设。随着社会现代化的不断发展，作为乡村文化传播中心的乡村学校逐渐呈现"离农"价值取向，乡村学校虽设置在乡村，但无论是从教学管理、学校课程设置还是教育实然效果来看，都几乎看不到乡村文化的影子。地方师范院校作为地方人才与文化汇聚的中心，与当地经济、文化、教育等有着密切的联系，而乡村学校文化建设本身具有浓厚的乡土特征，需要具备深厚文化人类学专业基础与扎实的文化理论素养的学者进行指导。因此，地方师范院校教师"接地气"地开展乡村学校文化建设，能够为当地和周边区域的基础教育文化建设服务。

一方面，地方师范院校可依托于专业化的高校师资队伍，深入挖掘乡村学校精神文化。"学校作为教书育人的场域，具有激活人的活力、唤醒人的心灵、充实人的生命的责任。"乡村学校作为乡村培养人才的重要场域，应当挖掘自身的精神文化，陶冶学生情操、激发其想象的功能。对此，高校教师应深入乡村，指导乡村学校开发乡土教材与实施乡土课程，建设乡村学校校园文化，从而培育乡村学生的乡土情怀，培养乡村教师的认同感和归属感。例如，广西师范大学自 2012 年开始定点帮扶桂林市资源县河口瑶族乡猴背村、车田苗族乡黄宝村、资源镇金山村等，外派工作队长、驻村"第一书记"、工作队员共计 31 人。驻村"第一书记"不忘教育初心，践行为党育人、为国育才的使命，坚持扶贫"扶志与扶智并行"的理念，带领村"两委"大力推进乡村素质教育、感恩励志教育和技能增智培训，不断提高村民见识、觉悟和增收致富能力。另一方面，搭建地方师范院校与乡村学校的合作平台，加强地方师范院校教师与乡村教师的文化教育交流。乡村教师是乡村公共社会的重要力量，是学校文化的建设者，应当自觉担起乡土文化培育的责任。乡村教师拥有一定的教育教学经验，但乡土文化融合教育教学对乡村教师提出更高的要求。这需要地方师范院校高校教师为乡村教师提供乡土文化课程建设的指导服务，以提升乡村教师的乡土文化课程整合能力。例如，广西师范大学为进一步加强校地合作，与桂林市兴安县就合作共赢发展红色教育培训进行深入交流，其干部教育培训学院在湘江战役纪念遗址挂牌建立现场教学基地，打造现场、情景、理论三大课堂，形成学校红色教育新名片。

（五）定点突破：建立乡村学校课程改革的试验区

乡村教育的特殊性决定了新课程改革在乡村受到的阻抗必定大于城镇，需结合乡村实际落实。地方师范院校是乡村教育课程改革的外在支持系统，在乡村教育课程改革理论指导、乡村教育课程改革实施现状、乡村教育课程资源开发与应用方面具有独特优势。因此，建立地方师范院校定点帮扶乡村学校课程改革试验区，是乡村教育课程改革的重要突破口。

首先，可建立地方师范院校定点帮扶式的基础教育课程资源开发中心。地方师范院校是地方基础教育课程改革研究的主阵地，可以与教育行政部门、乡村学校形成推动乡村学校课程改革的合力，帮助乡村学校开发所需要的高质量的课程资源与其他教育教学资源，为乡村教育课程改革提供理论支持。例如，广西师范大学通过线上线下相结合的方式培育志愿者、建联盟院系单位，在长征沿途地区建立"数学课栈"中小学实验学校，开展"七点半课堂""七彩暑假""暖冬行动"等圆梦计划系列活动，捐赠教育资源，建立创新优质数学教育资源的基地，搭建起职前数学教师成长的空间，并积极打造服务中小学生数学学习的平台。其次，地方师范院校可以提升教师适应乡村教育课程改革的能力为重要目标，助推乡村学校课程改革落地。新一轮基础教育课程改革中，其教育目标、课程设置、教学内容与乡村学校的发展境遇缺乏契合度，致使乡村学校在课程改革的边缘游走。地方师范院校以定点帮扶的试验区为核心，将课程改革理念融入乡村教育发展，有针对性地提升乡村教师的教育课程改革能力，抓住乡村教师这一关键落实好乡村学校课程改革，探寻切实符合乡村发展的路径。再次，地方师范院校可定点建设乡村学校的课程资源，将潜在的资源转变为现实的资源。在新一轮课程改革下，教科书不再是唯一的课程资源，多媒体的使用、网络信息的传播、美丽的田野风光都是丰富的社会资源与自然资源。地方师范院校通过开展对新课程解读、指导、咨询等社会服务，有效地组织与调动各类资源。如聘请高校课程专家使其形成乡村学校的支持性资源，开发乡土课程和乡土教材。同时，教师是课程资源开发和利用的主体，地方院校可提升乡村教育工作者开发意识，全面推进乡村基础教育新课程改革的实施工作。例如，广西师范大学师生结合桂林市资源县资源镇金山村的特色产业，因地制宜开展劳动教育实践，这是认真贯彻落实习近平总书记关于劳动教育的重要论述，全面贯彻党的教育方针和全国教育大会精神的重要举措，也是创新开展劳动教育实践的有效尝试和积极探索。总之，地方师范院校与乡村学校实现搭建定点帮扶平台，拉近了二者间的联系，进而建立起乡村学校课程改革的试验区，能够切实推动课程改革在乡村学校落地。

总而言之，地方师范院校具有独特的社会服务职能优势，在服务乡村教育振兴中具有重要价值。在高等教育普及化阶段，地方师范院校不断探索服务乡村教育振兴的实践路径，是实现高等教育内涵式发展的关键，也是对国家实施乡村振兴战略的有力回应。

参考文献

《中共中央 国务院关于实施乡村振兴战略的意见》，中国政府网，2018 年 1 月 2 日，http：//www. gov. cn/zhengce/2018－02/04/content_ 5263807. htm。

《中共中央 国务院印发〈乡村振兴战略规划（2018—2022 年）〉》，中国政府网，2018 年 9 月 26 日，http：//www. gov. cn/zhengce/2018－09/26/content_ 5325534. htm。

《教育部关于印发〈高等学校乡村振兴科技创新行动计划（2018—2022 年）〉的通知》，中华人民共和国教育部网站，2018 年 12 月 29 日，http：//www. moe. gov. cn/srcsite/A16/moe_ 784/201901/t20190103_ 365858. html。

《国家中长期教育改革和发展规划纲要（2010—2020 年）》，中华人民共和国教育部网站，2010 年 7 月 29 日，http：//www. moe. gov. cn/srcsite/A01/s7048/201007/t20100729_ 171904. html。

眭依凡、汤谦凡：《我国高校社会服务 30 年发展实践研究》，《中国高教研究》2008 年第 11 期。

顾明远、郝文武、胡金木：《重建师范教育——访顾明远先生》，《当代教师教育》2017 年第 1 期。

席梅红：《聚力办好地方师范院校：新中国成立以来中师教育发展启示录》，《高教探索》2020 年第 4 期。

范先佐：《乡村教育发展的根本问题》，《华中师范大学学报》（人文社会科学版）2015 年第 5 期。

贺祖斌：《地方师范院校教师教育在转型中的困惑和对策》，《教师教育研究》2009 年第 5 期。

马元方、谢峰、刘毅、杨雪特、傅佑全：《地方高师院校人才培养模式的研究与实践——以内江师范学院"教学做合一"育人模式为例》，《教育研究》2008 年第 8 期。

王智超、杨颖秀：《地方免费师范生：政策分析及现状调查》，《教育研究》2018 年第 5 期。

程方平：《教师保障：乡村教育振兴的基石》，《教育研究》2018 年第 7 期。

李俊：《地方师范院校多元化人才培养模式探析》，《吉首大学学报》（社会科学版）2017 年第 S2 期。

梅纳新：《创新社会治理体制下农村留守儿童教育问题探析》，《中国教育学刊》2014 年第 10 期。

李伟、李玲：《社会力量参与乡村教育治理的价值、困境及建议》，《西南大学学报》（社会科学版）2019 年第 3 期。

钟启泉:《课程的逻辑》,华东师范大学出版社,2019。

李剑萍:《振兴地方高师院校,增强乡村优质师资供给》,《教育研究》2019年第3期。

孔养涛:《乡村振兴战略中乡村教师队伍的本土化建设》,《教学与管理》2020年第12期。

蔡其勇、郑鸿颖、李学容:《新时代乡村教师队伍建设策略》,《中国教育学刊》2018年第12期。

李志超、吴惠青:《乡村建设的精神危机与乡村学校的文化救赎》,《中国教育学刊》2016年第4期。

韩小凡:《从区隔走向共生:乡村学校文化建设的选择》,《当代教育科学》2021年第3期。

社会科学文献出版社

皮 书

智库成果出版与传播平台

✤ 皮书定义 ✤

皮书是对中国与世界发展状况和热点问题进行年度监测，以专业的角度、专家的视野和实证研究方法，针对某一领域或区域现状与发展态势展开分析和预测，具备前沿性、原创性、实证性、连续性、时效性等特点的公开出版物，由一系列权威研究报告组成。

✤ 皮书作者 ✤

皮书系列报告作者以国内外一流研究机构、知名高校等重点智库的研究人员为主，多为相关领域一流专家学者，他们的观点代表了当下学界对中国与世界的现实和未来最高水平的解读与分析。截至2022年底，皮书研创机构逾千家，报告作者累计超过10万人。

✤ 皮书荣誉 ✤

皮书作为中国社会科学院基础理论研究与应用对策研究融合发展的代表性成果，不仅是哲学社会科学工作者服务中国特色社会主义现代化建设的重要成果，更是助力中国特色新型智库建设、构建中国特色哲学社会科学"三大体系"的重要平台。皮书系列先后被列入"十二五""十三五""十四五"时期国家重点出版物出版专项规划项目；2013~2023年，重点皮书列入中国社会科学院国家哲学社会科学创新工程项目。

皮书网

（网址：www.pishu.cn）

发布皮书研创资讯，传播皮书精彩内容
引领皮书出版潮流，打造皮书服务平台

栏目设置

◆ 关于皮书
何谓皮书、皮书分类、皮书大事记、
皮书荣誉、皮书出版第一人、皮书编辑部

◆ 最新资讯
通知公告、新闻动态、媒体聚焦、
网站专题、视频直播、下载专区

◆ 皮书研创
皮书规范、皮书选题、皮书出版、
皮书研究、研创团队

◆ 皮书评奖评价
指标体系、皮书评价、皮书评奖

◆ 皮书研究院理事会
理事会章程、理事单位、个人理事、高级
研究员、理事会秘书处、入会指南

所获荣誉

◆ 2008 年、2011 年、2014 年，皮书网均
在全国新闻出版业网站荣誉评选中获得
"最具商业价值网站"称号；

◆ 2012 年，获得"出版业网站百强"称号。

网库合一

2014年，皮书网与皮书数据库端口合
一，实现资源共享，搭建智库成果融合创
新平台。

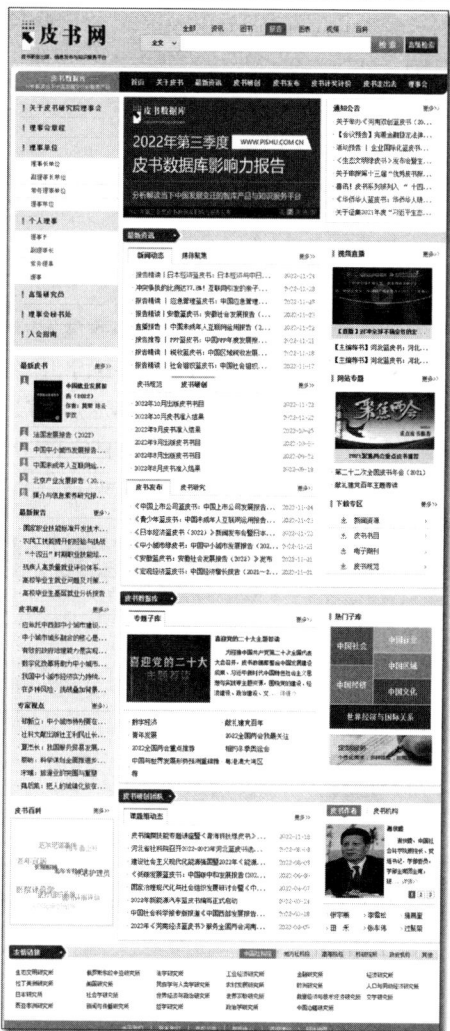

权威报告·连续出版·独家资源

皮书数据库
ANNUAL REPORT(YEARBOOK)
DATABASE

分析解读当下中国发展变迁的高端智库平台

所获荣誉

- 2020年，入选全国新闻出版深度融合发展创新案例
- 2019年，入选国家新闻出版署数字出版精品遴选推荐计划
- 2016年，入选"十三五"国家重点电子出版物出版规划骨干工程
- 2013年，荣获"中国出版政府奖·网络出版物奖"提名奖
- 连续多年荣获中国数字出版博览会"数字出版·优秀品牌"奖

皮书数据库   "社科数托邦"
微信公众号

成为用户

登录网址www.pishu.com.cn访问皮书数据库网站或下载皮书数据库APP，通过手机号码验证或邮箱验证即可成为皮书数据库用户。

用户福利

- 已注册用户购书后可免费获赠100元皮书数据库充值卡。刮开充值卡涂层获取充值密码，登录并进入"会员中心"—"在线充值"—"充值卡充值"，充值成功即可购买和查看数据库内容。
- 用户福利最终解释权归社会科学文献出版社所有。

社会科学文献出版社 皮书系列
SOCIAL SCIENCES ACADEMIC PRESS (CHINA)

卡号：746688212135
密码：

数据库服务热线：400-008-6695
数据库服务QQ：2475522410
数据库服务邮箱：database@ssap.cn
图书销售热线：010-59367070/7028
图书服务QQ：1265056568
图书服务邮箱：duzhe@ssap.cn

法律声明

"皮书系列"（含蓝皮书、绿皮书、黄皮书）之品牌由社会科学文献出版社最早使用并持续至今，现已被中国图书行业所熟知。"皮书系列"的相关商标已在国家商标管理部门商标局注册，包括但不限于LOGO（ ）、皮书、Pishu、经济蓝皮书、社会蓝皮书等。"皮书系列"图书的注册商标专用权及封面设计、版式设计的著作权均为社会科学文献出版社所有。未经社会科学文献出版社书面授权许可，任何使用与"皮书系列"图书注册商标、封面设计、版式设计相同或者近似的文字、图形或其组合的行为均系侵权行为。

经作者授权，本书的专有出版权及信息网络传播权等为社会科学文献出版社享有。未经社会科学文献出版社书面授权许可，任何就本书内容的复制、发行或以数字形式进行网络传播的行为均系侵权行为。

社会科学文献出版社将通过法律途径追究上述侵权行为的法律责任，维护自身合法权益。

欢迎社会各界人士对侵犯社会科学文献出版社上述权利的侵权行为进行举报。电话：010-59367121，电子邮箱：fawubu@ssap.cn。

社会科学文献出版社